W0336567

Ortswechsel

Evangelisches
Religionsbuch
für Gymnasien
7/8/9

Herausgegeben von
Ingrid Grill-Ahollinger, Sebastian Görnitz-Rückert,
Andrea Rückert

Verfasst von:
Julia Berwig †, Monika Christoph, Sebastian Eisele,
Sebastian Freisleder, Tanja Gojny, Ingrid Grill-Ahollinger,
Sebastian Görnitz-Rückert, Andrea Rückert,
Peter Samhammer, Ellen Voigt

© Claudius Verlag München 2014
Birkerstraße 22, 80636 München
www.claudius.de

Rechtschreibreformiert, sofern nicht urheberrechtliche
Einwände bestehen.

Das Werk einschließlich aller seiner Teile ist urheberrechtlich geschützt. Jede Verwertung außerhalb der engen Grenzen des Urheberrechtsgesetzes ist ohne Zustimmung des Verlags unzulässig und strafbar. Das gilt insbesondere für Vervielfältigungen, Übersetzungen, Mikroverfilmungen und die Einspeicherung und Verarbeitung in elektronischen Systemen.

Gestaltung und Typografie:
Simon Schmidt, Baierbrunn

Druck und Bindung:
appl, Wemding

ISBN 978-3-532-70041-9

Inhalt

Inhalt

Liebe Schülerinnen, liebe Schüler!

Standpunkte
gehören zum Leben. Besonders wenn man erwachsen wird, wird es immer wichtiger, die eigene Meinung gegenüber Gleichaltrigen, Eltern und gegenüber Lehrerinnen und Lehrern zu bilden und zu vertreten. Aber wie kommen wir zu unseren Standpunkten? Was passiert, wenn man einen hat, und was, wenn man ihn aufgibt?

Religion, Glaube und Standpunkte hängen eng zusammen: So werden sich z. B. viele von euch in diesen Schuljahren entscheiden, ob sie konfirmiert werden wollen oder nicht. Eure Ansichten zum Thema Religion sind gefragt – und dabei müsst ihr euch in einer Vielfalt von religiösen Richtungen und Weltanschauungen zurechtfinden! Aber Religion ist nicht einfach ein Standpunkt unter anderen. Religion nimmt das Ganze der Welt in den Blick, sucht sozusagen nach einem »Standpunkt für Standpunkte«.

Ein Standpunkt des christlichen Glaubens ist, dass Gott den Menschen geschaffen hat, dass er jeden Menschen mit Würde begabt hat und liebevoll ansieht. Dieser »Stand-punkt« ermöglicht neue Perspektiven auf das Leben in der Welt und auf den Umgang der Menschen miteinander. Aber einen solchen Standpunkt »hat« man nicht einfach, sondern man muss ihn immer wieder suchen und ausprobieren und sich darüber verständigen – z. B. im Religionsunterricht! Der Religionsunterricht und Ortswechsel 7–9 möchten euch dazu anregen, über eure Standpunkte nachzudenken und euch auf die Suche nach eigenen Standpunkten in der Welt und ihr gegenüber zu machen.

In diesem Jahr wird es (nach einem Eingangskapitel zum Motto des Buches) darum gehen,

- wie Menschen sich früher und heute für Gottes Recht und Gerechtigkeit einsetzten und -setzen;
- wie Jesus nach dem Zeugnis der Evangelien mit seinen Taten und Worten neue Lebensperspektiven eröffnet;
- wie in der Reformation das Verhältnis zwischen Gott und Mensch neu entdeckt wurde;
- wie Männer und Frauen liebevoll und respektvoll miteinander leben können;
- wie man sich für die Würde des Menschen einsetzen kann und welche Formen kirchlichen Engagements für den Nächsten es gibt;
- wie Welt und Mensch nach muslimischer Glaubenstradition gesehen werden;
- wie man sich in einem unübersichtlichen Angebot religiöser Orientierungen zurechtfinden kann;
- wie das Verhältnis von Kirche und Staat in der Geschichte herausgefordert wurde und wie Christen dabei ihre Handlungsspielräume wahrgenommen haben;
- wie eng Glaube und Zweifel zusammengehören und wie man sich sachgemäß und kritisch über Gott verständigen kann;
- was es bedeuten kann, wenn Christen bekennen, dass Jesus »für uns« gelebt hat, gestorben und auferstanden ist.

»Ortswechsel 7–9« enthält folgende zumeist aus 5/6 bekannte Elemente:

Solche umrahmte Zahlen verweisen auf einen Inhalt aus Ortswechsel 5/6.

Jedes Kapitel beginnt mit einigen **philosophischen Fragen,** die uns selbst, unser Leben oder Gott betreffen. Einige dieser Fragen kann niemand endgültig beantworten. Sie begleiten einen ein Leben lang.

Nach den Eingangsfragen führt euch in jedem Kapitel eine Doppelseite mit besonderen **Bildern oder Texten** mitten in das jeweilige Thema hinein. Wenn ihr dann umblättert, findet ihr Erklärungen und Aufgaben dazu. Es folgen Doppelseiten mit weiteren Materialien, Informationen, Statements und Ideen, in denen ihr die Themen von verschiedenen Seiten beleuchtet.

Hier gibt es **Ideen, Aufgaben, Anregungen, Rollenspiel- und Projektvorschläge,** manchmal auch einfach nur Sätze zum Nachdenken oder Diskutieren.

Was ihr wissen müsst, um die Aufgaben zu bearbeiten und euch in Religion immer besser auszukennen, steht in den **Infos.** Weitere Informationen enthält das Lexikon am Ende des Buches. Begriffe, die dort erklärt werden, sind im Text mit einem **Sternchen*** versehen.

Früher gab es in Schulbüchern »Merksätze« zum Auswendiglernen und Behalten. Wenn man über Gott nachdenkt, ist das mit der »Lehre« allerdings nicht so einfach, und das ist gut so. In diesem Buch findet ihr **»Merkes«** dort, wo es etwas zu »bemerken« oder auch anzumerken gibt, dort, wo man sich wundert, wo man sich festbeißt, wo einem ein Licht aufgeht.

Ein **Schließfach-Symbol** zeigt an, dass ihr in manchen besonderen Fällen etwas anfertigen könnt, das euer Geheimnis bleibt, weil es nur euch selbst etwas angeht.

Am Ende eines jeden Kapitels könnt ihr ausprobieren, ob ihr das Gelernte **im Zusammenhang** verstanden habt und anwenden könnt. Dabei werden auch Verbindungen zu anderen Kapiteln hergestellt.

Auf dieser letzten Kapitelseite findet ihr den **Merkrucksack.** Er regt euch an, innezuhalten und zu fragen: Was war wichtig? Welche Begriffe und Zusammenhänge wollen wir uns merken? Welche Fragen wollen wir weiterverfolgen? Haltet es fest, z. B. in einem Rucksackheft, einem Ordner, auf einem Plakat oder auf dem Schulserver. Den leeren Rucksack gibt es auf www.claudius.de/ow.

Wie in allen Fächern benötigt ihr auch im Religionsunterricht **Methoden und Arbeitstechniken,** um Inhalte zu erschließen und miteinander ins Gespräch zu kommen. Einige Methoden, die für den Religionsunterricht wichtig sind, werden im Buch durch einen kleinen Werkzeugkoffer gekennzeichnet und auf den S. 217 bis 230 erläutert.

STANDPUNKT(E)

Ist ein Standpunkt ein Punkt?

Kann ich meinen Standpunkt selbst wählen?

Keinen Standpunkt haben – geht das überhaupt?

Sind standhafte Menschen sympathisch?

Hat Gott einen Standpunkt?

Steht der Mensch über den Dingen?

Kapitel 1

Stand-

-PUNKT

Ohne Bodenhaftung

Standpunkt oder Standort

- Versetze dich in die Perspektiven der Personen auf dem Bild (S. 10); was ändert sich, wenn man es dreht?
- Kurze Momente von Schwerelosigkeit kennt jeder. Erarbeite aus Interview und Info, wie es wäre, wenn auf der Erde Schwerelosigkeit herrschen würde!
- Ohne Standpunkt zu leben, kann man auch im übertragenen Sinne verstehen! Prüfe, ob die Kennzeichen der Schwerelosigkeit auch passen, wenn jemand keinen inneren Standpunkt hat! Die unten gesammelten Redewendungen zu »stehen« können dazu eine Anregung oder Hilfestellung sein.

Interview mit einem Astronautenanwärter

Ich habe im Rahmen der Tauglichkeitstests für eine Laufbahn als Astronaut auch Schwerelosigkeit erfahren dürfen, allerdings nur bei Trainingsflügen. In zu diesen Zwecken ausgebauten Flugzeugen wird eine Parabelbahn geflogen: Während des Sturzfluges herrscht dann durch den freien Fall keine Gravitation. Insgesamt kamen bei mir so ca. 20 Minuten Schwerelosigkeit zusammen.

Wie fühlt sich Schwerelosigkeit an?

Bei mir war es einfach wunderbar. Die Erdenschwere fällt buchstäblich von dir ab. Es ist wie im Traum. Die Arme, die sonst lose nach unten hängen, gehen nach oben und du schwebst wie auf Wolken. Allerdings wird nicht wenigen bei solchen Flügen schlecht.

Und wenn die Schwerkraft wieder einsetzt?

Dann fällt erst mal alles runter, womit du vorher gespielt hast: der schwebende Bleistift, deine Arme usw. Wie bei der Achterbahn wirst du ja auch sofort besonders stark in deinen Sitz gepresst und kriegst die Arme auch mit großer Kraftanstrengung kaum noch hoch. Sehr eigenartig.

Wie wäre ein Alltag ohne die Schwerkraft?

Es wäre eine total andere Welt. Nichts mehr fällt zu Boden. Was nicht festgemacht ist, entschwebt, langsam aber unaufhaltsam. Du kannst aus keiner Flasche mehr etwas ausschütten, aus keinem Glas mehr trinken, außer mit Strohhalm. Wasser läuft nicht mehr ab, sondern entschwebt in Tropfenform. Man male sich mal den Gang zur Toilette aus! Du brauchst kein Bett mehr, sondern hängst dich mit deinem Schlafsack einfach an einen Garderobenhaken. Das ist wichtig, damit du im Schlaf nicht davonschwebst und dir womöglich was anhaust.

info

Auswirkungen der Schwerelosigkeit auf den Menschen

- Da es im All kein Oben und Unten gibt, sondern alles frei im Raum schwebt, ist das Arbeiten sehr anstrengend. Bereits eine Schraube mit einer Hand festzudrehen, kann hier zum unlösbaren Problem werden.
- Zudem verteilen sich die Körperflüssigkeiten ganz anders als unter Gravitation: Bis zu zwei Liter Flüssigkeit wandern von unten nach oben. Das führt zu den sogenannten »Mondgesichtern« und »Storchenbeinen«. Außerdem schrumpfen die Muskeln, weil sie nicht wie üblich gebraucht werden.
- Um bei der Rückkehr auf die Erde nicht gleich zusammenzubrechen, müssen sich die Astronaut/innen täglich auf einem Laufband anschnallen und trainieren. Aufgrund dieser Bedingungen muss spätestens alle drei bis vier Monate ein Weltraumteam ausgewechselt werden.

AnMERKung: Ohne Standpunkt kein Widerstand.

Verteilung der Körperflüssigkeiten auf der Erde und im Weltraum

auf jemanden stehen
auf dem Schlauch stehen
alles stehen und liegen lassen
auf dem neuesten Stand sein
ich steh dazu
Widerstand leisten
für etwas geradestehen
mitten im Leben stehen
Abstand nehmen
imstande sein
Anstand haben

Mein Standpunkt. Punkt?

- Einen Standpunkt vertreten kann verschieden aussehen. Stellt Standbilder: Ich und mein Standpunkt. Wir zwei und unsere Standpunkte!
- Überlegt, was sich aus euren Standbildern auf das Einnehmen von (inhaltlichen) Standpunkten übertragen lässt! Welche Erfahrungen hast du selbst schon mit »Standpunkten« gemacht?
- Wackelig, feststehen, biegsam bleiben, umfallen, stur sein, überzeugen … Fertigt eine Mindmap an, auf der ihr auch die möglichen Chancen und Probleme verdeutlicht, die ein Standpunkt mit sich bringt! Strukturieren
- Einen Punkt – gibt es den überhaupt? Philosophiert über die Gedanken der Info und übertragt sie auf das Einnehmen von Standpunkten!
- Entdecke Standpunkte im Bild unten; interpretiere die Aussageabsicht des Bildes!
  Spielt eine Situation wie auf dem Bild: Probiert unterschiedliche Formen des Nein-Sagens aus (achtet dabei sowohl auf eure Worte als auch auf Gestik und Mimik) – welche Wirkung haben sie jeweils?
- Einen Standpunkt vertreten nach dem Vorbild des Bambus – wie könnte das gehen? Vergleiche mit den »Tipps für Redner«!

AnMERKung: Biegsam, ohne sich zu verbiegen.

In der Weisheit Ostasiens gilt der Bambus als Vorbild für die Balance von kraftvoller Stärke und Anpassung. Er biegt sich im Sturm, schnellt danach zurück und steht dann wieder aufrecht da.

info

Den Punkt definieren

- »Ein Punkt ist, was keine Teile hat«, sagte schon der Philosoph Euklid. Ein Punkt gilt in der Geometrie als Objekt ohne jede Ausdehnung.
- In der Kunst ist ein Punkt das kleinste Formelement. Da ein Punkt einen festen, genauen Ort bezeichnet, benutzt man ihn oft zur Markierung bestimmter Stellen (z. B. Satzzeichen, »etwas auf den Punkt bringen«). Aus der Ferne betrachtet, wird jeder Gegenstand zum Punkt.

Tipps für Redner:

- gerade, entspannt und sicher stehen
- sich nicht festhalten
- Bodenkontakt halten, nicht tänzeln, pendeln oder Beine überkreuzen
- Arme und Hände gezielt einsetzen; zu vermeiden sind Abwehrhaltungen (z. B. gekreuzte Arme, geballte Fäuste); in Ruheposition: einen oder beide Arme rechtwinklig vor dem Körper, den zweiten ggf. seitlich hängen lassen
- Blickkontakt halten, aber Augen schweifen lassen
- bei Nervosität eine Bezugsperson suchen
- vor dem ersten Sprechen ausatmen

Geschöpf

Ich glaube, dass mich Gott geschaffen hat samt allen Kreaturen, mir Leib und Seele, Augen, Ohren und alle Glieder, Vernunft und alle Sinne gegeben hat und noch erhält; dazu Kleider und Schuh, Essen und Trinken, Haus und Hof, Weib und Kind, Acker, Vieh und alle Güter; mit allem, was not tut für Leib und Leben, mich reichlich und täglich versorgt, in allen Gefahren beschirmt und vor allem Übel behütet und bewahrt; und das alles aus lauter väterlicher, göttlicher Güte und Barmherzigkeit, ohn all mein Verdienst und Würdigkeit: für all das ich ihm zu danken und zu loben und dafür zu dienen und gehorsam zu sein schuldig bin.
Das ist gewisslich wahr.

MARTIN LUTHER, KLEINER KATECHISMUS*

»Erschaffung des Adam« – Kathedrale von Chartres, 13. Jahrhundert

unantastbar

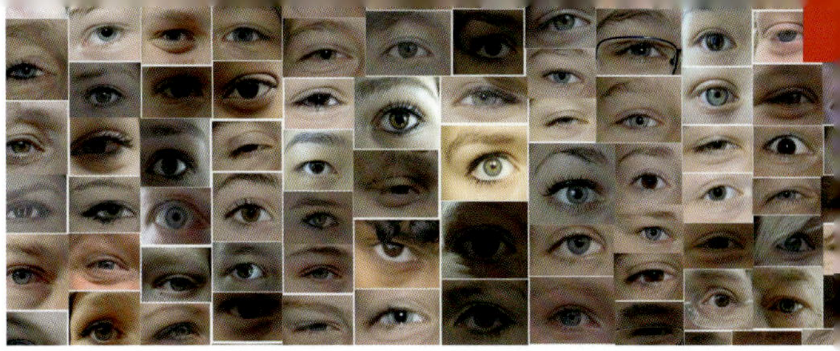

Menschenwürde

»Die Würde des Menschen ist unantastbar.« So steht es im Grundgesetz* und auch in der Allgemeinen Erklärung der Menschenrechte* steht der Begriff gleich im ersten Artikel. Menschenwürde muss man sich nicht verdienen oder erarbeiten. Jeder besitzt sie von Geburt an – und doch wird sie viel zu oft mit Füßen getreten.

Menschenwürde ist keine Eigenschaft wie Klugheit, Schönheit oder Großzügigkeit. Dem Begriff der Menschenwürde liegt die Idee zugrunde, dass jeder Mensch allein schon durch seine Existenz wertvoll ist.

Bereits in der Antike wurde von Würde gesprochen. Hier allerdings in zwei unterschiedlichen Zusammenhängen, die beide heute noch spürbar sind. Da gab es zum einen die Würde als Kennzeichnung einer gesellschaftlichen Position. Menschen hatten unterschiedlich viel davon und die Menschen an der Spitze der Gesellschaft wurden als Würdenträger bezeichnet. Sie erkannte man an ihrer Kleidung und an Symbolen der Macht. Beispiele dafür sind heute die Bürgermeisterkette oder das Kardinalsgewand. Würde war zum anderen auch schon in der Antike das, was allen Menschen gleichermaßen zukommt und sie gegenüber Tieren auszeichnet. Als Grund dafür wurden die Vernunft und in der christlichen und jüdischen Tradition die Gottesbildlichkeit des Menschen angeführt.

Menschenwürde beinhaltet eine Verpflichtung. Aus ihr lassen sich die anderen Menschenrechte ableiten. Das gilt sowohl für das Diskriminierungsverbot, die Freiheitsrechte (etwa die Meinungsfreiheit) und die Schutzrechte (wie das Folterverbot oder die Garantie einer fairen Gerichtsverhandlung), als auch für die sozialen Menschenrechte. Letztere stecken die Grundlagen für ein menschenwürdiges Leben ab. Dazu gehört das Recht auf Freizeit und Bildung genauso wie das Recht auf gesundheitliche Versorgung, Wohnung und Arbeit.

www.jugendnetz.de

Und Gott schuf den Menschen zu seinem Bilde,
zum Bilde Gottes schuf er ihn.

1 Mose 1,27

Seinen Standpunkt nicht aus sich selbst haben – MERK würdig.

info

Geschöpf und Ebenbild

Eine der Wurzeln des neuzeitlichen Grundrechts auf Menschenwürde ist das biblische Menschenbild. In 1 Mose 1–3 wird vom Menschen als einem Geschöpf Gottes erzählt, belebt von Gottes Atem (2,7), gesegnet (1,28) und beauftragt, Verantwortung in der Welt zu übernehmen (1,28 und 2,15). Dies ist die ursprüngliche Bedeutung der Redewendung vom »Ebenbild Gottes«: Der Mensch wird sozusagen als Statthalter Gottes eingesetzt. Dies gilt für jeden Menschen in gleicher Weise (»Adam« heißt einfach: »Mensch«). Nach biblischem Verständnis hat der Mensch also seine Würde nicht von sich aus, sondern bekommt sie von Gott geschenkt. Das ist sein »Standpunkt« in der Welt, von dem aus er vertrauensvoll leben kann. Luthers Erklärung des 1. Glaubensartikels fasst dies zusammen.

Die Erschaffung Adams

- Beschreibe das Relief aus der Kathedrale von Chartres genau! Achte auf Motive, Formen, Linien, Gestik, Mimik, Körperhaltung!
- Lies die Stellen in der Bibel, die von der Erschaffung des Menschen handeln (1 Mose 1,26–31; 1 Mose 2; evtl. Ps 8)! Beziehe deine Beobachtungen zum Bild aus Chartres auf diese Stellen!
- Versuche eine Deutung des Bildes aus Chartres; beziehe dabei auch den Gedanken des »Standpunkts« ein!
- Lies Luthers Erklärung zum 1. Glaubensartikel und überlege, welchen Standpunkt der Sprecher dieser Sätze einnehmen könnte. (Steht, sitzt oder liegt er? In welcher Situation und an welchem Ort könnte er sich befinden?)

Menschenwürde

- »Würde«: Formuliert Sätze mit diesem Begriff. Ihr könnt auch Standbilder stellen.
- Sammelt Situationen, in denen euch die Rede von der »Menschenwürde« schon begegnet ist!
- Fertigt Collagen an: »Die Würde des Menschen ist (un-)antastbar.« Dabei könnt ihr Zitate aus den Schöpfungserzählungen verarbeiten.
- Das Merke klingt paradox: Philosophiere darüber!

Fadensuche –

Benjamin bewohnt mit seinen neuen Freunden denselben Gang eines Internats. Da er eine Halbseitenlähmung hat, benötigt er bei Aktionen, wie z. B. nächtlichen Besuchen bei den Mädchen über die Außenfassade des Wohntraktes, die Hilfe seiner Mitbewohner.

»Ich habe eine Frage«, sagt der dünne Felix, als wir ihn in den Mädchengang ziehen. Er schlottert ein wenig. Malen hin oder her. Vielleicht hätte er sich doch ein wenig mehr anziehen sollen.

»Frag!«, sagt Janosch auffordernd. Dabei schiebt er seine Brille auf die Nase zurück. Sie ist ihm beim Klettern ins Gesicht gerutscht.

»Meint ihr, irgendjemand hat diese Aktion verfolgt? Und wenn? Lobt er uns später vielleicht, weil wir so tapfer waren?«

Der dünne Felix meint es ernst. Seine Stimme klingt belegt. Vielleicht schwingt auch ein bisschen Skepsis mit. Aber im Grunde auch viel Wahres. Felix ist klug. Selten höre ich ihn spaßen. Kugli sagt, er sei unser Philosoph. Ich glaube, damit hat er Recht.

»An wen denkst du da zum Beispiel?«, fragt Florian, den alle nur Mädchen nennen.

»An Gott vielleicht«, antwortet Felix. »Meint ihr, jemand von da oben sieht uns?«

»Niemand sieht uns«, antwortet Florian.

»Aber warum machen wir dann die ganze Scheiße?«, will Felix wissen.

»Vielleicht gerade, weil niemand uns sieht«, gibt das Mädchen zur Antwort.

»Aber müssten wir dann nicht alle tierische Angst vor dem Leben haben?«, erkundigt sich Felix.

»Haben wir doch auch«, antwortet Janosch. »Jeder Schritt ist schwierig.«

»Dafür hingst du vorhin aber ziemlich lässig an der Leiter«, antwortet Kugli.

»Ich werde nicht alles erreichen, was ich will, aber ich werde alles probieren, was ich kann«, entgegnet Janosch.

»Was hat das mit der Angst vorm Leben zu tun?«, erwidert Kugli.

»Das hat viel mit der Angst vorm Leben zu tun«, antwortet Janosch. »Ich weiß auch nicht, warum. Das dauernde Gefühl, etwas erreichen zu wollen vielleicht.«

»Hast du denn schon etwas erreicht?«, frage ich.

»Also hör mal!«, antwortet Janosch. »Ich bin gerade mit Kugli und dir die Feuerleiter raufgeklettert. Und du sagst, ich hätte noch nichts erreicht.«

»Das meinte ich doch gar nicht«, erwidere ich.

»Was meintest du dann?«

auch ein Standpunkt?

»Ob im Leben noch etwas auf dich wartet!«, antworte ich streng.
»Lebert – ich bin sechzehn Jahre alt. Nicht dreihundertvier. Auf mich wartet noch vieles. Siehst du dieses Zimmer dort vorne mit der Aufschrift: Malen Sabel, Anna März und Marie Hangerl?«
»Ja«, erwidere ich.
»Das wartet als Nächstes auf mich! Und morgen wartet wieder etwas anderes. Französisch zum Beispiel. Oder Mathe. So ist die Jugend.«
»Die Jugend ist scheiße«, antwortet Kugli. »Man hat viel zuwenig Zeit. Immer muss man etwas machen. Warum eigentlich?«
»Weil man es sonst auf morgen verschieben würde«, antwortet der dünne Felix. »Man kann das zu Erledigende aber nicht auf morgen verschieben. Während man es aufschiebt, geht das Leben vorüber.«
»Wo steht so etwas?«, fragt Florian.
»In Büchern, denke ich«, antwortet Felix.
»In Büchern?«, fragt Florian. »Ich dachte, in Büchern steht, wann der Zweite Weltkrieg war oder so. Oder was der Unterschied zwischen einem Haupt- und einem Nebensatz ist.«
»Ja«, antwortet Felix. »Das steht auch in Büchern. Aber in manchen Büchern steht einfach, wie das Leben so ist, glaube ich.«
»Und wie ist das Leben?«, fragt Kugli.
»Anspruchsvoll«, antwortet Felix.
Ein großes Grinsen macht die Runde.
»Sind wir auch anspruchsvoll?«, will Janosch wissen.
»Das weiß ich nicht«, erwidert Felix. »Ich glaube, wir befinden uns gerade in der Phase, wo wir noch den Faden finden müssen. Und wenn wir den Faden gefunden haben, sind wir auch anspruchsvoll.«
»Das verstehe ich nicht«, bemerkt Florian entrüstet. »Was sind wir denn, bevor wir anspruchsvoll sind?«
»Vorher sind wir, so glaube ich, Fadensuchende. Die ganze Jugend ist ein einziges großes Fadensuchen.«
»Die Jugend ist trotzdem scheiße«, antwortet Janosch. »Obwohl … Ich glaube, ich suche noch lieber den Faden, als dass ich anspruchsvoll sein will. Das Leben ist zu kompliziert.«

aus: Benjamin Lebert, Crazy

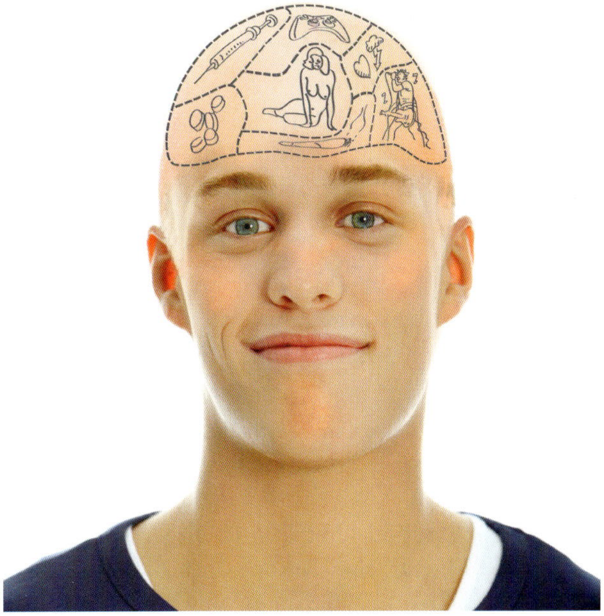

Baustelle Gehirn: In der Pubertät finden »Umbauarbeiten« im Gehirn statt. Die Erwachsenen finden dann, dass man manchmal »merkwürdig« reagiert.

Fadensucher: MERK mal von Geschöpfen Gottes

- »Jugend ist …« – sammelt Aussagen aus den Texten und führt ein Schreibgespräch darüber! Vielleicht fallen euch weitere sprachliche Bilder und Vergleiche ein.
- Philosophiere über »Fadensuche« und »Standpunkt«; ihr könnt dazu passende Bilder mithilfe eines Fadens und eines Overheadprojektors gestalten.
- Suche das Motiv der Fadensuche auch in den Materialien auf S. 14–15!
- Felix scheint Gott als großen Aufpasser zu sehen. Was würde ihm der Bildhauer von Chartres (S. 14) antworten?
- Ob Erwachsene ihn gefunden haben, den Faden? Sprich mit Personen deines Vertrauens darüber!
- Übertrage das Bild auf der linken Seite in dein Heft und notiere in Form eines Clusters deine Einfälle und Erfahrungen dazu! Strukturieren
- Diskutiert: Die Schule – ein Ort der Fadensucher? Ein Ort, wo das Gehirn Flügel kriegt?

im Zusammenhang

Ein Religionslehrer:
»Früher gab es in der Klasse noch so richtige heftige Diskussionen über Gott und die Welt. In jeder Gruppe war mindestens ein Atheist* oder Querdenker dabei, der den Unterricht aufmischte. Heute streitet man nicht mehr über Religion oder Weltanschauung. ›Es soll doch jeder glauben, was er will‹, sagen meine Schülerinnen und Schüler oder: ›Das muss jeder selbst wissen.‹ Jedes zweite Wort ist ›irgendwie‹ oder ›keine Ahnung‹ … Alles, was ich sage, fällt wie auf Watte.«

- Antworte dem Lehrer in Form eines Briefes oder einer E-Mail und beziehe dabei Gedanken aus dem Kapitel mit ein!
- Ein Mensch mit Standpunkt – überlege, wer dir dazu einfällt; vielleicht eine Person, über die du in den Medien erfahren hast, die du im Unterricht kennengelernt hast oder jemand aus deiner persönlichen Bekanntschaft? Fertige über diesen Menschen ein kurzes Porträt an, in dem du aufzeigst, worin sein »Standpunkt« bestand / besteht, wie er ihn vertreten hat / vertritt und inwiefern dieser Mensch vielleicht auch ein Fadensucher / eine Fadensucherin war oder ist.
- Auch in diesem Buch wirst du Männern und Frauen mit Standpunkt begegnen; z. B. solchen, die sich im Namen Gottes und in der Nachfolge Jesu Christi für Gerechtigkeit und Menschenwürde einsetzen. Ihr könnt gemeinsam im Laufe der Zeit ein Plakat anfertigen, auf dem ihr diese Personen festhaltet (z. B. durch ein Bild und einen kurzen Steckbrief)!
- Im 1. Glaubensartikel geht es um Vertrauen. Erinnere dich an andere Vertrauenstexte aus den letzten Schuljahren. Montiere passende Sätze daraus auf eine Kopie von Seite 14!

ES STRÖME RECHT WIE WASSER

Warum nicht einfach alles gleich aufteilen?

Warum ist Justitia blind?

Wieso ist Gerechtigkeit unter Geschwistern ein Dauerthema?

Ist Gott gerecht?

Ist er lieb?

Haben manche einen besonderen Draht zu Gott?

Woher weiß man überhaupt, wer recht hat?

Kapitel 2

Ungerecht!

Sara ist 15 Jahre alt. Paul bekommt 9 Euro Taschengeld im Monat. Emma musste mit 15 um 20 Uhr zu Hause sein. Emma jobbt im Supermarkt. Sara darf am Wochenende bis 22 Uhr ausgehen. Emma hat einen eigenen Laptop im Zimmer. Paul bringt immer die leeren Flaschen zum Container. Emma bekommt 41 Euro Taschengeld. Paul ist 8 Jahre alt. Als Sara 10 war, bekam sie 10,50 Euro. Paul fährt im Sommer mit den Eltern ins Ferienhaus an der Nordsee. Emma ist 17. Sara darf nur den PC im Wohnzimmer benutzen. Emma passt auf Paul auf, wenn die Eltern weg sind. Paul wünscht sich ein Handy. Sara nimmt im Sommer an einem Tenniscamp teil. Emma bleibt im Sommer zu Hause und lernt fürs Abi. Sara und Emma machen manchmal einen Filmabend im Wohnzimmer. Manchmal machen Paul und sein Vater einen »Männertag«, z. B. eine Fahrradtour oder einen Besuch im Fußballstadion. Emma möchte im nächsten Jahr Fahrstunden nehmen. Paul darf keine Filme ab 12 sehen. Sara trägt Zeitungen aus. Sara musste früher immer Emmas Sachen auftragen. Paul hat 4 Stunden Medienzeit pro Woche. Sara hat ein Smartphone. Seit 10 Jahren haben Sara und Emma eigene Zimmer unter dem Dach, mit eigenem Badezimmer. Als Emma 10 war, bekam sie 9,50. Emma braucht in diesem Jahr nicht im Haushalt zu helfen, weil sie fürs Abitur lernen muss. Sara spielt wunderschön Klavier, genau wie Mama. Paul hatte von Anfang an ein eigenes kleines Kinderzimmer. Paul muss unter der Woche spätestens um 19.30 Uhr im Bett sein. Sara räumt immer die Spülmaschine aus. Wenn Emma Besuch hat, schließt sie ihr Zimmer zu … Paul fühlt sich ungerecht behandelt. Emma fühlt sich ungerecht behandelt. Sara fühlt sich ungerecht behandelt.

Richtig?

Nicolas Poussin, Das Urteil Salomos, 1649

Gerechtigkeit

Das Tortenbeispiel

Ist eine Torte unter mehreren Kindern zu verteilen, können verschiedene Gründe für eine ungleiche Verteilung angeführt werden. Ein Kind könnte erklären, dass es besonders großen Hunger hat. Das ist das sogenannte Bedürfnisargument. Ein anderes Kind könnte sagen, dass ihm die Mutter bereits die Hälfte der Torte versprochen hat: das Argument aus erworbenen Rechten. Ein drittes könnte anführen, dass es für die Mutter gearbeitet hat: das Argument aus Verdienst im engeren Sinn (Leistung). Viertens könnte ein Kind sagen, ihm gebühre ein größeres Stück, weil es das erstgeborene ist. Dieser Grund läuft darauf hinaus, dass es vorweg einen größeren Wert hat. Alles das sind gegebenenfalls relevante Gründe.«

*Ernst Tugendhat (Philosoph, *1930)*

Fragen zur Gerechtigkeit

Wie ist das bei Tieren mit der Gerechtigkeit?

Versuche an der Uni Wien zeigten, dass sich auch Vierbeiner manchmal ungerecht behandelt fühlen. Bei den Versuchen saßen zwei Hunde nebeneinander und mussten Pfötchen geben. Die einen bekamen Wurst – egal ob sie die Tatze hoben oder nicht. Die anderen gingen leer aus. Ergebnis: Nach mehrmals ungerechter Belohnung verweigerten die benachteiligten Hunde die Mitarbeit. Sie sahen entrüstet ihre Nachbarn an und waren beleidigt.

Sind Kinder gerechter als Erwachsene?

Anders als oft angenommen, haben Kinder keinen stärkeren Gerechtigkeitssinn als Erwachsene. Im Gegenteil: Das fand der Wirtschaftsforscher Matthias Sutter von der Universität Innsbruck heraus. In einem Spiel gibt ein Kind einem anderen Kind zehn Euro. Durch eine Verzinsung werden daraus 30 Euro. Das zweite Kind muss entscheiden, wie viel Geld es an das erste Kind zurückgeben will. Der Versuch ergab: Achtjährige behalten 90 % des Geldes für sich. Zwölfjährige behalten nur noch 80 % des Geldes für sich, Erwachsene schließlich sogar lediglich 65 %.

Welche Gerechtigkeit wollen wir denn?

Klar ist: Gerechtigkeit herrscht nur, wenn man seine Rechte einfordern kann. Es muss daher Gesetze geben und Menschen oder Behörden, die ihre Einhaltung überwachen. Doch gibt es verschiedene Arten von Gerechtigkeit. Man kann oft eine Art von Gerechtigkeit nur herstellen, wenn man in anderer Hinsicht Ungerechtigkeiten hinnimmt.

Wenn gewährleistet ist, dass jeder Mensch seine Talente nutzen und aufsteigen kann, spricht man von *Chancengerechtigkeit*. *Bedürfnisgerechtigkeit* ist verwirklicht, wenn jeder genügend Mittel zur Verfügung hat, um seine Bedürfnisse befriedigen zu können. Von der Idee her verwandt mit der *Bedürfnisgerechtigkeit* sind die *Verteilungsgerechtigkeit* und die *»soziale« Gerechtigkeit*. Wer viel und gut arbeitet, soll mehr bekommen als der, der lieber seine Freizeit genießt: *Leistungsgerechtigkeit* heißt dieses Prinzip.

Die Welt, 10. Juli 2009

- Gerechtigkeit unter Geschwistern – ein Dauerthema. Mache dir mit Hilfe der Aussagen auf S. 20 ein Bild von den einzelnen Geschwistern!
- Wähle eine Person aus und lasse sie einen Beitrag für ein Forum / eine Anfrage an eine Jugendberatungsstelle o. Ä. formulieren: »Ich fühle mich in meiner Familie ungerecht behandelt.«
- Entwirf auch ein Schreiben aus der Perspektive von Mutter oder Vater!
- Diskutiert das Tortenbeispiel! Übertragt es auf andere Lebensbereiche!
- »Alles das sind gegebenenfalls relevante Gründe.«: Wie damit umgehen, wenn alle recht haben? Verwendet zur Meinungsbildung z. B. die Schneeballmethode!
- Erkläre die Begriffe Bedürfnisgerechtigkeit, Chancengerechtigkeit, Verteilungsgerechtigkeit mithilfe der Materialien dieser Seite!
- »Streng aber gerecht« – der ideale Lehrer?
- Überlege mithilfe der Karikatur, in welche Widersprüche man geraten kann, wenn man Gerechtigkeit in der Schule praktizieren möchte!
- Suche nach Erklärungen, warum sich ältere Kinder im Experiment gerechter verhalten!

Rembrandt, Skizze zum Gleichnis von den Arbeitern im Weinberg

Er liebt Gerechtigkeit und Recht; die Erde ist voll der Güte des Herrn. Ps 33,5

... dass Güte und Treue einander begegnen, Gerechtigkeit und Friede sich küssen. Ps 85,11

Euch aber, die ihr meinen Namen achtet, geht die Sonne der Gerechtigkeit auf, ihre Flügel bringen Heilung. Mal 3,20

Selig sind, die da hungern und dürsten nach Gerechtigkeit. Mt 5,6

Zieh einher für die Wahrheit in Sanftmut und Gerechtigkeit, so wird deine rechte Hand Wunder vollbringen. Ps 45,5

info

Gerechtigkeit in der Bibel

- Wir haben bei dem Begriff Gerechtigkeit oft das Bild der Justitia vor Augen, die – ohne Ansehen der Person – blind jedem und jeder das gleiche Maß abwiegt. Die Bibel hat einen anderen Begriff von Gerechtigkeit. »Gerechtigkeit« beschreibt hier eine Beziehung zwischen Gott und Menschen und eine Beziehung der Menschen untereinander. Von Gerechtigkeit kann man sprechen, wenn es »passt«, wenn es »mit rechten Dingen« zugeht, wenn jedem Recht geschieht. Wie Beziehungen unter Menschen in Bewegung sind, so ist auch Gerechtigkeit lebendig.
- Die Bibel versteht Gerechtigkeit zugleich als Geschenk Gottes und als Aufgabe für die Menschen. Im 2. Buch Mose wird erzählt, wie Gott die Israeliten in die Freiheit führt und ihnen die Zehn Gebote* schenkt – als Orientierung für ein Leben in Freiheit und Gerechtigkeit.

Wenn in der Bibel von Gott als »Richter« die Rede ist, so bedeutet dies nicht, dass er erbarmungslos, in blinder »Gerechtigkeit« die Taten der Menschen bestraft, sondern es spricht daraus die Hoffnung, dass Gottes Gerechtigkeit sich durchsetzen wird, dass er den Opfern Recht schafft, dass er »alles gut« werden lässt.

MERKe: Gerechtigkeit ist in Bewegung. Manche finden das ungerecht.

Salomos Urteil

- Beschreibe das Bild von Poussin auf S. 21 genau! Ziehe auf einer Kopie die Linien nach; stelle Vermutungen zu den Beziehungen zwischen den Personen an und deute ihre Gestik und Mimik!
- Lies 1 Kön 3,16–28 und identifiziere den Moment der Geschichte, den das Bild festhält!
- Gerecht, richtig, klug, weise, geschickt oder vielleicht sogar das Gegenteil von alledem? Charakterisiere das Verhalten von Salomo durch geeignete Begriffe!
- In der Info erfährst du einiges über Gerechtigkeit in der Bibel. Prüfe, ob die Geschichte von Salomos Urteil dazu passt! Vielleicht möchtest du sie weiter- oder umschreiben.

Gerechtigkeit in der Bibel

- In den Bibelzitaten ist »Gerechtigkeit« mit anderen wichtigen Begriffen verbunden: Wähle dir zwei oder drei aus und verdeutliche ihre Beziehung graphisch! Visualisieren
- Gottes Gerechtigkeit »bringt etwas in Ordnung, stellt etwas richtig«: Spielt zu den Geschwisteraussagen auf S. 20 eine Familienkonferenz, an deren Ende man sagen kann: So ist es in Ordnung, so passt es.
- Lies Mt 20,1–16 und beziehe den Text auf die Skizze von Rembrandt! Arbeite mit einer Kopie und lege den Personen Sätze in den Mund (Sprechblasen)!
- »In Mt 20 geht es nur um das Verhältnis zwischen Gott und Mensch. Für das Verhältnis der Menschen untereinander gelten andere Gesetze.« Diskutiert!

In Unrecht ...

Handarbeit ersetzt Maschinenkraft

Rund zwei Millionen Bergleute gibt es in der Demokratischen Republik Kongo und rund zehn Millionen vom Kleinbergbau abhängige Menschen – das sind rund 20 % der Gesamtbevölkerung des Landes. Diese Bergleute im Kleinstbergbau, der nahezu ausschließlich in Handarbeit erfolgt, haben bis vor kurzem zwischen 80 und 100% der kongolesischen Gesamtrohstoffproduktion gefördert.

Der Bürgerkrieg im Kongo hat der Entwicklung des Kleinbergbaus Vorschub geleistet. Doch obwohl dadurch zahlreiche Möglichkeiten an alternativen Einkommensquellen entstanden sind, birgt er auch Gefahren. »Obwohl die meisten Berggesetze den Kleinbergbau theoretisch regeln, ist der Einfluss der gesetzlichen Bestimmungen auf den Sektor in der Realität sehr gering«, so Frank Melcher, der den Kleinbergbau im Kongo untersucht hat. »Die Arbeitsbedingungen sind schlecht, Kinder- und Zwangsarbeit sind üblich. Die mangelnde Arbeitssicherheit führt darüber hinaus häufig zu Unfällen.«

Aufgrund der fehlenden technischen Ausrüstung und mangelnder Ausbildung sind die Bergarbeiter in den Coltan-Minen des Ost-Kongo besonderen Gefahren ausgesetzt. Vor allem Erdrutsche verursachen immer wieder Todesfälle in den Minen. Oft graben die Bergleute an Berghängen bis zu sechs Meter tief. Wenn die Löcher mit Wasser volllaufen, können sie einstürzen, oder der gesamte Hang rutscht ab.

Zudem werden die Bergleute während der Anfangsphase ihrer Tätigkeit oft von Händlern zwischenfinanziert und sind später dann gezwungen, dieses Darlehen abzuarbeiten. Die Folge: langfristige Abhängigkeit. Die Minenarbeiter selbst können die geförderten Rohstoffe kaum selbst verkaufen, da sie weder über die technische noch die ökonomische Infrastruktur verfügen und so keinen Zugang zu freien Rohstoffmärkten finden. Händlern vor Ort gibt dies die Möglichkeit, die Preise noch stärker zu diktieren als ohnehin.

Edda Schlager, Scinexx, 25. April 2009

Aus Umfragen von 2010 und 2011:

- Die Mehrheit der Deutschen wechselt alle 2,5 Jahre das Handy.
- 96 Prozent aller Jugendlichen zwischen 14 und 20 Jahren besitzen ein Mobilfunkgerät.
- Vor allem die unter 30-Jährigen nutzen die volle Bandbreite an Zusatzfunktionen eines Gerätes.
- Weltweit gibt es sechs Milliarden Mobilfunkanschlüsse für ca. 4,1 Milliarden Teilnehmer. Das sind fast 60 Prozent aller Menschen weltweit.

Ihr wandelt das Recht in Gift!

info

Coltanabbau im Kongo

Im Kongo kommen sehr viele Bodenschätze vor, wie z. B. Diamanten, Gold, Erdöl, Uran, Kobalt, Kupfer und insbesondere Coltan. 80 % des weltweiten Coltan-Vorkommens lagern in Afrika, wiederum 80 % davon im Kongo. Aus diesem Erz werden die Metalle Niob und Tanta gewonnen, die notwendig sind zur Herstellung von Chips und Kondensatoren. Kaum ein Handy funktioniert ohne Coltan. Allerdings profitiert die Bevölkerung von der Ausbeutung dieser Bodenschätze so gut wie gar nicht, unter anderem, weil durch das Bestreben unterschiedlichen Rebellen und Söldnergruppen, die Coltan-Vorkommen zu kontrollieren, blutige Konflikte entstanden sind. Wegen des Kampfes um das Coltan starben bereits über fünf Millionen Menschen. Neben den Soldaten und Geschäftsleuten aus den Nachbarländern Ruanda und Uganda profitierten auch viele Firmen aus den Industrieländern sehr stark von dem blutigen Geschäft. Aus diesem Grund sind Metalle aus der Region inzwischen in Verruf geraten und die Nachfrage nach ihnen ist gesunken. Aber auch dies ist für die Bevölkerung im Kongo nicht unproblematisch, da viele Menschen dort vom Bergbau leben.

verwickelt

Weh den Sorglosen!

- Besorge dir aktuelle Zahlen für die Nutzung von Mobilgeräten!
- Arbeite aus den Materialien dieser Doppelseite die wichtigsten Fakten über Coltanbergbau heraus! Sachtexte
- Ich und mein Handy – tauscht euch in Kleingruppen aus oder schreibt eure Gedanken dazu auf!
- Informiere dich über die Aktion Fairphone und ggf. andere Initiativen für faire Mobilfunkgeräte! Recherchiere auf den Internetseiten renommierter Mobilfunkfirmen, ob das Thema dort vorkommt! Internet
- Lass die Graffitis auf dich wirken: Passen sie? Oder möchtest du sie umformulieren? Auf den nächsten Seiten wirst du mehr über den Autor dieser Sätze erfahren.

»Ohne mein Handy fühle ich mich unvollständig.«

»Meine Mutter ist beruhigt, wenn ich immer erreichbar bin.«

»Mein Handy ist schon drei Jahre alt. Es funktioniert – aber die anderen lachen darüber.«

»Unglaublich, was mein neues Smartphone alles kann …«

»Woher weiß ich denn, ob ein Handy fair hergestellt wurde?«

»Man fühlt sich hilflos …«

»Das ist Sache der Firmen oder der Politik.«

»Wir bringen Elektroschrott auf den Sondermüll. Das ist auch schon was.«

Aus einem Interview mit Frank Piasecki Poulsen

Für seinen Dokumentarfilm »Blood in the Mobile« hat der dänische Regisseur mehrere gefährliche Reisen in den östlichen Kongo unternommen. Er hat u.a. in der Mine in Bisie recherchiert – wo Kinder im Alter von 10 Jahren bis zu 72 Stunden in den engen Tunneln unter der Erde verbringen.

Klebt an meinem Handy Blut? – Was haben Sie herausgefunden?

Die Wahrscheinlichkeit ist hoch, dass sich in unseren Mobiltelefonen Mineralien wie Coltan aus Konfliktregionen befinden.

Sie sind in den Osten des Kongo gereist, wo große Vorkommen des wertvollen Coltans lagern. Was haben Sie erlebt?

Ich war schon oft in Bürgerkriegsregionen, aber was ich im Dschungel des Kongos gesehen habe, ist die Hölle auf Erden. Der Krieg im Kongo hatte ursprünglich soziale und ethnische Gründe. Als die Handybranche boomte und die Preise für diese notwendigen Rohstoffe in den Himmel schossen, begann sich der Krieg auch um diese Mineralien zu drehen. Das Coltan ist nicht der einzige Grund für den Krieg, aber es ist eine Geldquelle für die Rebellen. Wenn man verhindern kann, dass dieses Geld weiterhin zu den bewaffneten Gruppen fließt, dann würde dies Wirkung zeigen.

Wie reagieren die Mobilfunkhersteller auf den Vorwurf, dass ihre Handys den Krieg im Kongo finanzieren?

Für die Recherchen zu meinem Film habe ich über ein Jahr lang jede Woche bei [einem namhaften Handyhersteller] angerufen, ich wurde von einer Stelle zur nächsten weitergeleitet. Inzwischen schreibt [die Firma] auf ihrer Website, dass sie gute Absichten haben, aber bis heute können sie nicht garantieren, dass sie dieses Coltan nicht auch in ihren Mobilfunkgeräten verwenden. Ich meine, die Handy-Unternehmen müssen doch wissen, woher ihre Materialien kommen. Ein Supermarkt weiß ja auch, wo seine Ware herkommt.

Dann geht es also eigentlich um etwas ganz anderes?

Letztendlich geht es nur um den Preis. Wenn das Mobiltelefon durch illegales Coltan billiger produziert werden kann, dann kann man günstiger als die Konkurrenz sein. Und die Käufer von Mobiltelefonen schauen auf die Preise.

Jörg Nowak

Ich muss ein Klagelied über euch anstimmen!

Herausgerufen zum Reden

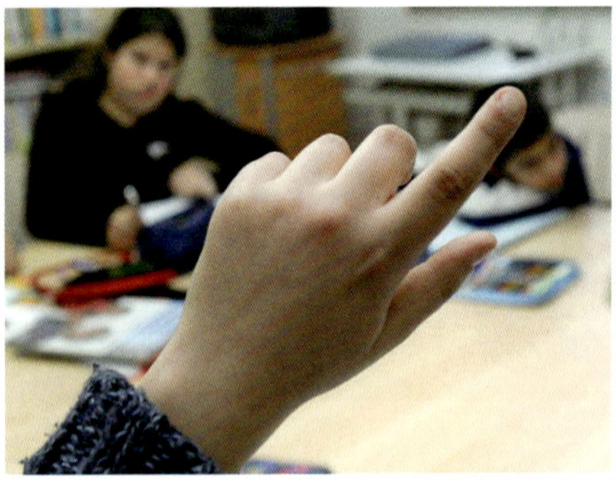

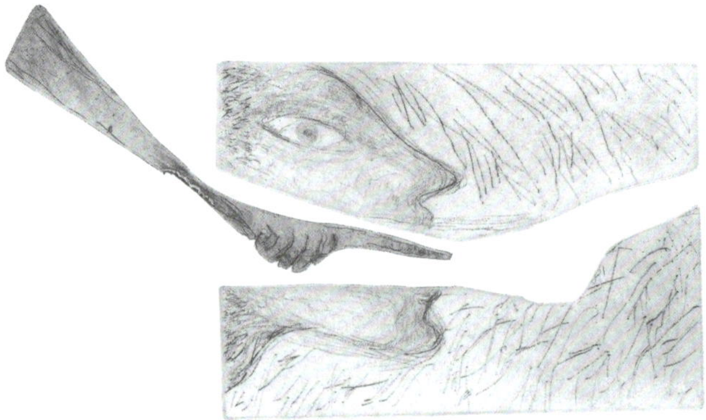

»Eine Frage ...«
»Ich habe mein Buch vergessen.«
»Ich finde das unfair.«
»Darf ich eben auf die Toilette?«
»Martin Luther lebte von 1483–1546.«
»Ich versteh das einfach nicht.«
»Dieses Thema ist langweilig.«
»Peter stört mich die ganze Zeit.«
»Also ich sehe das anders als Sie.«
»Ich war's.«

Denn siehe, es ist kein Wort auf meiner Zunge, das du, HERR, nicht schon wüsstest. Ps 139,4

Der Löwe brüllt, wer sollte sich nicht fürchten? Gott der HERR redet, wer sollte nicht Prophet werden? Am 3,8

Ich bin kein Prophet noch ein Prophetenjünger, sondern ich bin ein Hirt, der Maulbeeren züchtet. Aber der HERR nahm mich von der Herde und sprach zu mir: Geh hin und weissage meinem Volk Israel! So höre nun des HERRN Wort! Am 7,14 f.

reden wollen – reden müssen

- »Streberin!« – »Die macht mit!« – »Die traut sich!« – beschreibe deine erste Reaktion auf das Bild links oben!
- Der Moment, bevor man sich meldet ... halte Gedanken und Gefühle in Zeitlupe fest!
- Sich melden ist manchmal leicht, manchmal kostet es Überwindung. Ordne die Zitate unter dem Bild nach diesem Gesichtspunkt!
- »Kein Wort, dass du, HERR, nicht schon wüsstest« – ein ermutigendes oder beängstigendes Psalmwort? Diskutiert!
- Vergleiche die beiden Bilder auf dieser Seite!
- Deute das Bild von Th. Zacharias mithilfe der Bibelzitate!
- Etwas sagen müssen, das man nicht will – etwas sagen wollen, aber es nicht schaffen – schreibe Erfahrungen auf!
- In der Bibel findest du Geschichten, in denen Gott Menschen zum Reden zwingt, z. B. 2 Mose 3, Jes 6,1–13, Apg 9,1–9, Jer 1,4–10. Beziehe sie auf das Bild von Th. Zacharias!
- Th. Zacharias wurde zu seinem Bild von Am 3,8 inspiriert. Von Amos wird keine Berufungsgeschichte überliefert, aber man könnte sie aus Am 3,8 und 7,14 f. rekonstruieren!

info

»So spricht der Herr«

Aus den vorigen Jahren erinnerst du dich vielleicht an Propheten* wie Nathan oder Jeremia, die mutig mit Worten, Gleichnissen und Zeichenhandlungen für Gerechtigkeit eintraten und die Menschen an Gott und seine Gebote erinnerten. 5/6 (Du kannst die wichtigsten Informationen auch noch einmal im Lexikon nachlesen.) Die Bibel schildert es so, dass diese Menschen nicht freiwillig das Wort ergriffen, sondern von Gott dazu berufen, ja geradezu gezwungen wurden, obwohl sie selbst sich das z.T. gar nicht zutrauten.

Die Worte der biblischen Propheten beginnen in der Regel mit »So spricht der Herr«. Mit dieser Botenformel versah man damals z. B. (mündliche) Nachrichten, die man durch einen Boten überbrachte; die Formel wirkt wie ein »Anführungszeichen«. Wenn der Prophet so redet, redet also nach biblischem Verständnis Gott selbst. In diesem Kapitel lernst du die Botschaft des Amos kennen, der im 8. Jahrhundert v. Chr. in Israel im Namen Gottes für Gerechtigkeit eintrat.

Zum Sehen gezwungen

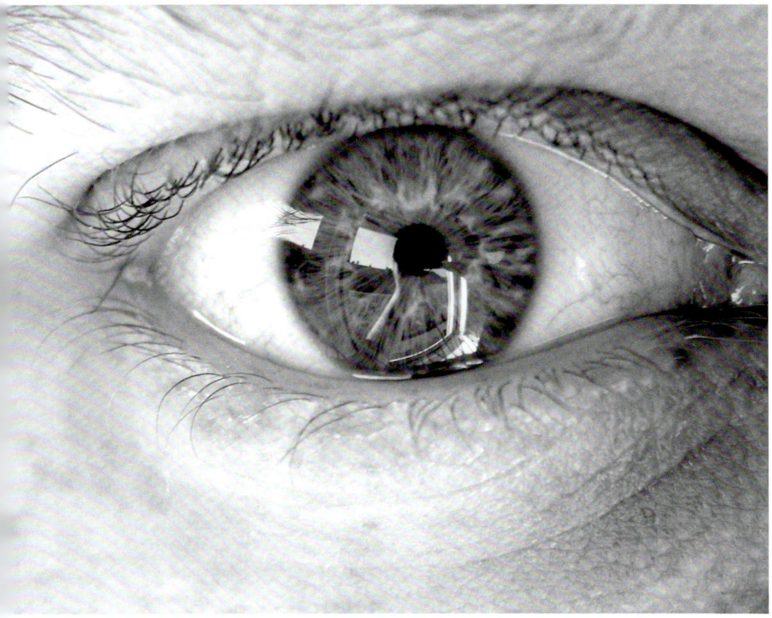

Gott der HERR ließ mich schauen, und siehe, der Herr stand auf einer Mauer, die mit einem Bleilot gerichtet war, und er hatte ein Bleilot in seiner Hand. Und der HERR sprach zu mir: Was siehst du, Amos? Ich sprach: Ein Bleilot. Da sprach der Herr zu mir: Siehe, ich will das Bleilot legen an mein Volk Israel und ihm nichts mehr übersehen, sondern die Höhen Isaaks sollen verwüstet und die Heiligtümer Israels zerstört werden.
AM 7,7–9

Gott der HERR ließ mich schauen, und siehe, da stand ein Korb mit reifem Obst. Da sprach der HERR zu mir: Reif zum Ende ist mein Volk Israel; ich will ihm nichts mehr übersehen. Und die Lieder im Tempel sollen in Heulen verkehrt werden zur selben Zeit, spricht Gott der HERR. Es werden an allen Orten viele Leichname liegen, die man heimlich hinwirft.
AM 8,1–3

Seher *durchsichtig* *überempfindlich*
aufmerksam *sehenden Auges*
sechster Sinn *scharfsinnig*
scharfsichtig
Visionär *Röntgenblick* *hellsichtig*
Intuition
Schwarzseher *Antennen*

- Es gibt Träume, die einen nicht loslassen!
- Gestalte mit Farben die beiden Visionen des Amos! Könnte man sie auch hörbar machen?
- Träume – Visionen* – Orakel: Sammle, was du aus Mythologie und Religionen darüber weißt! Vergleiche damit das »Sehen« des Amos! Prüfe, welche der Begriffe oben zu ihm passen!
- Aus. Genug. Keine Chance. Zu spät. Es reicht. – Solche Aussagen sind schwer zu ertragen. Auf die Vision mit dem Bleilot folgt in der Bibel die Szene, in der Amos von Amazja, dem Priester des Heiligtums in Bethel, des Landes verwiesen wird. Hätte Amos seine Visionen auch für die Leute angenehmer deuten können? Hätte er sie besser verschwiegen? Diskutiert!
- Was könnte so Schlimmes passiert sein, dass ein solches Unheil, wie Amos es ansagt, gerechtfertigt ist? Stelle Vermutungen an und informiere dich auf den nächsten Seiten über die Hintergründe!

info

Mit allen Sinnen

Propheten wie Amos spüren Gottes Wort mit allen Sinnen: hörend, sehend, fühlend, ja sogar schmeckend (vgl. Hes 3,1 ff.). Sie haben einen fremden Blick auf die Welt, sie nehmen sie sozusagen mit Gottes Augen und Ohren wahr. Was sie sehen und hören, zerreißt sie fast. In der Bibel ist allerdings die Vision an sich noch nicht beweiskräftig. Auch falsche Propheten berufen sich auf göttliche Erscheinungen. Es kommt auf deren Deutung an, und die ist bei Amos und den anderen Propheten immer gebunden an die Erfahrungen, die Israel schon mit seinem Gott gemacht hat, und an seine Tora*, seine Weisungen für ein gerechtes Leben. Von Amos werden fünf Schreckensvisionen berichtet (Am 7–9). Während er Gott in den ersten beiden noch umstimmen kann, enden die anderen mit der Gewissheit, dass Gott genug hat von dem Verhalten seines Volkes und es vernichten wird.

ProphetenMERKmal: Hellsichtig – aber keine Hellseher.

Gerechtigkeit ströme ...

Amos sieht besser ...

Tief im Süden Israels, am Rande zur Wüste, wenige Kilometer von Bethlehem entfernt, liegt ein kleines Städtchen: Tekoa. Dort lebte einst Amos. Ein wohlhabender, selbstbewusster Bauer, Rinderhalter und Maulbeerfeigenzüchter. Einer, der viel sah. Sah, was sich alles so verändert hatte im Laufe der Jahre und Jahrzehnte. Zu Zeiten seiner Großmütter und -väter waren fast alle Kamel- und Kleinviehnomaden sesshafte Bauern geworden. Sie hatten ihre Nomadenzelte verlassen und hatten sich kleine Häuschen gebaut. Aber dann, zu Zeiten des Amos, passierte in Städten und Dörfern etwas, was es früher nicht gegeben hatte: Protz und Prunk. Archäologen, die in Israel die Ruinen alter Städte und Dörfer ausgraben, bestätigen es: Zu Zeiten des Amos wurden die Häuser-Grundrisse größer und vielfältiger. Große Häuser mit vielen Räumen und Kammern, richtige kleine Stadtpaläste entstanden, und daneben, immer noch, die kleinen Häuschen, eins wie das andere, die Häuschen der kleinen Leute standen nun neben den Stadtpalästen. Die Reichen wurden reicher, die Armen arm und ärmer.
Und Gott? Ach ja, und Gott! Der gibt seinen Segen dazu. Natürlich! Auch die Heiligtümer im Land wurden schließlich prächtiger und die Gottesdienste und die Feste – Gott konnte auch zufrieden sein.
Aber Menschen wie Amos, die am Rande der Wüste leben, Menschen wie Amos sehen mehr. Amos sieht besser. Mit dem Auge des Sehers und Propheten sieht er hinter die Fassaden. Was er da entdeckt? Habsucht und Hochmut, Menschen, die sich berauschen an Alkohol und Religion. Und den Preis für die Pracht der Häuser und Paläste – den zahlen die Armen. Und Gott? Der gibt seinen Segen dazu? Nein! Das kann nicht sein!
Amos sieht. Amos hat Visionen. »Dies ist's, was Amos gesehen hat über Israel zur Zeit Jerobeams, des Königs von Israel, zwei Jahre vor dem Erdbeben.« So beginnt das Buch des Propheten Amos. Amos hört Stimmen. Amos hört Gottes Stimme. »Der Löwe brüllt, wer sollte sich nicht fürchten? Gott der Herr redet, wer sollte nicht Prophet werden!« (3,8)
Eines schönen Tages trennt sich Amos von seiner Herde und seinen Maulbeerfeigenbäumen und zieht Richtung Norden, nach Bethel, zum Haus Gottes, nahe den Zentren der Macht. Bethel, Gottes Haus, wo einst Erzvater Jakob auf der Flucht sein Haupt hingelegt hat, ein Stein, mit Öl übergossen, mehr nicht. Das war einst Jakobs heiliger Ort: ein Stein.
Und jetzt, zu Zeiten des Amos – ein Heiligtum, prächtig herausgeputzt zum Feiertag, zu den Tempelfestspielen. Auf den Altären braten die Opfertiere. Dicke Rauchschwaden tragen den Geruch über den Tempelvorplatz und über die Hügel und von dort zum Himmel. Die Pilger auf dem Platz vor dem Heiligtum singen zu Ehren Gottes ihre Lieder. Es ist ein rauschendes Fest. Doch auf einmal übertönt jemand den Freudentaumel. Amos brüllt wie ein Löwe! Amos schweigt nicht länger.

Harald Storz

926 v. Chr. zerfiel Israel in das Nordreich Israel (722 von den Assyrern eingenommen) und das Südreich Juda (586 von den Babyloniern zerstört). Die jeweiligen Hauptstädte waren Samaria und Jerusalem.

Elfenbeinschnitzerei mit ägyptischer Gottheit aus dem Palast in Samaria. Solche Dekorationen waren auch in den Häusern der Reichen beliebt.

Siegel eines hohen Beamten am Hof Jerobeams, 8. Jahrhundert

Ostrakon (Tonscherbe) aus dem Palast von Samaria (8. Jahrhundert) mit einer Quittung über Öl und Wein (mit solchen Naturalien bezahlten Bauern ihre Steuern)

info

Amos

- Amos, vermutlich ein wohlhabender und gebildeter Bauer aus dem Südreich, wirkte als Prophet im Nordreich unter Jerobeam II. (787–747). Dessen Regierungszeit war noch einmal eine kurze Zeit des Friedens und Wohlstands, bevor das Nordreich 722 den Assyrern zum Opfer fiel.
- Das biblische Buch Amos gehört zu den Büchern der zwölf »kleinen« Propheten. Die Worte der Propheten wurden in der Bibel nicht einfach »protokolliert«, sondern sie wurden in den nachfolgenden Jahrhunderten vielfältig bearbeitet und ergänzt – die Menschen späterer Generationen empfanden sie immer wieder als aktuell und trugen ihre eigenen Erfahrungen und Gedanken ein.

Schuldsklaverei

- Wenn im Alten Israel jemand z. B. aufgrund von Missernte, hohen Steuern, Naturkatastrophen oder Krankheit seine Schulden nicht mehr bezahlen konnte, dann musste er oder jemand aus seiner Familie die Schuld abarbeiten. Danach war er frei. Zur Zeit Amos' nahm jedoch die Schuldsklaverei enorm zu: Die Zinsen waren sehr hoch; der Reichtum konzentrierte sich immer mehr auf wenige Stadtbewohner, während die Landbevölkerung verelendete. Amos kritisierte, dass schon wegen lächerlich kleiner Summen Menschen zu Schuldgefangenen wurden. Schuldsklaven wurden sogar weiterverkauft.

… wie ein nie versiegender Bach

Höret, was der HERR wider euch redet, ihr Israeliten, wider alle Geschlechter, die ich aus Ägyptenland geführt habe: AM 3,1

Sie verkaufen die Unschuldigen für Geld und die Armen für ein Paar Schuhe. Sie treten den Kopf der Armen in den Staub und drängen die Elenden vom Wege. AM 2,6F.

Hört dies Wort, ihr fetten Kühe, die ihr auf dem Berge Samarias seid und den Geringen Gewalt antut und schindet die Armen und sprecht zu euren Herren: Bringt her, lasst uns saufen! Gott der HERR hat geschworen bei seiner Heiligkeit: Siehe, es kommt die Zeit über euch, dass man euch herausziehen wird mit Angeln und, was von euch übrig bleibt, mit Fischhaken. AM 4,1 F.

Darum, weil ihr die Armen unterdrückt und nehmt von ihnen hohe Abgaben an Korn, so sollt ihr in den Häusern nicht wohnen, die ihr von Quadersteinen gebaut habt, und den Wein nicht trinken, den ihr in den feinen Weinbergen gepflanzt habt. Denn ich kenne eure Freveltaten, die so viel sind, wie ihr die Gerechten bedrängt und Bestechungsgeld nehmt und die Armen im Tor unterdrückt. AM 5,11 F.

Weh den Sorglosen zu Zion! Die ihr schlaft auf elfenbeingschmückten Lagern und euch streckt auf euren Ruhebetten? Ihr esst die Lämmer aus der Herde und die gemästeten Kälber und spielt auf der Harfe und erdichtet euch Lieder wie David und trinkt Wein aus Schalen und salbt euch mit dem besten Öl, aber bekümmert euch nicht um den Schaden Josefs*. AUS AM 6,1–6

Es ströme aber das Recht wie Wasser und die Gerechtigkeit wie ein nie versiegender Bach. AM 5,24

- Auf dieser Seite findest du Beispiele aus den Reden des Amos: Lies sie in ihrem Zusammenhang in der Bibel! Dabei entdeckst du auch die Graffiti von S. 24f. wieder! – Probiere, ob sich noch andere seiner Sätze als »Zwischenrufe« eignen würden!
- Arbeite mithilfe der Materialien auf dieser Doppelseite heraus, was Amos an seinen Zeitgenossen kritisiert! Ordne die Vorwürfe nach Themen!
- Schuldsklaverei war legal – wie sollten die Gläubiger sonst an ihr Geld kommen?
- Nach biblischem Verständnis spricht durch Amos Gott selbst (S. 26). Was bewegt Gott zu so heftiger Parteinahme? Am 3,1 könnte einen Hinweis geben! 5/6
- Amos vergleicht Gerechtigkeit mit einem Bach, der – nicht einmal im Wüstensommer – austrocknet: Deute dieses Bild! Beziehe dabei auch die Gedanken mit ein, die du dir im Zusammenhang mit S. 22f. zu Gerechtigkeit gemacht hast!

»Lügengötzen« Am 2,4

»Dafür wird dich der liebe Gott belohnen.«

»Göttlich!«

»Von dieser Prüfung hängt meine ganze Zukunft ab.«

»Seit sie mit mir Schluss gemacht hat, hat mein Leben keinen Sinn mehr.«

»Es kann doch jeder glauben, was er will. Wenn's hilft.«

»Gott hilft dem Tüchtigen.«

»Ein Tag ohne Internet – undenkbar.«

Das Spiegelglas

Ein altes Gleichnis hörte ich vom Geld:
Schau durch ein Glas, und du erblickst die Welt.
Stopf es mit Silber voll – was wird geschehn?
Nichts als dich selbst kannst du darin sehen.
Mascha Kaleko.

So spricht der HERR: Um drei, ja um vier Frevel willen derer von Juda will ich sie nicht schonen, weil sie des HERRN Gesetz verachten und seine Ordnungen nicht halten und sich von ihren Lügengötzen verführen lassen, denen ihre Väter nachgefolgt sind. Am 2,4

Ich bin euren Feiertagen gram und verachte sie und mag eure Versammlungen nicht riechen. Und wenn ihr mir auch Brandopfer und Speisopfer opfert, so habe ich keinen Gefallen daran und mag auch eure fetten Dankopfer nicht ansehen. Tu weg von mir das Geplärr deiner Lieder; denn ich mag dein Harfenspiel nicht hören. Am 5,21 ff.

Denn ihre Götzen sind Trug und haben kein Leben. Sie sind nichts, ein Spottgebilde. Jer 10,14b–15

»Gott spricht durch mich« – Bushs göttliche Eingebungen

Wie keiner seiner Vorgänger versteht sich der US-Präsident bei seinen Entscheidungen als Sprachrohr und Bote Gottes – und sorgt damit für eine Kontroverse.

»Möge Gott uns jetzt führen«, betete Bush*, bevor er die ersten Bomben auf Bagdad werfen ließ. Ein Jahr nach der Invasion, als die Gewalt im Irak immer weiter eskalierte, rechtfertigte er den Krieg und dessen Folgen erneut mit dem Willen des Herrn: »Wir können dieser höheren Macht vertrauen, die uns durch die nächsten Jahre führen wird. Und bei allem, was uns bevorsteht, wissen wir, dass der Wille Gottes stets gerecht und wahr ist.«

Peter Gruber, Washington, in Focus 9. Oktober 2005

Tilman Moser setzt sich als Erwachsener damit auseinander, wie ihm als Kind Religion vermittelt wurde. Er redet dazu (fiktiv) Gott selbst an:

Aber weißt du, was das Schlimmste ist, das sie mir über dich erzählt haben? Es ist die tückisch ausgestreute Überzeugung, dass du alles hörst und alles siehst und auch die geheimen Gedanken erkennen kannst. In der Kinderwelt sieht das dann so aus, dass man sich elend fühlt, weil du einem lauernd und ohne Pausen des Erbarmens zusiehst und zuhörst und mit Gedankenlesen beschäftigt bist.

Tilman Moser

»Suchet mich, so werdet ihr leben.« Am 5,4

Gott sprach zu Mose: Ich werde sein, der ich sein werde. Und sprach: So sollst du zu den Israeliten sagen: »Ich werde sein«, der hat mich zu euch gesandt ... Der HERR (JHWH), der Gott eurer Väter, der Gott Abrahams, der Gott Isaaks, der Gott Jakobs, hat mich zu euch gesandt. 2 Mose 3,14f.

Meine Seele verlangt und sehnt sich nach den Vorhöfen des HERRN; mein Leib und Seele freuen sich in dem lebendigen Gott. Ps 84,3

Mich, die lebendige Quelle, verlassen sie und machen sich Zisternen, die doch rissig sind und kein Wasser geben. Jer 2,13

Gott offenbart sich Mose am brennenden Dornbusch; Ikone aus dem 12./13. Jahrhundert, aufbewahrt im Museum des Katharinenklosters am Fuße des Sinai.*

Unverfügbar – lebendig

- Schreibe aus den Bibelstellen dieser Doppelseite und aus der Info Merkmale von »Götzen« bzw. von Götzenverehrung heraus! Untersuche mithilfe dieser Merkmale die Zitate, Texte und Bilder auf S. 30! Unterscheide dabei, wo es um »andere Götter« geht und wo Gott selbst als »Götze« verfügbar gemacht wird! Gibt es Beispiele, auf die das Merkmal »Götze« überhaupt nicht passt?
- Gott wird in mehreren Bibelstellen (auch auf dieser Doppelseite) mit Wasser und Leben in Verbindung gebracht. Erläutere, was damit gegenüber den Götzen zum Ausdruck gebracht werden soll! Erinnere dich dabei auch an das Bild des »nie versiegenden Baches« auf S. 29!
- Wiederhole 2 Mose 3 und erinnere dich an die Bedeutung(en) des Namens* Gottes! 5/6
- In 2 Mose 3 findest du Zeichen der Nähe, aber auch der Unverfügbarkeit Gottes. Arbeite sie heraus und untersuche, wie der Maler der alten Ikone beides gestaltet!
- Die ersten drei Gebote (nach biblischer Zählung) wenden sich dagegen, über Gott zu verfügen. Formuliert in Gruppen zu jedem der Gebote eine verständliche Erklärung; verwendet dazu die Gedanken dieser Doppelseite!
- »Nichts als dich selbst kannst du darin sehn«: Probiere, ob M. Kalekos Gedichtschluss auch für andere Dinge stimmt, an die man »sein Herz hängt«!
- Diskutiert das MERKE!
- »Woran du dein Herz hängst« – Luthers Gedanke hilft auch, Abhängigkeit und Sucht zu beschreiben (S. 108 f.)!

info

Götzen

In der Bibel werden die nichtjüdischen bzw. die nichtchristlichen Götter »Götzen« genannt. Menschen von heute, die gelernt haben, mit verschiedenen Religionen friedlich zusammenzuleben, kommt dieser Begriff oft fremd und intolerant vor. Doch den Propheten geht es um etwas anderes, wenn sie (in Erinnerung an das 1. Gebot) »Götzendienst« anprangern: Sie fragen danach, was den Menschen am allerwichtigsten ist, wovon sie sich abhängig machen. »Woran du nun, dein Herz hängst und worauf du dich verlässt, das ist eigentlich dein Gott«, schreibt Martin Luther im Großen Katechismus* und nennt als Beispiel den »Mammon«, also Geld und Besitz, der für viele der »allergewöhnlichste Abgott ist auf Erden«. Über materielle Dinge hinaus können aber auch Weltanschauungen und Ideologien »Götzen« sein, sofern sie den Blick vermauern und das Leben von Menschen zerstören. In diesem Sinn kann der Glaube an Gott selbst zum Götzendienst werden: wenn Gott auf bestimmte Vorstellungen festgelegt wird, wenn Menschen über ihn verfügen und Gott ihren eigenen Interessen unterwerfen, wenn die Beziehung zu ihm nicht mehr offen und lebendig ist.

Das könnte man sich MERKen: »Wer Menschen verachtet, beleidigt Gott.«

Wolfgang Huber

»... der die Erde anrührt, dass sie bebt« Ps 104,32

Siehe, ich will's unter euch schwanken machen, wie ein Wagen voll Garben schwankt. Wer schnell laufen kann, soll nicht entrinnen, und wer da reitet, soll sein Leben nicht retten.
Am 2,13.15b

Der HERR hat bei sich geschworen: Niemals werde ich diese ihre Taten vergessen! Sollte nicht um solcher Taten willen das Land erbeben müssen und alle Bewohner trauern? Ja, es soll sich heben wie die Wasser des Nils und sich senken wie der Strom Ägyptens. Zur selben Zeit, spricht Gott der HERR, will ich die Sonne am Mittag untergehen und das Land am hellen Tage finster werden lassen. Ich will eure Feiertage in Trauer und alle eure Lieder in Wehklagen verwandeln. Ich will ein Trauern schaffen, wie man trauert über den einzigen Sohn, und sie sollen ein bitteres Ende nehmen.
Am 8,7–10

BeMERKt? Das geringste Unrecht – und die Welt gerät aus den Fugen.

- Gut möglich, dass das Erdbeben, mit dem Am 1,1 das Auftreten des Propheten datiert, wirklich stattgefunden hat. Doch darüber hinaus ist das Erdbeben im Amosbuch ein Bild für die schreckliche Katastrophe, die über Israel kommen soll: Vergleiche Am 5,9; 6,11; 9,5!
- Erdbeben machen Angst: Sammle Redensarten wie: ins Schwanken kommen, den Boden unter den Füßen verlieren und beschreibe die Gefühle, die sich damit verbinden! (Vgl. S. 63.)
- Recherchiere über Erdbeben der jüngeren Vergangenheit: Wie haben Menschen sie erlebt? Was hatten sie für Folgen?
- Erdbeben in der Bibel haben immer eine Bedeutung! Vergleiche z.B. 1 Kön 19,11 ff., Ps 104, 32, Mt 27,51 ff. …!
- Wo Unrecht herrscht, geht ein »Riss durch die Mauer«. – Fertigt dazu Plakate an! Z. B. könnt ihr um einen Riss, der das Plakat durchzieht, Bilder und Nachrichten von gegenwärtigem Unrecht kleben/zeichnen. Vielleicht möchtet ihr Amosworte einbeziehen.

So soll euch diese Sünde sein wie ein Riss, wenn es beginnt zu rieseln an einer hohen Mauer, die plötzlich, unversehens einstürzt.
Jes 30,13

Auf dieses Wort Jesajas, eines anderen Propheten, spielt der Titel einer Warnschrift an, in der die Evangelische Kirche Deutschlands (EKD) 2009 zur Krise der Finanzmärkte Stellung nahm. Die Verfasser fordern u.a.:

- »eine Wirtschaft, die den Menschen heute dient, ohne die Lebensgrundlagen zukünftiger Generationen zu zerstören, die also die Gerechtigkeit für die Armen hier und weltweit, aber auch für die Zukunft der Schöpfung im Blick hat, sowie
- eine (Welt-)Gesellschaft, die die Verbesserung der Situation ihrer ärmsten und schwächsten Mitglieder zu ihrer vorrangigen Aufgabe macht,
- und schließlich ein Finanzsystem, das sich in den Dienst dieser Aufgabe stellt.«

EKD
Herausgegeben vom Kirchenamt der Evangelischen Kirche in Deutschland (EKD) Herrenhäuser Straße 12 30419 Hannover
TEXTE 100
Wie ein Riss in einer hohen Mauer
Wort des Rates der Evangelischen Kirche in Deutschland zur globalen Finanzmarkt- und Wirtschaftskrise

- Eine Fragemeditation: Jemand liest langsam die Fragen unten: Die anderen machen sich Notizen.
- Urteile wie die unten zitierten kann man oft hören. Sammle Stellen aus dem Amosbuch und Geschichten, die du kennst, auf die sie sich beziehen könnten! Wähle ein Zitat aus und antworte darauf mithilfe der Info!
- Fertige zu Am 5,4.14f. eine Grafik an, in der du die wichtigen Begriffe einander zuordnest! Strukturieren
- Das Gute suchen, lieben ... Diskutiert, ob hier etwas Leichtes oder Schwieriges von den Menschen verlangt wird! Achtet auch auf die Gefühle, die in Am 5,4.14f. mitschwingen!
- »Vielleicht« – das kann man ganz unterschiedlich sagen und hören! (Vgl. auch S. 196.)

Hast du schon mal

... mit Absicht Geschirr zerschmissen?
... irgendwas aus Wut an die Wand geworfen?
... laut losgebrüllt?
... die Tür zugeknallt?
... »du ***« geschrien?
... jemanden angegriffen?
Was muss passieren, dass du so was tust?
Und danach?

»Intolerant!«

»Und ungerecht!«

»Jeder kann doch glauben, was er will.«

»Brutal!«

»Typisch Altes Testament!«

»Kein Wunder, dass es so viel Kriege wegen Religion gibt!«

Denn so spricht der HERR zum Hause Israel: Suchet mich, so werdet ihr leben!
Suchet das Gute und nicht das Böse, auf dass ihr leben könnt, so wird der HERR, der Gott Zebaoth*, bei euch sein. Hasset das Böse und liebet das Gute, richtet das Recht auf im Tor, vielleicht wird der HERR, der Gott Zebaoth, doch gnädig sein denen, die von Josef* übrigbleiben.

Am 5,4.14 f.

info

Zorn – die andere Seite der Liebe

- Es gibt im Alten und im Neuen Testament Stellen von erschreckender Brutalität, die im Widerspruch zum Glauben an den liebenden Gott zu stehen scheinen. Gott erscheint hier erbarmungslos strafend, gewalttätig. Kein Zweifel – Menschen können für sich selbst Gott so erfahren, wenn sie Leid und Katastrophen erleben.
- In der Bibel wird Gottes Zorn als die andere Seite seiner Liebe dargestellt: Die Propheten vergleichen ihn mit einem betrogenen Ehemann, mit einem verlassenen Vater – eifersüchtig und maßlos enttäuscht. Wer liebt, ist nicht abgeklärt und »cool«, sondern empfindlich und verletzbar. Der Gott, von dem die Bibel erzählt, ist leidensfähig und leidenschaftlich – bis zur letzten Konsequenz des Todes Jesu Christi* am Kreuz.
- Im Amosbuch liegt das Schwergewicht auf der Unheilsverkündigung: Es ist zu spät für Umkehr, Gott hat keine Geduld mehr. Aber Spuren von Hoffnung sind da, auch wenn es nur ein »Vielleicht« ist. Die Generationen nach Amos mussten tatsächlich schlimme Katastrophen erleben: die Zerstörung des Nordreichs und das Exil* in Babylon. Jetzt stimmten die Propheten neue Töne an, trösteten, machten Hoffnung; in dieser Zeit sind dem Buch Amos wohl auch seine letzten Verse hinzugefügt worden, in denen Gott verspricht, die »Risse« wieder zu »vermauern und, was abgebrochen ist, wieder auf(zu)richten« (9,11). Gottes Zorn hat nicht das letzte Wort.

Ich MERKe, wie schwer ein »Vielleicht« auszuhalten ist.

Weltverändernde

> Träufelt, ihr Himmel, von oben, und ihr Wolken, regnet Gerechtigkeit! Die Erde tue sich auf und bringe Heil, und Gerechtigkeit wachse mit auf! Ich, der HERR, habe es geschaffen.
>
> Jes 45,8

Rosa Parks – die Frau, die aufstand, indem sie sitzen blieb

Wie jeden Tag nach getaner Arbeit in einem Warenhaus in Montgomery stieg die afroamerikanische Näherin Rosa Parks auch am 1. Dezember 1955 in den Bus, um nach Hause zu fahren. Sie setzte sich auf einen freien Platz am Gang in eine Viererreihe in der Busmitte, in der Schwarze sitzen durften, so lange die für Weiße reservierten vier vorderen Reihen ausreichten. Auch neben ihr saßen schwarze Fahrgäste. Nachdem sich an den nächsten beiden Haltestellen auch der vordere Teil des Busses gefüllt hatte, bekam an der dritten Haltestelle ein Weißer keinen Sitzplatz. Der Busfahrer forderte die vier schwarzen Fahrgäste auf, aufzustehen. Während die anderen der Anweisung nachkamen, blieb Rosa Parks sitzen.

Diese folgenreiche Entscheidung wurde oft damit erklärt, dass sie nach einem anstrengenden Tage einfach müde gewesen sei. Aber, so hat Rosa Parks in ihrer Biographie betont, das stimme so nicht: »Ich war nicht müder als normalerweise am Ende eines Arbeitstages. Ich war auch nicht alt, obwohl einige diese Vorstellung von mir haben. Ich war 42. Und wenn ich etwas leid war, dann, immer nur nachzugeben«. Die resolute Frau war schon seit Jahren als aktives Mitglied einer Bürgerrechtsvereinigung für ein Ende der Rassendiskriminierung eingetreten.

Rosa Parks wurde verhaftet, was sich schnell in der Stadt herumsprach. Für den Tag der Gerichtsverhandlung forderte eine Bürgerrechtsgruppe mit Flugblättern zum Protest auf: »Fahrt am Montag, dem 5. Dezember, nicht mit dem Bus zur Arbeit, in die Stadt, in die Schule oder sonst wohin! Wieder ist eine Schwarze verhaftet und ins Gefängnis geworfen worden, weil sie sich weigerte, ihren Platz herzugeben. Wenn ihr zur Arbeit müsst, nehmt euch ein Taxi, einer allein oder mehrere zusammen, oder geht zu Fuß!« Der erste Erfolg des Bus-Boykotts war überwältigend – die Angesprochenen kamen der Aufforderung fast ausnahmslos nach.

Die Verurteilung Rosa Parks führte zu einer Fortsetzung der Proteste, die unter anderem von dem baptistischen* Pfarrer Martin Luther King organisiert wurden, der dadurch sehr bekannt wurde. Allen heftigen Widerständen zum Trotz dauerte der Boykott über ein Jahr. Er führte schließlich zur Abschaffung des Gesetzes, das die rechtliche Grundlage für Diskriminierung von Schwarzen in den Bussen von Montgomery gebildet hatte. Dieser Erfolg trug entscheidend zum Durchbruch der Bürgerrechtsbewegung bei.

Gegen die Angst

- Möglicherweise sind Rosa Parks im entscheidenden Moment auch widersprüchliche Gedanken durch den Kopf gegangen. Schreibe einen inneren Monolog!

»Ich habe einen Traum«

- Martin Luther King spricht bildhaft von seinem großen Traum. Schreibe die zentralen Bilder heraus! Überlege dir, was mit ihnen zum Ausdruck gebracht werden soll und warum er seine Ziele nicht ganz konkret benennt!
- Die Rede leiht sich an einer Stelle die Sprache von Jes 40,4 aus: Das ist sicherlich von Bedeutung!
- Martin Luther King war ein eindrucksvoller Redner. Es lohnt sich, diese berühmte Rede im Original zu hören.

info

Martin Luther King*

Der Pfarrer Martin Luther King (geb. 1929, ermordet 1968) gehört zu den einflussreichsten Menschen, die gewaltlos gegen die Unterdrückung der afroamerikanischen Bevölkerung gekämpft haben. Diese musste unter Diskriminierungen im Bereich der Bildung, im Beruf, im öffentlichen Leben und beim Wahlrecht leiden. Am 28. August 1963 demonstrierten auf dem »Marsch nach Washington« fast 250.000 Menschen friedlich gegen die Rassendiskriminierung. Hier hielt King seine weltberühmte Rede »I have a dream«.

Träume

Ich habe einen Traum, dass eines Tages diese Nation sich erheben wird und der wahren Bedeutung ihres Credos* gemäß leben wird: »Wir halten diese Wahrheit für selbstverständlich: dass alle Menschen gleich erschaffen sind.« Ich habe einen Traum, dass eines Tages auf den roten Hügeln von Georgia die Söhne früherer Sklaven und die Söhne früherer Sklavenhalter miteinander am Tisch der Brüderlichkeit sitzen können. Ich habe einen Traum, dass meine vier kleinen Kinder eines Tages in einer Nation leben werden, in der man sie nicht nach ihrer Hautfarbe, sondern nach ihrem Charakter beurteilen wird. Ich habe einen Traum heute …

Ich habe einen Traum, dass eines Tages jedes Tal erhöht und jeder Hügel und Berg erniedrigt wird. Die rauhen Orte werden geglättet und die unebenen Orte begradigt werden. Und die Herrlichkeit des Herrn wird offenbar werden. Das ist unsere Hoffnung. Mit diesem Glauben kehre ich in den Süden zurück. Mit diesem Glauben werde ich fähig sein, aus dem Berg der Verzweiflung einen Stein der Hoffnung zu hauen.

Mit diesem Glauben werden wir fähig sein, zusammen zu arbeiten, zusammen zu beten, zusammen zu kämpfen, zusammen ins Gefängnis zu gehen, zusammen für die Freiheit aufzustehen, in dem Wissen, dass wir eines Tages frei sein werden.

Wenn wir die Freiheit erschallen lassen – wenn wir sie erschallen lassen von jeder Stadt und jedem Weiler, von jedem Staat und jeder Großstadt, dann werden wir den Tag beschleunigen können, an dem alle Kinder Gottes – schwarze und weiße Menschen, Juden und Heiden, Protestanten und Katholiken – sich die Hände reichen und die Worte des alten Negro Spiritual singen können: »Endlich frei! Endlich frei! Großer allmächtiger Gott, wir sind endlich frei!«

Kritik und Visionen gehören zusammen – ein MERKmal von Propheten!

Visionen* entwickeln

- Es »regnet« Gerechtigkeit! Vergleiche Jes 45,8 mit Am 5,24 und prüfe, ob die Bilder von »Regen« und »strömendem Wasser« zu der Geschichte von Rosa Parks und Martin Luther King passen!
- Martin Luther King – ein Prophet? Rosa Parks – eine Prophetin? Vergleiche ihr Auftreten mit Amos und anderen Propheten*, die du kennst!
- »Ich habe einen Traum« – formuliert in Gruppen Visionen für eure Schule; vergleicht sie ggf. mit vorhandenen Leitbildern!

Mein Lieblingsstück

Wusstet ihr …?

Wenn eine Jeans 50 Euro kostet, fließen …

- 25 Euro in den Einzelhandel (Verwaltung, Miete, Personal und Gewinn)
- 12,50 Euro zur Markenfirma (Entwicklung, Verkauf, Verwaltung, Werbung, Geschäftsgewinn)
- 5,50 Euro zur Transportfirma und ans Finanzamt
- 6,70 Euro zur Jeans-Fabrik (Materialkosten, Miete, Maschinen)
- 0,30 Euro Lohn zu den Arbeiterinnen

- Wie viele Jeans hast du im Kleiderschrank? Verfolge ihren »Lebensweg« auf einer Landkarte und verdeutliche ihn durch eine Skizze!
- Die ungleiche Kostenverteilung kann man an einer ausrangierten Jeans (oder einem Papiermodell!) demonstrieren: Zerschneide sie entsprechend der Größe der »Gewinnanteile«!
- Was kann man tun? Bewerte die folgenden Möglichkeiten – etwa durch Punkte kleben Kommunikation – (z. B.: Sind sie sinnvoll? Wie schwierig sind sie? Passen sie zu mir?): Aufklärungsaktionen organisieren; weniger konsumieren; Jeans aus fairem Handel kaufen; auf ausgebleichte Jeans verzichten; sich informieren; E-Mails an den Hersteller schreiben; für Organisationen spenden; den fairen Handel unterstützen; ausgediente Jeans in den Container bringen …!
- Vielleicht hast du ein anderes Lieblingsstück im Kleiderschrank und kannst herausfinden, wo es herkommt?
- Die Jeans sind nur eines der vielen Beispiele für Handel in einer globalen Welt. Lies dazu die Info auf S. 37!

Lebensweg einer Jeans

Für eine Jeans werden gut 600 Gramm Baumwolle benötigt, die vor allem in China, den USA, Indien, Usbekistan und Kasachstan angebaut wird. Insgesamt dient dem Baumwollbedarf weltweit eine Anbaufläche so groß wie ganz Deutschland, ca. 34 Mio. Hektar. Baumwollpflanzen verbrauchen extrem viel Wasser. Pro Kilogramm Baumwolle werden bis zu 20.000 Liter zur Bewässerung der Felder verwendet. In Usbekistan und Kasachstan hat insbesondere der intensiv betriebene Baumwollanbau dazu geführt, dass sich das Wasservolumen des Aralsees innerhalb von 35 Jahren auf 10 % der ursprünglichen Menge reduzierte. Außerdem müssen Baumwollpflanzen mit Giften vor Schädlingen und Unkraut geschützt werden: 10 % des weltweiten Pestizid- und Düngemittelverbrauchs. Diese Gifte verbreiten Krankheiten unter den Erntehelfern, die nur wenig geschützt und sehr oft Kinder sind und nur ca. 2 Euro am Tag verdienen. Darüber hinaus entstehen Umweltschäden, da das Grundwasser verseucht wird. Nach der Ernte und Entkörnung wird Rohbaumwolle per Schiff in andere Länder (auch nach Deutschland) transportiert. Dort werden die Fasern versponnen, zu Stoffen gewebt bzw. gestrickt und schließlich veredelt. Auch hierbei werden Energie und viele Chemikalien sowie erneut sehr viel Wasser eingesetzt. Mithilfe Umwelt belastender Farbstoffe und Hilfsmittel färbt man nun den Jeansstoff, verleiht ihm Glanz und Weichheit. Der Stoff wird schließlich zur eigentlichen Jeansherstellung wieder in ein anderes Land transportiert, z. B. nach Tunesien, weil die Produktionskosten dort viel niedriger sind. Das gewünschte lässige Aussehen oder die gebrauchte Optik bei einer Jeans werden durch Sandstrahlen oder mittels Waschverfahren (wie Stonewash, Softwash, Enzymwash, Moonwash) erzielt – abermals kommen also Chemikalien und Wasser zum Einsatz. Eingepackt in Kunststoff, wird die fertige Jeans nach Deutschland verschifft und über den Großhandel verteilt. In einem Geschäft kann man sie schließlich kaufen. Hier endet der Lebensweg jedoch nicht. Jeans werden nach dem Tragen gewaschen und getrocknet. Das verbraucht nicht nur enorm viel Energie und Waschmittel, sondern auch wieder beträchtliche Mengen Wasser. Irgendwann wird die Jeans weggeworfen oder landet in der Altkleidersammlung. Transport und Deponierung verbrauchen dann noch einmal Energie, Material und Fläche.

Globalisierung

Globalisierung (von lat. globus) beschreibt die weltweite Verflechtung in den Bereichen der Kommunikation, der Wirtschaft der Politik, der Kultur usw.

Ein wichtiger Begriff, wenn man über Globalisierung spricht, ist der »Freihandel«. Freier Handel bedeutet, dass Waren ohne Einschränkungen von einem Land in ein anderes verkauft werden dürfen. Viele Produkte kommen mittlerweile aus weit entfernten Ländern. Vorteile durch die wirtschaftliche Entwicklung der Globalisierung haben insbesondere reichere Länder wie Deutschland, andere europäische Länder oder die Vereinigten Staaten von Amerika. Sie können internationalen Handel betreiben und haben bessere Möglichkeiten, ihre Produkte zu verkaufen. Dadurch werden sie wirtschaftlich noch mächtiger und vergrößern ihren Wohlstand.

Die Globalisierung bringt aber viele Probleme mit sich und weltweite Missstände vergrößern sich sogar: Durch Übernahmen und Zusammenschlüsse von Firmen sind mittlerweile einige riesige Konzerne entstanden, die immer mächtiger werden und einen großen Einfluss auf die Politik haben. Diese riesigen Firmen handeln vor allem nach ihren eigenen Interessen, wollen ihre Macht ausbauen und ihren Gewinn vergrößern. Deshalb versuchen sie immer wieder, Maßnahmen zum Umweltschutz, zum Schutz der Arbeiter oder Verbraucher zu verhindern.

Dadurch, dass die reichen und wirtschaftlich starken Länder mehr Macht haben, können sie sich aussuchen, wo sie ihre Waren einkaufen, und die Preise für die Handelsgüter beeinflussen. Oft ist damit aber ein »unfairer Handel« verbunden – das heißt, die Menschen in ärmeren Ländern arbeiten zu sehr schlechten Bedingungen und werden an den Gewinnen des Geschäftes so gut wie nicht beteiligt. Denn wenn wirtschaftlich schwächere Länder wollen, dass die reichen Staaten ihre Produkte kaufen, müssen sie die Preise niedrig halten, um konkurrenzfähig zu sein. Oft werden die Preise dadurch so sehr gedrückt, dass die ärmeren Staaten daran kaum noch etwas verdienen und Menschen für einen Hungerlohn arbeiten müssen – sogar Kinderarbeit ist weit verbreitet.

Britta Pawlak

Die Kampagne für Saubere Kleidung setzt sich in vielen Aktionen für fair gehandelte Kleidung ein. Viele Organisationen wirken hier mit, darunter auch die großen kirchlichen Jugendorganisationen.

Brot für die Welt, die Hilfsorganisation der evangelischen Kirchen und Freikirchen in Deutschland, setzt sich in zahlreichen Projekten für gerechte Lebensbedingungen in armen Ländern ein.

Das Transfairsiegel gewährleistet z. B. faire Arbeitsbedingungen, angemessene Bezahlung, ordentliche Verträge, Schutz der Umwelt, Verzicht auf Kinderarbeit bei Herstellung und Transport der Waren.

Das Siegel für Fairen Handel

- Informiere dich im Internet über die hier aufgeführten Organisationen und ihre aktuellen Projekte! (Vgl. dazu auch S. 105, »Spenden«.)
- Fairness = Gerechtigkeit? Vergleiche die Begriffe und überlege, was »fairer Handel« und biblisches Gerechtigkeitsverständnis miteinander verbindet!

im Zusammenhang

- Dieser Arbeitsplatz ist verbunden mit der Arbeit von Menschen auf der ganzen Welt. Es lohnt sich, diesen Verbindungen in einem Projekt einmal nachzugehen, evtl. zusammen mit der katholischen Lerngruppe oder dem Geographieunterricht. Sucht in arbeitsteiliger Gruppenarbeit auf einer Weltkarte jeweils die Orte, die mit der Herstellung eines Produktes verbunden sind, und recherchiert die Arbeitsbedingungen derer, die bei Herstellung, Transport und Vertrieb die Hauptarbeit machen. Internet Materialien zum Thema »globales Lernen« bieten z. B. auch viele Eine-Welt-Organisationen an. Vielleicht lässt sich auch herausfinden, wer bei der Herstellung wie viel verdient. Alternativ kann man einen eurer Arbeitsplätze fotografieren und als Ausgangspunkt nehmen – oder alles, was ein/e Schüler/in an einem Tag zur Schule mitbringt (Handy, Schultasche, Kleidung …). Überlegt, wie man die Rechercheergebnisse am sinnvollsten präsentiert, etwa als Ausstellung, bei der auf einer Weltkarte alle Wege der Produkte markiert und mit Infotexten versehen werden, als Infomappe, als »Reisetagebuch« eines Produktes usw.
- Kommentiere den Arbeitsplatz aus der Sicht des Amos! Du kannst Originalzitate verwenden, aber ihn auch in moderner Sprache reden lassen.
- Formuliere eine Vision* im Stil Martin Luther Kings* zum Thema: Konsum und Gerechtigkeit!
- Vielleicht könnt ihr Mitarbeiter/Mitarbeiterinnen eines Eine-Welt-Ladens einladen oder besuchen. Bittet sie, von ihrer Arbeit zu erzählen, euch über Ungerechtigkeit im Welthandel zu informieren und euch Tipps zu geben, was ihr selbst tun könnt, um fairen Handel zu unterstützen!

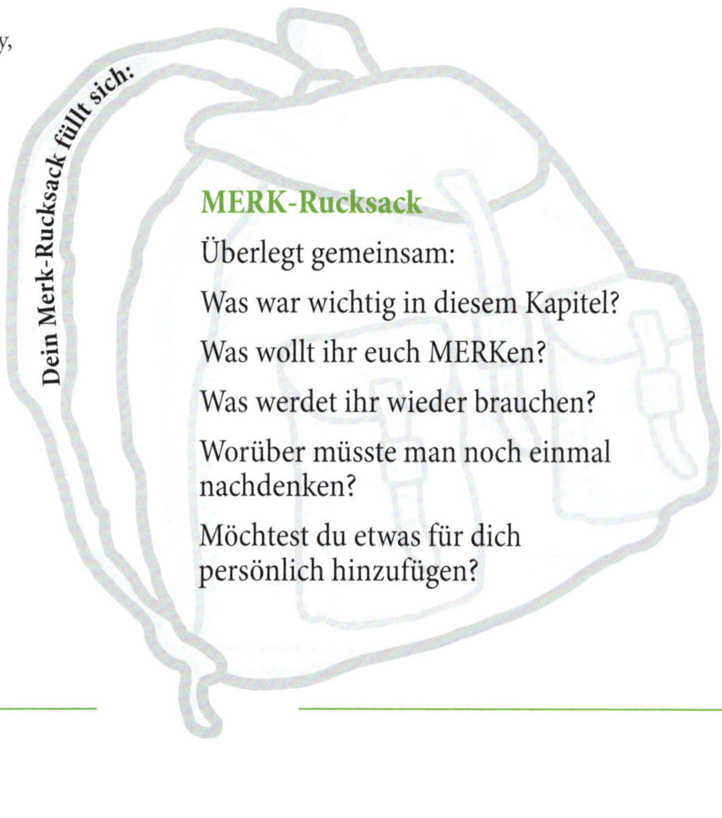

WIR HABEN SO ETWAS NOCH NIE GESEHEN

Konnte Jesus zaubern?

Wann ist man gesund?

Kann ich auch Wunder tun?

Sollte man lieber nachgeben?

Meinte Jesus das ernst?

Bin ich ein/e Andere/r, wenn ich mich ändere?

Kapitel 3

Welt-

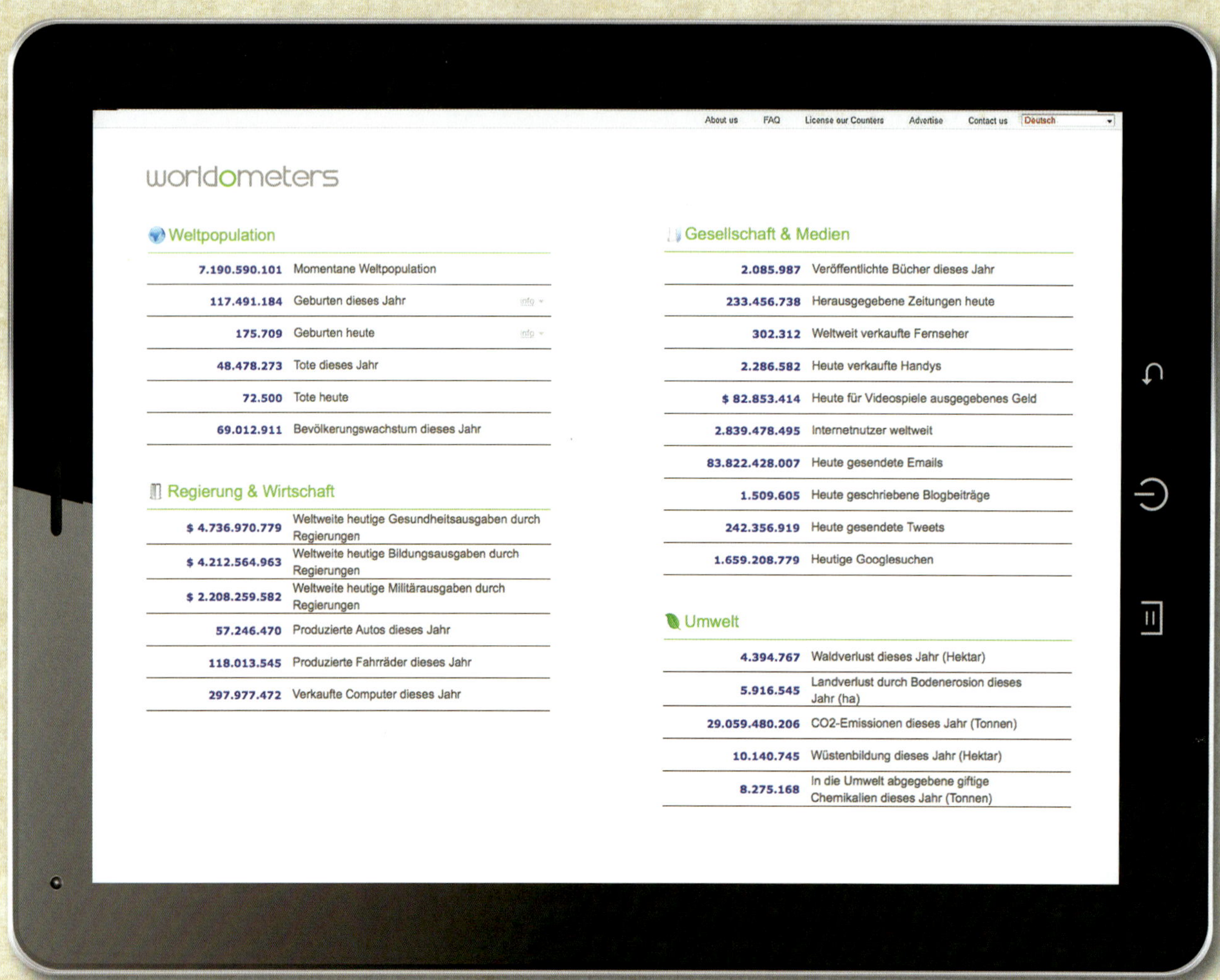

Worldometers, 5. November 2013, um 11:58
Die Website Worldometers liefert in Echtzeit statistische Zahlen über die Welt, die sich – z. T. in Bruchteilen einer Sekunde – ständig erneuern. Aufgeführt sind die Bereiche: Weltpopulation, Regierung und Wirtschaft, Gesellschaft und Medien, Umwelt, Essen, Wasser, Energie, Gesundheit.

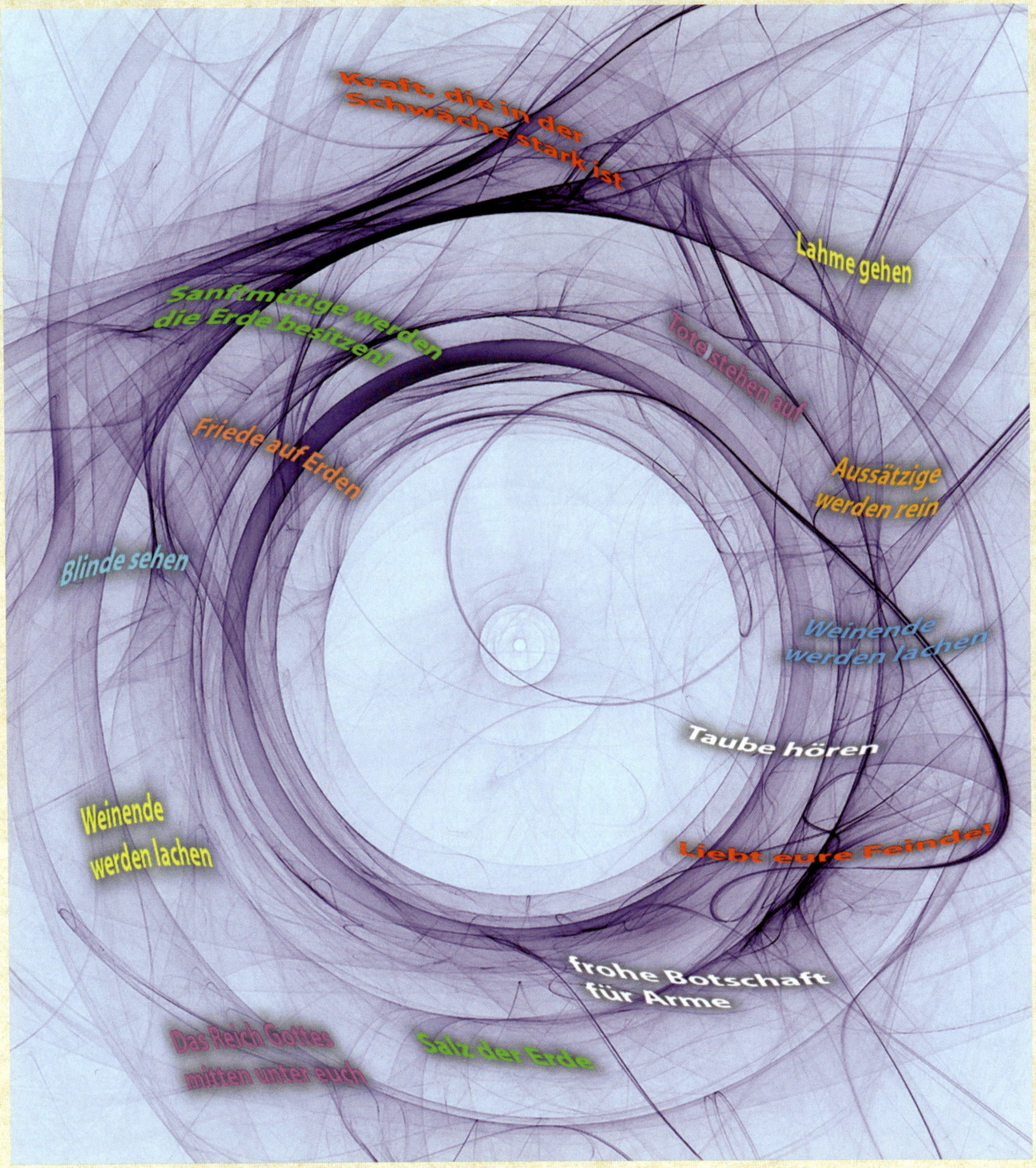

Dann werden die Lahmen springen wie ein Hirsch, und die Zunge der Stummen wird frohlocken. Denn es werden Wasser in der Wüste hervorbrechen und Ströme im dürren Lande. JES 35,6

Wahrscheinlich

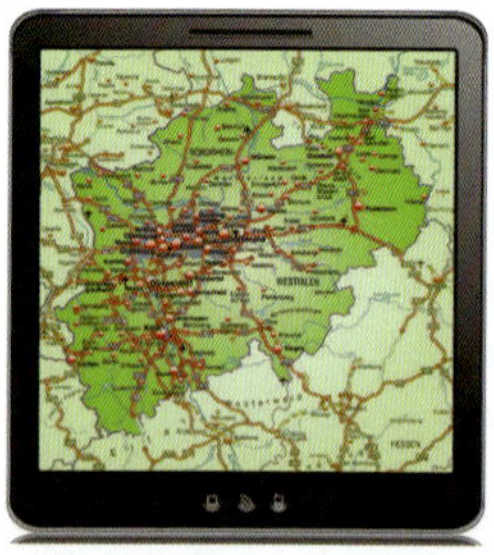

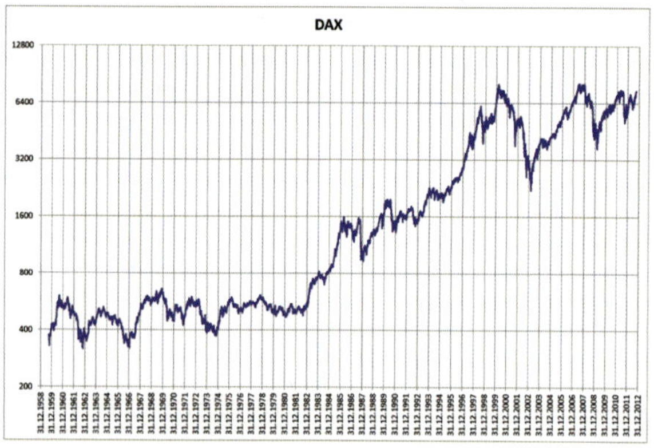

Wunder

Wie wahrscheinlich ist die Welt 'ne Illusion?
Wie wahrscheinlich gibt es Gott?
Wie wahrscheinlich hatte er bloß einen Sohn?
Und wie sicher ist der Tod?

Und wie hoch ist die Möglichkeit,
dass ein Mensch den anderen liebt?
Warum soll's unmachbar sein,
dass es mal weltweit Frieden gibt?

Wie denkbar ist ein Leben auf dem Mars?
Wie wahrscheinlich machen Drogen Spaß?
Wie sicher ist die Deutsche Meisterschaft,
wenn Fortuna erst den Aufstieg packt?

- Untersuche die Zahlen aus dem Worldometers-Ausschnitt (S. 40) und vergleiche sie ggf. mit aktuellen Zahlen! Welche überraschen dich?
- Erstaunlich, was man alles zählen kann! Würdest du Worldometers gern um andere Rubriken ergänzen?
- Philosophiere über den Begriff »wahrscheinlich«!
- In den Materialien lassen sich »Wahrscheinlichkeiten« entdecken! – Und anderherum: Was wäre in den jeweiligen Zusammenhängen eher unwahrscheinlich? Wäre dieses auch unmöglich? Könnte man das »Unwahrscheinliche« auch zählen und messen? Diskutiert darüber!
- Untersuche den ersten Teil des Liedes der Toten Hosen! Gehe dabei auch von dem Begriff »wahrscheinlich« aus und untersuche, mit welchen Begriffen er variiert wird!
- Probiere aus, ob man die Fragen der Toten Hosen messbar (z. B. mit Prozentzahlen) beantworten könnte!
- Rekonstruiere deinen heutigen Tag: Was alles könnte man darin zählen, messen … – und was vielleicht auch nicht?
- Nachrichtensendungen leben ja eigentlich vom Überraschenden, Unwahrscheinlichen. Trotzdem rechnet man mit bestimmten Nachrichten. Welche Nachricht wäre heute eher unwahrscheinlich? Welche Nachricht würde dich wundern? Welche würdest du dir wünschen?
- Gesetzmäßigkeiten können sehr hilfreich sein, z. B. um sich zu orientieren. Sie können aber auch belastend sein. Suche Beispiele!

ver-rückt

In Ortswechsel 5/6 hast du die jüdische Messiaserwartung und Jesu Botschaft als »Kopfstandgedanken« kennengelernt.*

Als aber Johannes im Gefängnis von den Werken Christi hörte, sandte er seine Jünger und ließ ihn fragen: Bist du es, der da kommen soll, oder sollen wir auf einen andern warten? Jesus antwortete und sprach zu ihnen: Geht hin und sagt Johannes wieder, was ihr hört und seht:
Blinde sehen und Lahme gehen, Aussätzige werden rein und Taube hören, Tote stehen auf und Armen wird das Evangelium gepredigt; und selig ist, wer sich nicht an mir ärgert. MT 11,2–6

Ich glaube immer noch an Wunder.
Ja, ich weiß, es kommt der Tag,
an dem sie jeder von uns sieht.
Ich glaube immer noch an Wunder
und meine Hoffnung darauf,
die kann mir keiner stehlen.

Wenn das Gute das Böse mal besiegt,
bleibt die Zeit vielleicht für immer stehen.
Wir werden alle barfuß über Wasser gehen
auf unserem Weg zurück ins Licht.

Die Toten Hosen

Wunder bringen Bewegung in die Welt! MERKt man das?

info

Seligpreisungen

Mit einer Reihe von Seligpreisungen beginnt die Bergpredigt Jesu in Mt 5,3–10 (vgl. S. 54). Im Lukasevangelium stehen sie in etwas anderer Formulierung (Lk 6,20 ff.). »Selig« ist hier ganz konkret gemeint; in Jesu Sprache, dem Aramäischen, bedeutet das Wort »glücklich, zu beglückwünschen«. Man könnte die Seligpreisungen als eine Aufzählung von Kopfstandgedanken bezeichnen: Hier werden ausgerechnet diejenigen im Reich Gottes* beglückwünscht, von denen man es am wenigsten erwarten würde!

- Auf S. 41 sind Sätze aus dem Neuen Testament »in Bewegung geraten«. Manche kennst du, manche findest du auf dieser Seite. Verteilt die Sätze unter euch und schreibt Gedanken dazu auf! Darin könnten Begriffe wie wahrscheinlich, möglich, unmöglich, denkbar, vielleicht … vorkommen.
- Einige der »herumwirbelnden« Sätze stammen aus den Seligpreisungen (Mt 5,3–10). Lies sie im Zusammenhang und ziehe zur Deutung die Info heran! Untersuche, welche Menschengruppen beglückwünscht werden; vergleiche die Matthäus- und Lukas-Fassung miteinander!
  Wenn du die Gegen-Sätze rekonstruierst, merkst du die Verrücktheit der Seligpreisungen besser (z. B. Ihr Friedfertigen seid arme Kerle, denn ihr könnt euch nirgends durchsetzen).
- Lest die Seligpreisungen als Sprechmotette!
- Recherchiere über die Geschichte Johannes des Täufers*! Ihm ist vor seinem gewaltsamen Tod überaus wichtig, zu wissen, ob mit Jesus wirklich das Reich Gottes anbricht. Wir erfahren nicht, wie er auf Jesu Antwort reagiert hat!
- Die Fortsetzung des Liedes der Toten Hosen enthält lauter Gegenbegriffe zu »wahrscheinlich«. Suche sie heraus! Vergleiche sie mit den Seligpreisungen!
- Dichte das Lied der Toten Hosen weiter, indem du Gedanken von Seite 41 als Bausteine verwendest!
- »Wenn das wirklich Realität wäre …« Probiert es aus und macht z. B. eine Nachrichtensendung aus den Seligpreisungen und / oder Jesu Antwort auf die Frage des Johannes!
- Formuliere die Seligpreisungen für die Gegenwart um!

Wunder

»Was Wundertexte erzählen, hat die Welt noch nicht gesehen (Markus 2,12). Wundererzählungen wollen stören, irritieren und provozieren. Sie behaupten Gottes Wirksamkeit in den engen Grenzen von Raum, Zeit und menschlichem Dasein.«

RUBEN ZIMMERMANN

Ist's ein Wunder?

Der 80-jährige Sami hat die 18-jährige Rebekka geheiratet, und siehe da, es stellt sich Nachwuchs ein. Darob recht verwundert, geht Sami zum Rabbi, wie so etwas möglich sei? »Sami, das ist eben ein Wunder!« »Ein Wunder?« »Nun, ist das Kind von dir, dann ist's ein Wunder. Und ist es nicht von dir – ist's ein Wunder?«

- Fertigt gemeinsam eine Mindmap zu »Wunder« an (verwandte Begriffe, Situationen, in denen man von einem Wunder spricht, Assoziationen, Fragen ...)! Bezieht dabei die Materialien dieser Seite ein!
- Recherchiere, wo und wie in der Popmusik, in Werbung, in Filmen von »Wundern« die Rede ist!
- Erinnere dich an dir bekannte Wundergeschichten der Bibel und beziehe sie auf die Info!
- Schreibe wichtige Stichpunkte aus der Info und aus dem Zitat heraus; sie können dir helfen, die Geschichten auf den folgenden Seiten zu verstehen.

info

Zeichen der Liebe Gottes

- Von Wundern wird heute gesprochen, wenn etwas völlig Unerwartetes, den Gesetzen der Logik oder der Natur Widersprechendes geschieht. Man kann aber auch persönlich etwas als Wunder empfinden (z. B. die Geburt eines Kindes, einen schönen Sonnenuntergang, eine gelungene Prüfung ...), was jemand anderes vielleicht eher rational erklären würde.
- Von Jesus – wie auch von anderen Menschen in der Antike – werden viele Wundertaten überliefert: Krankenheilungen, die auch immer Heilung von sozialer Ausgrenzung und Diskriminierung* bedeuteten, Auferweckung von Gestorbenen, Rettungen aus See- und Hungersnot. Jesus tritt dabei nicht als »Zauberer« auf, der mit sensationellen Kunststücken beeindrucken möchte. Im Gegenteil: Oft verbietet er, seine Taten weiterzuerzählen.
- Seine Wundertaten werden in der Bibel »Zeichen« genannt, durch die die Liebe Gottes zu den Menschen und die Nähe des Reiches Gottes* spürbar werden können. Wo Gott herrscht, da wird nicht nur die Seele, sondern auch der Körper gesund, da gibt es keine Angst und keinen Hunger mehr! In diesem Sinne sind auch solche Geschichten Wundergeschichten, in denen Menschen neu anfangen, in denen biblisch gesprochen »Sündenvergebung« und »Umkehr«* geschieht.
- Wer »Ohren hat zu hören« (Mk 4,9; Lk 8,8), so meinen die Evangelisten, der erkennt an diesen Taten, dass Jesus der erwartete Messias*, der Retter der Welt ist (so auch die Botschaft, die er Johannes* im Gefängnis übermittelt). Doch viele sahen in seinen Taten auch Teufelswerk. Wunder allein beweisen gar nichts!
- In der Geschichte der Theologie gab und gibt es unterschiedliche Ansätze, die Wunder Jesu zu deuten: Im Mittelalter wurden sie als faktisch geschehene machtvolle Eingriffe Gottes in die Natur verstanden. Seit der Aufklärung sah man die Wunder kritischer; oft versuchte man sie rational zu erklären (z. B. lag bei Jesu Seewandel Holz im Wasser usw.). Manche deuten die Wundergeschichten mythisch oder symbolisch (als Dichtungen mit tiefer Wahrheit, die von der Zuwendung Gottes erzählen); die tiefenpsychologische Deutung sieht darin seelische Heilungsprozesse gestaltet.
- Mit der Frage, ob sie »wirklich passiert« sind oder nicht, kommt man den Wundergeschichten jedenfalls nicht nahe. Vielleicht muss man diese Frage offenlassen und sich immer wieder mit diesen »Kopfstandgeschichten« auf den Weg begeben. Sie eröffnen einen Raum des Möglichen, des nicht Mess- und Planbaren, des »Vielleicht« oder des »Hoffentlich«. Sie halten die Welt offen für Gott.

Matthäus	Markus	Lukas
8,14–15	1,29–31	4,38–39
14 Und Jesus kam in das Haus des Petrus und sah, dass dessen Schwiegermutter zu Bett lag und hatte das Fieber.	**29** Und alsbald gingen sie aus der Synagoge und kamen in das Haus des Simon und Andreas mit Jakobus und Johannes. **30** Und die Schwiegermutter Simons lag darnieder und hatte das Fieber und alsbald sagten sie ihm von ihr.	**38** Und er machte sich auf aus der Synagoge und kam in Simons Haus. Und Simons Schwiegermutter hatte hohes Fieber und sie baten ihn für sie.
15 Da ergriff er ihre Hand und das Fieber verließ sie, und sie stand auf und diente ihm.	**31** Da trat er zu ihr, fasste sie bei der Hand und richtete sie auf; und das Fieber verließ sie und sie diente ihnen.	**39** Und er trat zu ihr, und gebot dem Fieber, und es verließ sie. Und sogleich stand sie auf und diente ihnen.

info

Die synoptischen Evangelien

Bibelwissenschaftler haben herausgefunden, dass die Evangelien* des Markus, Matthäus und Lukas in Abhängigkeit voneinander entstanden sind (das erst ca. 100 verfasste Johannesevangelium ist hingegen eigenständig). Matthäus und Lukas haben aus dem älteren Markusevangelium abgeschrieben; beiden lag außerdem eine Sammlung mit Sprüchen Jesu (»Q« genannt) vor. Schließlich hatte jeder noch eigene Quellen (Sondergut). Wenn man Evangelientexte nebeneinanderlegt (Synopse: Zusammenschau), kann man sie vergleichen. Es geht dabei weniger darum, z. B. »echte« Worte Jesu zu finden (den schriftlichen Texten gingen ja lange mündliche Überlieferungprozesse voraus). Der synoptische Vergleich hilft vielmehr wahrzunehmen, wie Jesu Leben und Botschaft weitergewirkt haben und wie die Evangelisten in ihren unterschiedlichen Lebenssituationen die Jesusüberlieferungen verstehen und deuten.

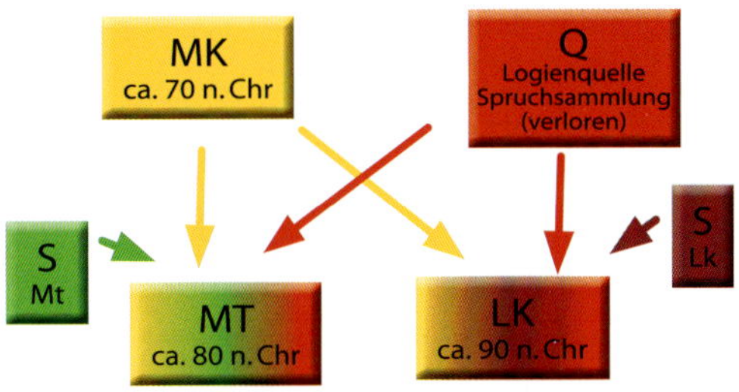

MERKe: Verschiedenheit gehört zum Glauben – von Anfang an.

- Bildet Bibelforschergruppen und untersucht die Erzählung von der Heilung der Schwiegermutter des Petrus! Arbeitet mit Kopien der Synopse und vergleicht jedes einzelne Textelement; nehmt dabei auch die ganze Bibel zu Hilfe. Stellt Fragen, z. B.: Was geht der Geschichte jeweils voraus, was folgt ihr? Warum ist Jesus im Haus des Petrus und mit wem? Was fehlt der Frau? Wie heilt Jesus? Wie reagiert sie? Welche Fragen werden in der Geschichte nicht beantwortet? Stellt Vermutungen über die Gründe für die Unterschiede der verschiedenen Fassungen an!
- Unten findest du verschiedene Deutungen dieser Heilungsgeschichte; beziehe sie auf die Info (S. 44)!

»An den Wundertaten sieht man, dass Jesus Sohn Gottes ist.«

»Wahrscheinlich hatte das Fieber schon seinen Höhepunkt überschritten.«

»Die Berührung hat ihr einfach gut getan.«

»Die Geschichte ist symbolisch gemeint: Nähe kann heilen.«

»Die Geschichte ist nachträglich erfunden, um die Menschen von Jesus zu überzeugen.«

»Vielleicht kann so etwas passieren?«

»Eine Frauengeschichte! Jesus half den Frauen zu ihrer Würde!«

»Gott ist stärker als Krankheit und Tod.«

Lebens-

Der Theologe Gerd Theißen erzählt in seinem Buch »Der Schatten des Galiläers« die Jesusgeschichten aus der Perspektive des jungen Juden Andreas, der im Auftrag der Römer Nachforschungen über Jesus anstellt. Einmal kommt er nach Kapernaum zur Familie von Mattathias und Hanna. Deren zwölfjährige Tochter Mirjam ist sehr krank.

Mirjam schaute mich mit großen Augen an: »Bist du der Messias*?« Um Gottes willen! dachte ich, sie ist krank und phantasiert im Fieber. Freundlich antwortete ich: »Ich bin Andreas, ein Kaufmann aus Sepphoris.« »Weißt du, wann der Messias kommt?«, fragte sie enttäuscht. Ich gab die übliche Kinderantwort: »Er kommt am Ende der Zeiten!« »Nein, er ist schon da!« Ich schaute Hanna fragend an. Sie erklärte: »Sie meint einen Propheten*, den einige für den Messias halten. Er heilt Kranke und treibt Dämonen aus. Viele im Dorf glauben an ihn. Ein paar junge Leute folgen ihm nach. Sie hofft, er möge kommen und sie heilen.« »Du meinst Jesus.« Mirjam nickte: »Hast du ihn gesehen?« »Nein«, sagte ich. »Aber ich würde ihn gern sehen. Alle erzählen von ihm. Er soll oft in dieser Gegend sein.« »Er ist nie lange an einem Ort«, erklärte Hanna. Mirjam murmelte: »Warum ist er nicht hier? Warum macht er mich nicht gesund?« Die Mutter setzte sich zu Mirjam auf den Boden und streichelte liebevoll ihr Haar: »Er hat gesagt: Blinde sehen und Lahme gehen, Aussätzige werden rein und Taube hören. Tote werden auferweckt und die Armen erhalten eine gute Botschaft. Glücklich, wer nicht Anstoß an mir nimmt.«
»Wenn er doch käme!«, flüsterte das Kind. Hanna wickelte ihre Tochter in ein Tuch und nahm sie auf den Schoß. »Ich kann ihn nicht herbeiholen. Glaub mir, ich kann es nicht. Aber ich kann dir eine Geschichte von ihm erzählen, willst du?« Mirjam nickte, und Hanna begann:
»Eine Frau litt zwölf Jahre lang an Blutungen. Sie hatte schon viel durchgemacht, hatte viel Ärzte besucht und ihr ganzes Vermögen dafür aufgebraucht. Aber es hatte nichts genutzt. Im Gegenteil, es war noch schlimmer geworden. Als sie von Jesus hörte, kam sie mitten in der Menge zu ihm und fasste heimlich von hinten sein Kleid an. Denn sie sagte sich: ›Wenn ich nur ein Stückchen von seinen Kleidern berühre, werde ich gerettet.‹ Da hörten die Blutungen auf. Sie spürte am ganzen Körper, dass sie geheilt war. Aber auch Jesus hatte etwas gemerkt. Er drehte sich um und fragte: ›Wer hat meine Kleider berührt?‹ Seine Jünger sagten: ›Du siehst doch, wie dich das Volk bedrängt und da fragst du: Wer hat mich berührt?‹ Aber Jesus schaute sich trotzdem um, um herauszufinden, wer es getan hatte. Die Frau fürchtete sich sehr und zitterte am ganzen Körper. Sie trat vor und warf sich vor ihm nieder. Er aber sagte: ›Tochter, dein Glaube hat dich gerettet. Gehe hin in Frieden und sei geheilt von deinen Beschwerden.‹«
Mirjam hatte begierig zugehört, als wäre alles zu ihr gesagt. Aber jetzt hielt sie nicht mehr an sich. Sie schrie: »Warum kommt er nicht? Warum kann ich ihn nicht berühren wie die Frau, damit ich gesund werde? Warum nicht?« Und sie fing an zu weinen. Da hatte ich einen Einfall: Ich ging zu ihr hin, legte meine Hand auf ihre Stirn und sagte: »Mirjam, du bist wie die Frau in der Geschichte. Du glaubst, dass Berührungen gesund machen. Aber hast du nicht gehört, was Jesus am Ende gesagt hat? Er hat gesagt: Dein Glaube hat dich gerettet. Er hat nicht gesagt: Deine Berührung hat dich gerettet!« Ich gebe zu, ich war selbst nicht davon überzeugt, dass es richtig war, was ich tat. Mirjam schaute mich dankbar an. Sie wurde ruhiger. Sie bat um mehr Geschichten. Hanna erzählte. Sie erzählte von einer Frau, die für ihr kleines Töchterchen Jesus um Heilung gebeten hatte – und Jesus hatte es aus der Ferne geheilt, ohne zu ihr zu kommen. Und dann erzählte sie von Blinden, die wieder sehend geworden waren, von Aussätzigen, die geheilt wurden, von Lahmen, die wieder gehen konnten. Ihre Geschichten wurden immer wunderbarer und unwahrscheinlicher. Mirjam sog jede Geschichte in sich hinein. Es waren ihre Geschichten.
Auch ich hörte gebannt zu: Manches in diesen Geschichten stieß mich ab. Es klang abergläubisch und primitiv. Aber ich wurde mit der Zeit nicht weniger von ihnen gepackt als Mirjam. Ich merkte: In diesen Geschichten lag die ganze Hoffnung dieser armen Leute. Ich hörte aus ihnen ihr Aufbegehren gegen Leid und Tod. Ich spürte: Solange diese Geschichten erzählt wurden, würden sie sich nicht damit abfinden, dass Menschen hungern und dürsten, dass sie verstümmelt und behindert, dass sie krank und hilflos sind. Solange sie diese Geschichten hatten, würden sie Hoffnung haben.
(Am nächsten Tag lässt Andreas einen berühmten Arzt kommen.) Er untersuchte Mirjam und meinte: »Das Schlimmste ist wohl vorbei!« Da wurde es wieder hell in der kleinen Hütte, als finge das Leben noch einmal von vorne an.

Votivtäfelchen in einer griechischen Kirche

Heilung

- Ergänzt auf Zetteln die Sätze: Ich fühle mich gesund, wenn .../Ich fühle mich krank, wenn ... / Krankheit ist .../Gesundheit ist ...; vergleicht eure Ergebnisse!
- Links sieht man Votivtäfelchen, die Menschen in einer Kirche aufgehängt haben, weil sie z.B. von einer Krankheit genesen sind oder ihr Leben eine gute Wendung genommen hat. An den Täfelchen kann man teilweise erkennen, für welches »Wunder« sie sich bedanken.
- Finde heraus, auf welche Bibeltexte G. Theißen in seiner (Nach-)Erzählung (S. 46) anspielt!
- Wodurch wird Mirjam nun eigentlich geheilt? Ein Wunder? Diskutiert darüber!
- Lies zur Konfirmanden*-Stunde Mk 5,35–42!
- Die Auferweckung einer Toten – das schwierigste Wunder überhaupt? Für die Jugendlichen mit geistiger Behinderung offenbar nicht!
- Aufstehen, Berühren – das darf man ruhig einmal so wörtlich nehmen, wie die Konfirmanden es tun. Suche »Körpersprache« in biblischen Heilungsgeschichten!
- »Selig ist, wer sich nicht an mir ärgert« (Mt 11,6, vgl. S. 43): Was gibt es zu ärgern, wenn jemand gesund wird? – Die Reaktionen auf Jesu Wunder sind oft selbst verwunderlich. Vergleiche Schlüsse von Wundergeschichten, wie z.B. die nachfolgenden!

Und sie entsetzen sich sogleich über die Maßen. Und er gebot ihnen streng, dass es niemand wissen sollte. Mk 5,43

Und sie baten ihn, dass er ihr Gebiet verlasse. Mt 8,34

Aber die Pharisäer sprachen: Er treibt die bösen Geister aus durch ihren Obersten. Mt 9,34

Sie fielen vor ihm nieder und sprachen: Du bist wahrhaftig Gottes Sohn. Mt 14,33

Und sie priesen den Gott Israels. Mt 15,31

Sie aber fürchteten sich und sprachen zueinander: Wer ist dieser? Lk 8,25

Und alles Volk freute sich über alle herrlichen Taten, die durch ihn geschahen. Lk 13,17

Aus einer Konfirmandenstunde mit Jugendlichen mit geistiger Behinderung

Eine Konfirmandin fragt: »Wenn ich mal tot bin – weckt Jesus mich dann auch?« Ich antworte: »Ja, irgendwann weckt Jesus dich dann auch.« Konfirmandin: »Soll er gleich machen!« Ich: »Du bist doch wach!« Unvermittelt legt sich die Konfirmandin auf den Fußboden und schließt die Augen. Unaufgefordert steht ein Konfirmand auf, stellt sich neben die Konfirmandin und wartet. Er stupst sie mit dem Fuß an, sagt etwas ruppig: »Los, aufstehn!« Nichts passiert. Der Konfirmand beugt sich zu ihr herab, hebt ihre Hand und sagt leise: »Aufstehn.« Sie öffnet die Augen, räkelt sich genüsslich und steht zufrieden auf. Dieses Erlebnis motiviert nun auch die anderen Gruppenmitglieder. Alle wollen sich beteiligen, diejenigen, die gut sprechen können, diejenigen, die nicht sprechen, die Beweglichen und die Konfirmandin mit Lähmungen im Rollstuhl. Sich hinlegen, Augen schließen, manche halten sogar die Luft an – wir gehen an den Rand unserer Angst. Niemand wird gezwungen. Manche probieren aus, mal bei der kleinsten Berührung aufspringen, mal sich lange, lange bitten lassen. Auch das Aufwecken wird probiert. Als wir den Unterricht beschließen, berührt mich die Konfirmandin, die sich zuerst wecken ließ, mit ihren zufriedenen, gelösten Worten. Ich möchte meinen Blick gar nicht von ihrem strahlenden Gesicht wenden. Sie sagt: »Ich freu mich auf Jesus. Aber jetzt bin ich ja wach.«

Kein Wunder.

Der defekte Messias

Vier Jahre vor unserer Zeitrechnung kam in der Nähe von Jerusalem in einem Schuppen der Messias* zur Welt. Die Geburt fand unter medizinisch bedenklichen Umständen statt. Der Säugling war eine Frühgeburt und ziemlich blau, aber die Folgen des Sauerstoffmangels zeigten sich erst ein paar Stunden nach seinem ersten Schrei. Als seine Mutter ihm die Windeln anpassen wollte, standen die Beine des Kindes schief und seine Füße kreuzten sich. Zwischen einem Wimmern und dem nächsten krampfte sich der winzige Körper immer wieder zusammen, sodass die Haut unter seinen Fingernägeln jegliche Farbe verlor. Die Eltern hielten erschrocken den zuckenden Leib ihres Sohnes fest und wollten es nicht glauben: Der Gesalbte Israels und Retter der Welt war spastisch gelähmt.

Es war zu spät, den Weihnachtsgästen abzusagen, denn himmlische Stimmen hatten bereits die Hirten verständigt, und auch die drei weisen Könige waren längst zu dem kranken Heiland unterwegs. Als sie in der Hütte eintrafen, stand die ganze Gesellschaft betreten vor der Krippe, schnupperte das Aroma des Weihrauchs und übertönte die klagenden Laute des Knaben mit feierlichen Chorälen. Alle taten, als bemerkten sie nichts, aber gerade die Weisen machten sich doch beträchtliche Sorgen um die Zukunft. Wohin nun mit all der Hoffnung?

Dies zuckende Bündel war nicht der große König Israels, vor dem sie niederfallen und anbeten konnten. Ein solcher Mensch würde ungeschickt das Zepter aus seinen zitternden Händen fallen lassen. Sein Anblick durchkreuzte alle messianischen Träume. Selbst die arglosen Hirten begannen sich bei der Vorstellung zu fürchten: Uns ist heute ein Defekter geboren, ein Mühlstein um unseren Hals.

Zeit seines Lebens blieb der Messias eine Enttäuschung, vor allem für seine Familie. Bei seiner Taufe vertrieb sein einsetzender Spasmus die Tauben vom Jordan und ließ sein Spiegelbild zerfließen. Seinen Eltern machte er schon als Kind keine Ehre. Aber sie fütterten ihn durch, bis er sich einen Freundeskreis gesucht hatte, der seinen

Unterhalt zusammenbettelte. Dort hatte man Mitleid mit seinen hilflosen Bewegungen und nahm Rücksicht auf seine Langsamkeit.
Aber auch die Jünger schüttelten oft genug den Kopf über ihn. Es gab Tage, da mussten sie den Menschensohn an seine Wirkungsstätten tragen, weil er seine Beine nicht hintereinander auf den Boden bekam. Wenn er von den Massen sehr beansprucht und nervös wurde, zuckte und krampfte er und bot ein jämmerliches Schauspiel, bei dem die Leute sich bekreuzigten. Er wird von einem Dämon geplagt, argwöhnten sie, doch er hatte eine kluge Antwort parat, mit der sie nicht gerechnet hatten. Sie verspotteten ihn trotzdem, sodass er zu träumen begann, er sei ein anderer und lebe unter geringeren Mühen.
Er konnte keine Kranken heilen, obwohl das Elend der anderen ihn jammerte und zu Wundern versuchte. Doch dazu hätte er Hände gebraucht, die ruhig auf den Stirnen der Patienten liegen geblieben wären. Weil er aber seine Arme nicht einwandfrei auszustrecken vermochte, brachte er keine vernünftigen Wunder zustande. Kein Gelähmter hob sein Bett auf und ging davon, kein verunglücktes Kind schlug die verloschenen Augen auf.
Der verhinderte Heiland brachte auch keinen Sturm zum Schweigen, versetzte keine Berge und hatte Schwierigkeiten mit dem Ausraufen der Ähren. Als er versuchte, über das Wasser zu gehen, verlor er das Gleichgewicht und klatschte auf den Rücken. Später wurden seine Koordinationsprobleme so groß, dass er bei Tisch gefüttert werden musste. Er zerbröselte das Brot und verschüttete den Wein, wenn der Kelch ihm gereicht wurde. Sein letzter Versuch, einen Taubstummen zu heilen, verlief unappetitlich: Sein Speichel tropfte dem armen Mann auf die Schulter. Obwohl er keine langen Reden halten konnte, fand er immer wieder Leute, die meinten, er habe trotzdem etwas zu sagen und in ihm erfülle sich ein Zeichen.
Eines Abends ließ er sich auf einen Berg tragen und sprach von der Barmherzigkeit und dem, was gerecht sei. Selig, stotterte er in eine betroffen zu Boden blickende Menge. Selig die Strauchelnden, denn sie kennen den Geschmack der Erde. Selig, die hungern und dürsten, denn sie lernen die Sehnsucht kennen. Selig die Blinden, denn sie schauen die Tiefe. Selig die Trauernden: Mein Gott weint mit ihnen.

Susanne Krahe

Wer heilt hier wen? Und vor allem: wovon?
Biblische Heilungsgeschichten gehen mir auf die Nerven. Und zwar massiv. Die »Krüppel«, »Lahmen«, »Blinden«, »Tauben«, »Stummen« (werden) per Wunder zum Status der »Normalen« emporgeheilt, somit (ist) ihr Leiden beendet, weil sie endlich so sein können wie die anderen. Die Heilungsgeschichten sind also Geschichten aus der Perspektive derer, die sich selbst für nichtbehindert halten. Die Körper der Abweichenden sollen sich ändern, nicht ihre Umgebung.

Dorothee Wilhelm

- Arbeite heraus, auf welche biblischen Geschichten in der Erzählung angespielt wird!
- Vieles ist verändert, vieles durcheinandergebracht, aber manche Details der Geschichte passen auch zu Jesus!
- Deute den Schluss der Erzählung und vergleiche ihn mit den Seligpreisungen der Bergpredigt (S. 43)!
- Auch im Neuen Testament selbst werden Wunder kritisch gesehen. Überlege, warum Jesus in Mk 8,12 f. das Wunder verweigert! Hier-zu passt auch die Geschichte von der Versuchung Jesu Mt 4,1–11.
- Dorothee Wilhelm, die selbst im Rollstuhl fährt, bringt ebenso wie die blinde Theologin Susanne Krahe die Sicht behinderter Menschen in das Gespräch über Jesu Heilungswunder ein. Arbeite aus ihren teils provokativen Überlegungen heraus, worum es ihnen bei ihrer Kritik geht, und diskutiert diese z. B. mit der Kugellagermethode! Kommunikation
- Einzelne Wundergeschichten der Bibel sind beliebter Gegenstand von Witzen und Karikaturen. Sucht nach einer Erklärung dafür!

Und die Pharisäer kamen heraus und fingen an, mit ihm zu streiten, versuchten ihn und forderten von ihm ein Zeichen vom Himmel. Und er seufzte in seinem Geist und sprach: Was fordert doch dieses Geschlecht ein Zeichen? Wahrlich, ich sage euch: Es wird diesem Geschlecht kein Zeichen gegeben werden! Und er verließ sie und stieg wieder in das Boot und fuhr hinüber. Mk 8,12 f.

Die aber vorübergingen, lästerten ihn und schüttelten ihre Köpfe: ... »Hilf dir selber, wenn du Gottes Sohn bist, und steig herab vom Kreuz!« Mt 27,39 f.

Auch ein Wunder?

»Die Hälfte von meinem Besitz gebe ich den Armen, und wenn ich jemanden betrogen habe, so gebe ich es vierfach zurück.«

Lk 19,8

Und er stand auf und folgte ihm nach.

Mt 9,9

- Deute die Fußspuren; vielleicht fällt dir eine Geschichte dazu ein!
- »Du musst dich ändern!« – Hast du das auch schon einmal gehört? Sprecht miteinander über die Erfahrungen, die die Schüler/innen (rechts) mit dem Trainingsraum gemacht haben: Was könnte jeweils ausschlaggebend dafür sein, dass eine Änderung stattgefunden hat oder nicht?
- Die beiden Bibelzitate stammen aus Geschichten, die von radikalen Lebenswenden erzählen. Lies die Texte im Zusammenhang und untersuche, wo genau der Umschwung stattfindet, was ihm vorausgeht, was ihm nachfolgt!
- »Umkehren«* heißt nicht: zurückgehen, womöglich auf dem gleichen Weg. Gestaltet eigene Fußspurenbilder zu den biblischen Geschichten!
- Überlege, welcher von den untenstehenden Begriffen zu »Umkehr*« passt! Beziehe dabei die Materialien dieser Seiten und den Lexikonartikel ein!

Ich ändere mich und bleibe doch ich. MERKwürdig.

etwas anders wahrnehmen
einen Neustart vornehmen
das Vergangene vergessen
die Spur wechseln
sich etwas zutrauen
eine Kehrtwendung machen
alles auf den Kopf stellen
etwas ausprobieren
sich neu definieren
nochmal anfangen

Sabine Stenzel, Umkehr, 2007

Du musst dich ändern!

»Wer bei uns im Unterricht stört, muss (darf?) in den Trainingsraum. Dort schreibt man auf, was verkehrt gelaufen ist und was man bei sich ändern möchte. Das unterschreibt man dann, sozusagen eine Verpflichtung.«

»Ich werde da regelmäßig hingeschickt. Ich schreib dann irgendwas auf, was den Lehrern gefällt – bis zum nächsten Mal.«

»Mir tut die Auszeit oft gut – einfach, weil es mal ruhig ist … Klingt komisch, ich weiß; es soll ja eigentlich eine Strafe sein. Hinterher kann ich im Unterricht immer besser aufpassen.«

»Mit der Lehrerin im Auszeitraum hatte ich ein richtig gutes Gespräch; sie hat nicht geschimpft und mich niedergemacht, sondern sich für mich interessiert. Danach ging's besser.«

»Mein Lehrer hat in der Sprechstunde meinen Eltern erzählt, dass ich manchmal im Unterricht störe. Die haben mir ein Smartphone versprochen, wenn ich das ganze Halbjahr nicht mehr in den Auszeitraum muss.«

»Manche finden es cool, dahin zu müssen – ich fand es ehrlich gesagt total peinlich.«

»Ich nehme mir dann schon ganz fest vor, was zu ändern. Es funktioniert eine Zeitlang, Aber irgendwann ist dann alles wieder wie früher.«

Bartholomeus Breenbergh (1598–1657), Christus und der reiche Jüngling

Es wäre ein Wunder ...

Verkauft, was ihr habt, und gebt Almosen. Macht euch Geldbeutel, die nicht veralten, einen Schatz, der niemals abnimmt, im Himmel, wo kein Dieb hinkommt, und den keine Motten fressen. Denn wo euer Schatz ist, da wird auch euer Herz sein. LK 12,33F.

»Du Narr, diese Nacht wird man deine Seele von dir fordern, und wem wird dann gehören, was du angehäuft hast?« LK 12,20

- Lies die Geschichte vom »reichen Jüngling« (Mk 10,17–27)! Unterstreiche auf einer Kopie alle Hinweise auf die Gefühle der Beteiligten!
- Entdeckst du diese Gefühle im Bild wieder? Vergleiche Bild und Geschichte!
- Das Bild könnte auch zu anderen Jesusgeschichten passen!
- Auch bei Mk 10,17–27 ist ein synoptischer Vergleich aufschlussreich! (Vgl. S. 45.)
- »Eines fehlt«: Lk 12,33 f. hilft zu verstehen, warum es Jesus nicht reicht, dass der junge Mann die Gebote hält.
- Für Menschen wie ihn hat Jesus das Gleichnis vom reichen Kornbauern erzählt. Lies und deute Lk 12,16–21!
- Erarbeitet in Gruppen Fortsetzungen von Mk 10,17–27, z. B.: Dem jungen Mann geht auf dem Heimweg vieles durch den Kopf. / Die Jünger diskutieren über Jesu Reaktion. / Der junge Mann kommt am nächsten Tag nochmal wieder.
- Schwierig oder unmöglich? Deute den Spruch vom Kamel und Nadelöhr im Zusammenhang mit Mk 10,27!
- Informiere dich über Tauschbörsen im Internet, auf die sich der Artikel links bezieht! Was würdest du mit anderen teilen wollen, was auf keinen Fall?
- »Das mit dem Teilen sagte schon Jesus« – prüft, ob der Trend zum Teilen von Besitz das trifft, was Jesus meint!

Teilen ist das neue Haben

Ein leeres Zimmer. Das Auto, das mehr steht als fährt. Das Werkzeug, kaum verwendet. »Wenn der eine hat, was der andere braucht: Warum soll man sie nicht zusammenbringen? Dafür ist das Internet geschaffen« (R. Botsman, Trendforscherin). Und so funktioniert es auch. Das Internet ist der Marktplatz im globalen Dorf. Erst wurden Informationen miteinander verknüpft. Dann kam der Verkauf von Waren. Es folgte die Vernetzung menschlicher Beziehungen. Und jetzt, das ist die Idee gemeinschaftlichen Konsums, soll jeder zeigen, was er anderen geben kann. Nicht nur: »Wer bist du?«, sondern: »Was hast du?« In wenigen Jahren werde der Besitz von Gebrauchsgütern »altmodisch« erscheinen. »Deins«, predigt sie, »ist auch meins«. Klingt nach Kirchentag. Das mit dem Teilen sagte schon Jesus. Und sind im Schnäppchenland die Einkaufstüten nicht weiter gut gefüllt? Die Leute wollen kaufen. Wir haben uns daran gewöhnt, die Dinge billig zu bekommen. Und nun sollen wir teilen und tauschen? In einer Welt, die nach Besitz giert?

Uli Hauser, STERN, 28. Februar 2013

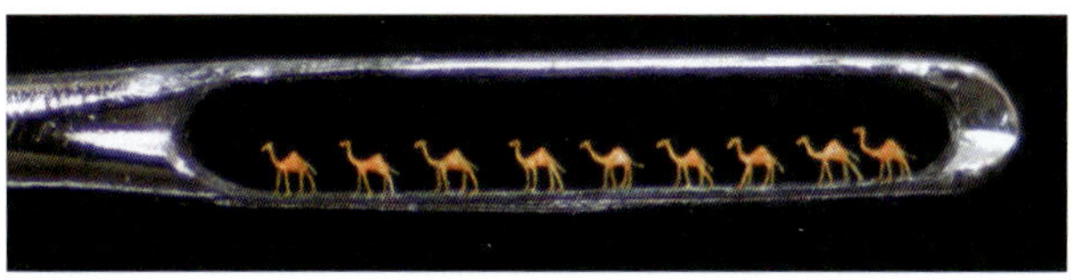

Jesu Spruch vom Kamel und dem Nadelöhr hat zu vielen Deutungen herausgefordert: Will er sagen, dass es für Reiche unmöglich ist, ins Reich Gottes zu kommen? Oder handelt es sich um einen Übersetzungsfehler und es ist kein Kamel gemeint, sondern ein Seil? Oder ist kein Nadelöhr gemeint, sondern ein Tor in Jerusalem?

»Narren um Christi willen« 1 Kor 4,10

Meine Kraft ist in den Schwachen mächtig.

2 Kor 12,9

Der Clown

Da steht er auf der Bühne, sichtbar für alle Augen, nicht gemacht für diese Welt in seinen Kinderkleidern und mit dem alten Gesicht. Er will der schönen Frau eine Rose schenken. Aber er stolpert über seine überlangen Schuhe, er wirft Tisch und Stühle um. Alles wird ihm zum tückischen Objekt. Er bewältigt die Tücke nicht, er umgeht sie, er sucht andere Wege, er rächt sich nicht an den Dingen, die ihm den Weg versperren. Er ist der Sanfte, den alles trifft. Er steht wieder auf, er lässt nicht ab von seinem Ziel. Das Scheitern zählt nicht, es zählt sein Ziel.
Man denkt an den anderen Narren, von dem Jesus im Matthäusevangelium spricht. Er hat einen Schatz im Acker gefunden, setzt dafür alles aufs Spiel, verkauft, was er hat, unterlässt keine Mühe und gibt alle Sicherungen auf für das eine, für den Schatz, den er dort glaubt.

Fulbert Steffensky

Nachfolge – Clownsexistenz?

- Arbeite aus den Texten dieser Seite und aus eigenen Erfahrungen typische Clownsmerkmale heraus! 5/6
- Für Paulus gehören »närrisch« und schwach sein zum Leben von Christinnen und Christen dazu. Beziehe die Beispiele und Texte dieser Doppelseite aufeinander!
- Die Geschichten vom Zöllner und vom reichen Jüngling (S. 50f.) haben deutlich gemacht, dass Jesus nachzufolgen das ganze Leben umkrempeln kann. Bedeutende Nachfolger/innen aus Geschichte und Gegenwart findest du an mehreren Stellen dieses Buches, z.B. Martin Luther King, Dietrich Bonhoeffer (S. 34f.; 160). Überlege, ob man sie auch als »Wundertäter« sehen kann!
- Gisela Matthiae spricht von »Vorbildern«. Notiere für dich, wie ein Mensch sein muss, der für dich »Vorbild« ist!
- Suche heraus, ob du unter den Menschen, die du in diesem Buch kennenlernst, ein »Vorbild« für dich findest! Oder vielleicht sind es auch einzelne Haltungen oder Handlungen, die für dich »vorbildlich« sind? Tauscht euch darüber aus!
- Zu Paulus' Rede vom Kreuz als »Torheit« vgl. Kap. 11!

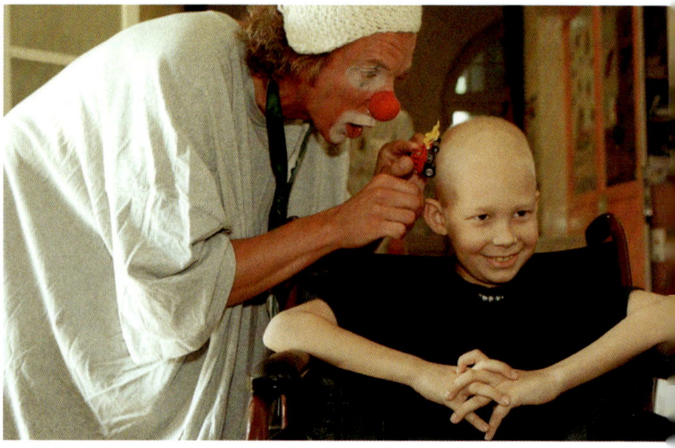

Jesus – ein Vorbild?

Der Mensch, ein Clown! Jesus war so ein Mensch, also ein Clown. Er konnte das Unmögliche wahrmachen, übers Wasser gehen, heilen und Unmengen von Wasser in Wein verwandeln. Allerdings sind seine Heilmethoden die des einfachen Volkes und im Markusevangelium braucht er auch schon mal zwei Anläufe, bis es schließlich klappt (Mk 8,22–27). Die allzu stolz werdenden Jünger sollen sich ein Vorbild an Kindern nehmen: Das Kleine wird groß, wer sich selbst erhöht, wird erniedrigt und schließlich werden die Letzten die Ersten sein. Verkehrte Welt!
Auf Fragen antwortete Jesus mit Geschichten, die wieder ganz neue Fragen entstehen lassen. Wie um alles in der Welt soll ein Kamel durch ein Nadelöhr passen?
Ein paarmal macht Jesus tausende von Menschen mit ein paar Broten und Fischen satt, andere Male feiert er gern üppig und lässt sich mit sündhaft teurem Öl salben.
Als es darauf ankommt, lässt er sich lieber selbst verspotten, als dass er machtvoll sein Schicksal abwenden würde. In Schimpf und Schande endet er an dem Kreuz, das Paulus als Ausdruck von Torheit interpretiert, und macht damit alle Menschen in der Nachfolge zu Narren. Die Erlösung jedenfalls stellt sich ganz anders ein, nachdem alle die Hoffnung schon längt aufgegeben hatten.
Jesus eignet sich denkbar schlecht, um aus ihm die Heldengeschichte eines Gottessohnes zu machen. Im Gegenteil: Der potenzielle Störenfried scheint die Geschichte mit seinem Scheitern zu verderben. Man muss sich schon wundern, dass so ein gebrochener Mensch zum Vorbild wurde. Ausgerechnet!

Gisela Matthiae

Seitenwechsel

Der Name ist Programm: »SeitenWechsel« holt Manager und Top-Angestellte für eine Woche in soziale Einrichtungen.

Für Peter Reischl war es eine ganz besondere Erfahrung. Für eine Woche wechselte der Manager sein Büro in der Siemens-Zentrale gegen die langen Gänge des Stadelheimer Gefängnisses. Freiwillig. »Das war eine Welt, die ich nicht kannte«, sagt er. »Und in die ich sonst nicht kommen konnte.« Eine Woche arbeitete Reischl zwischen Wärtern und Häftlingen, lernte ihr Leben kennen, die Welt hinter Gittern, die den meisten für immer verborgen bleiben wird. Es habe ihn geprägt, sagt der Siemens-Manager. »Und es hat mich aufgefressen.« Heute sieht sich Reischl als anderen Menschen, demütiger, mitfühlender. »Es war eine fantastische Erfahrung. Ich habe mich selbst neu orientiert, mich und meine eigene Zufriedenheit überprüft. Das ging schon sehr tief rein.«

Nürnberger Nachrichten, 8. Juli 2010

Seitenwechsel: Ein Manager arbeitet in der Obdachlosenhilfe; wie er nahmen seit 2000 1145 Führungskräfte an dem Projekt teil.

Verlierer

Aus einem offenen Brief des Schriftstellers Martin Walser an Bastian Schweinsteiger nach dem 0:1 im Halbfinale gegen Spanien bei der Fußball WM 2010

… So aber muss ich reagieren auf diesen grandiosen Fußballer, der nach einem 0:1 so kniet, so sich beugt. Ich dachte, als ich Sie sah, nicht: Jetzt weint er. Oder: Jetzt betet er. Oder: Jetzt flucht er. Alles wäre verständlich gewesen. Ich habe gedacht: So knien, so sich beugen kann nur einer, der gerade verloren hat. Die, die gewonnen haben, sind nicht halb so eindrucksvoll wie die, die verloren haben. Es gibt, das kann sich jeder leicht ausrechnen, viel mehr Verlierer als Gewinner. Und wer ein bisschen Erfahrung auf den Kampfplätzen unserer Welt hat – und die Sportplätze sind nur ein Teil dieser Kampfplatz-Welt – wer aber in seinem Feld und Umfeld erlebt, wie sich Gewinner gewöhnlich aufführen, der kann nur hoffen, dass er, wenn er auch mal gewinnt, nicht so dreist aus der Wäsche schaut, wie das der Gewinner tut. Ich finde, das Bild, das so zustande kam, hat es verdient, gespeichert zu werden, überall.
Mit freundlichen Grüßen

Compassion

Christina aus der 11. Klasse schreibt über ihr Krankenhauspraktikum im Rahmen eines Compassionprojekts:* Ich betrete den Raum – es herrscht Stille. Stille, die sich danach sehnt, erfüllt zu sein – mit Freude – mit Lachen – mit Liebe. Ich bin alleine mit meinem Patienten. Seine Augen sind geschlossen und sein Mund ist geöffnet. Ich begrüße ihn und bemühe mich, ihn wie einen gesunden Menschen zu behandeln. Während ich den Waschlappen im lauwarmen Wasser einweiche, rede ich beruhigend auf ihn ein. Langsam und vorsichtig säubere ich die Stirn, die Augen, die bereits verschleimt sind – eine Regung! Er zwinkert mit den Augen. »Ich möchte Ihnen nicht weh tun, ich wasche nur Ihr Gesicht. Ist das in Ordnung? – Wir sind gleich fertig.« Nun ziehe ich ihm den OP-Kittel aus – ein mir fremder Mensch liegt unbekleidet vor mir. »Wie entwürdigend«, denke ich mir. Mit einem Einmalwaschlappen säubere ich die Arme, die Achselhöhlen, den Brustkorb. Nebenbei rede ich – wobei ich mich völlig auf den Patienten konzentriere. So, und jetzt? Langsam wird's mir echt unangenehm. Ich verwende wiederum einen neuen Waschlappen und säubere die Leistengegend und das Übrige. Es ist leichter, als ich dachte! Nur noch abtrocknen, und fertig. Er hat sogar seine Augen geöffnet! Was diesem Menschen wohl gerade durch den Kopf geht? Wärme erfüllt mein Herz, ich kann das nicht anders beschreiben. Ich fühle mich stark und zugleich einfühlsam; bereit, diesen Menschen so zu unterstützen, wie er es braucht. Ich ziehe ihm ein frisches OP-Hemd an und führe einen Schnabelbecher zu seinem Mund. Durstig trinkt er den Tee.

Auf den Kopf gestellt

- Lies Mt 5–7 in Auszügen! Sicher kommt dir manches bekannt vor. Schreibe wichtige Stellen heraus (z.B.: sog. Antithesen, den Spruch von Salz und Licht, Goldene Regel, Vaterunser)!
- Führt in Gruppen Schreibgespräche zu den ausgewählten Bibelstellen! Lasst euch von den Zitaten rechts anregen!
- Ihr könnt auch Plakate zu ausgewählten Stellen der Bergpredigt anfertigen. Plakate
- Die Bergpredigt beginnt mit den Seligpreisungen, die du auf S. 43 schon kennengelernt hast! Überlege, ob das die Deutung der nachfolgenden Abschnitte in der Bergpredigt verändert!
- Auf dieser Doppelseite findest du verschiedene Materialien zur Bergpredigt. Bringe sie miteinander ins Gespräch!

AnMERKung: die Bergpredigt – eine Ideensammlung zum Wunder-Tun!

info

Die Bergpredigt (Mt 5–7)

- Die Evangelien zeigen Jesus als jüdischen Rabbi*, der die Tora* lernt und lehrt und mit anderen Schriftgelehrten darüber diskutiert 5/6. Wie im Alten Testament die Zehn Gebote* mit der Erfahrung der Befreiung aus Ägypten 5/6 verbunden sind, so versteht auch Jesus das Gesetz als Weisung zum Leben, eingebettet in die Liebe Gottes, die man sich durch nichts erkaufen muss. Angesichts der unmittelbaren Nähe des Reiches* Gottes, die Jesus in Taten und Worten verkündet, wird das Tun und Lassen der Menschen noch einmal dringlicher und wichtiger: Jetzt kommt es darauf an!
- Jesu Bergpredigt ist eigentlich keine Predigt, sondern eine Lehre und wurde von ihm wohl nicht im Zusammenhang vorgetragen. Sie ist eine kunstvolle Komposition von Jesusworten, vom Evangelisten Matthäus auf einem Berg am See Genezareth lokalisiert in Anspielung auf die Gesetzgebung am Sinai*: Jesus als »neuer Mose*«! Die Weisungen der Bergpredigt sind weit über die Christenheit bekannt und geachtet. Umstritten war und ist, ob sie erfüllbar sind. Sind sie Handlungsanweisungen für die Jünger? Für besonders perfekte Menschen, z. B. Mönche? Sollen sie uns bewusst machen, dass wir sie nicht erfüllen können (so M. Luther), oder sind sie politisches Programm? Oder sollen sie einfach ein Ansporn sein, sich zu bemühen? Das betrifft besonders die etwas unglücklich so genannten »Antithesen« (Mt 5,17 ff.). Jesus widerspricht hier nicht der Tora (von der er kein Jota geändert wissen will, Mt 5,18), sondern er legt sie radikal aus, bringt ihren Sinn zum Vorschein, bringt sie zum Leuchten.

»Wo käme man denn da hin?«

»Einen Versuch wäre es wert.«

»Das schaffen nur besondere Leute.«

»Es braucht viel Vertrauen.«

»Eine Vision, die anspornt.«

»Mich überfordert das.«

»Es geht nur, wenn alle mitmachen.«

»Eigentlich ganz einfach.«

»Jesus will provozieren!«

Erfüllbar?

Jesus stellt vieles auf die Füße, was vor ihm verkehrt und auf dem Kopf stand. Ihm geht es nicht um Theorie, sondern um Praxis, nicht um Friedensgerede, sondern um Friedenstaten. Jesu Schlüsselworte sind »jetzt« und »neu«. Seine Lehre ist keine Vertröstungsideologie, sondern eine Seligpreisung der Friedensstifter, ein Angebot für eine bessere Welt. Jesus stellt keine unerfüllbaren Forderungen, wie so oft behauptet wird. Jesus brachte radikal Neues für diese Welt. Seine Moral ist nicht weltfremd, sondern weltverändernd. *F. Alt*

Jemanden auf die rechte Backe schlagen – das funktioniert für einen Rechtshänder nur mit dem Handrücken. Eben dies war in römischer Zeit eine Demütigungsgeste, z. B. vom römischen Herrn dem jüdischen Diener zugefügt. Wenn dieser nun nicht zurückschlägt, auch nicht sich beschämt davonmacht, sondern stolz die linke Backe hinhält, dann provoziert er seinen Demütiger zum Nach- und Umdenken. Der nächste Schlag (mit der Handinnenfläche) wäre nämlich einer »auf Augenhöhe«. Der Gedemütigte gewinnt seine Würde zurück. *nach P. Lapide*

Mit der Bergpredigt kann man keine Politik machen.
Helmut Schmidt, Bundeskanzler (1974–1982)

Aus einem Interview mit der Schulpsychologin Aida Lorenz zum Thema »Gewalt an Schulen«:
Es geht nicht um Härte, sondern um konsequente Grenzsetzung. Ich kann sehr wohl Herzenswärme zeigen, indem ich Grenzen setze. Es geht auch nicht um Strafe um ihrer selbst willen, sondern als Chance zum sozialen Lernen. Es kommt darauf an, den Schülern ein verbindliches Regelwerk anzubieten, das ernst genommen wird, weil seine Verletzung geahndet wird. Die Jugendlichen müssen hinter diesem Regelwerk stehen. Am besten beteiligt man sie von Anfang an bei der Festlegung. Herzenswärme, Freiräume, Regeln – diese drei Elemente brauchen sie in der Schule wie in der Familie.

»Jesus nimmt in meinem Herzen den Platz eines großen Menschheitslehrers ein.«
*Mahatma Gandhi**

Szene aus dem Film »Gandhi«, in der zwei weiße Jugendliche Gandhi und einen weißen Pfarrer sehen:
Jugendlicher 1: He, seht mal, was da kommt. Ein weißer Hirte, der einen braunen Sammi begleitet.
Pfarrer: Vielleicht sollten wir lieber …
Gandhi: Sagt das Neue Testament nicht: So dir jemand einen Streich gibt auf den rechten Backen, dem biete auch den anderen dar?
Pfarrer: Nun, ich glaube, dass dieses Zitat metaphorisch gedacht ist. Ich glaube nicht, dass unser Herr …
Gandhi: Ich bin nicht sicher. Ich habe sehr viel darüber nachgedacht. Und ich bin der Ansicht, dass unser Herr meint, man soll Mut zeigen. Man muss bereit sein, einen Schlag hinzunehmen, vielleicht auch mehrere Schläge, um zu zeigen, dass man nicht zurückschlagen und nicht weichen wird. Durch diese Haltung erreicht man, dass etwas in der menschlichen Natur freigelegt wird, was den Hass kleiner werden lässt und schließlich dazu führt, dass derjenige respektiert wird. Christus hat das erkannt und ich habe festgestellt, dass es funktioniert.
(zu dem Jugendlichen) Guten Morgen!
Jugendlicher 1: Geh vom Bürgersteg runter, du mieser Nigger!
Jugendlicher 2: Wird's bald, du Kaffer!
Mutter des Jugendlichen 1: Was machst du da?
Jugendlicher 1: Gar nichts.
Mutter: Komm vor, damit ich dich sehen kann!
Ich möchte sehen, was du da machst.
Jugendlicher 1: Wir sind gerade dabei, die Nachbarschaft vom Dreck zu reinigen.
Mutter: Du kommst wieder einmal zu spät zur Arbeit. Nun geh schon!
Gandhi: Sie werden erkennen, dass Platz für alle ist.

im Zusammenhang

Wunder im Namen Jesu

Petrus aber und Johannes gingen hinauf in den Tempel um die neunte Stunde, zur Gebetszeit. Und es wurde ein Mann herbeigetragen, lahm von Mutterleibe; den setzte man täglich vor die Tür des Tempels, die da heißt die Schöne, damit er um Almosen bettelte bei denen, die in den Tempel gingen. Als er nun Petrus und Johannes sah, wie sie in den Tempel hineingehen wollten, bat er um ein Almosen. Petrus aber blickte ihn an mit Johannes und sprach: Sieh uns an!
Und er sah sie an und wartete darauf, dass er etwas von ihnen empfinge. Petrus aber sprach: Silber und Gold habe ich nicht; was ich aber habe, das gebe ich dir: Im Namen Jesu Christi von Nazareth steh auf und geh umher! Und er ergriff ihn bei der rechten Hand und richtete ihn auf. Sogleich wurden seine Füße und Knöchel fest, er sprang auf, konnte gehen und stehen und ging mit ihnen in den Tempel, lief und sprang umher und lobte Gott. Und es sah ihn alles Volk umhergehen und Gott loben. Sie erkannten ihn auch, dass er es war, der vor der Schönen Tür des Tempels gesessen und um Almosen gebettelt hatte; und Verwunderung und Entsetzen erfüllte sie über das, was ihm widerfahren war. *Apg 3,1–10*

Dein Merk-Rucksack füllt sich:

MERK-Rucksack

Überlegt gemeinsam:

Was war wichtig in diesem Kapitel?

Was wollt ihr euch MERKen?

Was werdet ihr wieder brauchen?

Worüber müsste man noch einmal nachdenken?

Möchtest du etwas für dich persönlich hinzufügen?

Eine moderne Wunderheilung

Dorothee Wilhelm kennst du schon aus dem Zitat von S. 49. Sie ist Rollstuhlfahrerin und schreibt über einen Besuch in Bern:
In Bern angekommen, widerfährt mir ein Heilungswunder: Nur ein Knopfdruck, und aus der Bustür gleitet eine Rampe heraus; mit einem mittleren sportlichen Einsatz lande ich selbsttätig im Bus. DAS nenne ich eine Wunderheilung: Meine Umgebung muss sich ändern, nicht mein Körper.

- Wunder ohne Jesus? Vergleiche die Erzählung aus der Apostelgeschichte mit Wundertaten Jesu!
- Vergleiche D. Wilhelms Erzählung mit Apg 3,1–10!
- Du hast in diesem Kapitel Wunder als Zeichen des Reiches* Gottes kennengelernt. Beziehe deine Gedanken auf beide Geschichten!
- »Meine Umgebung muss sich ändern«: Gestalte (male oder erzähle) ein Beispiel aus deinem Lebensbereich, auf das dieser Satz passen könnte!
- Mache einen Wunder-Spaziergang in deiner Stadt: Fotografiere Motive oder erzähle Begebenheiten, die man (auch im Sinne Dorothee Wilhelm) als Wunder bezeichnen könnte!

HIER STEHE ICH

Sind Christen freier?

Wann gelingt mein Leben?

Was gibt Sicherheit in schwierigen Zeiten?

Sind die Unterschiede zwischen evangelisch und katholisch wichtig?

Müssten sich Christen nicht einig sein?

Ist die Bibel für Evangelische wichtiger als für Katholiken?

Verzeiht Gott alles?

Kapitel 4

Gewissens-

»Gegen sein Gewissen zu handeln ist weder rechtens noch lauter.
Ich kann nicht und ich werde nicht widerrufen.
Hier stehe ich, ich kann nicht anders.
Gott helfe mir.«

Jhesus.

Zum ersten/ Das wir grundlich mugē erkennen was ein Christen mēsch sey/ vnd wie es gethan sey vmb die freyheit/ die ym Christus erworben vnnd geben hat/ dauon sant Paulus vil schreybt/ wil ich setzen dise tzwen beschluß.

Eyn Christen mensch ist eyn freyer herr vber alle ding/ vnd nymandt vntterthan.

Eyn Christen mensch ist eyn dienstpar knecht aller ding/ vnd yderman vntterthan.

Dise tzwen beschluß sein klerlich sant Paulus i. Cor. ix. Ich bin frey in allē dingē/ vñ hab mich eins ydermā knecht gemacht. Itē Ro. xiij. Ir solt nymandt etwas vorpflichtet sein/ den das yr euch vntereinander liebet. Lieb aber die ist dienstpar/ vnd vntterthan dē das sie lieb hat. Also auch von Christo Gal. iiij. Got hat seinen son außgesandt vō einē weib geborē/ vñ dē gesetz vnderthā gemacht.

¶ Zu andern Dise tzwo widerstendige rede der freyheit vñ dienstparkeit tzuuornemen/ sollen wir gedēckē/ dz ein yglich Christē mēsch ist tzweierley natur/ geistlicher vnd leyplicher. Nach der selen wirt er ein geistlich/ new/ ynnerlich mensch genennet/ nach dem fleisch vnd blut wirt er ein leyplich/ alt vnd eusserlich mēsch genēnet. Vnd vmb di

Hier stehe ich!

Mit dem Wormser Reichstag befindest du dich mitten in einem zentralen Ereignis in Luthers Leben. Vermutlich weißt du schon einiges über Luther aus dem bisherigen Religions- und Geschichtsunterricht. Hier erhältst du einen Überblick über seinen Lebenslauf und kannst auf den folgenden Seiten einzelne Aspekte aus Luthers Leben und der Reformation genauer betrachten, die helfen, das Besondere des evangelischen Glaubens zu verstehen.

info

Luther vor dem Wormser Reichstag

Das Bild auf S. 58 zeigt (als Filmszene) den 17. April 1521: An diesem Tag stand Luther zum Verhör vor dem Reichstag* in Worms. Einiges war vorausgegangen, bis es dazu kam: Zwei Jahre vorher, 1519, hatte die Kurie* den wegen der Kaiserwahl unterbrochenen Ketzerprozess gegen Luther wieder aufgenommen. 1520 war es zur Bannandrohung gekommen, in der Luther mit einer Frist von 60 Tagen aufgefordert worden war, seine Lehren zu widerrufen. Den endgültigen Bruch mit dem Papst hatte Luther vollzogen, indem er auf Verbrennungen seiner eigenen Bücher mit der Verbrennung der Bannandrohungsbulle sowie einiger Schriften der mittelalterlichen Theologie und des Kirchenrechts reagierte. Daraufhin hatte ihn der Papst exkommuniziert. Kaiser Karl V.* sah sich jedoch durch die lutherfreundliche Stimmung im Land und den Einfluss einiger Fürsten (unter anderem Luthers Landesfürsten, Kurfürst Friedrich der Weise* von Sachsen) gezwungen, Luther anzuhören: Unter Zusicherung freien Geleits wurde Luther auf den Reichstag nach Worms geladen. Dort sollte er nach dem Willen der Kirche und auch des Kaisers seine Lehren widerrufen. Auf seiner Fahrt nach Worms wurde Luther an vielen Orten mit Begeisterung empfangen. Vor dem Reichstag in Worms wurde Luther vor den versammelten Fürsten und Reichsständen verhört und letztmals zum Widerruf aufgefordert. Nach einem Tag Bedenkzeit und im Wissen, dass dies sein Tod sein könnte, lehnte er es ab zu widerrufen, da seine Ansichten nicht durch die Bibel widerlegt worden seien. Nach Luthers Abreise erließ Karl V. das »Wormser Edikt«: Darin wurde über Luther und seine Anhänger die Acht verhängt, seine Schriften wurden verboten.

- Es ist nicht zufällig, wo die einzelnen Personen in der Filmszene (S. 58) stehen. Klärt Zusammengehörigkeiten und Machtverhältnisse und deutet die Inszenierung! Stellt dazu die Szene nach! Beschreibt die Gefühle, die ihr in eurer Position habt! Was passiert, wenn eine Person ihren Standpunkt verändert?
- »Ich kann nicht anders.« Zu welchen Situationen passt dieser Satz? Vergleiche sie mit der Situation Luthers!
- Unter bestimmten Umständen wäre Luther bereit gewesen, über seine Lehren zu diskutieren …

1483	Geburt in Eisleben (10. November)
1488–1501	Schulbesuch in Mansfeld, Magdeburg und Eisenach
1501–05	Grundstudium der freien Künste, später der Rechtswissenschaft an der Universität Erfurt
1505	Eintritt in das Augustinerkloster Erfurt
1507	Priesterweihe
ab 1507	Studium der Theologie
1508–09	Vertretung einer moralphilosophischen Professur an der Universität Wittenberg
1510–11	Romreise im Auftrag des Ordens
1512	Promotion zum Doktor der Theologie, Übernahme einer theologischen Professur
1517	Veröffentlichung der 95 Thesen in Wittenberg, Beginn des Ablassstreites
1520	Veröffentlichung der drei berühmten reformatorischen Hauptschriften
1521	Luther vor dem Wormser Reichstag*; päpstlicher Bann und Reichsacht

Ich kann nicht anders?

> Ein Christenmensch ist ein freier Herr über alle Dinge und niemandem untertan. Ein Christenmensch ist ein dienstbarer Knecht aller Dinge und jedermann untertan.

Obgleich diese Sätze einander zu widersprechen scheinen, eignen sie sich doch gut für unser Anliegen, wenn erst einmal gefunden ist, dass sie miteinander vereinbar sind. Sie stammen nämlich beide von Paulus selbst, der 1 Kor 9,19 sagt: »Obwohl ich frei bin, habe ich mich zum Knecht aller gemacht«, und Röm 13,8: »Ihr sollt niemandem zu etwas verpflichtet sein, außer dass ihr einander liebt«. Die Liebe aber ist ihrer Natur nach dienstbereit und dem willfährig, das geliebt wird. MARTIN LUTHER

info

Luthers Freiheitsschrift

Durch Luthers Veröffentlichung der 95 Thesen gegen die Ablasspraxis* der röm.-kath. Kirche* kam es zu einer Auseinandersetzung Luthers mit der römischen Kurie*. In deren Folge formte Luther seine religiösen Ansichten zu einer selbstständigen Theologie aus. So arbeitete er in diesen Jahren an den drei berühmten reformatorischen Schriften »An den christlichen Adel deutscher Nation«, »Von der babylonischen Gefangenschaft der Kirche« und »Von der Freiheit eines Christenmenschen«. Diese Schriften sandte Luther 1520 in lateinischer Sprache an den Papst; er wollte damit die Kirche seiner Zeit reformieren. Er forderte freie Schriftauslegung für sich und jeden »Christenmenschen«.

Ich bin der Herr dein Gott, der ich dich aus Ägyptenland, aus der Knechtschaft, geführt habe. 2 MOSE 20,2

- »Ein Christenmensch ist ...«: Formuliere mögliche Satzergänzungen und vergleiche sie mit denen Luthers!
- Überlege dir einen Gegenstand, der Freiheit versinnbildlichen könnte! Skizziere ihn auf einem Zettel! – Ordnet eure Zettel an der Tafel so, dass verschiedene Bedeutungen von Freiheit deutlich werden! Strukturieren Prüft, wo der Begriff »Freiheit«, wie Luther ihn verwerdet, am besten hinpassen würde!
- Zeichne eine Waage und fülle ihre beiden Schalen: Wo bist du frei und wo ein »Knecht«?
- Man merkt sofort, dass die »Christenmensch-Sätze« ein Mann geschrieben hat!
- Untersuche Martin Luthers Lebenslauf auf Ereignisse hin, die mit Freiheit und Knechtsein zu tun haben!
- Formuliere eine Bildunterschrift für das Bild rechts mit einem Wort aus der Wortfamilie »frei«!
- Wiederhole die 10 Gebote (2 Mose 20, 2–17) und zeige, wie »frei sein« und »dienstbarer Knecht sein« hier zusammenhängen!

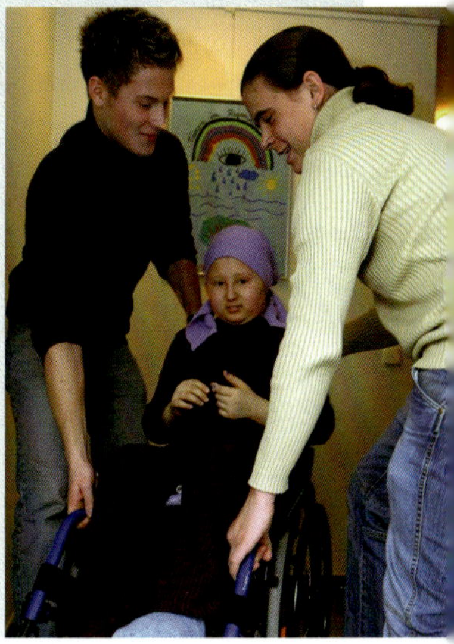

1521–22	»Schutzhaft« auf der Wartburg, Übersetzung des Neuen Testamentes
1524	Beginn der Bauernaufstände
1525	Bauernkrieg*; Heirat mit der ehemaligen Zisterzienser-Nonne Katharina von Bora*
1526–34	Geburt der Kinder Johannes, Elisabeth, Magdalena, Martin, Paul und Margarethe
1528	Tod der Tochter Elisabeth
1529	Veröffentlichung des Kleinen und Großen Katechismus*
1530	Augsburger Reichstag, die Confessio Augustana* als erstes öffentliches Bekenntnis der »Protestanten«
1532	Nürnberger Religionsfriede*
1534	Veröffentlichung der ersten deutschen Gesamtübersetzung der Bibel
1542	Tod der Tochter Magdalena
1545	Veröffentlichung von Luthers Kirchenliedern
1546	Tod am 18. Februar in Eisleben

Alles schwankt

Um 1500 versuchte Nikolaus Kopernikus die Theorie des heliozentrischen Planetensystems zu beweisen. Bis zu diesem Zeitpunkt stand es in Europa außer Frage, dass die Erde im Mittelpunkt des Planetensystems steht.

Johannes Gutenberg erfand um 1450 den Buchdruck mit beweglichen Lettern.

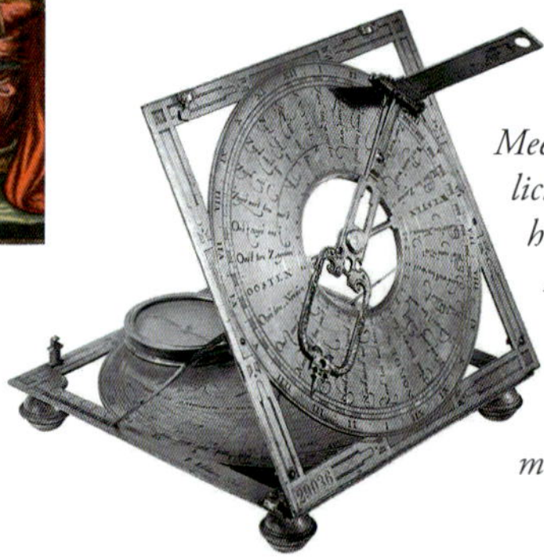

Tischsonnenuhr mit Kompass aus dem 16. Jahrhundert; vor der Erfindung des Kompasses orientierten sich die Seefahrer unter anderem an den Sternen, an Landmarken, an der Tiefe des Meeres, an Strömungen und Eigentümlichkeiten des Wassers (Farbe, Salzgehalt, Treibgut), Tieren und Wolken. Durch die Erfindung des Kompasses wurde eine weitaus zuverlässigere Navigation auf hoher See, weit außer Sichtweite jeglicher Küste, möglich.

1492 entdeckte Kolumbus auf der Suche nach einem kurzen Handelsweg nach Indien Inseln vor der amerikanischen Küste.

Im 14./15. Jarhundert veränderten Feuerwaffen das Kriegswesen: Die neuen Kanonen überwanden Burggräben und Festungsmauern, sodass die Stadtmauern ihre Schutzfunktion verloren.

»Jemand muss sagen, wo es lang geht!«
»Das lasse ich mir etwas kosten!«
»In ein paar Jahren ist das auch wieder veraltet!«
»Spannend!«
»Ich habe Angst.«
»Ich brauch' das nicht!«
»Mir wird ganz schwindlig.«
»Wo kommen wir denn da hin?«

Die Menschen des Mittelalters verstanden die Pest als Strafe Gottes. So entstanden vielfältige Bußpraktiken, um Gott wieder zu versöhnen. Das führte unter anderem zu einem Aufschwung der »Geißlerumzüge«, bei denen sich Menschen öffentlich geißelten, um auf diese Weise Buße zu tun und sich von begangenen Sünden zu reinigen. Auch Wallfahrten und Reliquienkult waren eine Möglichkeit, sich mit Gott zu versöhnen.

- Ordne die Zitate oben den Bildern auf dieser Doppelseite zu und finde heraus, was die Menschen damals bewegte!
- Informiert euch darüber, wie Deutschland zu Beginn des 16. Jahrhunderts politisch aussah!
- Die Zitate oben könnten auch zu aktuellen Ereignissen, Begebenheiten oder Situationen passen. Ihr könnt dazu Collagen anfertigen!
- Wenn alles im Umbruch ist, suchen Menschen nach Sicherheit(en). Vergleiche damals und heute!
- Schwanken – Halt suchen: Erinnere dich an die Überlegungen auf S. 12 f. und S. 32!

Während des 14. Jahrhunderts wütete die Pest in Europa. In nur wenigen Jahren fielen ihr ca. 25 Millionen Menschen zum Opfer – ungefähr ein Viertel bis ein Drittel der damaligen Bevölkerung.

Durch den sog. Ablass konnten Christen einen Erlass der zeitlichen Sündenstrafen erlangen. Im 16. Jahrhundert wurden Ablassbriefe verkauft, um unter anderem den Neubau der Peterskirche in Rom zu finanzieren.*

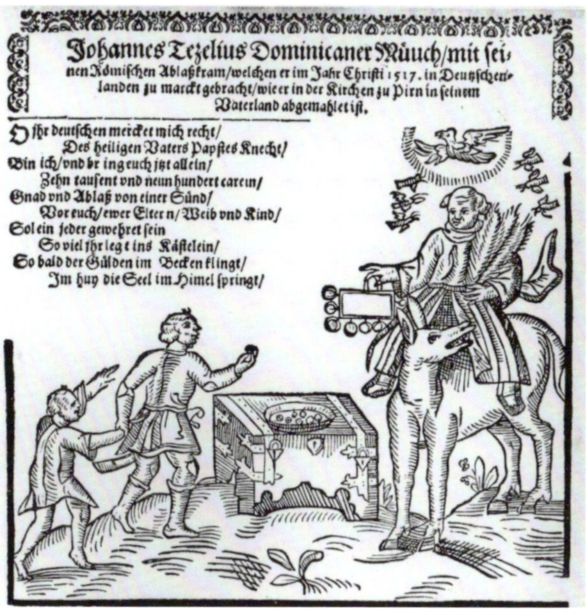

Ich stehe auf dem Spiel

»Eine konstante Leistung ist wichtig, wenn du etwas erreichen willst!«

»Jetzt kommt es auf mich an.«

»Wo bleibt die Motivation?«

»Glaub einfach an dich!«

»Streng dich an!«

»Kann ich das durchhalten?«

»Ich habe alles gegeben.«

»Du kannst das besser!«

»Wer sich zufriedengibt, hat schon verloren.«

Beurteilt werden

- Bei Casting-Shows bewerben sich Tausende, obwohl sie sich von den Jurys oft harte Urteile anhören müssen ...!
- Nicht nur bei Casting-Shows wird man beurteilt. Sammelt typische Beurteilungs-Situationen und vergleicht sie mit der Inszenierung auf dem Bild!
- Gestaltet eine Sprechmotette (Texten begegnen) aus den Zitaten: Jede/r sucht sich einen bestimmten Satz aus; dann sprecht ihr die verschiedenen Sätze durcheinander. Achtet dabei auf das, was die anderen sagen, und reagiert mit eurem Satz darauf! Variiert mit Tonfall und Stimmlage! Je nach Klassengröße könnt ihr das mit der ganzen Klasse oder nur einem Teil machen, während die anderen zuhören.
  Schreibe danach auf, was dir durch den Kopf gegangen ist bzw. geht!
- Mein Leben – ich muss was draus machen! Tauscht Erfahrungen zu diesem Satz aus; diskutiert die Möglichkeiten und Grenzen dieser Meinung (evtl. auch als Schreibgespräch)!
- Philosophiere über das Merke und beziehe es auf das Jüngste Gericht und auf Castingshows!

info

Die Vorstellung vom Jüngsten Gericht im Mittelalter

- In der Sprache der Religionen wird die Frage nach dem Gelingen oder Scheitern des ganzen Lebens mit dem Bild des Jüngsten Gerichts umschrieben. Es symbolisiert die Vorstellung, dass Menschen sich nach dem Tod vor einer letzten Instanz verantworten müssen – sozusagen ein alles entscheidendes Casting, von dem abhängt, wie es bis in alle Ewigkeit weitergeht.
- Im späten Mittelalter, als alles im Auflösen begriffen war, beschäftigte diese Frage die Menschen besonders stark. Sie lebten in großer Angst und Unsicherheit und setzten alles daran, im Jüngsten Gericht zu bestehen.

Ich stehe auf dem Spiel – ein MERKwürdiger Standpunkt.

info

Luther schafft es nicht

Als mittelalterlicher Mensch teilte Martin Luther die Ängste und Unsicherheiten seiner Zeitgenossen. Einschneidende Erlebnisse wie der Blitzeinschlag bei Stotternheim, der Pest-Tod zweier seiner Brüder und eine eigene lebensgefährliche Verletzung wenige Jahre zuvor führten ihm die Todesbedrohtheit des menschlichen Lebens deutlich vor Augen. So wurde Luther im Jahr 1505 schließlich klar, dass er nicht mehr einfach so dahinleben, sondern ein in Gottes Augen sinnvolles Leben führen wollte. Er war überzeugt, dass ihm das mit genügend Anstrengung auch gelingen würde. Er trat dem strengen Augustinerorden* bei und übertraf bald alle anderen Mönche beim Einhalten der Regeln. Täglich gab er alles: Er fastete, betete, bettelte, studierte die Heilige Schrift und züchtigte sich – wie im Mittelalter üblich – selbst. Doch trotz täglicher Bußübungen litt Luther unter dem »unruhigsten Gewissen«. Er versuchte, sich noch mehr anzustrengen, merkte aber, dass dies nicht ausreichte. Ihm wurde deutlich, dass der Mensch niemals perfekt sein kann und somit zwangsläufig bei dem Versuch scheitern muss, ein gutes Leben zu führen, mit dem man im Jüngsten Gericht bestehen kann.

Erfahrungen von Jugendlichen (11–29 Jahre)

In der Arbeit/Schule/Studium stehe ich stark unter Druck	64,5 %
Meine Eltern üben Druck auf mich aus, damit ich in Arbeit/Schule/Studium erfolgreich bin	32,6 %
Ich habe oft das Gefühl, dass nur meine Leistung, nicht aber ich selbst für meine Umgebung wichtig ist	26,7 %
Der Druck in Arbeit/Schule/Studium wird von Jahr zu Jahr größer	67,3 %

tfactory: TIMESCOUT Welle 15 (2008)

- »Menschen sind nicht perfekt.« Diesen Satz kann man ganz verschieden lesen und sprechen.
- Stelle dir vor, ein Motivationstrainer würde sich Martin Luthers annehmen! Notiere, was er sagen könnte!
- Von außen gesehen kann Luther ängstlich und beinahe verrückt erscheinen. Man kann es auch ganz anders interpretieren …
- Alles geben und trotzdem scheitern. Notiere eigene Erfahrungen oder Beobachtungen dazu!
- Interpretiere das Umfrageergebnis zu »Stresserfahrungen bei Jugendlichen« der Jugendstudie »TIMESCOUT« aus dem Jahr 2008!
- Laut einer Untersuchung leiden 33 % der 9–14-Jährigen unter Stresskopfschmerzen, 22 % unter Stressbauchschmerzen (LBS-Kinderbarometer 2007). Diskutiert, wie das Ergebnis einer derartigen Untersuchung bei älteren Jugendlichen oder Erwachsenen ausfallen könnte!
- Laut Deutscher Angestellten-Krankenkasse schlucken 800.000 gesunde Arbeitnehmer regelmäßig leistungssteigernde Medikamente, um im Alltag besser zu bestehen. Recherchiert im Internet, ob es auch Zahlen zur Einnahme von leistungssteigernden Medikamenten unter Jugendlichen gibt! Internet
- Nicht mehr weiterwissen – in sich selbst gefangen sein … Versucht eine solche Situation als Standbild zu stellen!

»Ich aber, der ich, obgleich ich als untadeliger Mönch lebte, mich vor Gott als Sünder mit unruhigstem Gewissen fühlte und nicht vertrauen konnte, dass ich durch meine Genugtuung versöhnt sei, liebte nicht, nein ich hasste den gerechten und die Sünder strafenden Gott.«

Martin Luther

Geschenkt

Biblische Geschichten lassen oft vieles offen. Die folgende Methode (vgl. S. 229 Bibliolog) kann dabei helfen, selbst eine so bekannte Geschichten wie die »Vom verlorenen Sohn« (Lk 15,11–32) von innen heraus neu zu entdecken. Sie lädt dazu ein, verschiedene Rollen in der Geschichte einzunehmen, sich mit ihnen zu identifizieren und in diesen Rollen in eine Art Gespräch mit der Geschichte einzutreten.

Ihr braucht dafür eine Gesprächsleitung, die den biblischen Text vorliest, an einigen Stellen anhält und einlädt, in einer bestimmten Rolle zu sprechen. Wer etwas sagen will, meldet sich, die anderen hören zu. Wichtig dabei ist, dass ihr ganz verschiedene Antworten nebeneinander stehen lasst und nicht über sie diskutiert – es gibt kein »richtig« und »falsch«!

Ihr findet hier Beispiele, an welchen Stellen man anhalten und in Tier- und Menschenrollen schlüpfen könnte:

Lk 15,16: Stell dir vor, du bist eines der Schweine! Was hältst du von dem jungen Kerl, der auf euch aufpassen soll?

Lk 15,19: Stell dir vor, du bist der jüngere Sohn! Du bist auf dem Weg nach Hause. Was sind deine Gedanken und Gefühle?

Lk 15,21: Stell dir vor, du bist einer der Knechte des Vaters und hast gehört, was der jüngere Sohn zu seinem Vater gesagt hat! Was ist deine Reaktion?

Lk 15,24: Stell dir vor, du bist noch einmal der jüngere Sohn und es sind einige Tage vergangen, seit du nach Hause gekommen bist. Wenn du an all das denkst, was du in den letzten Monaten und Tagen erlebt hast – was beschäftigt dich am meisten?

- Gerecht – Recht – Richtig – Ungerechtigkeit – … Philosophiere über dieses Begriffsfeld! (Vgl. S. 22.)
- Martin Luther »hasste den gerechten Gott« (S. 65) und litt sehr darunter. Versuche ihm mithilfe von Lk 15,11–32 eine Antwort zu geben: Interpretiere diese Geschichte als ein Gerichtsgleichnis (Wer ist der Richter? – Wer steht weswegen vor Gericht? – Wie lautet das Urteil? …)!
- Auch das Gleichnis in Mt 20,1–16 (vgl. S. 23) hätte Luther helfen können!
- Luther findet seine Lösung für den »gerechten Gott« in der Lektüre von Röm 1,17. Lies Luthers spätes Selbstzeugnis über seine reformatorische Entdeckung und gestalte die darin ausgedrückten Emotionen mit Farbe! Vergleiche das Ergebnis mit dem Bild rechts!
- Die Zitate im Bild passen zu Luthers Lösung und zu Lk 15!
- Im Bild sind die vier wichtigsten Aspekte der reformatorischen Erkenntnis* Luthers zu finden. Sie bilden die Grundlage des evangelischen Glaubens. Bei »Allein durch Christus« musst du ein bisschen überlegen!
- »Lerne, ihm zu singen«: Entdecke das Motiv des Lernens auch in anderen Materialien dieser Seite!

einfach so aus Liebe

Gegen Ende seines Lebens blickt Luther auf die wohl wichtigste Erkenntnis seines Lebens zurück:
Ich war ja von einem bewundernswerten Verlangen ergriffen, Paulus im Brief an die Römer kennenzulernen. Aber mir hatte bis dahin nicht die Kälte des Herzens im Wege gestanden, sondern ein einziges Wort, das im ersten Kapitel [Röm 1,17] steht: Die Gerechtigkeit Gottes wird in ihm [dem Evangelium] offenbar. Denn ich hasste dieses Wort ›Gerechtigkeit Gottes‹, das ich durch den Gebrauch und die gewohnte Verwendung bei allen Gelehrten gelehrt worden war, philosophisch zu verstehen von der, wie sie sagen, formalen oder aktiven Gerechtigkeit, durch die Gott gerecht ist und die Sünder und die Ungerechten straft.
[...] Tag und Nacht dachte ich unablässig darüber nach, bis Gott sich meiner erbarmte und ich auf den Zusammenhang der Worte achtete, nämlich: Die Gerechtigkeit Gottes wird in ihm offenbar, wie geschrieben steht: ›Der Gerechte lebt aus Glauben.‹ Da fing ich an, die Gerechtigkeit Gottes als die Gerechtigkeit zu verstehen, durch die der Gerechte als durch Gottes Geschenk lebt [...]. Da fühlte ich, dass ich geradezu neugeboren und durch die geöffneten Pforten in das Paradies selbst eingetreten war. Da erschien mir durchgehend ein anderes Gesicht der ganzen Schrift. Und mit welchem Hass ich vorher das Wort ›Gerechtigkeit Gottes‹ hasste, mit solcher Liebe schätzte ich es nun als allerliebstes Wort. So wurde mir jene Stelle bei Paulus wahrhaft Pforte des Paradieses.

Luther in einem Brief an einen Freund:
Darum, mein lieber Bruder, lerne Christus; lerne, ihm singen und in der Verzweiflung an Dir selbst zu ihm zu sagen: ›Du, Herr Jesus, bist meine Gerechtigkeit.‹

Aus Luthers Vorrede zum Römerbrief:
Aber Glaube ist ein göttliches Werk in uns, das uns umwandelt und neu gebärt aus Gott. Und [...] macht uns zu ganz anderen Menschen von Herzen, Mut, Sinn und allen Kräften und bringt den heiligen Geist mit sich. O es ist ein lebendiges, geschäftiges, tätiges, mächtiges Ding um den Glauben, dass es unmöglich ist, dass er nicht ohne Unterlass Gutes wirken sollte.

Veränderungen

Dem Aufruf Luthers an Mönche und Nonnen, ihre Klöster zu verlassen, folgten viele trotz der Gefahren bei der Flucht und des Problems, wie und wo sie danach leben sollten.

Man hat es erfunden, dass Papst, Bischöfe, Priester und Klostervolk der geistliche Stand genannt werden, Fürsten, Herren, Handwerks- und Ackerleute der weltliche Stand [...]. Doch niemand soll sich davon einschüchtern lassen, und dieses aus dem Grund, weil alle Christen wahrhaftig geistlichen Standes sind, und es zwischen ihnen keinen Unterschied außer dem des Amtes allein gibt [...].
Außerdem sind wir ja alle Priester, wie oben gesagt ist, und haben alle einen Glauben, ein Evangelium und dasselbe Sakrament, wie sollten wir denn nicht auch die Vollmacht haben, zu prüfen und zu beurteilen, was recht oder unrecht im Glauben ist?

MARTIN LUTHER, AN DEN CHRISTLICHEN ADEL DEUTSCHER NATION

Eine Begleiterscheinung der Reformation war der sog. Bildersturm. Auf Weisung reformatorischer Theologen und der zum neuen Glauben übergetretenen Obrigkeit wurden Gemälde, Skulpturen und Kirchenfenster sowie weiterer Kirchenschmuck, teilweise auch Kirchenorgeln, aus den Kirchen entfernt. Die Bildwerke und Schmuckgegenstände wurden teils verkauft, teils vernichtet oder beschädigt. Luther versuchte diesen Bildersturm zu stoppen. Er sah nicht in den Bildern das Problem, sondern darin, sie abergläubisch anzubeten.

- Die Veränderungen auf dieser Seite haben alle etwas mit Freiheit zu tun. – Benenne entsprechende Zusammenhänge und bewerte sie vor dem Hintergrund von Luthers Überlegungen zur Freiheit eines Christenmenschen (S. 61)!
- »Wir sind ja alle Priester« – mit dem sog. Priestertum aller Gläubigen* kritisiert Luther die hierarchische Struktur der Kirche. Stelle jeweils in einer Grafik dar, wie sich Luther die »Stellung« aller Christen und Christinnen in der Kirche vorstellt und wie dies nach katholischem Verständnis aussieht! 5/6
- Viele der Veränderungen auf dieser Doppelseite sind gleichzeitig Kritik an den Zuständen in der Kirche zur Zeit Luthers! – Deute sie entsprechend und schreibe zu jeder dieser Veränderungen einen Satz oder eine Parole in dein Heft!
- Überlege dir eine grundlegende Veränderung für die Schule, die mehr Freiheit bringen könnte! Stellt eure Ideen vor und diskutiert mögliche Folgen! Überprüft, inwiefern man sich zur Begründung eurer Reformen auf Luther berufen könnte!

MERKwürdig: Freiheit ist nicht einfach die Lösung.

Die Bauern trugen im 16. Jahrhundert eine große Last: Adel und Geistlichkeit lebten von ihrer Arbeitskraft, die Abgaben, die die Bauern zu leisten hatten, stiegen ständig an. Wirtschaftliche Probleme, häufige Missernten und der große Druck der Grundherren führten immer mehr Bauern in die Leibeigenschaft. Die sich ständig verschlechternde Situation der Bauern war Ursache für viele regionale Aufstände. 1524/25 eskalierte die Situation, sodass es zum »Bauernkrieg« kam, der aus vielen weiträumig zersplitterten, kaum koordinierten Einzelaktionen bestand. Luther bestätigte anfangs ausdrücklich die wirtschaftliche und rechtliche Notlage der Bauern und redete den »Fürsten und Herren« scharf ins Gewissen, daran etwas zu ändern. Als er selbst aber die Anfänge des offenen Aufruhrs bei einer Reise durch Thüringen erlebte, veröffentlichte Luther heftige Anschuldigungen gegen die aufrührerischen Bauern und rief die Fürsten zu erbarmungslosem Widerstand gegen die »mörderischen Rotten« auf.*

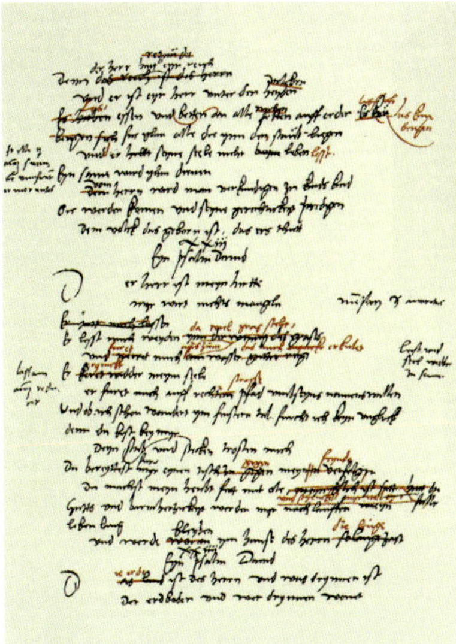

Eine Manuskriptseite aus Luthers Bibelübersetzung

Ps 23,1–3

Vorlutherische Fassung 1466
Der Herr, der richt' mich, und mir gebrast (= mangelte) nit, und an der Statt der Weide do satzt' er mich.
Er fuorte mich ob dem Wasser der Wiederbringung, er bekehrt' mein Seel. Er fuort' mich aus auf die Steig der Gerechtigkeit umb seinen Namen.

Erstdruck 1524
Der Herr ist mein Hirte, mir wird nichts mangeln, Er läßt mich weiden, da viel Gras steht, und führet mich zum Wasser, das mich erkühlet.
Er erquicket meine Seele, er führet mich auf rechter Straße umb seins Namens willen.

Vorentwurf Luthers
Der Herr ist mein Hirte, mir wird nichts mangeln. Er läßt mich weiden in der Wohnung des Grases und nähret mich am Wasser guter Ruhe.
Er kehret wieder meine Seele,
er führet mich auf den rechten Pfad
um seins Namens willen.

Psalmenrevision 1531
Der Herr ist mein Hirte, mir wird nichts mangeln. Er weidet mich auf einer grünen Aue und führet mich zum frischen Wasser.
Er erquicket meine Seele,
er führet mich auf rechter Straße,
um seines Namens willen.

Man muss nicht die Buchstaben in der lateinischen Sprache fragen, wie man soll Deutsch reden, wie diese Esel tun, sondern man muss die Mutter im Hause, die Kinder auf der Gassen, den gemeinen Mann auf dem Markt drum fragen und denselbigen auf das Maul sehen, wie sie reden, und darnach dolmetschen; da verstehen sie es denn und merken, dass man deutsch mit ihnen redet.

M. LUTHER, SENDBRIEF VOM DOLMETSCHEN

- Die Bibelübersetzung Martin Luthers hat die deutsche Sprache nachhaltig beeinflusst. Vergleiche die verschiedenen Übersetzungen von Ps 23,1–3 miteinander und auch mit neueren Übersetzungen!
- Erkläre, warum die Übersetzung der Bibel für Luther so wichtig war und warum die Bibel in der evangelischen Kirche eine so zentrale Bedeutung hat!
- Auch in der Bibelübersetzung, im Verfassen des Großen und des Kleinen Katechismus sowie in seiner Forderung nach Schulen für Jungen und Mädchen kann man Luthers Verständnis von Freiheit entdecken!
- Heute versteht nicht mehr jeder »einfache Mann auf dem Markt« Luthers Sprache; lest Ps 23 in neuen Bibelübersetzungen (z. B. Gute Nachricht, Volxbibel) und diskutiert: Brauchen wir neue Bibelübersetzungen?

Mit dem 1529 veröffentlichten Großen und Kleinen Katechismus versuchte Luther seine Glaubenserkenntnisse für alle verständlich zu erklären.* 5/6
Zudem forderte er Fürsten und Städte auf, sowohl für Jungen als auch für Mädchen Schulen einzurichten und somit allen die Chance auf Bildung zu eröffnen.

Ausdrücke und Metaphern, die Martin Luther durch seine Bibelübersetzung geprägt hat: Feuertaufe, Bluthund, Selbstverleugnung, Machtwort, Schandfleck, Lückenbüßer, Gewissensbisse, Lästermaul und Lockvogel, »Perlen vor die Säue werfen«, »ein Buch mit sieben Siegeln«, »die Zähne zusammenbeißen«, etwas »ausposaunen«, »im Dunkeln tappen«, »ein Herz und eine Seele«, »auf Sand bauen«, »Wolf im Schafspelz«, »der große Unbekannte« …

Frauenpower

info

Katharina von Bora

- 1525 heiratete der ehemalige Mönch Martin Luther Katharina von Bora*. Zunächst versuchte Luther, die ehemalige Nonne mit einem anderen Theologen zu verheiraten, um sie zu versorgen. Katharina lehnte dies aber mehrfach ab. Auf die Frage Amsdorfs (eines Freundes Luthers) hin, ob ihr, der Adeligen, denn ein Pfarrer nicht gut genug sei, antwortete sie, dass sie in eine Heirat mit ihm selbst oder Luther gerne einwilligen würde …
- Viele Menschen hießen diese Verbindung zwischen einem ehemaligen Mönch und einer entlaufenen Nonne nicht gut. Während Luther anfangs seine Käthe mehr schätzte als liebte, bezeichnete er sich nur ein Jahr später bereits als glücklichen Ehemann und seine Frau als die beste und von ihm sehr geliebte. Später setzte er sie in seinem Testament viel weitreichender als seine Erbin ein als zur damaligen Zeit üblich und zulässig.
- Katharina prägte als überaus tüchtige Hausfrau, Gärtnerin, Bäuerin, Wirtschafterin, Bierbrauerin, Imkerin und Gastgeberin eines offenen Pfarrhauses das Bild der evangelischen Pfarrfrau bis heute. Auch die Tradition des Pfarrhauses als einer Stätte der Kultur und Bildung nahm ihren Anfang im Wittenberger Pfarrhaus der Luthers.

Wye ein Christliche fraw des adels / in Beyern durch iren / in Gotlicher schrifft / wolgegrundten Sendbrieffe / die hohenschul zu Ingoldstat / vmb das sie eynen Evangelischen Jungling / zu widersprechung des wort Gottes / betrangt haben / straffet.

Auch volgent hernach die artickel / so Magister Arsacius Schoffer von München durch die hohenschul zu Ingelstat beredt am abent vnser frawē geburt nechst verschinen widerruffen vnnd verworffen hat.

Actum Ingelstat. M D XXiij.

Die Adelige Argula von Grumbach wagte es 1523 als erste Frau, mit einer Flugschrift für die Reformation an die Öffentlichkeit zu treten.*

Katharina Zell heiratete 1523 als erste Straßburger Bürgerstochter einen evangelischen Prediger. Bereits als junges Mädchen beschäftigte sie sich intensiv mit religiösen Fragen, bald mischte sie sich auch in öffentliche Auseinandersetzungen um die Reformation ein. Im Laufe ihres Lebens verfasste sie Flugschriften (Trostschriften, Verteidigungsschriften, Traktate). Mit Luther und anderen Gelehrten ihrer Zeit stand sie in Briefwechsel. Sie definierte ihre Rolle als die einer Frau, die ein öffentliches Wort in kirchlichen Angelegenheiten nicht scheute, und nahm als Pfarrfrau eine Gemeindefunktion wahr. Später bezeichnete sie sich als »Kirchenmutter« und legte Wert darauf, dass sie beim Aufbau der Reformation in Straßburg eine wichtige Rolle hatte. Ihre Ehe erfuhr sie als innige Lebens- und Arbeitsgemeinschaft, als »Helferin« ihres Mannes lehrte sie auch.

- Die Art, wie K. von Bora und K. Zell ihre Rolle als Pfarrfrau ausfüllten, war im 16. Jahrhundert revolutionär – für spätere Pfarrfrauen aber auch eine Bürde. Stellt Vermutungen an, warum dies so ist!
- Auch Katharina Zell wandte sich wie Argula v. Grumbach immer wieder an die Öffentlichkeit. Sammle Informationen zur Stellung der Frau im frühen 16. Jahrhundert und überlege, wie die Menschen darauf reagiert haben werden!
- Argula wirft der Universität vor, einen jungen Gelehrten dazu gezwungen zu haben, das Evangelium* zu verleugnen. Analysiere das Titelblatt ihrer Flugschrift (links) und entdecke darin reformatorische Grundeinsichten!
- Erst 1958 wurde die erste Pfarrerin in Deutschland ordiniert. Davor durften Frauen mit theologischem Examen als sog. Pfarrvikarinnen die gleiche Arbeit wie Pfarrer erledigen – jedoch mit niedrigerem Gehalt und ohne leitende Funktionen. Formuliere einen Protestbrief einer Pfarrvikarin an ihren Landesbischof, in dem sie sich auf Luther beruft!
- Die reformatorischen Einsichten haben für viele evangelische Christen in Geschichte und Gegenwart lebenspraktische Konsequenzen nach sich gezogen: Auf S. 160 kannst du dir das am Beispiel Dietrich Bonhoeffers anschauen, auf S. 106 ff. im Rahmen der Diakonie.

BeMERKenswert: »Die Welt kann die Frauen nicht entbehren, selbst wenn die Männer allein die Kinder bekämen.« M. Luther

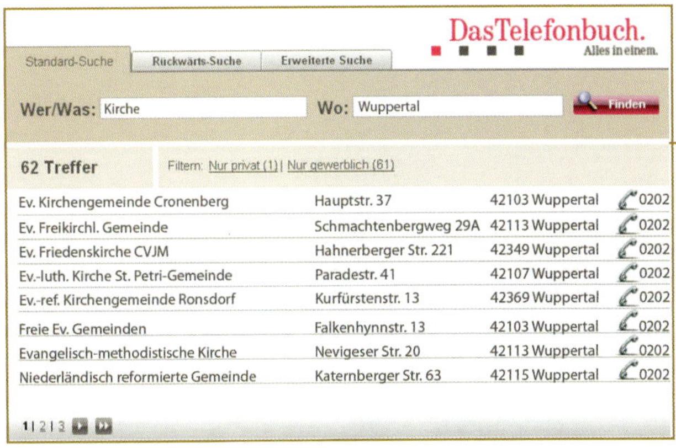

Die »Protestanten« …

Artikel 4: Von der Rechtfertigung

Weiter wird gelehrt, dass wir Vergebung der Sünde und Gerechtigkeit vor Gott nicht durch unser Verdienst, Werk und Genugtuung erlangen können, sondern dass wir Vergebung der Sünde bekommen und vor Gott gerecht werden aus Gnade um Christi willen durch den Glauben, nämlich wenn wir glauben, dass Christus für uns gelitten hat und dass uns um seinetwillen die Sünde vergeben, Gerechtigkeit und ewiges Leben geschenkt wird.

Artikel 7: Von der Kirche

Es wird auch gelehrt, dass allezeit eine heilige, christliche Kirche sein und bleiben muss, die die Versammlung aller Gläubigen ist, bei denen das Evangelium* rein gepredigt und die heiligen Sakramente* laut dem Evangelium gereicht werden.

- Protest kann positiv oder negativ verstanden werden. Sammle entsprechende Synonyme und stellt Standbilder dazu!
- Erkläre die Bezeichnungen protestantisch – evangelisch – lutherisch! Diskutiert, ob sie geeignet sind!
- In der Confessio Augustana* lassen sich Luthers Einsichten zum Glauben wiederfinden. Entdeckt diese und diskutiert über Formulierungen, die ihr schwierig findet!
- Ein Theologe hat Christen als »Protestleute gegen den Tod« bezeichnet. Fertige dazu ein Gedicht, ein Bild oder das Drehbuch für einen Video-Clip an!
- Für Protestanten bleibt die Kirche – auch die evangelische – immer reformbedürftig: Protestanten, immer auch gegen sich selbst, nicht nur gegen andere. Diskutiert, was ihr in eurer Kirche reformbedürftig findet!

MERKt man, dass Evangelische Protestanten sind?

info

Die »Protestanten«

- 1529 erneuerte der in Speyer versammelte Reichstag* das seit 1521 (S. 60) gültige Reformationsverbot. Die evangelische Minderheit wehrte sich mit einer »Protestation«, da sie ihr Gewissen nur an Gottes Wort binden wollte. Die Bezeichnung »Protestanten« wurde damit der gemeinsame Name der vielfältigen Bekenner des evangelischen Glaubens.
- 1530 versuchte Kaiser Karl V.* auf dem Augsburger Reichstag die kirchliche Einheit wiederherzustellen. Die evangelischen Stände legten eine von Philipp Melanchthon* verfasste Bekenntnisschrift vor: die Confessio Augustana – das Augsburger Bekenntnis*. Da sie ursprünglich nicht als bleibendes Dokument des evangelischen Glaubens gedacht war, betonte sie das Gemeinsame von lutherischer und katholischer Lehre stärker als das Trennende. Trotz vielfacher Annäherung scheiterte der Versuch der Kircheneinigung. – Die Confessio Augustana wurde von nun an Grundlage der lutherischen Landeskirchen.
- Die gegen das Reformationsverbot protestierenden Reichsstände schlossen sich 1531 zum »Schmalkaldischen Bund« zusammen, um für den befürchteten Religionskrieg gewappnet zu sein. Das politische Gewicht dieses Bundes förderte in den kommenden Jahren die Ausbreitung der Reformation. Begünstigt wurde diese Entwicklung durch die außenpolitische Situation (Krieg mit Frankreich, Türkengefahr), wegen der es für den Kaiser notwendig war, innenpolitisch Ruhe zu haben und die »Ketzer« zu dulden.
- 1544/45 erreichte Karl V. einen Friedensschluss mit Frankreich sowie einen Waffenstillstand mit dem Türkenreich. Nun konnte er in Deutschland gegen die Protestanten Krieg führen. Diesen gewann der Kaiser und leitete eine Rekatholisierung ein, die wegen des Widerstands der Protestanten aber ohne dauerhaften Erfolg blieb. 1550/51 entstand ein neues Protestantisches Bündnis, das 1552 mit einem Heer nach Süddeutschland vordrang und den völlig überraschten Kaiser zu Verhandlungen zwang.
- 1555 gelang auf dem Augsburger Reichstag der sog. »Augsburger Religionsfriede«, der keine religiöse, sondern eine politische Kompromissformel enthielt: »cuius regio, eius religio«*.

Gestalteter Glaube

Lukas Cranach (Werkstatt), Gesetz und Gnade – Die Rechtfertigung des Sünders, um 1535

- Beschreibe und deute die linke Hälfte des Bildes von Lukas Cranach dem Älteren und erläutere, warum sich Martin Luther vor (!) seinem neuen Verständnis von Gott mit der Person mit den erhobenen Händen im Vordergrund identifizieren könnte!
  Um das Bild zu deuten ist es hilfreich, folgende Stellen in der Bibel nachzulesen: 1 Mose 3; 2 Mose 20,1–17 und 2 Mose 24,12–18; Mt 25,31–46.
- Beschreibe nun die rechte Seite und erkläre, wie man in ihr Martin Luthers reformatorische Erkenntnis* finden kann! Folgende Stellen können dir dabei helfen: 4 Mose 21, 4–9; Lk 1,26–38; Mk 1,1–8; Mt 27–28; Apg 1.
- Die neue Sicht Luthers zu Schuld und Vergebung könnte man auch anders gestalten, als Cranach dies getan hat. Überlege dir eine eigene Gestaltung und begründe sie!
- Suche (z.B. im Gesangbuch) Lieder aus der Reformationszeit und erkläre, inwiefern die reformatorische Erkenntnis* in diesen Liedern zum Ausdruck kommt! In diesem Buch findest du auf S. 175 ebenfalls ein Beispiel.
- In den Hitlisten von Freizeitaktivitäten unter Jugendlichen nimmt Musikhören meist den ersten Platz ein. Tauscht euch über Gründe dafür aus und vergleicht diese mit den Gedanken des Kirchenmusikers (rechts) und mit dem Lutherzitat!

Die Musik ist aller Bewegung des Herzens eine Regiererin. Nichts auf Erden ist kräftiger, die Traurigen fröhlich, die Fröhlichen traurig, die Verzagten herzhaft zu machen, denn die Musik.

MARTIN LUTHER

»… davon ich singen und sagen will!«

Der Kirchenmusiker Martin Zöbeley erzählt, warum Musik in der Kirche so wichtig ist:

Das Singen steht an erster Stelle: Wo gefeiert wird, soll auch gesungen werden. Das ist auf dem Fußballplatz oder bei der Geburtstagsparty nicht anders als im Gottesdienst. Luther schreibt eigene Lieder, in denen er seine Gedanken verdichtet. Die Musik bedeutet ihm viel, er setzt sich für sie ein. Als eine gute Gabe Gottes kann sie dem Glauben dienen und die Gefühle ansprechen. Aus diesem Grund wird sie von einigen seiner Zeitgenossen abgelehnt. Sie beanstanden, dass die Musik vom Wort Gottes ablenkt.

Doch Luther hält an der Musik fest. Er arbeitet eng mit Johann Walter zusammen, seinem musikalischen Berater. Mit ihm entwirft er gemeinsam Texte und Melodien und plant die Musik für den Gottesdienst. Bald werden die ersten Lieder gedruckt. So wird das Gesangbuch erfunden. Zunächst besteht es aus wenigen Seiten, die ebenso wie die Flugschriften* schnelle Verbreitung finden. Einige werden bis heute gesungen (z. B. »Ein feste Burg ist unser Gott«; »Vom Himmel hoch«; »Verleih uns Frieden«).

Die Kirchenlieder (Choräle) sollten ursprünglich unter der Leitung eines Kantors mehrstimmig und unbegleitet gesungen werden. Doch geht man allmählich dazu über, sie auf der Orgel zu begleiten. Dadurch bildet sich im evangelischen Gottesdienst die große Kunst der Orgelmusik heraus (Choral-Vorspiele, Improvisationen, Toccaten, Fugen).

Durch die Musik dringt das Evangelium* in das ganze Leben der Christen ein. Psalmlieder werden auch im Alltag gesungen, als Gebete in der Schule, zum Essen oder abends am Bett. Kunstvoll vertonte Evangeliensprüche stehen im Zentrum von Andacht und Gottesdienst. Von den Meistern der evangelischen Kirchenmusik wird das Bibelwort »in Musik übersetzt«. Dafür übernehmen sie Traditionen der Römischen Kirche* ebenso wie die neuesten musikalischen Trends. Heute ist durch ihre Motetten, Kantaten und Passionen das Evangelium in der Sprache Luthers weltweit verbreitet. Am bekanntesten sind: Heinrich Schütz, der auch die erste deutsche Oper komponierte, Dietrich Buxtehude, der die ersten Kirchenkonzerte durchführte, und vor allem Johann Sebastian Bach, der als »fünfter Evangelist« (Albert Schweitzer) bezeichnet wird.

info

Sichtbare Zeichen – Sakramente

In der evangelischen Kirche gelten die Sakramente* als »sichtbares Wort«: Taufe* und Abendmahl*. Während es in der katholischen Kirche sieben Sakramente gibt (Taufe, Firmung, Eucharistie, Bußsakrament, Krankensalbung, Ordination, Ehe), werden in der evangelischen Kirche nur die beiden oben genannten so bezeichnet, da nur sie sowohl von Christus selbst eingesetzt wurden als auch ein sichtbares Zeichen (Wasser, Brot und Wein) haben.

Nach lutherischer Lehre sind sie Zeichen, durch die Gott mit den Menschen in Verbindung tritt und ihnen seine Gnade zuteilwerden lässt. Durch den Empfang der Sakramente betonen die Glaubenden ihrerseits ihre Gemeinschaft mit Gott. In der reformierten Kirche werden Taufe und Abendmahl als Zeichen verstanden, durch die man sich seines Glaubens vergewissert. Sie machen eine geistliche Wirklichkeit anschaulich, bewirken sie jedoch nicht.

- Sichtbare Zeichen gibt es nicht nur in der Kirche – sammle Beispiele für Zeichen, die etwas ausdrücken, was Menschen heilig oder wichtig ist!
- Überlege, warum Taufe und Abendmahl als sichtbare Zeichen für den Glauben wichtig sind!
- Habt ihr schon Erfahrungen mit Sakramenten in der katholischen Kirche gemacht? Erzählt davon und von den Unterschieden, die euch zur evangelischen Kirche aufgefallen sind!
- Ein mögliches Projekt: Dialog der Konfessionen. Katholische und evangelische Gruppen (ggf. auch andere Konfessionen und Religionen) präsentieren einander ihre Sicht auf die Welt. Ihr könnt Plakate gestalten, Gegenstände und Bilder mitbringen, kleine Szenen gestalten, Geschichten erzählen und vieles mehr. 5/6

  Tauscht euch anschließend über das Gemeinsame und auch über das jeweils Typische der verschiedenen Konfessionen (und ggf. auch Religionen) aus!

im Zusammenhang

Interview mit Eric Till, dem Regisseur des Films »Luther« (2004)

Warum Martin Luther?

Es gibt eine Reihe guter Gründe, sich mit Martin Luther zu beschäftigen. Vor einigen Jahren fand ich einen Zeitungsausschnitt, in dem die zehn größten historischen Geschichten unserer Zeit aufgelistet waren. Und an der Spitze stand die Geschichte von Martin Luther. Bei Gesprächen mit anderen Leuten musste ich dann feststellen, dass sie zwar Martin Luther kannten, aber sehr wenig über ihn und seine Zeit wussten. Und ein weiterer guter Grund, »Luther« zu drehen, besteht darin, dass man bei Martin Luther auf Hoffnung und Mitgefühl stößt. Man kann Luther ja von verschiedenen Standpunkten aus betrachten und ihn als religiösen Menschen sehen, als Gelehrten oder als Mann der Politik.

Für welches Bild von Luther haben Sie sich entschieden?

Wir haben versucht, keinen Aspekt seiner Persönlichkeit zu ignorieren. Mein Wunsch war es, den Mann Luther zu erforschen. Ich habe dabei jemanden entdeckt, der auch Fehler hat, der schwach ist, unsicher, aggressiv, der Anstoß erregt, der menschlich ist.

Welche Bedeutung hat Luther für uns?

Als ich ankündigte, dass ich »Luther« machen würde, fragten mich einige Leute aus der Filmbranche, warum ich denn ausgerechnet in Deutschland einen Film über Martin Luther King drehen wolle. Ich bewundere Martin Luther King, keine Frage, aber es scheint an der Zeit, an die Bedeutung Martin Luthers und an die Ereignisse in seiner Epoche zu erinnern.

Was bedeutet er uns also heute?

Ich denke, wir alle bewundern auch heutzutage Menschen, die unglaubliche Risiken auf sich nehmen, die sich dem Terror widersetzen und dabei große persönliche Stärke, Kraft und Unmittelbarkeit beweisen.

- Der Regisseur Eric Till nennt verschiedene Charaktereigenschaften Luthers. Überprüfe diese anhand von Ereignissen aus dem Leben Luthers! Ergänze weitere Eigenschaften Luthers, die du wichtig findest!
- Die Erkenntnis Luthers, dass der Mensch »allein aus Gnade« von Gott angenommen ist (S. 66 f.), stellt eine große Herausforderung für eine filmische Umsetzung dar. Entwickelt in Partnerarbeit eine passende Szene! Überlegt dabei, wie Luthers Erkenntnis durch filmische Mittel bzw. die Handlung dem Zuschauer verdeutlicht werden kann!
  Ihr könnt eure Entwürfe auch mit entsprechenden Szenen im Lutherfilm von Eric Till und/oder in anderen Lutherfilmen vergleichen.
- Eric Till meint, dass es »eine Reihe guter Gründe« gebe, sich mit Luther zu beschäftigen. Sammle mögliche Gründe! Welchen findest du am wichtigsten?
- Tills Kollegen verwechseln Martin Luther mit Martin Luther King (S. 34 f.). Vergleiche die beiden Männer und bringe dabei den Gedanken des »Standpunkts« ins Spiel!
- Du hast dich im Religionsunterricht auch schon mit dem Islam beschäftigt. Erkläre einer Muslima oder einem Muslim, warum es das Christentum in katholischer und evangelischer Gestalt gibt! Überlege, über welche Inhalte evangelischen Glaubens ihr in eine Diskussion geraten würdet! (Vgl. auch Kap. 7.)

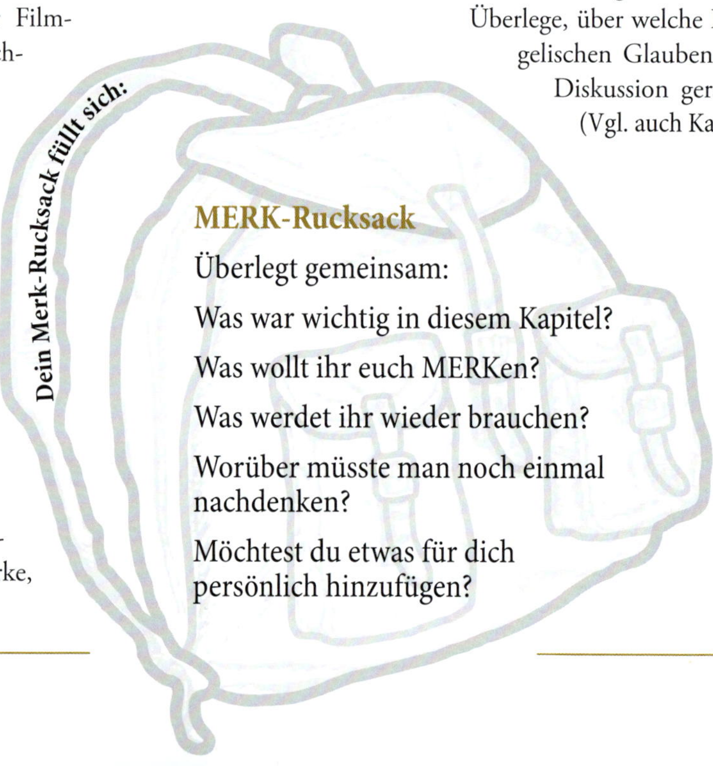

MERK-Rucksack

Überlegt gemeinsam:

Was war wichtig in diesem Kapitel?

Was wollt ihr euch MERKen?

Was werdet ihr wieder brauchen?

Worüber müsste man noch einmal nachdenken?

Möchtest du etwas für dich persönlich hinzufügen?

SEITE AN SEITE

Sind alle Menschen gleich?

Warum gibt es zwei Geschlechter?

Wurde die Frau nach dem Mann erschaffen?

Wie klein ist der kleine Unterschied?

Können Frauen schlechter einparken?

Muss man immer beide Geschlechter nennen, z. B. Schülerinnen und Schüler?

Kapitel 5

Ich wünsche mir …

Ein Rennrad

Wunschzettel

Mehr Zeit!!

Parfum.

dass ich das Schuljahr bestehe

Eine Freundin

Wunschzettel

dass es meiner Familie gutgeht

ein Klavier

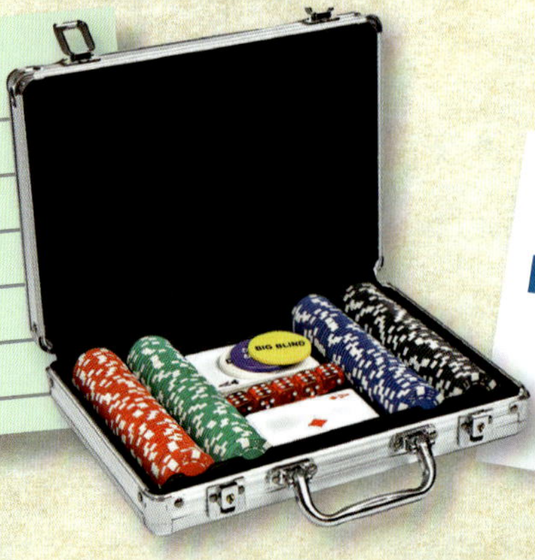

Frieden auf der Welt

Emil Nolde, Verlorenes Paradies 1921

(Vor)Urteile

Jeden Samstag

Sie lachen und sie klatschen und sie tratschen und sie reden
über Lust, Frust, Männer, Kinder, Jobs und über jeden,
der auf der Straße vorm Café entlangspaziert.
Die ganze Nachbarschaft wird gekonnt analysiert.
Süßstoff im entkoffeinierten Macchiato,
zwischendurch Gelächter in gestochenem Vibrato,
dann nur ein Flüstern in verschwörerischem Ton,
Marlboro lights, ein halbes Teilchen mit Mohn.
Da sitzen sie und schnattern, und das tun sie wohl noch lange,
und wenig unterscheidet sie von Hühnern auf der Stange.
Ihr habt sie sicher schon gesehen, ihr kennt sie schon:
Das sind die Mädels von der Geflügelfraktion.

Jeden Samstag hocken sie zusamm'n,
Madame neben Madame, jedes Mal derselbe Stamm.
Jeden Samstag hocken sie zusamm'n,
loben und verdamm'n manche längst erlosch'nen Flamm'n.

Sie lachen und sie jubeln und sie fluchen und sie reden
über Lehmann, Kahn, Ballack und Podolski, über jeden,
der den Ball auf dem grünen Rasen malträtiert.
Die Lage der Liga wird gekonnt analysiert.
Zwei Stück Zucker in die schwarze Kaffeetasse,
zwischendurch Geschrei, eine große Jubel-Masse,
dann nur ein Stöhnen: Mann, was pfeift der denn hier?!
Marlboro Filter und dann schnell noch 'n Bier.
Da sitzen sie beim Fußball, und weil ständig einer rumschreit,
unterscheidet sie nicht viel von den Männern aus der Steinzeit.
Ihr habt sie schon geseh'n, ihr wisst es allemal:
Das sind die Jungs aus dem Neandertal.

Jeden Samstag hocken sie zusamm'n,
Bier und Fußball als Programm – jedes Mal derselbe Stamm,
Jeden Samstag hocken sie zusamm'n,
einer flüssig, einer klamm, und am Ende alle stramm.

Die Mädels von der Geflügelfraktion
bekomm'n von den Neandertalern nix als Spott und Hohn.
Und die Jungs aus dem Neandertal
sind für die Geflügelmädels dämlich und banal.
Wollt ihr wissen, warum Mann und Frau so aneinander leiden.
Man kann die beiden kaum voneinander unterscheiden.

Wise Guys

Ein Überraschungsei »nur für Mädchen«: Das ist die neue Geschäftsidee des Süßwarenherstellers Ferrero, der mit rosa Verpackung und sexy Feen auf eine neue Zielgruppe abzielt. Mädchengerecht, findet Ferrero. Sexistisch*, meinen die Kritiker.

Sueddeutsche.de, 27. August 2012

Typisch!

- Sortiert die Wünsche auf S. 76 nach »Typisch Mädchen« und »Typisch Junge« und diskutiert!
- Teilt euch in reine Mädchen- und Jungengruppen auf und erstellt Plakate: »Typisch Mädchen« und »Typisch Junge«! Stellt die Ergebnisse in der Klasse aus und vergleicht sie!
- Analysiert die beiden Werbeplakate und diskutiert darüber!
- Diskutiert über die letzten beiden Zeilen des Wise-Guys-Liedes! Untersucht eure Plakate im Hinblick auf diese Aussage!
- Sammelt Lieder über Männer und/oder Frauen und stellt sie einander vor. Überlegt, was euch daran gefällt und was nicht!

Vertreibung aus dem Paradies, Holzschnitt von 1499

Und Gott schuf den Menschen zu seinem Bilde, zum Bilde Gottes schuf er ihn; und schuf sie als Mann und Frau. [...] Und Gott sah an alles, was er gemacht hatte und siehe, es war sehr gut.
1 MOSE 1,27.31

Von einer Frau nahm die Sünde ihren Anfang.
SIRACH* 25,24

Einer Frau gestatte ich nicht, dass sie lehre, auch nicht, dass sie über den Mann Herr sei, sondern sie sei still. Denn Adam wurde zuerst gemacht, danach Eva. Und Adam wurde nicht verführt, die Frau aber hat sich zur Übertretung verführen lassen. Sie wird aber selig werden dadurch, dass sie Kinder zur Welt bringt, wenn sie bleiben mit Besonnenheit im Glauben und in der Liebe und in der Heiligung.
1 TIM 2,12–15

info

Frauenfeindliche Bibel?

Die Schöpfungserzählung 1 Mose 2 f. 5/6 wurde im Laufe der Geschichte immer wieder frauenfeindlich interpretiert (die Frau als Zweitgeschaffene, als Verführerin). Diese Auslegung wird heute korrigiert. Einerseits muss man sehen, dass die biblischen Schriften in einer patriarchalen* Zeit entstanden sind; viele Aussagen sind historisch zu verstehen. Doch schon in den biblischen Schriften selbst gibt es Gegentexte, z. B. die Rede von der Gottebenbildlichkeit beider Geschlechter (1 Mose 1,27), die Bedeutung der Frauen in der Gefolgschaft Jesu und in der frühen Gemeinde (S. 84 f.) und Sätze wie Gal 3,26.29. So muss der/die Auslegende immer neu überlegen, welche Aussagen der Bibel wirklich zentral und welche zeitgebunden sind, und muss ggf. »mit der Bibel gegen die Bibel« argumentieren.

- Führt Schreibgespräche zu 1 Mose 1,27.31!
- Vergleiche die biblische Geschichte vom sog. »Sündenfall« (1 Mose 3) mit dem Holzschnitt (links)!
- Bringe die Bibelzitate auf dieser Seite miteinander ins Gespräch! (Beziehe dabei auch Gal 3,26–29 ein!)
- Beschreibe und deute das Bild von Emil Nolde (S. 77) und vergleiche es mit dem Holzschnitt!
- Gib Adam und Eva auf Noldes Bild Stimmen!
- Gegentexte: Diskutiert über I. Kruses Text und den Postkartenspruch! Kommunizieren

Aus »Evatöchter« von Ingeborg Kruse

Eva, die Kluge, die Allwissende, teilte ihr großes Geheimnis mit Adam, der bei ihr war. Sie, die Frau war es, die ihm, dem Mann, die Hand zur Partnerschaft reichte. Sie gab ihm seinen Teil der Erkenntnis. Und indem er aß, erkannte er sich selbst und wurde sich seiner Stärke bewusst. Wie grausam habt ihr euch gerächt, dass Eva euch eure Macht und Ohnmacht erkennen ließ! Wie groß ist seitdem eure Angst vor der Weiblichkeit, die euch von allen Seiten umgibt! Warum darf jeder Mann jede Frau mit Blicken kränken? Weil er ein Abbild Gottes ist? Weil er behauptet, durch sie sei die Sünde in die Welt gekommen? Doch Gott sei Dank steht der Satz: »Gott vertrieb EVA aus dem Paradies« nicht in der Bibel. Wie könnte es auch dastehen? Das Leben gehört zum Paradies. Eva hat ungehinderten Zugang zu ihrem Baum und zu Gott, denn *Eva* heißt Leben.

BeMERKenswert: Verschieden von Anfang an – und es war sehr gut.

Frauen nach vorn!

Frauen: Ein wenig Beruf

Das Heimchen am Herd ist nicht mehr gefragt. Es ist unökonomisch geworden. Heute dürfen Frauen nicht nur berufstätig sein, sie sollen es sogar. Zum Nutzen der Unternehmer und Ehemänner. Das sieht dann so aus: In der ersten Phase ein wenig Beruf ohne Perspektive; in der zweiten Liebe, Ehe, Mutterschaft; in der dritten vielleicht mit Perspektive (im Kopf), aber ohne Qualifikation (in der Realität). Das Erwachen der Frauen, deren Kinder »aus dem Gröbsten raus« sind, ist ein schreckliches. Es bleibt ihnen nur noch das kleinere Übel. Zu Hause erfüllen sie schweigend weiterhin ihre »weibliche Pflicht«, weil sie vom schlechten Gewissen wegen ihrer Berufstätigkeit getrieben sind. Am Arbeitsplatz akzeptieren sie ebenso schweigend Unterbezahlungen. Wie wir es auch drehen und wenden: Wir haben die Qual der Wahl zwischen drei Übeln. Entweder wir gehen den Weg, der glatt in die Sackgasse der Ehefrau Mitte dreißig führt, die nun in der Isolation ihrer vier Wände ein Leben voller Arbeit, Leere und Abhängigkeit führt. Oder wir gehen den zunächst steinigeren Weg in die Berufswelt, deren Spielregeln und Gratifikationen von Männercliquen ausgekunkelt werden und in denen wir als Sekretärinnen, Assistentinnen, Fließbandarbeiterinnen oder Alibifrauen, immer aber als untere Chargen fungieren. Oder aber – und das ist meist der Fall – wir entscheiden uns für beides, wollen hier das »Frauenglück« nicht missen und da ein Zipfelchen Emanzipation erhaschen. Resultat: Wir haben noch nie so viel gearbeitet wie heute.

Alice Schwarzer

- A. Schwarzers Text stammt von 1975: Tauscht euch darüber aus, inwiefern er noch aktuell ist!
- Das »Lob der tüchtigen Hausfrau« würde Alice Schwarzer sicher mit gemischten Gefühlen lesen. Versuche, die Aussagen aus Spr 31 aus der damaligen Zeit heraus zu würdigen!
- Modernisiere den Bibeltext: Schreibe z. B. das Lob eines guten Familienlebens!
- Lies die Info zur Gleichberechtigung – was überrascht dich? Ergänze sie durch eigene Recherchen!
- Fallen dir weitere Sprüche über Frauen ein, wie sie der Autoaufkleber zeigt? Notiere und beurteile sie!
- Art. 3 Grundgesetz* kann man auch aus der Bibel begründen!

Aus dem »Lob der tüchtigen Hausfrau«

Wem eine tüchtige Frau beschert ist, die ist viel edler als die köstlichsten Perlen ... Sie tut ihren Mund auf mit Weisheit, und auf ihrer Zunge ist gütige Weisung. Sie schaut, wie es in ihrem Haus zugeht, und isst ihr Brot nicht mit Faulheit. Ihre Söhne stehen auf und preisen sie, ihr Mann lobt sie: »Es sind wohl viele tüchtige Hausfrauen, du aber übertriffst sie alle.« Lieblich und schön sein ist nichts; ein Weib, das den Herren fürchtet, soll man loben. Gebt ihr von den Früchten ihrer Hände, und ihre Werke sollen sie loben in den Toren.

SPR 31,10–31

info

Schritte auf dem Weg zur Gleichberechtigung von Frauen

Zur Zeit der Industrialisierung* in der Mitte des 19. Jahrhunderts begannen deutsche Frauen für ihre Rechte zu kämpfen. Arbeiterinnen kämpften für soziale Gleichheit; Frauen des Mittelstands forderten Recht auf Bildung und Arbeit. Ab ca. 1820 entstanden »höhere Töchterschulen«, in denen Frauen v.a. auf ihre Rolle als Hausfrauen vorbereitet wurden. Ab 1898 konnten Frauen Gymnasialkurse besuchen und Abitur machen. 1900 wurde erstmals das Hochschulstudium für Frauen erlaubt (in Baden). 1918 bekamen Frauen das aktive und passive Wahlrecht. Während der NS-Zeit wurde die Rolle der Frau als Mutter und Hausfrau propagiert. Doch während des Kriegs und in den Jahren danach wurde Frauen vielfach »Männerarbeit« abverlangt. Seit 1949 steht im Grundgesetz*: »Männer und Frauen sind gleichberechtigt« (Art. 3). Es war und ist ein langer Prozess, diesen Grundsatz auch in der Gesetzgebung und im täglichen Leben zu verwirklichen.

Wo bleiben die Männer?

»Männer weinen nicht!«

»Ein Indianer kennt keinen Schmerz!«

»Jungs müssen sich immer prügeln.«

»Coole Jungs finden schneller eine Freundin.«

»Niemand will ein Warmduscher sein!«

Schulen benachteiligen Jungen massiv

Das Schulsystem produziert haufenweise Verlierer – die Mehrheit ist männlich. Schon im Kindergarten werden Mädchen deutlich bevorzugt, auch in der Schule müssen Jungs um Aufmerksamkeit und gute Noten kämpfen. Ursache des Problems: Kitas und Grundschulen sind fest in weiblicher Hand.

Dumme Jungen, schlaue Mädchen? Der oberflächliche Blick auf die Schulnoten führte zu diesem lange gepflegten Vorurteil. Eine neue Studie des Aktionsrates Bildung bestätigt aber, dass der Grund für die Zensurenlücke ein anderer ist: Jungen werden in Kindergarten und Schule massiv benachteiligt.

Spiegel online, 12. März 2009

- Nehmt Stellung zu den Sprüchen über Jungen oben auf dieser Seite: Ihr könnt sie z.B. auf Karten in die Mitte des Raumes legen und euch in der für euch passenden Entfernung dazu stellen! Kommunikation
- Beschreibe Aussehen und Haltung des Spiegel-»Titelhelden«! Finde heraus, welches Kunstwerk hier parodiert wird, und vergleiche »Original« und Parodie miteinander!
- Formuliere einen eigenen Titel, in dem du ggf. das Motiv des Standpunkts verwendest!
- Stimmt die These des Spiegelaufmachers? Macht in eurer Klasse oder Schule eine Umfrage dazu!
- Beschreibe und bewerte die Rolle des Mannes auf dem Werbeplakat!
- Das Kind »Storm« soll freier aufwachsen als ihr! Diskutiert!

Geschlecht unbekannt

Eine in Kanada lebende Familie verheimlicht das biologische Geschlecht ihres dritten Kindes

»Wir haben uns dafür entschieden, das Geschlecht von Storm nicht bekannt zu geben. Es ist ein Tribut an die Freiheit und an die Wahl«, so der Inhalt der E-Mail von Kathy Witterick und David Stocker nach der Geburt ihres Kindes Storm an ihre FreundInnen und Angehörige. Der/die inzwischen siebenmonatige Storm, so die Idee der in Kanada lebenden Familie, soll sich das Geschlecht einmal selbst aussuchen. Über das biologische Geschlecht Storms wissen bisher nur die Eltern, die beiden Geschwister und jene Personen, die bei der Geburt dabei waren, Bescheid.

Sandra Ernst Kaiser, 3. August 2011

Josef

»Mein Vater ist mein bester Freund.«

»Meiner ist selten zu Hause.«

»Papa sorgt für den Haushalt und uns Kinder.«

»Er ist ausgezogen – aber er bleibt mein Vater.«

»Das hast du von deinem Vater, sagt meine Mutter manchmal.«

»Wir haben viel Spaß zusammen.«

»Manchmal nervt er.«

»Ich habe zwei Väter.«

»Meine Mutter ist strenger ...«

Der jüdische Theologe und Schriftsteller Pinchas Lapide (1922–1997) schreibt einen Brief an Josef:

Schalom, lieber Josef!
Ich muss gestehen, dass Du es bist, der schon immer mein Mitgefühl erweckt hat, aber auch meine Neugierde. Niemand singt Deinen Ruhm oder hebt deine Tugenden hervor. Ja sogar die Vaterschaft Jeschuas will man Dir absprechen! In tausend Kirchen und in hundert Museen bist Du als alter Tattergreis dargestellt, der wie Miriams Großvater anmuten soll. Fest steht auf jeden Fall, dass Dir nach Deiner sehr flüchtig geschilderten »Verlobung« mit Miriam nur noch drei Auftritte insgesamt gegönnt worden sind: bei der Geburt Jeschuas, bei seiner Beschneidung und dann bei der Bar-Mitzwah Deines Erstgeborenen in Jerusalem, wo du als stummer Statist auftauchst, zunächst »staunen«, dann »Dich entsetzen« darfst und zuletzt »Unverständnis« zu bekunden hast – ohne auch nur ein Sterbenswörtchen mitzureden. Kurzum: Man lässt Dich nicht zu Wort kommen. Du hast angeblich nichts zu sagen. Worauf du nach dem Heimgang aus Jerusalem (wo du und Miriam drei Tage lang Jeschua vermisst und gesucht habt) spurlos und klanglos aus der Geschichte verschwindest ...

Josef, lieber Josef mein,
hilf mir wieg'n mein Kindelein,
Gott, der wird dein Lohner sein
im Himmelreich, der Jungfrau
Sohn Maria.

Gerne, lieb' Maria mein,
helf ich wieg'n dein Kindelein,
dass Gott müss' mein Lohner sein
im Himmelreich, der Jungfrau
Sohn Maria.

Dieses Lied gilt als ältestes überliefertes Weihnachtslied, die erste Handschrift stammt von 1305.

info

Josef, der Gerechte

- Josef, nach neutestamentlicher Überlieferung ein Nachkomme Davids und aus Bethlehem stammend, lebte mit seiner Familie als Bauhandwerker in Nazareth. Angesichts der Städtegründungen des Herodes Antipas wird es genug Arbeit für ihn gegeben haben. Vermutlich hat Jesus, wie damals üblich, das Handwerk seines Vaters gelernt. 5/6 Außerhalb der Kindheitsgeschichten Jesu spielt Josef in der Bibel keine Rolle. Auch über seinen Tod weiß man nichts.
- Spätere Legenden schildern, dass er bei seiner Verlobung mit Maria schon ein sehr alter Mann war.
- Matthäus beschreibt Josef als einen »Gerechten« (Mt 1,19), d.h. einen guten, anständigen Menschen, der die Gebote Gottes ernst nimmt. Als er von der Schwangerschaft seiner Verlobten erfährt, will er sie heimlich verlassen, um sie nicht bloßzustellen oder gar ihren Tod zu riskieren (auf Ehebruch stand Steinigung). Lieber nimmt er in Kauf, dass man ihn als treulosen Verlobten beschimpft! Auf Geheiß eines Engels ändert er seinen Entschluss. Von nun an bleibt er an der Seite Marias und schützt sie und das Kind auf der Flucht vor Herodes.

BeMERKenswert: Jesus sagt zu Gott Papa (Abba)!

Die biblische Zeit war eine andere als unsere. Der Platz der Männer war in der Öffentlichkeit, der der Frauen in Haus und Familie. Doch finden sich in der Bibel eindrucksvolle Gestalten, die etwas davon spüren lassen, dass Männer und Frauen zu Gottes Ebenbild geschaffen sind und dass Gott alle Menschen liebt. Zwei davon, beide aus dem Umfeld Jesu, lernst du auf diesen Seiten kennen.

- Vielleicht verbindest du mit Josef bestimmte Bilder und Vorstellungen. Erinnere dich, woher sie stammen (z.B. Krippenspiele, Grundschule ...)!
- »Das hast du von deinem Vater« – hörst du das manchmal?
- Erkläre die Unterschiede zwischen einem biologischen und einem sozialen Vater! Ist einer wichtiger als der andere?
- »Das hat er von seinem Vater« – Was könnte Jesus von seinem Vater mitbekommen haben?
- »Väterlich« – passt das zu Josef?
- Geh auf Spurensuche in Mt 1 f. und Lk 1 f. Findest du Anhaltspunkte für die nachbiblischen Bilder und Texte auf dieser Doppelseite?
- Pinchas Lapide war ein jüdischer Gelehrter, dem viel an dem Gespräch mit Christen gelegen war. Er erinnerte die Christen oft daran, dass Jesus und seine Familie Juden waren – auch in dem Brief auf der linken Seite!
- Entwirf einen Antwortbrief aus der Sicht Josefs (z.B.: »Ja, ich könnte viel erzählen, wenn man mich zu Wort kommen ließe ...«, oder »Lieber Herr Lapide, es macht mir nichts aus, im Hintergrund zu stehen, denn ...«)!
- Vergleiche die Rolle von Mann und Frau auf den beiden Krippenbildern!

Maria Magdalena

Thomas Zacharias, Radierungen zur Bibel

He ihr! Ja, euch meine ich! Bleibt doch mal stehen und hört mir zu! Ich weiß schon, ihr denkt: »Die ist verrückt!« Bin ich aber nicht. Auch wenn ich erzähle: »Jesus lebt!« Wieder und wieder: »Er lebt!« Ihr glaubt, die Sache mit ihm hat sich erledigt. Er ist am Kreuz gestorben, denkt ihr, und das war es mit Jesus von Nazareth und seinen Anhängern. Ihr täuscht euch, ihr täuscht euch gewaltig! Wir haben uns ja selbst getäuscht nach seinem Tod. Ich war dabei, als er gestorben ist. Ich habe ihn schreien hören. Ich habe mit eigenen Augen gesehen, wie sein Leichnam in ein Felsengrab gelegt wurde. Damals dachten auch wir: alles vorbei. Wir verkrochen uns bei Freunden, todmüde, konnten uns zu nichts aufraffen. Nicht einmal essen wollten wir. Dann ging ich zum Grab. Ich wollte noch einmal in seiner Nähe sein. Im Dunkeln ging ich, aber ich sah sofort: Der Stein vor dem Grab war weg, das Grab offen!

Du schüttelst den Kopf? Klar, auch ich dachte damals: Den Leichnam hat jemand gestohlen. Deshalb fragte ich den Mann, der plötzlich in der Nähe des Grabes stand: »Hast du den Leichnam aus diesem Grab weggenommen? Sag mir doch, wo er ist, ich will ihn holen.« Aber der Mann sagte nur: »Maria!« Er sagte nur meinen Namen. Aber wie er ihn sagte! So konnte ihn nur ein Einziger sagen. Mir gingen die Augen auf: Das ist er! Ich wollte ihn umarmen, ihn festhalten. Aber Jesus sagte zu mir: »Berühre mich nicht, denn ich bin noch nicht zu meinem Vater aufgefahren. Höre, was du tun sollst: Geh zu den anderen und sage ihnen, dass mein Vater den Tod überwunden hat!«

Ja, ja, ich seh's an euren Gesichtern, ihr Männer glaubt mir nicht. Kein Wunder – auch die Jünger haben mir nicht geglaubt, als ich sie wachrüttelte und immer wieder rief: »Jesus lebt! Ich habe ihn gesehen! Er ist auferstanden! Er lebt!« Ausgelacht haben sie mich. – Dabei waren sie gar nicht dabei. Genauso wenig, wie sie am Kreuz dabei waren. Männer, und doch so ängstlich! Und jetzt wollen sie mir den Mund verbieten! Aber darauf können sie lange warten. Jesus hat gesagt, ich soll weitersagen, dass er lebt. Er lebt, er lebt!

Schau doch nicht so, ich bin nicht verrückt. Früher, ja früher, da hieß ich »die Verrückte«. Vielleicht war ich auch verrückt. Damals, als ich noch in Magdala lebte, als ich immer wieder die Beherrschung über meinen Körper verlor. Ich konnte nichts dagegen machen, alles zuckte, ich fiel hin und wurde ohnmächtig. »Die Maria, die ist von Dämonen besessen«, haben sie gesagt und wollten nichts mit mir zu tun haben. Aber Jesus hat mich geheilt! Plötzlich war alles für mich neu! Ich zog mit ihm. Ein Rabbi*, bei dem auch Frauen mitgehen durften! Und wie er über Gottes neues Reich* redete …

Glaubt mir doch: Sein Reich ist hier, mitten unter uns. Denn Jesus lebt, er ist auferstanden!

info

Legenden um Maria Magdalena

- In der Tradition der Kirche wurde Maria Magdalena lange Zeit als die »große Sünderin« gesehen und so auch in der Literatur und Kunst dargestellt. Dies geschah durch eine Verschmelzung von unterschiedlichen biblischen Frauengestalten. In Lk 8,2 wird Maria Magdalena als Jüngerin Jesu genannt, die durch Jesus von sieben bösen Geistern geheilt worden ist. Direkt vor dieser Bibelstelle über Frauen, die Jesus nachfolgen, erzählt Lukas (Lk 7,36–50) von einer Sünderin – allgemein geht man von einer Prostituierten aus –, die bei einem Gastmahl ins Haus eindringt, in Tränen ausbricht und Jesu Füße salbt. 5/6 Diese zwei – verschiedenen – Frauen verschmelzen nun in der Tradition zu einer, sodass Maria Magdalena z. B. in Bildern als schöne, für ihre Sünden büßende Frau dargestellt wird.
- Manche Filme und Romane machen die Meinung populär, Maria Magdalena sei die Geliebte oder die Ehefrau Jesu gewesen, mit der er vielleicht sogar Kinder gehabt habe. In den vier neutestamentlichen Evangelien gibt es dafür keine Anhaltspunkte. Meist wird als Argumentation deshalb das apokryphe* Philippus-Evangelium herangezogen, in dem Maria Magdalena die »Gefährtin« Jesu genannt wird und in dem davon die Rede ist, dass er sie mehr als alle Jünger liebte und sie oft auf den Mund küsste. Allerdings ist dieses apokryphe Evangelium erst im 2. oder 3. Jahrhundert n. Chr. entstanden und enthält keine zuverlässigen Aussagen über das Leben Jesu.
- In anderen Traditionen (z. B. dem apokryphen Evangelium der Maria) haben Maria Magdalena und das, was sie von Jesus und seiner Lehre zu erzählen hat, so große Bedeutung, dass Petrus eifersüchtig auf sie ist. Auf vielen frühen Bildern ist Maria Magdalena predigend dargestellt. Daraus kann man schließen, dass sie wahrscheinlich ein wichtiges Amt in der nachösterlichen Gemeinde hatte.

»Jesus Christ Superstar« im Centennial Theatre, Vancouver

- Hast du schon einmal erlebt, dass du dich vor andere hingestellt hast, um ihnen etwas zu sagen, und du wusstest schon vorher, dass sie anderer Meinung sein würden als du? Beschreibe, welche Gefühle du in einer solchen Situation hattest oder haben würdest.
- Beschreibe Maria Magdalenas Gefühle, soweit sie aus dem Bild auf S. 84 und der Rede erkennbar sind. Woher nimmt sie nur so viel Mut?
- Maria Magdalena hat es mit ihrer Rede offenbar nicht leicht. Was könnten die Zuhörer und Zuhörerinnen dazwischengerufen haben?
- Die männlichen Jünger kommen auf dem Bild, das Thomas Zacharias zu Joh 20,18 gemalt hat, schlecht weg!
- Maria Magdalena wird als »die große Sünderin«, »Lehrerin der Apostel*«, »Ehefrau Jesu«, bezeichnet. Eine Frau und so viele unterschiedliche Meinungen – wie kann das sein? Überlege, wer vielleicht an welcher Interpretation ein besonderes Interesse haben könnte! Vergleiche die Meinungen über Maria Magdalena mit den Meinungen über Eva (S. 79)!
- Die Bibel erzählt noch von vielen starken Männern und Frauen. Wähle eine/n aus und fertige ein Porträt einer Person an! Besondere Frauen waren z. B. Rut und Esther.

Zusammenfinden

Wenn Worte meine Sprache wären

Wenn Worte meine Sprache wären, / ich hätt dir schon gesagt / in all den schönen Worten, / wie viel mir an dir lag. / Ich kann dich nur ansehen, / weil ich dich wie eine Königin verehr'. / Doch ich kann nicht auf dich zugehen, / weil meine Angst den Weg versperrt. / Mir fehlen die Worte, / ich hab die Worte nicht, / dir zu sagen, was ich fühl'. / Ich bin ohne Worte, / ich finde die Worte nicht. / Ich hab keine Worte für dich.

Wenn Worte meine Sprache wären, / ich hätt dir schon gesagt, / wie gern ich an deiner Seite wär, / denn du bist alles, alles, was ich hab. / Ich kann verstehen, dass es dir nicht leicht fällt. / Du kannst nicht hinter die Mauer sehen, / aber ich begreife nicht, dass es dich so kalt lässt. / Dir kann der Himmel auf Erden entgehen. / Der Himmel auf Erden ... Du bist die Erinnerung an Leichtigkeit, / die ich noch nicht gefunden hab', / der erste Sonnenstrahl nach langem Regen, / die, die mich zurückholt, / wenn ich mich verloren hab. / Und wenn alles leise ist, / dann ist deine Stimme da.

Tim Bendzko

- »Darum« (1 Mose 2,24) – Warum? Lies den Zusammenhang!
- Das lyrische Ich in Tim Bendzkos Lied singt von der Schwierigkeit, sich zu offenbaren – trotz so vieler Worte und Bilder! Gib ihm einen Tipp, wie er zu seiner Angebeteten Kontakt aufnehmen kann!
- Würde ein entsprechendes Lied von einer Frau anders aussehen? Probiert es aus!
- Die Bilder unten zeigen ganz unterschiedliche Möglichkeiten, Kontakt aufzunehmen. Tauscht euch zu zweit aus: Wie möchtest du einen Partner oder eine Partnerin finden und was bist du bereit für das Finden eines Partners zu tun?
- »Der Himmel auf Erden« – suche religiöse Motive in diesem und in anderen Liebesliedern!

BeMERKenswert: Wer an den Himmel glaubt, muss von der Liebe nicht alles erwarten.

Darum wird ein Mann seinen Vater und seine Mutter verlassen und seinem Weibe anhangen und sie werden sein ein Fleisch.
1 Mose 2,24

»Ich trau mich nicht!«

»Ich erzähle nicht mehr viel von mir. Ich habe da total schlechte Erfahrungen gemacht ...«

»Der ist so schüchtern – süß!«

»Ich hasse es, wenn jemand ständig von sich erzählt und sich in den Mittelpunkt stellt!«

»Schüchternheit ist mein großes Problem.«

»Meine Freundin ist sehr zurückhaltend. Ich finde es toll, wie sie ist. Niemand sonst von meinen Freunden ist so einfühlsam!«

Schüchtern

- Schüchternheit kann sich unterschiedlich zeigen. Sammle Beispiele! Sind Mädchen anders schüchtern als Jungen?
- Richard hat mithilfe des Sports seine Schüchternheit überwunden. Was würdest du einem Freund oder einer Freundin raten, der/die dir gegenüber darüber klagt, dass er/sie so schüchtern ist?
- »Tipps gegen Schüchternheit« findet man in vielen Zeitschriften und im Internet. Bewertet solche Ratgebertexte kritisch daraufhin, wie in ihnen Schüchternheit bewertet wird! Internet
- Jemand kommt in eine neue Klasse. Stelle dir in Zeitlupe die Sekunden vor, bevor er oder sie auf die Gruppe zugeht: Welche Gedanken, Gefühle, Ängste und Erinnerungen gehen ihm/ihr durch den Kopf? Schreibe einen inneren Monolog! – Du kannst diesen Monolog auch aus der Rückschau verfassen.

Richard

Mit 14 saß ich eigentlich immer nur zu Hause rum, am PC, spielte Playstation. Ich war ein kleiner, dicker, schüchterner Junge. Ich konnte auch nicht auf andere Leute zugehen, wenn ich zum Beispiel die Uhrzeit wissen wollte, ich hab lieber nach einer öffentlichen Uhr gesucht. Dann wechselte ich vom Gymnasium auf die Gesamtschule und da lernte ich Fabian kennen und Felix und Adrian. Wir wurden Freunde, jetzt sitzen wir vier fast jeden Tag aufeinander, wir können nicht ohneeinander. Mit Adrian schraub ich auch gern am Roller rum, mit Felix schau ich Filme, mit Fabian trainier ich Parkour. Der hatte damit gerade angefangen und mich gefragt, ob ich mit will zum Training von »Parkour im Pott«. Bei Parkour geht's darum, so schnell, so effizient und so sicher wie möglich von A nach B zu kommen. Ich dachte, das ist bestimmt gefährlich und ich bin so dick, aber das sieht voll cool aus, das möchte ich auch lernen, vielleicht lande ich dann besser bei den Mädchen.

Aber erst mal schaute ich nur den anderen zu. Das kann ich nie, dachte ich, die hole ich nie ein! Ich kam mir so schwach vor. Aber Parkour ist kein Wettbewerb, das macht man für sich selber. Dann hab ich selbst was probiert.

Erst hab ich die Grundübungen gemacht: die Katze über eine niedrige Mauer, da springt man mit den Füßen durch die Arme, Präzisionssprünge aus dem Stand, Sicherheitsübungen – abrollen auf dem Boden zum Beispiel.

Ich bin nicht mehr schüchtern. Das kam mit dem Sport, weil ich Leute fragen musste, wie das geht mit den Tricks. Ich geh jetzt auch auf Geburtstage, wo ich kaum jemanden kenne. Ich kann mich ja vorstellen und eine Konversation beginnen. Wenn die über Fußball reden – und ich hasse alle Sportarten mit Bällen! –, rede ich halt erst ein bisschen mit und bring dann ein anderes Thema ein. Wenn die Leute über Filme reden, komme ich dazu und sage: »Ja, der Film ist voll gut!« oder: »Guckt euch lieber den und den Film an!«

Und dass ich durch Parkour besser bei den Mädchen ankomme, das war nur mein erster Gedanke gewesen. Mir selbst tut der Sport gut! Ich muss nicht cool sein. Ich will einfach nur so sein, wie ich bin. Sonst finden die Mädchen cool, was ich da mache, aber nicht, wie ich selber bin.

chrismon, Juli 2010

Liebe

Aus: Wikipedia zu »Liebe« – Neurobiologie der Verliebtheit

Verliebt sich ein Mensch, so sorgen verschiedene Botenstoffe für Euphorie (Dopamin), Aufregung (Adrenalin), rauschartige Glücksgefühle und tiefes Wohlbefinden (Endorphin und Cortisol) (umgekehrt können Momente, in denen man nicht mit der geliebten Person zusammen ist, als sehr schmerzhaft bis hin zur Verzweiflung empfunden werden) und erhöhte sexuelle Lust (Testosteron sinkt bei Männern, steigt bei Frauen). Auch Sexualduftstoffe (Pheromone) werden vermehrt abgegeben. Hingegen sinkt der Serotoninspiegel stark ab, wodurch der Zustand der Verliebtheit in diesem Punkt eine Ähnlichkeit mit vielen psychischen Krankheiten aufweist. Das trägt dazu bei, dass Verliebte sich zeitweise in einem Zustand der »Unzurechnungsfähigkeit« befinden können, sich dabei zu irrationalen Handlungen hinreißen lassen und Hemmschwellen abbauen. Nach einiger Zeit (wenige Monate) gewöhnt sich der Körper an diese Dosen und ganz allmählich (laut WHO* maximal nach 24 bis 36 Monaten) beendet das Gehirn diesen sensorischen »Rauschzustand«.

»Die erste Liebe ist feurig, eine trunkene Liebe, mit der wir geblendet werden und wie die Trunkenen hinangehen. Wenn wir die Trunkenheit ausgeschlafen haben, dann bleibt in den Frommen die echte Eheliebe.«

Martin Luther

- Erfinde eine Geschichte, die hinter dem Fotomotiv rechts stehen könnte! Lest euch gegenseitig eure Geschichten vor und vergleicht, welche Vorstellungen von Liebe in ihnen vorkommen!
- Bezieht den Wikipedia-Text auf eure Geschichten und diskutiert darüber! Kommunikation
- Begründe, welche der obigen »Ansichten zur Liebe« jeweils von Jungen und welche von Mädchen stammen!
- Erstelle ein Akrostichon zu dem Wort »Liebe« (L … I … E … B … E …)!
- Ist man alleine eigentlich ganz?
- Sammelt gemeinsam, welche Themen bzw. Fragen euch zum Thema »Liebe« interessieren! Klärt außerdem, ob ihr manches lieber getrennt in Jungen- und Mädchengruppen besprechen wollt!

Ansichten zur Liebe

»Bei fast jeder neuen Liebe denkt man, es sei DIE große Liebe. Am Ende ist es wieder nix.«

»Es gibt keine Liebe, es gibt nur das Verlangen nach Sex.«

»Bei dem Menschen, den ich liebe, spüre ich Ruhe und Zufriedenheit. Und wenn ich ihn sehe, springt mein Herz hoch und runter. Ach, die Liebe zu beschreiben ist unmöglich.«

»Es ist peinlich, wenn man noch keine Erfahrungen hat.«

»Rot werden und dummes Zeug reden.«

»Liebe ist doof, weil sie meistens nicht auf Gegenseitigkeit beruht.«

»Man hat eine rosarote Brille auf.«

»Liebe bedeutet, für alles, das man gerne allein getan hat, einen Gegenpart gefunden zu haben – geistig, emotional und körperlich.«

»Wenn man nach 50 Ehejahren aufwacht, ein lautes Schnarchen neben sich hört und einem dabei ganz warm ums Herz wird, weil man so glücklich ist, dann ist das Liebe.«

»Liebe ist erst Herzkribbeln und dann richtig verletzt werden.«

»Alles nur Hormone!«

»Liebe ist eine Erfindung der modernen westlichen Gesellschaft. Es gibt Kulturen, in denen Verliebt-Sein gar keine Rolle spielt.«

»Mit meinem Schatz kann ich mich unter Leuten sehen lassen.«

ist mehr

Liebe als …

… Sexus
sexuelle Gemeinschaft, Geschlechtstrieb, Lustgewinn, Befriedigung, Leidenschaft, Rausch …

… Eros
Faszination, Schwärmerei, Begehren, sich hingezogen fühlen, Eroberung, Hingabe …

… Agape
Solidarität, Fürsorge, Mitleiden, Verantwortung, Opferbereitschaft, Nächstenliebe …

… Philia
Zuneigung, Geschwisterlichkeit, Gemeinschaft, Wertschätzung, Freundschaft …

… Amor sui
Selbstliebe, Bejahung des eigenen Lebens und Glücks

Liebe als Grundhaltung

Liebe ist nicht in erster Linie eine Bindung an eine bestimmte Person. Sie ist eine Haltung, eine Charakter-Orientierung. Wenn jemand nur eine einzige andere Person liebt und ihm alle übrigen Mitmenschen gleichgültig sind, dann handelt es sich bei seiner Liebe nicht um Liebe, sondern um einen erweiterten Egoismus. Weil man nicht erkennt, dass die Liebe ein Tätigsein, eine Kraft der Seele ist, meint man, man brauche nur das richtige Objekt dafür zu finden und alles andere gehe dann von selbst. Man könnte diese Einstellung mit der eines Menschen vergleichen, der gern malen möchte und der, anstatt diese Kunst zu erlernen, behauptet, er brauche nur auf das richtige Objekt zu warten und wenn er es gefunden habe, werde er wunderbar malen können. Wenn ich einen Menschen wahrhaft liebe, so liebe ich alle Menschen, so liebe ich die Welt, so liebe ich das Leben. Wenn ich zu einem anderen sagen kann: ›Ich liebe dich‹, muss ich auch sagen können: ›Ich liebe in dir auch alle anderen, ich liebe durch dich die ganze Welt, ich liebe in dir auch mich selbst.‹
aus: Erich Fromm, Die Kunst des Liebens

Gott ist die Liebe; und wer in der Liebe bleibt, der bleibt in Gott und Gott in ihm.

1 Joh 4,16 b

Du sollst den Herrn, deinen Gott, lieben von ganzem Herzen, von ganzer Seele, von allen Kräften und von ganzem Gemüt, und deinen Nächsten wie dich selbst.

Lk 10,27

- Fasse den Text von Erich Fromm in drei bis vier Sätzen zusammen! Sachtexte
- Wenn man frisch verliebt ist, wird einem oft der Rest der Umwelt ziemlich egal. Wenn man dagegen Fromms Überlegungen ernst nimmt, könnte das nicht passieren. Sogar Eifersucht wäre unmöglich!
- Vergleiche die Gedanken Fromms mit den Bibelzitaten!
- Die Liebe einer Mutter, eines Vaters, die Liebe der Kinder zu ihren Eltern, Geschwisterliebe, Liebe unter Freunden, Schwärmerei für einen Star … So viele Arten der Liebe! Versucht diese mithilfe der verschiedenen Liebesbegriffe (oben links) zu ordnen!
- Warum nennen wir all das Liebe? Philosophiert darüber, was das Gemeinsame ist!
- Jeder und jede lebt in einem vielfältigen »Beziehungsgeflecht«. Wenn eine neue Person dazukommt oder eine weggeht, verändert sich das ganze System. Überlegt euch in Gruppen verschiedene mögliche Konstellationen, wie z. B.: Junge, lebt bei seiner Mutter, Vater lebt getrennt, aktiv bei der Freiwilligen Feuerwehr, hat einen besten Freund und eine Clique mit fünf weiteren Freunden und Freundinnen. Oder: Mädchen, lebt zusammen mit drei Geschwistern bei den Eltern, aktiv im Gospelchor und im Schwimmverein, keine beste Freundin, aber drei sehr gute Freundinnen. – Versucht die vielfältigen Beziehungen in diesen Konstellationen mithilfe von z. B. Playmobilfiguren (Legosteinen …) zu stellen! Fügt anschließend zu eurer Konstellation eine neue Person (den neuen Freund/die neue Freundin) hinzu! Verändert die Standorte eurer Figuren anhand dieser neuen Situation! Was verändert sich weshalb?
  … Und wenn man jetzt noch bedenkt, dass diese neue Person auch ein ganzes System mitbringt …
- Lest den Text von Erich Fromm erneut durch und schaut aus diesem Blickwinkel auf eure Konstellationen!

Körper-

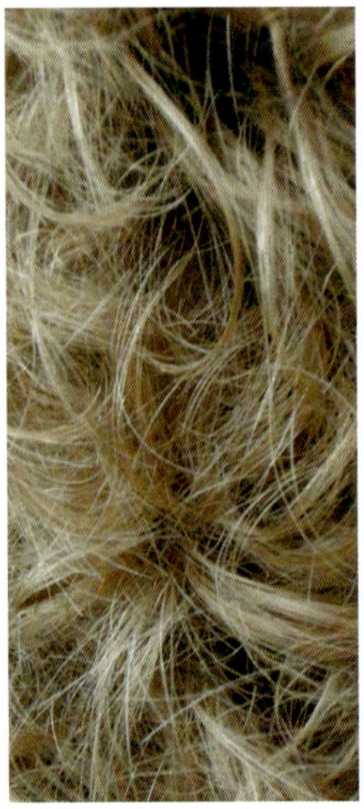

»So süße Ohren!«

Mein Freund ist weiß und rot, auserkoren unter vielen Tausenden. Sein Haupt ist das feinste Gold. Seine Locken sind kraus, schwarz wie ein Rabe. Seine Lippen sind wie Lilien, die von fließender Myrrhe triefen. Seine Finger sind wie goldene Stäbe, voller Türkise. Sein Leib ist wie reines Elfenbein, mit Saphiren geschmückt. Sein Mund ist süß, und alles an ihm ist lieblich.

»Er hat so weiche Lippen.«

Du bist schön, meine Freundin, wie Tirza, lieblich wie Jerusalem, gewaltig wie ein Heer. Wende deine Augen von mir; denn sie verwirren mich.

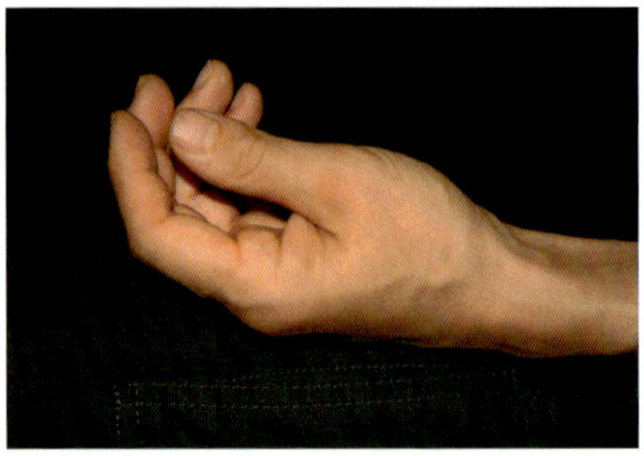

»Ihre Nase ist was Besonderes!«

Siehe, meine Freundin, du bist schön; schön bist du, deine Augen sind wie Taubenaugen. Siehe, mein Freund, du bist schön und lieblich.

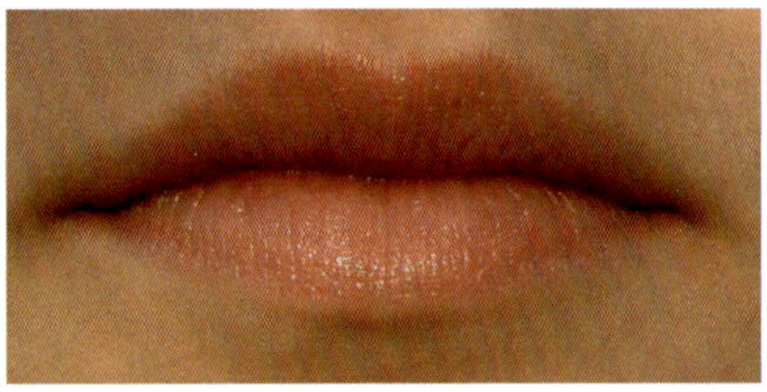

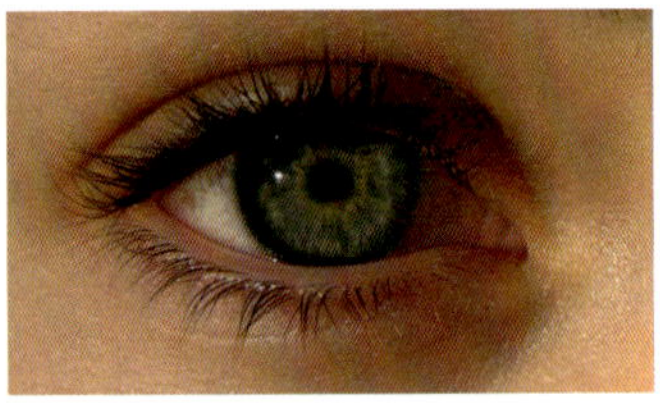

»Ich stehe total auf seine Hände!«

Meine Taube in den Felsklüften, im Versteck der Felswand, zeige mir deine Gestalt, lass mich hören deine Stimme; denn deine Stimme ist süß, und deine Gestalt ist lieblich.

Deine Lippen sind wie eine scharlachfarbene Schnur, und dein Mund ist lieblich.

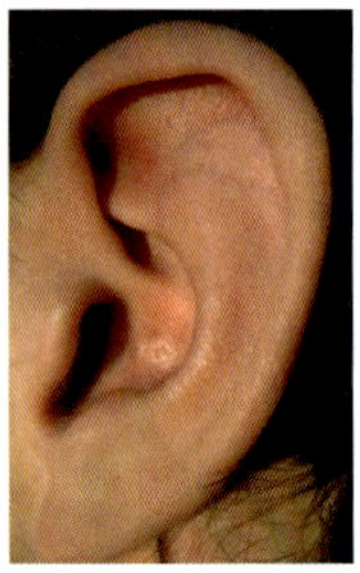

»Dieser Blick – da bin ich immer hin und weg!«

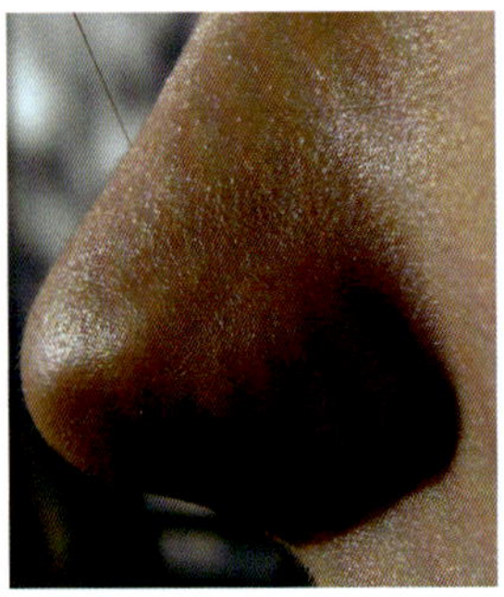

Wie schön und wie lieblich bist du, du Liebe voller Wonne! Dein Wuchs ist hoch wie ein Palmbaum, deine Brüste gleichen den Weintrauben.

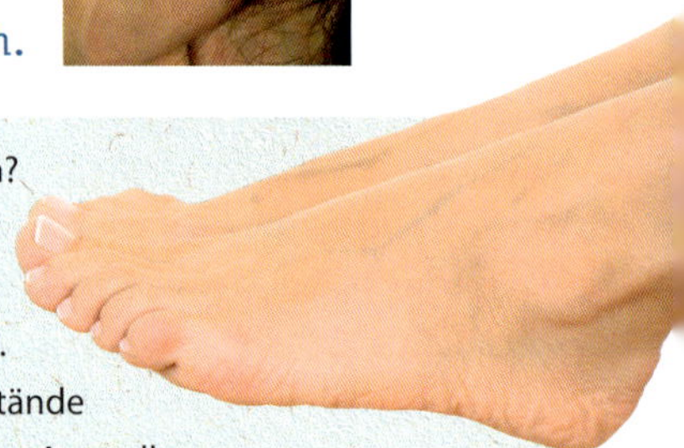

- Was ist schön? Tauscht euch über eure Vorstellungen aus! Bringt evtl. auch Fotos und Gegenstände dazu mit und macht eine Ausstellung oder Collagen zu diesem Thema!
- Was findest du an dir schön? Wann fühlst du dich in deinem Körper wohl?
- »Wenn ich anders aussehen würde, wäre mein Leben anders.« Diskutiert! Kommunikation
- Die blauen Zitate auf dieser Seite stammen alle aus der Bibel – aus dem Hohenlied* der Liebe!

Interview mit einer Psychotherapeutin

Süddeutsche Zeitung: Frau Orbach, Sie behaupten, der Blick moderner Menschen auf ihren Körper sei von Industrien dominiert, die ihr Geld mit dem Schönheitswahn verdienen. Stimmt das wirklich?

Susie Orbach: Leider schon. Nur noch acht Prozent der deutschen Frauen sind mit ihrem Körper zufrieden. Nur zwei Prozent fühlen sich schön. Und das hängt stark mit der Werbung zusammen, in der Frauen sehr dünn und makellos sind – mithilfe von Bildern, die am Computer manipuliert wurden.

SZ: Warum soll man Unternehmen dafür die Schuld geben?

Orbach: Schauen Sie sich doch die Diätindustrie an. Die Amerikaner geben 100 Milliarden Dollar im Jahr für Diätprodukte aus und 60 Milliarden für Bildung.

SZ: Wie sollten wir denn essen?

Orbach: Wir sollten essen, wenn wir hungrig sind. Und aufhören, wenn wir satt sind. Und wir sollten das Essen lieben, statt Angst zu haben!

Süddeutsche Zeitung, 25. Juni 2010

Kristen Stewart in der Film-Saga »Twilight« sowie im Schnappschuss eines Fotografen

Albert Crudo, Evolution of Ken II

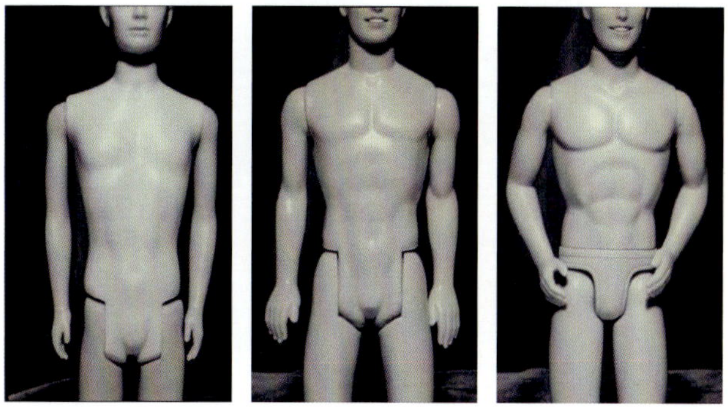

1960 *1970–1980* *1990–2000*

- Fasse das Interview mit Susie Orbach in ein bis zwei Sätzen zusammen! Sachtexte
- Susie Orbach nennt Industriezweige, die vom heutigen Schönheitswahn profitieren. Überlege, welche weiteren dir einfallen!
- Untersucht verschiedene Jugendzeitschriften daraufhin, welches Schönheitsideal sie transportieren! Achtet dabei sowohl auf die Artikel / Stories als auch auf Ratgeberseiten und Werbungen!
- Wie wird Ken wohl 2020 aussehen?
- Vielleicht habt ihr Gelegenheit, euch die Kurzfilme »dove evolution« und / oder »dove body talk« anzuschauen, in denen man sieht, wie Fotos für Werbekampagnen entstehen. Tauscht euch anschließend über eure Eindrücke aus!
- Die mit dem Schönheitswahn verbundenen Diäten führen leider immer wieder zu Essstörungen. Informiert euch im Internet über die verschiedenen Varianten und Hilfsangebote!

»Ich dachte, ich wäre die Einzige in der Klasse, die sich unattraktiv fühlt, während alle anderen gut aussehen.«

»Models und Schauspielerinnen in den Medien haben im Schnitt mindestens 50 % weniger Körperfett als gesunde Frauen.« (British Medical Association, 2000)

»Seit es Lifestyle-Magazine gibt, die unerreichbare körperliche Ideale für Männer abbilden, lässt sich gerade bei jungen Männern ein Anstieg der Essstörungen feststellen.«

»Während nur 19 % der jungen Mädchen tatsächlich übergewichtig sind, glauben bereits 67 %, dass sie abnehmen sollten.« (Umfrage vom Januar 2004)

Partnerschaft hat viele Formen

Wie schwul ist das denn?

Carina (16) und Nadja (17) haben den folgenden Artikel für die Internetseite der Aktion »Schule ohne Rassismus – Schule mit Courage« geschrieben:

Das Wort »schwul« hört man immer häufiger in deutschen Schulen. Jugendliche benutzen das Schimpfwort oft als Synonym für langweilig, schlecht, nervig: »Wie schwul ist das denn« ist auf deutschen Schulhöfen eine übliche, auch szenige Redewendung. Oft sind damit sogar Gegenstände gemeint.

Der Ausdruck ist nicht zwangsläufig mit Homophobie* gleichzusetzen. Doch ein latent aggressives Schul-Klima fördert nicht unbedingt den Mut zu offenen Bekenntnissen, etwa sich als homosexuell zu outen. Marie, 17 Jahre: »Als ich einmal mit meinem Bruder und seinen Freunden essen war, sah ich ein Mädchen mit einer echt ›schwulen‹ Hose – und sagte das laut. Sekunden später fiel mir ein, dass der eine Freund meines Bruders homosexuell war. Das war sehr unangenehm.« Auch die 6- bis 12-Jährigen benutzen bereits dieses negativ wertende Wort, ohne zu wissen, welche Bedeutung dahintersteckt. Der homosexuelle Justus hat mit dem Begriff dagegen überhaupt kein Problem. Er bewältigt solche Situationen mit Humor: »In meiner Klasse wird das Wort ›schwul‹ ständig als Schimpfwort benutzt und fast alles und jeder wird so bezeichnet. Ich kann darüber nur lachen und bezeichne Dinge und Personen mittlerweile selbst als ›schwul‹.«

LehrerInnen sollten Kinder und Jugendliche in der Schule über die Bedeutung der verschiedenen sexualisierten Schimpfwörter aufklären, damit sie nicht sich oder andere verletzen.

- In den Bildern oben spiegeln sich verschiedene Formen von Partnerschaft wider! Stellt euch Menschen und Geschichten hinter den Bildern vor!
- »Schwul« – als Schimpfwort verletzend oder »nur ein Spaß«? Diskutiert!
- Im Artikel von Carina und Nadja geht es um mehr als nur ein Schimpfwort. »Schule ohne Rassismus« und »mit Courage«: Überlegt, ob dieses Motto zu eurer Schule passt!
- Die Möglichkeit einer eingetragenen Lebenspartnerschaft ist für homosexuelle Paare auch aus rechtlichen Gründen wichtig. Informiert euch darüber z. B. im Internet!

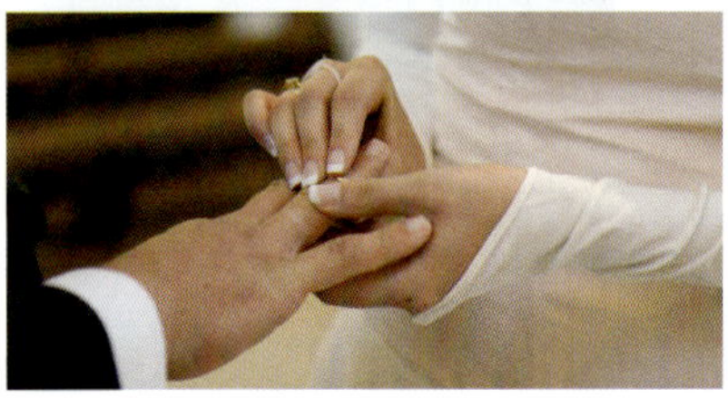

Warum gibt es kein kölsches Wort für Liebe?

»Oh, oh, Katrin, ich han mich verlore, verlore an dich ...« So besangen die Bläck Fööss ihre große Liebe.
»Ich han dich jän«, »ich maach dich« – so klingt es op kölsch, wenn ein Herz zum anderen spricht. Aber eine kölsche Variante von »Ich liebe dich«? Fehlanzeige!
Aber wie kommt's? Ausgerechnet hier in Kölle, wo Hätz und Jeföhl so groß geschrieben wird, fehlen »Liebe« und »lieben«.
»Im 14., 15. Jahrhundert gab's ›lieben‹ noch als Verb«, erzählt Rolly Brings. »Aber seit dem 17. Jahrhundert gibt's nur noch das Hauptwort ›Levde‹ – aber das wird heute nicht mehr im Alltag verwendet.« Grund: Kölsch als Dialekt kennt keine abstrakten Begriffe. »Da nimmt man lieber Bilder und Beschreibungen wie ›ich han dich zum fresse jän‹«, so Brings.
Hans Knipp, der den Text zu »Katrin« schrieb, hat noch eine andere Erklärung: »Die Kölsche Sprache ist herzlich, aber ihr fehlt das Pathos. Dadurch gibt es aber auch in den Liedern diese gewisse Schnulzigkeit nicht, die man sonst in Schlagern findet.« *Axel Hill*

Steh auf, meine Freundin, meine Schöne, und komm her! Denn siehe, der Winter ist vergangen, der Regen ist vorbei und dahin. Die Blumen sind aufgegangen im Lande, der Lenz ist herbeigekommen, und die Turteltaube lässt sich hören in unserm Lande. Der Feigenbaum hat Knoten gewonnen, und die Reben duften mit ihren Blüten. Steh auf, meine Freundin, und komm, meine Schöne, komm her! Meine Taube in den Felsklüften, im Versteck der Felswand, zeige mir deine Gestalt, lass mich hören deine Stimme; denn deine Stimme ist süß, und deine Gestalt ist lieblich.
HLD 2,10–14

Warum

Nicht du um der Liebe willen,
sondern um deinetwillen die Liebe
(und auch um meinetwillen),
nicht, weil ich lieben muss,
sondern, weil ich dich lieben muss,
vielleicht, weil ich bin, wie ich bin,
aber sicher, weil du bist, wie du bist.
Erich Fried

- Mein Freund, meine Frau, mein Partner, meine Lebensabschnittsgefährtin, mein Schatzi ... Welche Bezeichnungen findet ihr angemessen für jetzige oder zukünftige Partnerschaften?
- Liebe kann man durch Gesten, durch Zeichen, durch Fotos, durch Worte ... ausdrücken. Vergleiche die Beispiele auf dieser Seite! (Vgl. auch S. 86.)
- Prüfe, ob du die Überlegungen von Axel Hill nachvollziehen kannst, und suche nach Ausdrucksformen für Liebe in verschiedenen Dialekten und Sprachen!
- Berichtet von Liebeserklärungs-Szenen aus Filmen oder Serien und haltet typische Elemente fest!

Liebesschlösser sind Vorhängeschlösser, die nach einem Brauch von Jungverliebten an Brücken angebracht werden, um symbolisch die ewige Liebe zu besiegeln. Nach dem Befestigen des Schlosses wird der Schlüssel in das darunter fließende Gewässer geworfen.

Verbunden

Dû bist mîn,
ich bin dîn:
des solt dû gewis sîn.
Dû bist beslozzen
in mînem Herzen:
verlorn ist das slüzzelîn:
dû muost immer drinne sîn.

Walther von der Vogelweide (ca. 1170–1230)

Eheversprechen bei einer kirchlichen Trauung:

Ihr habt gehört, wie Gottes Wort zum gemeinsamen Leben ermutigt und zum Gelingen der Ehe hilft.
Gott hat euch einander anvertraut.
Wollt ihr in eurer Ehe nach Gottes Willen
leben und auf seine Güte vertrauen,
wollt ihr in Freud und Leid zusammenhalten
euer Leben lang;
wollt ihr gemeinsam für andere da sein
und tun, was dem Frieden dient,
so sprecht: Ja, mit Gottes Hilfe.

- Das Schloss – ein mehrdeutiges Symbol für eine Partnerschaft!
- »In Freud und Leid zusammenhalten euer Leben lang« – kann man so etwas überhaupt versprechen?
- Das Eheversprechen hat nicht nur den Partner bzw. die Partnerin im Blick!
- Diskutiert, was notwendig ist, damit man die Chance hat, ein Leben lang zusammenzubleiben!

BeMERKenswert: Ja, aber nur mit Gottes Hilfe.

»Früh gefreit – schnell gereut.«
»Jung gefreit, hat nie gereut.«
»Nun prüfe, wer sich ewig bindet ...«

Für alle, die ihre erste große Liebe noch nicht gefunden haben. Wie fühlt sie sich an?

Ihr seid seit sieben Monaten ein Paar. Lässt die Leidenschaft schon langsam nach?

Ihr habt euch bei einem Grillfest an der Isar kennengelernt. Wer hat den ersten Schritt gemacht?

Dank für die Liebe

Unerwartet hab' ich
in einer anderen Stadt
eine Jugendgeliebte wiedergetroffen.
Ich hab' sie nicht,
sie aber hat mich wiedererkannt –
bin ich unter dem weißen Haar
der Gleiche geblieben?
»Salü Kurt«, sagte sie fröhlich:
Liebe helle Stimme noch immer.
Nur wenig jünger als ich,
doch heute noch hübscher
als das träumerisch sanfte Mädchen von einst.
Wir erzählten einander dies oder das
und von den längst erwachsenen Kindern.
Der Glanz junger Sommertage
vor bald fünfzig Jahren
stimmte mich alten Narren sehr heiter.
Hab' jedenfalls gute Erinnerungen an uns.
Sie, glaube ich, auch.
Somit: alles in fröhlichster Ordnung:
»... soviel berauschende Vergänglichkeit.«
Dank sei jedweder Liebe,
die lange nachleuchtet noch
über die Zeit der Liebe hinaus.
Und Dank Dir,
Gott der Liebenden.

Kurt Marti

Bildfolge aus: SZ-Magazin 18/2010, Sagen Sie jetzt nichts, Jana und Sebastian

Werdet ihr in fünf Jahren noch zusammen sein?

It will end

Whether it's in months / Or in years
Whether it's in silence / Or in tears
It will end
...
You know that don't you
In case you could be happy
Instead you will be lonely
You will know / Instant it is all over
Inside you will feel thunder / You will know
In death or in indifference
In friendship or in hate
Too soon or much too late
It will end

Spearmint

Aus einem kirchlichen Trennungsritual

Gott, du Quelle des Lebens, wir rufen zu dir. Wir bringen vor dich die gescheiterte Beziehung von Frau ... und Herrn ... und ihren Schmerz. Ihr Leben hat einen tiefen Einschnitt erfahren. Bitterkeit und Schuld lasten auf ihnen. Hilf ihnen, diese Krise zu bestehen. Lass ihre bangen Hoffnungen auf einen neuen Anfang nicht vergeblich sein. Verlasse sie nicht auf den Wegen, die vor ihnen liegen. Amen!
Bekenntnis:
Ich weiß, dass ich meinen Anteil daran trage, dass wir nicht mehr zusammenleben können. Ich bin verletzt worden, aber ich habe dir auch wehgetan. Es tut mir leid. Ich bekenne Gott meine Schuld und bitte um Vergebung.

- »It will end« ist das erste Lied auf einem Konzeptalbum der Band Spearmint zum Thema Liebe!
- Trennung unter dem Segen Gottes – ein umstrittenes Thema in der Kirche.
- Suche im Text des Trennungsrituals Motive, die du aus der Bibel kennst (z. B. aus Kap. 3); vielleicht möchtest du einige Passagen des Textes ändern?
- (Wie) kann man sich »gut« trennen? Diskutiert!

im Zusammenhang

- Männer-Standpunkt? Frauen-Standpunkt? Stellt Standbilder dazu und sprecht darüber! Bezieht dabei Gedanken aus diesem Kapitel ein!
- Beschreibe und deute die beiden Skulpturen!
- Stellt auch diese beiden Positionen als Standbilder nach; vergleicht sie mit euren eigenen Standbildern und mit den Überlegungen in diesem Kapitel! Denkt dabei auch an die Aussagen vom Menschen als Geschöpf und Ebenbild Gottes! (S. 14 f.)
- Wenn ihr Kap. 4 schon besprochen habt, überlege, wie sich die beiden Bilder zum Gedanken der Rechtfertigung verhalten!
- Entwirf ein Bild, auf dem Mann und Frau gemeinsam auf der Weltkugel sind!
- In diesem Buch wirst du noch öfter Gelegenheit haben, über die Rolle von Mann und Frau nachzudenken! Entdecke in anderen Kapiteln die Fragestellungen dieses Kapitels wieder und überprüfe, ob sich deine Sichtweisen verändern!

Dein Merk-Rucksack füllt sich:

MERK-Rucksack

Überlegt gemeinsam:

Was war wichtig in diesem Kapitel?

Was wollt ihr euch MERKen?

Was werdet ihr wieder brauchen?

Worüber müsste man noch einmal nachdenken?

Möchtest du etwas für dich persönlich hinzufügen?

STARK SEIN FÜR ANDERE?

Wer ist mein Nächster?

Kann man Menschenwürde sehen?

Was ist schwieriger: helfen oder sich helfen lassen?

Zur Liebe verpflichtet sein – geht das überhaupt?

Hilft Spenden?

Ist Helfen typisch für Christen?

Hat Sehnsucht etwas mit Sucht zu tun?

Kapitel 6

Bad Normheim-West

1 Hier wohnt Frau Bauer. Sie ist immer sehr elegant angezogen und geschminkt, wenn sie mit ihrem Aktenkoffer früh das Haus verlässt. Meist kommt sie spät nach Hause und dann brennt oft noch lange Licht in ihrem Arbeitszimmer.

2 Hier wohnt Herr Fritsch. Er ist 87 Jahre alt. Seine Frau ist schon 15 Jahre tot. Seine Kinder besuchen ihn gelegentlich, sie haben selbst Familie. Man sieht ihn selten draußen.

3 Hier wohnt Susanne, 13 Jahre alt. Sie geht ins Gymnasium. Seit den Osterferien lernt sie immer bis spät in die Nacht.

4 Am Park liegt das Altenheim. Bei schönem Wetter sitzen die Bewohner auf den Parkbänken und beobachten, wie die Eltern mit ihren kleinen Kindern an ihnen vorbei zum nahe gelegenen Spielplatz gehen.

5 Hier liegt die Behindertenwerkstatt mit Wohnheim. Meist sind die Bewohnerinnen und Bewohner mit ihren Betreuern unter sich. Am Weihnachtsmarkt gibt es jedes Jahr einen Stand mit Holzspielzeug aus der Werkstatt.

6 An diesem Platz sitzen oft Menschen in kleinen Gruppen. Es wird viel Alkohol getrunken. Manchmal hört man sie laut lachen oder zanken.

7 Hier wohnt Martin. Bis vor drei Wochen bekam er regelmäßig Besuch von einem hübschen Mädchen. Mit dem ist er oft händchenhaltend spazieren gegangen und war viel unterwegs. Seit der letzten Schulparty sieht man die beiden nicht mehr zusammen. Martin ist viel zuhause und man hört oft laute Musik aus seinem Zimmer.

8 Hier wohnt Familie Walter mit drei Kindern. Das Jüngste ist gerade geboren. Im Garten hört man die Kinder oft kreischen und toben.

9 Hier wohnt Frau Bertold. Ihre Nachbarn kennt sie an manchen Tagen nicht beim Namen, manchmal findet sie ihre Haustür nicht mehr.

Wahrnehmungen

Weggestöpselt

- Tauscht eure Eindrücke zu dem Mädchen auf S. 98 aus! Spielt eine Szene, in der jemand versucht, sie anzusprechen!
- Manchmal will man sich einfach wegstöpseln!
- Auch wer sich »wegstöpselt«, hört hin! – Diskutiert, ob man dabei näher bei sich selbst ist als ohne Kopfhörer!

Hinsehen: Wahrnehmungsspiele

- Ihr könnt spielerisch testen, wie genau ihr hinseht:
  Eine/r geht hinaus. Eine/r oder mehrere verändern etwas an sich (z.B. Jackentausch, Brille ...). Bemerkt es der/die wieder hereingekommene Schüler/in?
  Oder umgekehrt: Eine/r geht hinaus; zuvor hat er/sie drei Fragen über sich auf einen Zettel geschrieben, z.B.: Welche Augenfarbe habe ich? Welche Farbe haben meine Schuhe? Die anderen notieren ihre Vermutungen.
- Auch beim genauen Hinsehen kann man Dinge unterschiedlich wahrnehmen. Recherchiere im Internet nach Vexierbildern!

Hinhören: das Vierohrenmodell

- Wähle ein »Ohr« aus und schreibe die Szene auf dem Bild unten weiter!
- Der Sohn sagt: »Der Kühlschrank ist leer«; die Lehrerin: »Du hast mit der letzten Schulaufgabe Schwierigkeiten gehabt.« Interpretiere die Sätze nach dem Vier-Ohren-Modell! Finde weitere Beispiele!
- Beobachte dich eine Zeit lang: Mit welchem Ohr hörst du am liebsten? Probiere es aus, mit mehreren Ohren zu hören – welche Erfahrungen machst du?
- Und wie ist es mit dem Sprechen? Hat man auch vier Münder?

info

Wahrnehmung

Grundsätzlich ist es für uns unmöglich, alles, was um uns herum passiert, aufzunehmen und zu verarbeiten. Unser Gehirn besitzt sozusagen einen Filter für Hinschauen und Wegschauen, Hinhören und Weghören usw. Es hat durch Erziehung und Erfahrungen gelernt, welchen Reizen es größere und welchen weniger Aufmerksamkeit schenken sollte.

Vier Ohren

Allerdings nehmen wir – genau betrachtet – auch die meisten Reize, die ins Bewusstsein kommen, nicht einfach wahr, »wie sie sind«. Besonders im Umgang mit anderen wird dies deutlich: Wir hören nicht mit des anderen Ohren und sehen nicht mit des anderen Augen, weshalb derselbe Sachverhalt ganz verschieden »ankommen« kann. In Bezug auf das Miteinanderreden haben Psychologen sogar die Theorie aufgestellt, dass jeder Mensch mit vier Ohren hört: Sie sagen, je nachdem, ob man in einer Äußerung eher die sachliche Information, eine Aussage über die gegenseitige Beziehung, eine Aussage über den Sprecher oder eine Aufforderung zum Handeln heraushört, reagiert man auf diese Äußerung unterschiedlich. Dabei kann es zu komischen Situationen, Missverständnissen, aber auch zu Ärger und Streit kommen. Kommunikation gelingt am besten, wenn man versucht, auf möglichst vielen Ohren zu hören, und dem Partner zurückspiegelt, was man gehört hat.

Das Vierohrenmodell nach Schulz von Thun

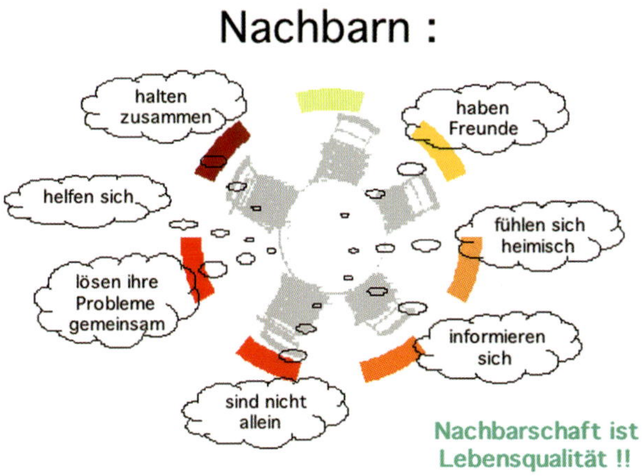

*»Die Kirche sagt, du sollst deinen Nächsten lieben. Ich bin überzeugt, dass sie **meinen** Nachbarn nicht kennt.«*
Peter Ustinov, Schauspieler

- Nachbarschaft – schön und schwierig: Vergleicht das Nachbarschaftsplakat mit dem Zitat von Peter Ustinov und sprecht über eigene Erfahrungen!
- Begebt euch nach »Bad Normheim« (S. 99)! Stellt euch vor, ihr sollt eine Reportage erarbeiten: »Menschen in Bad Normheim«. Sucht euch zu zweit eine Wohnung aus! Worüber möchtet ihr mit dem Bewohner / der Bewohnerin sprechen? Was könnte er / sie von euch brauchen? Was könnte euch die Begegnung mit ihm »bringen«?
- Mache einen Spaziergang durch dein eigenes Wohnviertel oder setze dich auf den Schulhof, beobachte die Menschen um dich herum und versuche herauszufinden, welche Gefühle und Wünsche sie vielleicht haben! Unterscheide dabei zwischen der äußeren Wahrnehmung und deinen Deutungen!
- Überlege, woran andere merken, wie es dir geht! Gibt es typische Signale?
- Seinen Nächsten wahrnehmen und ihm begegnen – Jesus erzählt davon und lebt es vor! Tauscht euch über Jesusgeschichten aus, die dies deutlich machen! (5/6, Kap. 3)
- Mit der Frage, wer mein Nächster ist, beschäftigt sich die Geschichte vom »Barmherzigen Samariter« in Lk 10,25–37. 5/6 (Vgl. auch S. 106.)

»Ich störe doch nicht?«

»Ein komisches Gefühl, dieses Warten, nachdem man geklingelt hat …«

»E-Mail-Schreiben fällt mir leichter als Telefonieren.«

»Komm mir nicht zu nah.«

»Jeder ist sich selbst der Nächste!«

»Da muss man sich ja selbst mögen!«

info

Seinem Nächsten begegnen

- Gefragt nach dem wichtigsten Gebot, nennt Jesus das Doppelgebot* der Liebe, nämlich Gott zu lieben und seinen Nächsten wie sich selbst (Mk 12,28–34, vgl. 5/6): Gott geht eine liebevolle und vertrauensvolle Beziehung zu den Menschen ein. Er ermöglicht ihnen, sich selbst anzunehmen und damit lieben zu können und diese Liebe weiterzugeben, indem sie auch untereinander gerecht leben und den Schwächeren helfen (Schalom*).
- Man kann den zweiten Teil des Doppelgebots auch folgendermaßen übersetzen: »Liebe deinen Nächsten, denn er ist wie du!« Herausfinden, wer der Nächste ist, hat damit viel mit wahrnehmen und begegnen zu tun hat.

Wie du!

Hilfs-bereit

»Na klar helfe ich. Keine Ahnung, warum.«

»Der ist nicht zu helfen.«

»Ich habe nicht gemerkt, was los ist.«

»Was bringt es mir?«

»Hoffentlich mache ich nichts falsch.«

»Der will mich veräppeln!«

»Bin ich Jesus?«

»Ein Mensch, dem muss man doch helfen!«

»Jemand braucht mich! Da kann ich zeigen, was in mir steckt!«

»Warum bin ich immer so gemein zu ihr – dabei hilft sie mir doch!«

»Armer Kerl – er tut mir leid ...«

»Dafür ist bei uns doch der Staat zuständig!««

»Hauptsache, man meint es gut!«

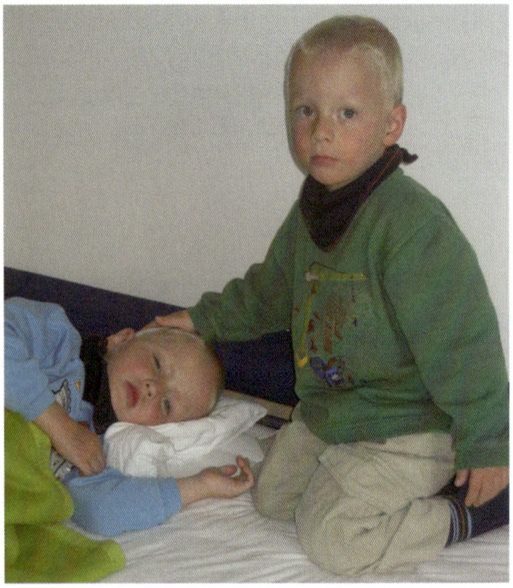

Manche Wissenschaftler sind der Ansicht, dass Mitgefühl und Hilfsbereitschaft angeboren sind. Das hätte zur Folge, dass der Mensch gar nicht anders kann als zu helfen. Andere halten dieses Verhalten für eine Folge von Erziehung. Beides lässt sich mit der christlichen Vorstellung vom Menschen als Ebenbild Gottes (vgl. S. 14 f.) verbinden, wonach dieser Statthalter Gottes auf Erden ist und den Auftrag hat, sich für seine Umwelt und Mitwelt verantwortungsvoll einzusetzen. 5/6

- Nimm dir ein paar Minuten für dich und notiere, welche Erfahrungen du mit Helfen gemacht hast, z. B.: Hast du einmal dringend Hilfe gebraucht? War da jemand für dich da? Wie war das für dich? Hilfst du gerne? Gab es schon einmal eine besondere Situation, in der jemand deine Hilfe gebraucht hat? Denkst du gern daran zurück?
- »Helfen Sie mir bitte auf die Beine«! – Stellt in Gruppen Standbilder zum Auf-die-Beine-Helfen! Sprecht darüber; achtet besonders darauf, wie Helfende und Hilfsbedürftige / r zueinander stehen!
- Sprecht die Zitate in unterschiedlichen Tonlagen! Texten begegnen Arbeitet heraus, welche Positionen Menschen in Bezug auf Helfen einnehmen!
- Erarbeitet in Gruppen Regeln: »Helfen hilft nur, wenn ...«!
- Überlegt, wie man anderen Lust machen könnte, sich für andere einzusetzen! Vielleicht fallen euch Werbesprüche ein oder ihr entwerft Werbeplakate. Plakate
- Gestaltet in eurer Schülerzeitung unter der Rubrik »Mensch für Menschen« eine Serie über Mitschüler, die sich für andere einsetzen!

»Das habt ihr mir getan«

- Mt 25,31–46 ist wie eine Theaterszene gestaltet; stellt die dort geschilderte Konstellation nach und lest den Text mit verteilten Rollen!
- Spielt mögliche Fortsetzungen (jemand verteidigt sich, Lösungen werden gesucht ...)!
- Führt ein Schreibgespräch! Lasst euch von den folgenden Statements anregen:
  - »Die Geschichte macht Angst.«
  - »So streng – das passt nicht zu Jesus.«
  - »Kommt drauf an, wer sie hört.«
  - »Die Guten haben gar nicht gemerkt, wie gut sie sind.«
  - »Ich möchte nicht geholfen kriegen von jemandem, der bloß in den Himmel kommen will.«
  - »Für diese Dinge gibt es heute Institutionen.«
  - »Die beiden Hälften der Geschichte sind nicht ganz gleich.«
  - »Himmel und Hölle: Hier steht viel auf dem Spiel!«
  - »Man darf nicht vergessen, dass es Jesus ist, der diese Geschichte erzählt.«

»Werke der Barmherzigkeit – heute«

- Diskutiert folgenden Versuch, die sieben Werke der Barmherzigkeit modern zu formulieren:
  »Du gehörst dazu. Ich höre dir zu. Ich rede gut über dich. Ich gehe ein Stück mit dir. Ich teile mit dir. Ich besuche dich. Ich bete für dich.«
- Findet selbst sieben Werke der Barmherzigkeit, die ihr heute für wichtig haltet.
- Vielleicht könnt ihr ein Projekt zum Thema »Werke der Barmherzigkeit – heute« planen (z. B. Geschichten und Gedichte sammeln oder verfassen, Reportagen schreiben, Fotos machen, Umfragen und Aktionen veranstalten, z. B. Talentbörse, Schüler helfen Schülern und vieles mehr ...).

Wie mich mein Vater liebt, so liebe ich euch auch. Bleibt in meiner Liebe!

JOH 15,9

info

Die sieben Werke der Barmherzigkeit

Abgeleitet von Mt 25 entwickelte sich im Mittelalter die Lehre von den sechs, später sieben Werken der Barmherzigkeit: Hungrige speisen, Durstige tränken, Nackte bekleiden, Fremde beherbergen, Gefangene besuchen, Kranke besuchen und Tote begraben. Die sieben Werke stellen Grundtypen hilfsbereiten, mitfühlenden und solidarischen Handelns dar – sie können und sollen auch in andere Lebenssituationen übertragen werden. Dabei geht es nicht darum, vor den Menschen und vor Gott gut dazustehen. Aus dem Gefühl heraus, von Gott angenommen und geliebt zu sein, wächst die Fähigkeit, den anderen in seiner Würde wahrzunehmen und selbst solche Barmherzigkeit zu üben.

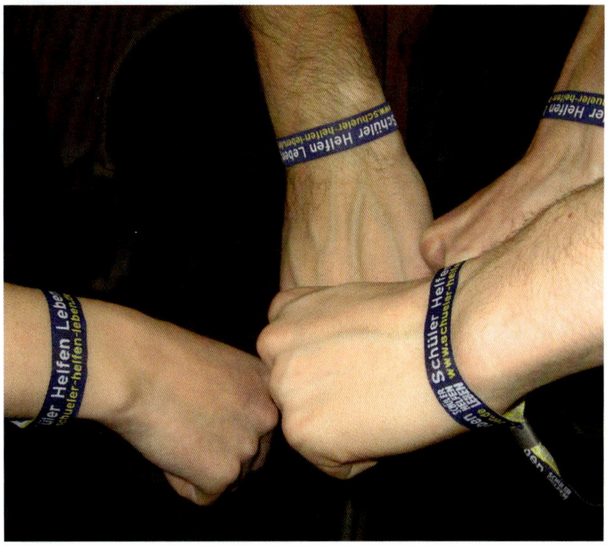

Schüler Helfen Leben (SHL) ist eine Initiative von Jugendlichen für Jugendliche. SHL führt in Südosteuropa Projekte für Jugend-, Bildungs- und Versöhnungsarbeit durch umd veranstaltet in Deutschland den Sozialen Tag, an dem Schülerinnen und Schüler einen Tag lang arbeiten, anstatt zur Schule zu gehen, und ihren Lohn an die Hilfsprojekte spenden.

BeMERKenswert: Einfach nur »bleiben« – mehr nicht!

Haste mal 'nen Euro?

– Ein paar Groschen it was a beautiful morning …
Da stehe ich heute morgen an der Bushaltestelle, hab noch Zeit, bis mein Bus kommt.
Ich lass meinen Blick und meine Gedanken schweifen. Genieße den Morgen, auch wenn es kühl ist.
Ich beobachte die Menschen – die auf ihren Bus warten, zur Arbeit hetzen, miteinander reden, gemütlich schlendern … –
Ich liebe es, Menschen zu beobachten.
Da entdecke ich einen (ich würde ihn als »Obdachlosen« bezeichnen, er sieht eben aus, wie man sich so jemand vorstellt; ob er wirklich obdachlos ist, weiß ich natürlich nicht), der des Wegs schlappt. Er sieht heruntergekommen aus, müde … und es ist ihm wohl kalt, denn er zittert. Er läuft in meine Richtung … würde mich interessieren, was er für eine Nacht hatte und wo er jetzt hin will … Sein Weg führt direkt an mir vorbei. Als er näher kommt, blickt er auf – er lächelt. Ich bin heute gut gelaunt – lächle zurück. Gedanklich freue ich mich mit ihm über diesen schönen Tag. Er hält vor mir an, zeigt mir den Inhalt seiner zitternden Hand: ein kleiner Berg Ein- und Zwei-Cent-Stücke. Und fragt mich, ob ich ihm ein paar Groschen hätte. Ich verneine (WESHALB??) – er schlappt weiter …
… dieser Morgen hat seinen Glanz verloren!

Hans Wulz, Der Bettler, 1949

info

Eine kleine Geschichte des Spendens (1)

- Spenden ist seit der Entstehung der ersten christlichen Gemeinde eine zentrale Aufgabe von Christen. Früher sprach man von »Almosen«. Das Wort ist von dem griechischen Wort für Mitleid abgeleitet und bezeichnet Gaben zur Unterstützung von sozial Schwachen und freiwillig Armen (z. B. Bettelmönchen). In den nunmehr fast 2000 Jahren Christentum war und bleibt es ein zentrales Anliegen, seinen Nächsten als Ebenbild Gottes (vgl. S. 14 f.) mit Sachen und Geld zu unterstützen, um ihm ein ähnlich gutes Leben zu ermöglichen, wie man selbst es führt.
- In einigen der ersten christlichen Gemeinden ging man so weit, dass man seinen Besitz zusammenlegte und in Gütergemeinschaft gemeinsam davon lebte. Zur ersten uns bekannten großen Spendenaktion rief der Apostel* Paulus auf. Er bat damals in den neu gegründeten heidenchristlichen Gemeinden um Hilfe für die völlig verarmte judenchristliche Gemeinde in Jerusalem.
Spenden und Almosengeben gehörte durch das gesamte Mittelalter hindurch zur Verpflichtung eines jeden Christen. Ohne solche guten Werke schien es unmöglich, in den Himmel zu kommen. Sie waren die Hauptquelle der Versorgung der in Armut Lebenden. Es entwickelte sich ein umfängliches Stiftungswesen, durch das nicht nur Kirchen und ihre Innenausstattung finanziert wurden, sondern auch Spitäler, Schulen, Armenhäuser usw.

- Zwischen den letzten drei Zeilen von »Ein paar Groschen« lässt sich eine Menge an Gefühlen und Gedanken lesen!
- Zu Spenden wird man ständig aufgefordert. Sammelt Beispiele! Beteiligt sich eure Schule auch an Spendenaktionen?
- Informiere dich im Internet über das DZI-Spendenprüfsiegel und die Grundsätze, auf die Spendenorganisationen dadurch verpflichtet werden!
- Überprüft anhand der Tipps für Spendende die Spendenaufrufe, die ihr gesammelt habt!
- Vergleicht die abgedruckten Spendenwerbungen! Informiert euch über die betreffenden Organisationen!

DZI Spenden-Siegel

Das DZI vergibt sein Spenden-Siegel an Spendenorganisationen, die die umfangreichen DZI-Standards nachweislich einhalten.

Tipps für Spendende (nach DZI)
- Sich nicht unter Druck setzen lassen!
- Gezielt spenden!
- Übertriebener Dringlichkeit misstrauen!
- Informiert spenden!
- Bei Fördermitgliedschaften auf Rücktrittsbedingungen achten!
- Geld- oder Sachspenden unterscheiden!
- Über zweckgebundene oder freie Spende entscheiden!

info

Eine kleine Geschichte des Spendens (2)

- Der Reformator Martin Luther hob durch seine Erkenntnis (vgl. Kap. 4), dass das Seelenheil nicht von guten Werken abhängt, vorübergehend das gesamte mittelalterliche Wohlfahrtssystem aus den Angeln. Allerdings muss ein Christ auch aus Luthers Sicht gute Werke tun, aber nicht als Voraussetzung für sein Heil, sondern aus freien Stücken als Reaktion auf Gottes gnädige Zuwendung (vgl. S. 66 f.). Luther führte in den protestantischen Gemeinden den sog. »Gemeinen Kasten« ein, in den Spenden eingelegt und aus dem Bedürftige unterstützt wurden.
- Im islamisch (vgl. S. 123) und hinduistisch*-buddhistisch geprägten Kulturraum spielt die religiös motivierte Fürsorge durch Spenden auch heute noch die entscheidende Rolle. Im westlich geprägten Kulturkreis übernimmt der Staat heutzutage wesentliche Teile der Wohlfahrtspflege. Unser Gesundheitssystem finanziert sich über die Krankenversicherungen, es gibt eine Renten-, Arbeitslosen- und Pflegeversicherung. Wer nicht in der Lage ist, für seinen Unterhalt zu sorgen, erhält Sozialhilfe. Aber auch die Kirchen engagieren sich weiterhin als Träger z. B. von Krankenhäusern, Altenheimen, Kindergärten oder Behinderteneinrichtungen. Die Unterstützung von Menschen in Not und in sozial ungerechten Verhältnissen ist und bleibt ein zentrales Anliegen christlicher Nächstenliebe.

Diakonie

Nachbar schaf(f)t Hilfe

Nachbarschaftshilfe – eine diakonische Einrichtung

Frau Brinckmann, Sie leiten die Nachbarschaftshilfe der Kreuzkirche. Erzählen Sie doch bitte darüber!

Wir knüpfen mit am sozialen Netz unserer Gemeinde und unseres Stadtteils. Wir begleiten Menschen z. B. zum Arzt oder zum Einkaufen, wir besuchen sie, reden mit ihnen, spielen, lesen vor oder erledigen Besorgungen. Wir unterstützen auch Menschen, die einen Angehörigen pflegen. Unsere Nachbarschaftshelfer arbeiten ehrenamtlich, jeder kann sich in die Helferkartei aufnehmen lassen. Die Helfer treffen sich einmal im Monat zum Gespräch, auch zu Fortbildungen.

Sie haben ein reines Ehrenamtlichen-Modell?

Wir helfen bei der Vermittlung von Haushaltshilfen oder Pflegedienst. Unser Schwerpunkt liegt aber bei den sozialen Kontakten.

Und die Helfer?

In unserem Helferkreis sind viele Menschen, die für die Zeit nach dem aktiven Berufsleben eine Aufgabe suchen, aber auch einige, die neben ihrem Job bei uns mitarbeiten.

Könnten Jugendliche auch mitarbeiten?

Selbstverständlich – wenn sie Spaß an Brettspielen, am Versorgen von Haustieren oder am Hundeausführen haben. Andere Nachbarschaftshilfen haben auch Babysitting im Programm.

Erläutern Sie doch bitte Ihr Motto »Nachbar schaf(f)t Hilfe«!

Wir hatten mal das Motto »Zeit für andere …«, aber eigentlich bieten wir Zeit mit anderen, denn unsere Helfer bekommen ganz viel zurück und sie erwarten dies auch. Der Slogan »Nachbar schaf(f)t Hilfe« bringt Nähe zum Ausdruck. Man hört ja oft, es müsse irgendeine Institution geben, die zuständig ist. So schiebt man vieles von sich weg. Doch nicht irgendjemand, sondern der Nachbar ist gefragt. Zudem geht es nicht um aufopferndes Sich-Aufreiben. Unsere Helfer bringen ihre ganze Kreativität ein, sie schaffen Hilfe, und zwar mit ihrem Gegenüber im Blick. Deswegen sind auf unserem Logo auch Herz und Auge zu sehen und keine Hände.

Welche Bedeutung hat für Sie und Ihre Helfer der diakonische Auftrag an Christen?

Der Gedanke, dem nachzufolgen, was Jesus vorgelebt hat, steht theoretisch im Raum, aber er wird unter den Helfern nicht direkt thematisiert. Über Nächstenliebe wird nicht gesprochen, sie wird gelebt.

Wie sehen einen die anderen, wenn man Nachbarschaftshelferin ist?

Manchmal stößt man auf Unverständnis. Aber ein Ehrenamt ist meist auch nicht zweckfrei, sondern jeder Helfer hat seine persönliche Motivation und will kein Geld, aber doch etwas für sein Engagement haben – vielleicht Bestätigung durch eine sinnvolle Tätigkeit. Manchmal wollen Menschen kostenlose Hilfe nicht annehmen und fragen nach, wo und was sie bezahlen können. Ich verweise dann immer auf die Spendenprojekte unserer Kirchengemeinde und auf unseren Diakonieverein.

Was macht Ihnen an Ihrer Arbeit besonders Freude?

Zu sehen, wie nicht nur zwischen Helfern und Bedürftigen Beziehung entsteht, sondern wie sich das soziale Netz innerhalb des Helferkreises weiterknüpft und so eben das diakonische Handeln weiter seine Kreise zieht.

»In der nächsten Nähe«

- Tragt zusammen, wofür man das Wort »Nächste/r« im Alltag verwendet!
- Entschlüsselt die Wortspiele auf dem Plakat der Diakonie und dem Logo der Nachbarschaftshilfe!
- Mein Nächster: Mein Banknachbar? Meine Lehrerin? Gestalte in konzentrischen Kreisen, wer dir näher und wer dir ferner steht! Bis wohin reicht für dich der Begriff »Nächster«? Und bis wohin der Begriff »Liebe«?
- Verfasse ein Bewerbungsschreiben für die Nachbarschaftshilfe, in dem du deine Fähigkeiten, Talente und deine Einsatzbereitschaft vorstellst und anbietest!

*Wilhelm Löhe**

*Friedrich Bodelschwingh**

*Johann Hinrich Wichern**

Die von Bodelschwinghschen Stiftungen Bethel gehören zu den ältesten diakonischen Einrichtungen Deutschlands.

AngeMERKt: So viel stärker als der andere muss man gar nicht sein.

info

Diakonie

- »Diakonie« leitet sich vom griechischen Wort für Dienst und Dienen ab. Die Fähigkeit, Dienst am Nächsten zu tun, wird im Neuen Testament als Gabe des Heiligen Geistes verstanden; der Glaube an Christus und die praktizierte Nächstenliebe gehören zusammen. Bei den ersten Christen wird alsbald das Amt des Diakons eingeführt, der diesen Dienst innerhalb der Gemeinde zu organisieren hat. Aus solchen Anfängen entwickelte sich die Diakonie als Organisation.
- Diakonie als Institution ist die soziale Arbeit der evangelischen Kirche. Sie will zu einer *»Kultur der Hilfsbereitschaft«* beitragen und will Menschen in Not und in sozial ungerechten Verhältnissen helfen und versucht, die Ursachen dieser Notlagen zu beheben. Dazu sind im Bereich von Kirchengemeinden, aber auch überregional unterschiedliche Einrichtungen entstanden, in denen Menschen sowohl als Ehrenamtliche als auch als bezahlte Mitarbeiter tätig sind. Die Diakonie ist neben der katholischen Caritas der zweitgrößte Arbeitgeber in Deutschland.

- »Dienen« – ein merkwürdiger Ausdruck für Helfen!
- Mit den oben abgebildeten Personen hat die Geschichte der Diakonie als Institution begonnen. Sammelt Informationen zu ihrem Leben und Wirken und findet heraus, warum die Kirche aus ihrer Sicht diakonisch handeln muss! Eure Informationen könnt ihr ggf. in den »diakonischen Stadtführer« (siehe unten) aufnehmen.
- Führt gemeinsam eine Internetrecherche über diakonische Einrichtungen durch (www.diakonie.de)! Verschafft euch zunächst einen Überblick, teilt dann die einzelnen Menüpunkte geeignet unter euch auf und präsentiert euch am Ende gegenseitig die Ergebnisse z. B. auf Plakaten! Worauf ihr achten solltet: das Selbstverständnis, das Leitbild, die Geschichte, die Organisation, die Finanzierung der Diakonie; die Angebote und Zielgruppen, die Möglichkeiten für Engagement, der Arbeitgeber Diakonie.
- Finde heraus, welche persönlichen und institutionellen Hilfsangebote und Aktivitäten es an deinem Wohnort gibt! Stellt gemeinsam eine Arte »diakonischen Stadtführer« zusammen! Wo und wie könntest du dich selbst engagieren? Wo könntest du selbst einmal Hilfe bekommen? Vielleicht könnt ihr eine/n Mitarbeiter/in in euren Religionsunterricht einladen.
- Diskutiert: »Helfen als Beruf – das wär was für mich.« – »Fürs Helfen Geld nehmen – das passt nicht.« Kommunikation

Gefangen?

Ins Netz gehen …

Jana (15): »Wenn ich zuhause bin, läuft bei mir ständig der Computer. Ein Leben ohne Internet und Handy kann ich mir nicht vorstellen. Nach dem Unterricht rede ich mit meinen Freundinnen eben online oder per SMS weiter. Wenn keiner mit mir sprechen würde, wäre das ein wirklicher Alptraum für mich. Ich chatte am Tag mit ca. 40 Jugendlichen, die meisten kenne ich auch aus der Schule. Mit Chatten, Mailen und Computerspielen verbringe ich täglich ca. drei bis vier Stunden. Mediensüchtig bin ich aber nicht. Mein Vater schimpft zwar oft, wenn er mich mitten in der Nacht am Computer erwischt, aber da ich gute Noten schreibe und auch andere Hobbys habe, bei denen ich mich mit meinen Freunden treffe, machen meine Eltern nicht wirklich Ärger.«

Michael (17): »Ich war süchtig nach dem Online-Spiel ›World of Warcraft‹. Am Anfang spielte ich nur zwei, drei Stunden am Tag, dann bis zu 20. Manchmal habe ich wochenlang nicht mehr geduscht. Fastfood war an der Tagesordnung. Dreckgeschirr stand überall rum. Alles war chaotisch. Auch gesundheitlich ging es mir immer schlechter. Das heißt nicht, dass ich ein verantwortungsloser Mensch war, im Gegenteil: Beim Computerspiel war ich immer pünktlich und zuverlässig. Man ist ja nicht alleine: Man kämpft mit 40 Leuten zusammen und die kann man ja nicht einfach im Stich lassen. Ich war ein wirklich guter Spieler, habe sehr hohe Ränge geschafft. Endlich hatte ich Erfolg. In der Schule hatte ich keine guten Noten, die anderen haben mich gehänselt, weil ich ziemlich dick bin. Im Netz sieht das keiner. Aufgehört habe ich, als mein einziger Freund, den ich noch hatte, mir ein Ultimatum gesetzt hat: Ich habe meinen Computer abgeschafft, mir professionelle Hilfe gesucht. Nun suche ich einen neuen Ausbildungsplatz.«

- Formuliere, was du Jana und Michael gerne fragen, was du ihnen gerne sagen würdest!
- Zeichne ein Netz in dein Heft und trage mit unterschiedlichen Farben Stichworte ein, die verdeutlichen, dass das »Netz« Freiheit ermöglichen, aber auch einschränken kann!
- Informiere dich auf Internetseiten von Suchtberatungsstellen über die unterschiedlichen Definitionen von »Medien- bzw. Onlinesucht«! Sind Jana und Michael nach diesen Definitionen »Süchtige«?
- Tauscht euch über die Zitate aus! Bringt sie dabei auch in einen Zusammenhang mit den beiden Berichten!
- Entwerft in Gruppen einen Leitfaden, wie man in virtuelle Welten eintauchen und dabei frei bleiben kann!
- Fertige ein Cluster zum Thema »Sucht« an, in dem du die verschiedenen Arten von Süchten sinnvoll untergliederst! Strukturieren Überlege anschließend, was Süchte mit Sehnsucht zu tun haben!
- Auf S. 91 ging es um Essstörungen – auch eine Sucht?

»Hinter jeder Sucht steckt eine Sehnsucht.«

»Wer abhängig ist, hat eigentlich nur Angst.«

info

Noch frei?

Jeder Mensch hat Wünsche und Bedürfnisse, die er sich erfüllen will. Problematisch wird der Drang nach Wunscherfüllung, wenn der/die einzelne nicht mehr frei entscheiden kann, sondern das Verlangen nach bestimmten Stoffen oder Verhaltensweisen so stark ist, dass es kaum mehr beeinflusst werden kann. Die Begriffe »Sucht« bzw. »Abhängigkeit« werden dann verwendet, wenn einerseits die Handlungsfreiheit eingeschränkt ist, andererseits mit dem Verhalten langfristig gesundheitliche oder soziale Schäden verbunden sind. Weitere Kriterien für das Vorliegen einer »Abhängigkeit« bzw. »Sucht« sind die Abnahme der erwünschten Wirkung, die Steigerung des Konsums, das Bemühen, die damit zusammenhängenden Verhaltensweisen zu verheimlichen, oder gar »Entzugserscheinungen«, wenn man sich seinen Wunsch nicht erfüllen kann.

Rat suchen

»Wir gehen davon aus, dass unterschiedliche Lebenswege in die Sucht führen und somit auch unterschiedliche Wege wieder aus der Sucht hinausführen können. Wir unterstützen die Hilfesuchenden dabei, ihren eigenen Weg zu finden.« (Diakonische Suchthilfe Mittelbaden)

Dein bester Freund, mein größter Feind

Du spürst Erleichterung, Entspannung, Freiheit?
Ich spüre Angst, Hass und Wut!
Du fühlst dich gut, befreit, sorglos?
Ich fühle mich schlecht, gefangen, hilflos!

Dein bester Freund hilft dir?
Mein größter Feind macht's mir nur schwer!
Dein bester Freund wärmt dich ums Herz?
Mein größter Feind bereitet mir stets nur Schmerz!

Wie kommt's, dass dein bester Freund mein größter Feind?
Vielleicht weil die Freundschaft ist falsch gemeint?

Ich will ihn verdammen, doch schaffe es nicht.
Du musst es tun, damit du behältst dein Gesicht.
Er macht mit der Zeit einen Krüppel aus dir
und ein Häufchen Elend wird werden aus mir.
Nur du kannst ihm den Zutritt verwehren,
verhindern dein Leben komplett zu zerstören.

Ich will dir helfen, ihn zu besiegen,
damit du wieder lernst, dein Leben zu lieben.
Doch vor einem wird es mir grollen, ich bin machtlos,
DU musst es WOLLEN!

Amelie

BeMERKenswert: Helfen, sich selbst zu helfen.

- Haltet ihr die kommentierte Szene auf dem Plakat für realistisch? Sprecht über eure Erfahrungen! Sammelt selbst Partyszenen und findet Kommentare, die zeigen, wer sein Limit kennt und wer nicht!
- Nutzt das Angebot der durch das Plakat beworbenen Internetseite und informiert euch über die Folgen von Alkohol!
- Es geht nicht nur um das eigene Limit. – Finde Hinweise auf weitere »Limits« im Gedicht von Amelie über einen alkoholabhängigen Angehörigen!
- »Befreit, sorglos« und »damit du behältst dein Gesicht« – vergleiche diese Aussagen aus dem Gedicht mit der christlichen Vorstellung von Freiheit (Kap. 4)! Welche Rolle spielt hier Menschenwürde (vgl. S. 15)?
- Aus christlicher Sicht sind Leib und Seele eine Einheit (1 Mose 2,7). Zeige am Gedicht von Amelie, welche Auswirkungen Alkohol auf diese Einheit hat!
- Die Diakonie hat sich Beratung zu einer Kernaufgabe gemacht. Informiere dich über das Angebot (z.B. www.evangelischeberatung.info) und finde ausgehend von dem nebenstehenden Zitat heraus, worauf es bei der Suchtberatung noch ankommt!
- Vielleicht könnt ihr eine/n Suchtberater/in einladen, wenn euch ein Bereich besonders interessiert.

Wenn Armut Mauern baut

Wie ein Bettler …

Ich hatte noch knapp 10 Euro im Portemonnaie, eine Fleischdose und ein paar Scheiben Brot, die Milch war schon alle. Wenn das weg ist, hab ich gedacht, was machste dann? Da fiel mir der Artikel ein über die Berliner Tafel, die Zeitung hatte ich noch. Die Ausgabestelle einer Kirchengemeinde war hier in der Nähe. Aber es war ein schwerer Weg. Bisher hatte ich doch immer mein Auskommen gehabt – und jetzt gehst du dahin wie ein Bettler!

Dabei habe ich mein ganzes Leben gearbeitet. Dann machte der Rücken nicht mehr mit. Da haben sie mich dann entlassen.

Deshalb lebe ich seit einem Jahr von Frührente. Vom Sozialamt kommt noch was dazu. Das meiste ist aber gleich wieder weg, für Miete, Strom, Versicherung, Telefon, den Lottoschein, das Monatsticket. So bleiben mir 100 Euro zum Leben.

Die amtlichen Bescheide musste ich als Nachweis mitnehmen. Das alles ist schon beschämend. Denn ich finde, ich habe mich da nicht selbst reingeritten. – Du wirst nicht die Einzige sein, habe ich mir immer wieder gesagt. Ja, es waren wirklich viele Leute da. Wenn man seinen Euro bezahlt hat, bekommt man eine Wartenummer. Dann geht man der Reihe nach in einen Raum, wo die Sachen auf Tischen stehen. Dahinter zwei Leute, die einen fragen: Was möchten Sie denn? Das tut gut, dass sie so nett sind, man fühlt sich nicht so als Bittsteller.

Was ich in den Tüten hatte, weiß ich noch genau: Salat, ein Glas Sauerkraut, Joghurt, Äpfel, eine Tiefkühlpizza. Und es gab Bananen, die waren reif und mussten weg. Damit habe ich mir einen Milchshake gemacht – zum ersten Mal in meinem Leben! Ein großes Brot war auch dabei. Das habe ich scheibchenweise eingefroren, damit es nicht verschimmelt. Mir etwas holen und dann wegwerfen, das würde mir wehtun. Die Leute geben mir das doch, weil ich nichts habe! Ich komme nur hierher, wenn es gar nicht anders geht. Du musst auskommen mit dem, was du hast! So bin ich auch erzogen.

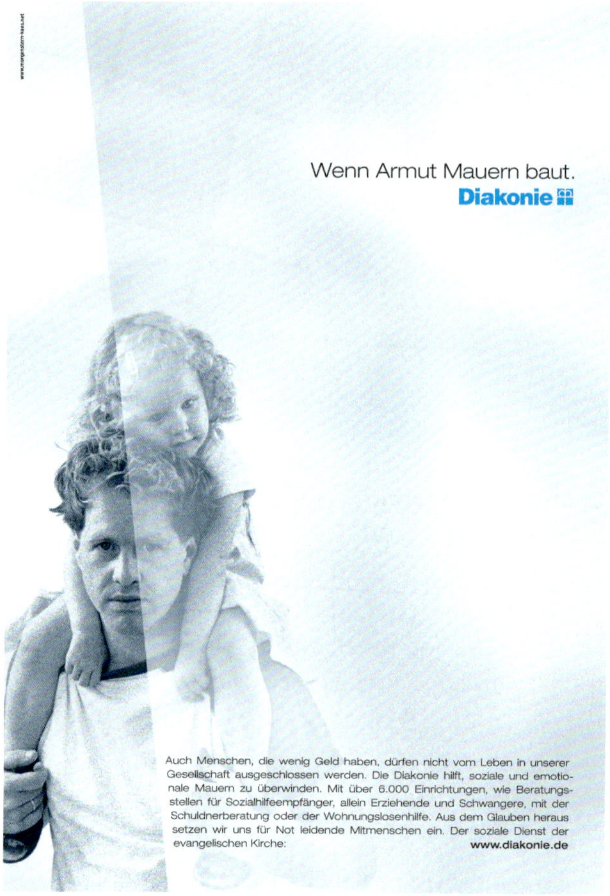

- Macht eine Aufstellung, wofür ihr wie viel Geld im Monat verbraucht! Informiert euch, wie viel Geld z. B. ein/e Sozialhilfeempfänger/in bekommt und wie viel ihm/ihr für ein Kind zur Verfügung steht!
- Man unterscheidet absolute von relativer Armut. Bei absoluter Armut fehlen lebensnotwendige Dinge wie Essen oder ein Dach über dem Kopf. Von relativer Armut spricht man, wenn jemand weniger als die Hälfte des wohnortüblichen Durchschnittseinkommens zur Verfügung hat. Recherchiere, wie viele Kinder und Jugendliche in Deutschland aktuell in (relativer) Armut leben!
- Beziehe »Wie ein Bettler« und das Plakat oben aufeinander!
- Gestalte »Mauern der Armut« z. B. als Collage oder Grafik, die z. B. Erscheinungsformen, Gründe und/oder Folgen verdeutlicht! Überlege, wie man diese Mauern abtragen kann!

MERKwürdig: Ein reiches Land, in dem es doch an vielem fehlt.

info

Alter und Demenz

Schenkt man der Werbung Glauben, dann gibt es vor allem junge und attraktive Menschen und die wenigen älteren sind fit und lebenslustig. Die Wahrheit ist jedoch, dass wir in einer immer älter werdenden Gesellschaft leben. Unsere medizinische Forschung ist so erfolgreich, dass die Lebenserwartung ständig steigt. Aber die Forscher warnen. Eine Altersbeschwerde betrifft potenziell jeden, nämlich die Demenz. Unser menschliches Gehirn produziert fortlaufend spezielle Ablagerungen, die, wenn man nur alt genug wird, zu Gedächtnisproblemen führen. Demente Menschen erkennen etwa oft ihre eigenen Verwandten nicht mehr, finden nicht mehr nach Hause oder springen in ihrem Gedächtnis zwischen den Zeiten, die sie erlebt haben, hin und her. Im Verlauf ihrer Erkrankung können sie sich immer weniger selbst helfen. Weil es uns alle betrifft, ob nun als Verwandte oder irgendwann in Zukunft einmal uns selbst, ist es wichtig, sich mit dem Thema Altwerden und Demenz zu beschäftigen. Eine besonders häufige Form von Demenz ist Alzheimer*. Was du auf dieser Seite erfährst, gilt mehr oder weniger auch für andere Formen von Demenz.

Menschen werden alt

- Anti-Aging-Werbung und Werbung, die Jugend und Fitness verspricht, stehen derzeit hoch im Kurs, sammelt Beispiele! Lassen sich auch Beispiele für Pro-Aging-Werbung finden?
- »Ein alter Mensch, der besonders wichtig für mich ist« – schreibe deine Gedanken dazu auf! Du kannst, musst aber nicht in der Klasse darüber sprechen.
- Informiere dich im Internet über die Angebote der Diakonie für alte Menschen in eurer Nähe!
- Alte und junge Menschen können einander viel geben: Vielleicht könnt ihr ein Projekt zusammen mit einem Altenheim planen: »Alt trifft Jung« – überlegt, womit ihr den alten Menschen eine Freude machen könnt, was ihr sie fragen wollt, was sie euch erzählen könnten!

»Verstehen Sie Alzheimer?«

- Die Alzheimer-Gesellschaft München hat mit der Kampagne »Verstehen Sie Alzheimer?« versucht, diese Krankheit in München auf die Tagesordnung zu setzen. Eine Reihe von Postkarten konnte man z. B. in der U-Bahn mitnehmen. Betrachte die Bilder und Kartensprüche: Du erfährst einiges über das Verhalten Alzheimerkranker.
- Wähle dir eine Karte aus, die dich besonders anspricht! Tausche dich mit deiner Banknachbarin, deinem Banknachbarn über deine Gedanken und Empfindungen aus, vielleicht auch über Erfahrungen, die dir in den Sinn kommen!
- Alzheimer-Gesellschaften gibt es in verschiedenen deutschen Städten. Informiere dich im Internet über ihre Hilfsangebote!

im Zusammenhang

- Setze das Motto der Fastenaktion in Verbindung zum Doppelgebot* der Liebe! Finde weitere »Verschwendungsgedanken« in der Bibel! Kann man auch in den Zehn Geboten* 5/6 »Verschwendung« entdecken? (Es geht leichter, wenn ihr die Gebote positiv umformuliert.)
- Verschaffe dir einen Überblick über die unterschiedlichen Formen und Zielgruppen diakonischen Handelns, die in diesem Kapitel vorgekommen sind, und ergänze selbst weitere! Gestalte mithilfe passender Informationen und eigener Gedanken ein Plakat, in dessen Mitte du das Motto der Fastenaktion schreibst! Was bedeutet »Verschwendung« beispielsweise im Umgang mit z. B. suchtkranken, armen ... Menschen?
- »Verschwendung« aus christlichen Motiven? – Erläutere, auf welche Weise christlicher Glaube zum Einsatz für andere befreien kann! Mache deutlich, inwiefern diakonisches Handeln Ausdruck und Gestaltung christlich motivierter Nächstenliebe ist und was der Einsatz für die Menschenwürde mit der Vorstellung vom Menschen als Gottes Ebenbild (S. 14 f.) zu tun hat!
- Schreibe einen Artikel für die Schülerzeitung: »Mehr Verschwendung an unserer Schule!« Natürlich musst du dabei klären, dass es nicht um das Wegwerfen von Schulbroten oder den gedankenlosen Umgang mit Eigentum / Energie ... geht.
- Große Visionen – kleine Schritte: Kopiere das Luftballonplakat oder zeichne es ab und trage in die Luftballons Ideen ein, wie du in deinem alltäglichen Umfeld das Leben menschlicher gestalten könntest!

»7 Wochen ohne« heißt die alljährliche Fastenaktion der Evangelischen Kirche Deutschlands. Wer mitmacht, verzichtet zwischen Aschermittwoch und Ostersonntag auf Dinge, von denen er sich abhängig fühlt (von Schokolade bis zum Computerspiel). Das Motto des Jahres 2008 »Verschwendung« überraschte viele: Ging es doch einmal nicht um Entbehrung, sondern um die Verschwendung von Zeit, Aufmerksamkeit, Zuwendung.

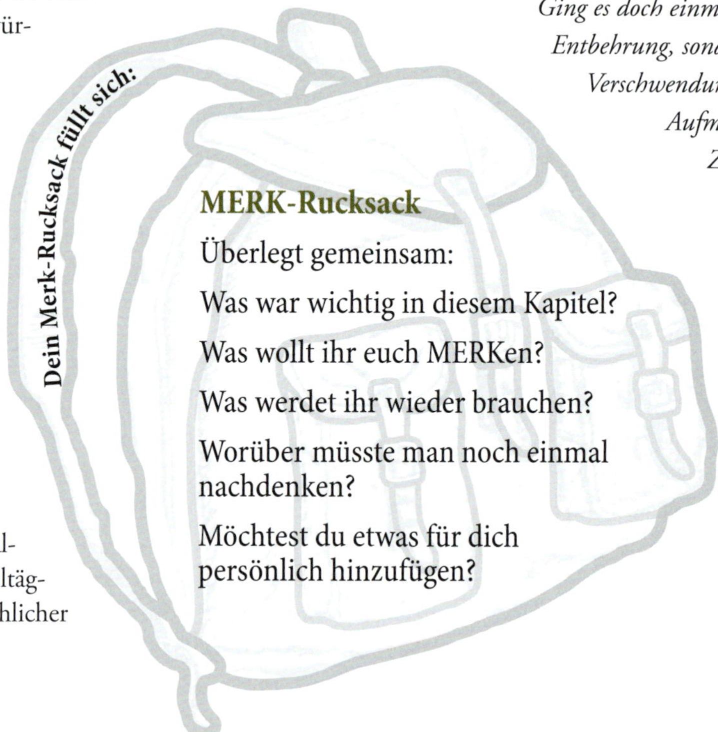

MERK-Rucksack

Überlegt gemeinsam:

Was war wichtig in diesem Kapitel?

Was wollt ihr euch MERKen?

Was werdet ihr wieder brauchen?

Worüber müsste man noch einmal nachdenken?

Möchtest du etwas für dich persönlich hinzufügen?

MENSCH UND WELT IM ISLAM

Wann kennt man eine Religion?

Fremde(s): interessant oder bedrohlich?

Darf man über eine fremde Religion urteilen?

Allah und Gott – derselbe?

Sind Muslime gläubiger als Christen?

Wäre die Welt ohne die Religionen friedlicher?

Ist das Kopftuch wichtig?

Kapitel 7

Blick-

Zugänge

»Es kommt auf die »Brille« an, mit der man sieht.«

»Man sieht nur einen Ausschnitt.«

»Manches bleibt fremd.«

»Christen sind verschieden – Muslime auch.«

- Die Bilder auf S. 114 und 115 vermitteln Eindrücke vom Islam. Beschreibe diese und vergleiche sie mit eigenen Vorstellungen und Erfahrungen!
- Vieles kann faszinieren, vieles ist fremd! – Haltet fest, was ihr gern vom Islam wissen möchtet! Kommunizieren
- Beobachtet eine Woche lang Berichte über den Islam in Zeitungen, Internet oder Fernsehen! Achtet auf typische Bilder oder Aussagen! Passen eure Ergebnisse zu den Zitaten auf dieser Seite?

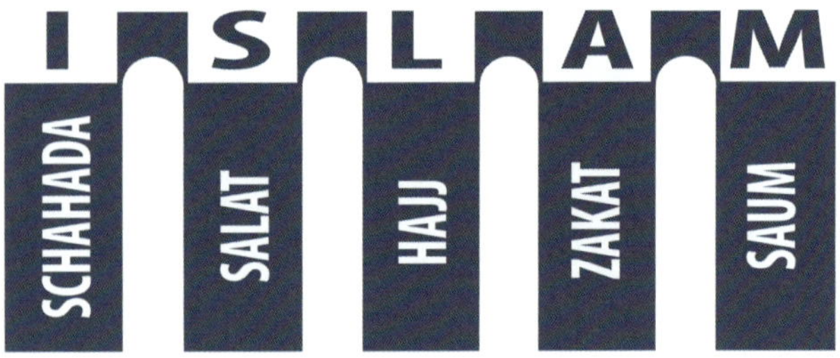

Schon geMERKt? Das richtige Bild gibt es nicht – aber ohne Vorstellungen geht es auch nicht.

In Ortswechsel 5/6 hast du einige Formen und Merkmale des muslimischen Glaubens kennengelernt, wie z. B. die Hajj* (Hadsch) und das Fasten im Ramadan*, also die dritte und fünfte Säule des Islam. Diese werden deshalb hier nicht mehr eigens ausgeführt. Zur Erinnerung kannst du die Begriffe im Lexikon nachschlagen. Dort erfährst du auch Näheres zu den verschiedene Möglichkeiten der Umschrift aus dem Arabischen*.

info

Islam

Einen Anhänger des Islam bezeichnet man als Muslim (Plural Muslime). Weniger verbreitet ist inzwischen die persische Aussprache Moslem geworden. Eine weibliche Anhängerin nennt man Muslimin oder Muslima (Plural Musliminnen oder Muslimas).

Muslim leitet sich wie Islam von arabisch *aslama* (sich unterwerfen, sich [völlig] hingeben, sich ohne Vorbedingung anvertrauen) ab. Ein frommer Muslim ist also jemand, der sich ganz auf den Willen Gottes einlässt und ihm gehorcht. Das Gott-ergeben-Sein, also »Islam«, zielt sowohl auf den (inneren) Glauben als auch auf die Erfüllung äußerer Pflichten.

Bei der Verwendung der Bezeichnung »Islamist« ist Vorsicht geboten: So nennt man diejenigen, die einen sehr strengen (fundamentalistischen*) Glauben haben, radikale politische Ziele verfolgen und Andersdenkende oft mit Gewalt bekämpfen.

Fünf Säulen

Bei allen Unterschieden in Kultur und Glaubenspraxis haben Muslime auf der ganzen Welt eine gemeinsame Grundlage ihres Glaubens: die fünf Säulen. Dazu gehören:

1. das Glaubensbekenntnis,
2. das regelmäßige Gebet,
3. die Pilgerfahrt nach Mekka,
4. die Almosensteuer,
5. das Fasten im Monat Ramadan.

Mit den fünf Säulen, die von Muslimen selbst zur Beschreibung ihrer Religion verwendet werden, kann man sich das Wichtigste zum Islam gut merken.

- Auf den folgenden Seiten beschäftigst du dich damit, welches Verständnis Musliminnen und Muslime von Gott haben und welche Konsequenzen sich aus ihrem Glauben für die Sicht des menschlichen Lebens und Handelns ergeben. Rufe dir dazu in Erinnerung, was du bereits im Zusammenhang mit Abraham* und den Festkreisen über den Islam gelernt hast und warum mit Abraham sowohl Gemeinsamkeiten als auch Unterschiede im Verhältnis zum Judentum und Christentum verbunden sind! 5/6
- Lege ein Glossar z. B. auf einer Doppelseite an, wo du wichtige Begriffe, die für das muslimische Verständnis von Gott und Mensch, Leben und Handeln wichtig sind, mit Erklärungen festhältst!

info

Muslime in Deutschland

- Als sog. Gastarbeiter wurden seit den 1960er-Jahren viele Menschen, meist Männer, aus anderen Ländern nach Deutschland eingeladen. Sie sollten hier für einige Jahre diejenigen Arbeiten verrichten, für die es nicht ausreichend Arbeiter gab. Viele holten später ihre Familien nach und leben seither in Deutschland. Die große Mehrheit dieser ehemaligen Gastarbeiter stammt aus Italien, Spanien, dem ehemaligen Jugoslawien und der Türkei. Unter den Menschen der beiden letztgenannten Länder sind viele Muslime.
- Angaben über die Zahl der in Deutschland lebenden Muslime stammen überwiegend aus Schätzungen. Nach einer Studie des Bundesamtes für Migration und Flüchtlinge lebten 2009 3,8 bis 4,3 Millionen Muslime in Deutschland. Knapp die Hälfte von ihnen sind deutsche Staatsangehörige.

Der Musiker Muhabbet ist mit orientalischen Rhythm-and-Blues-Balladen in deutscher Sprache zum Star geworden. Eigentlich heißt er Murat Ersen, ist in Köln-Böcklemünd aufgewachsen, hat türkische Eltern und ist Muslim.

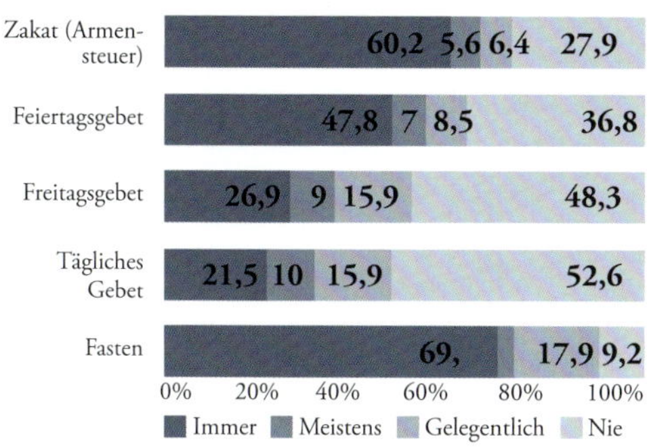

Religiöse Praxis bei jungen Muslimen (18–29 Jahre) in Deutschland

Interview mit dem Musiker Muhabbet

Was verstehen Sie unter »Integration«?

Ich finde, das ist einfach ein hässliches Wort. Wir sind nun mal hier: hier geboren, hier aufgewachsen. Ich will hier bleiben und meine Kinder hier großziehen.

Wie sind Sie selbst aufgewachsen? Behütet?

Ich hatte jedenfalls noch nie ein Messer in der Hand und bin damit auf jemanden losgegangen. Aber ich wurde ständig von der Polizei abgecheckt – das ist die andere Seite. Ich war einer von wenigen Ausländern in der Klasse und hatte andere Schwierigkeiten: mit eingewanderten Eltern, die kaum Deutsch sprechen und so.

Lernt man besser Deutsch, wenn man wie Sie auf eine Schule mit weniger türkischen Mitschülern geht?

Ich glaube, das spielt keine Rolle. Ich kenne auch Kids, die den ganzen Tag in der Moschee abhängen und sich nur mit türkischen Freunden umgeben und die trotzdem astrein Deutsch sprechen. Ich hatte ein persönliches Interesse an der Sprache.

Sind Sie religiös?

Es gibt ein paar Sachen, die mir von Kindesbeinen an mitgegeben wurden – das Reinigungsritual etwa, wenn man in die Moschee geht. Sauberkeit und Glaube gehören im Islam ja zusammen. Und was im Koran alles vorgeschrieben wird, das ist alles sehr auf den Menschen ausgerichtet. Fünfmal am Tag beten etwa – das ist doch wie Yoga. Also, bis zu einem gewissen Grad bin ich schon religiös, ja.

- Muhabbet spricht wichtige Probleme von Muslimen mit Migrationshintergrund an. Vermutlich wird er nicht nur Zustimmung bekommen!
- Befragt muslimische Mitschüler/innen oder Bekannte, was sie über ihre Religion und ihr Leben in Deutschland erzählen wollen!
- Tragt Informationen und Zahlenmaterial über Muslime in eurer Umgebung zusammen: Anteil an der Bevölkerung, Daten zur Geschichte, wichtige Örtlichkeiten bzw. Gebäude von Muslimen usw.!
- Die Statistik kennst du evtl. schon aus Ortswechsel 5/6. Interpretiere sie und beziehe sie auf eigene Erfahrungen mit Anhängern verschiedener Religionen!

Keinen Gott …

»Ich bezeuge, dass es keinen Gott gibt außer Gott, und Muhammad ist sein Prophet!«

Die hier dargestellten schönen Schriftzüge (Kalligraphien) beinhalten das islamische Glaubensbekenntnis (Schahada). Es wird jedem muslimischen Kind nach seiner Geburt ins Ohr geflüstert. Es ist im Gebetsruf des Muezzin enthalten. Wer es dreimal in ernsthafter Absicht und vor Zeugen rezitiert, konvertiert* zum Islam.*

info

Allah

Das arabische Wort **Allah** (Betonung auf der zweiten Silbe) bedeutet Gott, ist also kein Eigenname! Verwenden Muslime das Wort Allah, dann fügen sie sofort hinzu: »ta'âlâ«, das heißt wörtlich: »Er ist erhaben«.

Allah (Gott) wird nicht bildlich dargestellt, was mit dem auch im Judentum bekannten Bilderverbot* und der Unvergleichlichkeit Allahs begründet wird: »Nichts ist ihm gleich!« (Sure 42,11). Stattdessen haben muslimische Künstler ihre Kreativität auf die **Kalligraphie** (Schönschrift) konzentriert. Die arabische Schrift wird dabei unterschiedlich geformt, in weichen, eckigen oder auch kursiven Linienführungen. Oft sind es Koranzitate, die fantasievoll gestaltet werden. Kalligraphien sind überall zu entdecken: in Büchern, in und an Gebäuden, auf kunstvoll gefertigten Gebrauchsgegenständen usw.

MERKe: Hier kommt es auf die Form an.

Kalligraphie von Bismillah (im Namen Gottes)

Kalligraphien und der Glaube an Allah

- Versuche, den Schriftzug für Bismillah (unten) abzuzeichnen! Du kannst auch einmal versuchen, deinen Namen als Kalligraphie zu gestalten.
- »Es ist wie meditieren«, »… eine Art von Gebet …«, »… die Zeit anhalten …«, »… höchste Konzentration …«, »… Entspannung…«: Sprecht über mögliche Erfahrungen beim Schreiben einer Kalligraphie!
- Kalligraphie und Bilderverbot hängen zusammen! – Zeige Gemeinsamkeiten zwischen Judentum, Christentum und Islam auf!
- Was Glauben im Islam ausmacht, darf man zwar durch kein Bild verdeutlichen, aber die Kalligraphie rechts oben gibt vielleicht Anhaltspunkte!

Die schönsten Namen Gottes

Der Erbarmer, der Gnädige, der König, der Heilige, der Frieden, der Sichernde, der Kontrollierende, der Allmächtige, der Unterwerfer, der Stolze, der Schöpfer, der Verwirklichende, der Gestalter, der Verzeiher, der Unterwerfer, der Gebende, der Versorger, der Öffner, der Allwissende, der Einschließende, der Gewährer, der Erniedriger, der Erhöher, der Ehrende, der Demütigende, der Hörende, der Sehende, der Richter, der Gerechte, der Milde, der Kundige, der Nachsichtige, der Großartige, der Verzeihende, der Dankbare, der Hohe, der Große, der Erhaltende, der Ernährende, der Berechnende, der Majestätische, der Großzügige, der Wächter, der Erhörer, der Umfassende, der Weise, der Liebevolle, der Ruhmreiche, der Erweckende, der Zeuge, der Wahrhaftige, der Beschützer, der Kraftvolle, der Solide, der Herrscher, der Preiswürdige, der Aufzeichnende, der Urheber, der Wiedererweckende, der Lebensspendende, der Tötende, der Lebendige, der Beständige, der Seingebende, der Glorreiche, der Einzige, der Eine, der Absolute, der Bemessende, der Mächtige, der Vorverlegende, der Aufschiebende, der Erste, der Letzte, der Offenbarer, der Verborgene, der Schutzherr, der Erhabene, der Gütige, der die Reue Annehmende, der Vergelter, der Vergeber, der Barmherzige, der Inhaber aller Reichtümer, der Herr der Majestät und der Ehre, der Unparteiische, der Versammler, der Unabhängige, der Befreiende, der Schützende, der Erzeuger der Not, der Wohltäter, das Licht, der Führer, der Erfinder, der Bleibende, der Lenker, der Geduldige.

In den Blütenblättern von Rosen und Nelken verstecken sich die 99 schönsten Namen Gottes (rechts oben) und die vielen Namen Muhammads (links oben). Die Knospen (unten) erinnern an die ersten Gefährten des Propheten.

- 99 Namen im Raum: Fange an einer beliebigen Stelle mit dem (leisen) Lesen der 99 Namen an! Nach einer gewissen Zeit sagt jemand »Stopp«. Jetzt schreibt jede/r den Namen, bei dem er/sie beim Lesen gerade stehen geblieben ist, auf einen Zettel. Die erste Person steht auf und liest den Namen vor. Einige weitere Personen lesen ihren Namen vor und positionieren sich so im Raum, dass deutlich wird, welche Namen sich von ihrer Aussage her eher nah und welche eher fern stehen. Deutet miteinander die Konstellation, die sich ergibt!
- Wenn man den hundertsten Namen noch wüsste ...
- Erinnere dich an die Bedeutung des Gottesnamens im Alten Testament! 5/6

Die Offenbarung …

Die heilige Nacht der Herabkunft des Korans

Ibn Ishāq (8. Jahrhundert) berichtet über die Berufung Muhammads zum Gesandten Gottes und den Beginn der Offenbarung des Korans:

Jedes Jahr zog sich der Prophet im Monat Ramadan* in die Einsamkeit zurück, um zu beten und die Armen zu speisen, die zu ihm kamen. Auch in jenem Ramadan, in dem Gott ihn ehren wollte, in jenem Jahr, in dem Er ihn sandte, zog Muhammad wieder mit seiner Familie nach dem Berg Hira, um sich in der Einsamkeit dem Gebet zu widmen.

Und in jener Nacht, in der Gott ihn durch die Sendung auszeichnete und sich damit der Menschen erbarmte, kam Gabriel zu ihm. Als ich schlief, so erzählte der Prophet später, trat der Engel Gabriel zu mir mit einem Tuch aus Brokat, worauf etwas geschrieben stand, und sprach: »Lies!« – »Ich kann nicht lesen«, erwiderte ich. Da presste er das Tuch auf mich, sodass ich dachte, es wäre mein Tod. Dann ließ er mich los und sagte wieder: »Lies!« – »Ich kann nicht lesen«, antwortete ich. Und wieder würgte er mich mit dem Tuch, dass ich dachte, ich müsste sterben. Und als er mich freigab, befahl er erneut: »Lies!« Und zum dritten Male antwortete ich: »Ich kann nicht lesen.« Als er mich dann nochmals fast zu Tode würgte und mir wieder zu lesen befahl, fragte ich aus Angst, er könnte es nochmals tun: »Was soll ich lesen?«

Da sprach er: »Lies im Namen deines Herrn, des Schöpfers, der den Menschen erschuf aus geronnenem Blut! Lies! Und der Edelmütigste ist dein Herr, Er, der das Schreibrohr zu brauchen lehrte, der die Menschen lehrte, was sie nicht wussten.« (Sure 96,1–5)

Ich wiederholte die Worte und als ich geendet hatte, entfernte er sich von mir. Ich aber erwachte und es war mir, als wären die Worte ins Herz geschrieben. Sodann machte ich mich auf, um auf den Berg zu steigen, doch auf halber Höhe vernahm ich eine Stimme vom Himmel: »O Muhammad, du bist der Gesandte Gottes und ich bin Gabriel!« Ich hob mein Haupt zum Himmel und siehe, da war Gabriel in der Gestalt eines Mannes und seine Füße berührten den Horizont des Himmels.

- Finde die Elemente des Bildes in der Geschichte wieder! Stelle Vermutungen an, warum Muhammad ohne Gesicht dargestellt ist!
- Ein regelrechter »Kampf« zwischen Gabriel und Muhammad! Vergleiche diese Berufung mit der des Mose* 5/6 !
- Text und Bild legen Wert darauf, dass Muhammad den Koran nicht verfasst hat!
- Ordne die Begriffe Allah, Erzengel Gabriel, Muhammad, Zuhörer, mündlicher Koran, schriftlicher Koran in einer Grafik sinnvoll an!
- Wie Muslime die Herabkunft des Koran feiern, erfährst du auf S. 124.

info

Der Koran – Offenbarung des Wortes Gottes

- Der Koran gilt als die endgültige Offenbarung Gottes. Die in der Erzählung zitierten Worte des Korans gelten nach islamischer Überlieferung als der Beginn der »Herabkunft« des Korans, dessen Urschrift bei Gott schon seit Ewigkeit existiert. Es heißt, Muhammad habe die Worte, die ihm vom Erzengel Gabriel in mehreren Erscheinungen Wort für Wort diktiert wurden, auswendig gelernt und öffentlich rezitiert. Andere haben sie dann niederschreiben lassen. Insgesamt zog sich die Offenbarung über 23 Jahre hin.
- Der Begriff Koran leitet sich von dem arabischen Verb *qara'a* (»laut lesen, vorlesen, rezitieren«) ab und heißt daher wörtlich »Rezitation«. Normalerweise wird mit »Koran« das gesamte heilige Buch des Islams bezeichnet. Das Wort kann aber auch für den Vortrag der Offenbarung durch den Erzengel und den Propheten stehen.

Muslimische Stimmen zum Koran …

»Im Rezitieren des Korans begegne ich dem unverfälschten göttlichen Wort – und damit letztlich Allah selbst.«

»Ich lerne Arabisch, damit ich den Koran vortragen und wichtige Suren auswendig lernen kann. Zwar ist der Koran in viele Sprachen übertragen worden, aber das sind bestenfalls Interpretationen des Textes; das Wort Gottes ist unübersetzbar.«

»Eigentlich bin ich nicht besonders fromm, aber gegen manche Regeln aus dem Koran würde ich nie verstoßen …«

»Der Koran ist wie ein Gegenüber, das eine Antwort verlangt.«

»Jedes Wort im Koran stammt von Gott. Daher kann der Mensch nicht entscheiden, welche Worte er befolgen will und welche nicht.«

»Ich habe viele CDs von besonders guten Koranrezitatoren. Der Koran ist die höchste Literatur. Sein Stil und sein Klang beweisen seine Göttlichkeit.«

»Der Koran ist ein Heiliges Buch. Wir behandeln ihn daher mit besonderer Ehrfurcht. Unser Koran zuhause ist reich verziert und steht oben im Regal über allen anderen Büchern. Wenn ich darin lese, wasche ich mich vorher und lege ihn auf einen Koranständer.«

info

Sure

Der Koran besteht aus 114 Suren, die der Länge nach angeordnet sind: Sure 2 ist mit 286 Versen die längste, die Suren 108 und 110 sind mit 3 Versen die kürzesten. Alle Suren tragen einen Namen. Sure 1 heißt »die Eröffnende« *(alfâtiha)* und ist – gegen die Regel – sehr kurz. Für Muslime hat sie eine große Bedeutung, da jedes Pflichtgebet und jede Lesung aus dem Koran mit ihr beginnt. Am Anfang von 113 Suren steht die »Basmala« (Bismillah): »Im Namen Allahs, des Allerbarmers, des Barmherzigen«. Auch im Alltag wird sie häufig verwendet. So werden z. B. Ansprachen, Referate, Widmungen oder Briefe mit ihr eingeleitet.

Die Basmala über einem Hauseingang in Istanbul

Im Namen Gottes, des Erbarmers, des Barmherzigen!
Lob sei Gott, dem Herrn der Welten,
dem Erbarmer, dem Barmherzigen,
der Verfügungsgewalt besitzt über den Tag des Gerichtes!
Dir dienen wir und Dich bitten wir um Hilfe.
Führe uns den geraden Weg,
den Weg derer, die Du begnadet hast,
die nicht dem Zorn verfallen und nicht irregehen.

SURE 1

Heilige Bücher!

- Muslimische Jugendliche auf der ganzen Welt lernen Arabisch*, christliche Jugendliche lernen nicht die Originalsprachen der Bibel.
- Ähnlich und anders zugleich: Formuliert Gedanken, mit denen ihr einem muslimischen Jugendlichen erklären könnt, was die Bibel für Christen bedeutet!

Beten im Alltag

Beten im All

Im Oktober 2007 flog ein malaysischer Astronaut zur Internationalen Raumstation (ISS). Eine Konferenz mit Religionsgelehrten klärte, wie er seinen religiösen Pflichten nachkommen soll.

Bei dem fünfmal am Tag zu verrichtenden Gebet richtet sich ein Muslim nach Mekka* aus. Die Qibla, die Gebetsrichtung, zu finden, ist in der ISS schwierig, zumal sie 16-mal am Tag die Erde umkreist. Ferner müsste der Gläubige 80-mal beten, da die Gebetszeiten vom Stand der Sonne abhängen. In der Schwerelosigkeit ist es zudem nicht einfach, die Gebetshaltungen zu wechseln.

Man kam zu folgenden Lösungen: Wenn man sich nicht in Richtung Mekka ausrichten kann, dann reicht auch die Erde. Es sei grundsätzlich besser, überhaupt in eine Richtung zu beten als gar nicht. Innerhalb von 24 Stunden reicht es aus, fünfmal zu beten, wobei der Astronaut sich an die Zeitzone des Abflugortes halten soll. Wenn er nicht aufrecht stehen könne, dürfe er auch irgendwie stehen. Für das Beugen und Knien genüge auch eine Kopfneigung oder die Bewegung des Augenlids. Zur Not könne sich der Betende die Bewegungen vorstellen. Außerdem dürfe der Astronaut unter Zeitdruck das Mittags- und Nachmittags- sowie das Abend- und Nachtgebet zusammenlegen. Dies gilt auch für Erdenbürger. Muslime waschen vor dem Gebet die Hände, den Mund und die Nase, das Gesicht, Arme, Ohren und Hals, den Kopf und zum Schluss die Füße. Für die rituelle Reinigung im All genügt, wie in der Wüste, eine symbolische Reinigung.

info

Das Pflichtgebet (der salat)

- Die Verrichtung des Pflichtgebets gilt als der wichtigste Teil der Verehrung Gottes, in der sich der Gläubige Gott mit Körper und Seele zuwendet. Es ist kein persönliches Gespräch, sondern Gottesdienst im unmittelbaren Sinn. Das Gebet besteht aus mehreren Zyklen von Körperhaltungen und festgelegten Worten bzw. Koranversen. Ein Muslim reinigt sich vor dem Gebet rituell und betet an einem sauberen Ort, z. B. auf einem Gebetsteppich. Wer nicht durch die Worte »Ich bezeuge, es gibt keinen Gott außer Gott, und ich bezeuge, Muhammad ist der Gesandte Gottes« zum Gebet gerufen wurde, spricht sie am Anfang selbst.
- Das Gebet beginnt im Stehen. Mit erhobenen Händen wird der Lobpreis *»Allahu akbar«* (Gott ist groß) und mit verschränkten Armen die 1. Sure gesprochen; anschließend verbeugen sich die Betenden und ehren Gott in Lob- und Segenssprüchen. Dann knien sie völlig nieder und berühren mit Stirn und Nase die Erde zwischen ihren Händen. Abschließend verharren die Betenden noch für einen Moment sitzend, die Hände auf den Oberschenkeln ruhend, bevor sie sich wieder aufrichten. Am Ende des Gebetes können im Stehen noch private Bitten an Gott gerichtet werden. Freie Gebete werden aber eher selten formuliert.

- Fasse die Grundeinsicht zum Beten für Muslime im All(tag) in einem Satz zusammen!
- Erstelle mithilfe der Texte eine Übersicht zum islamischen Gebet! Strukturieren
- Halte fest, warum im Pflichtgebet etwas vom Wesen des »Islam« sichtbar wird!
- Fragt eure muslimischen Mitschülerinnen und Mitschüler, wie sie es mit dem Gebet halten!
- Es gibt Seiten im Internet, mit deren Hilfe man die Qibla z. B. vom Klassenzimmer aus bestimmen kann.
- Zwischen dem christlichen und dem muslimischen Gebet gibt es im Hinblick auf die Form und die Bedeutung Gemeinsamkeiten und Unterschiede. Tauscht euch dazu aus!

> Die Almosen (Zakat) sind bestimmt für die Armen, die Bedürftigen, die, die damit befasst sind, die, deren Herzen vertraut gemacht werden sollen, die Gefangenen, die Verschuldeten, für den Einsatz auf dem Weg Gottes und für den Reisenden.
>
> SURE 9,60

Die Zahl der Anfragen an Tageszeitungen und im Internet bezüglich der Form und der Höhe der Zakat-Zahlungen sind beträchtlich. Hier ein Beispiel:

Frage: Ich habe einen Bruder, der an einer unheilbaren Krankheit leidet und daher keiner Tätigkeit nachgehen kann. Ist es mir erlaubt, ihm meine Zakat-Zahlung zu geben, damit er sich ein Haus auf einem ererbten Grundstück bauen kann? Das würde ihm ein gewisses regelmäßiges Einkommen verschaffen, von dem er leben kann.

Antwort: Sicherlich können Sie Ihrem Bruder helfen, finanziell selbstständig zu werden. Wenn Sie noch weitere Brüder haben, die zur Zakat-Zahlung verpflichtet sind, können Sie diese Zahlungen zusammenfassen und ein vernünftiges Haus für Ihren behinderten Bruder bauen. Dann hätte er ein regelmäßiges Einkommen, von dem er seinen Lebensunterhalt fristen kann. Wenn Sie das tun, haben Sie sicherlich etwas sehr Wertvolles mit Ihrer Zakat getan, für das Gott Sie reich belohnen wird.

Arab News

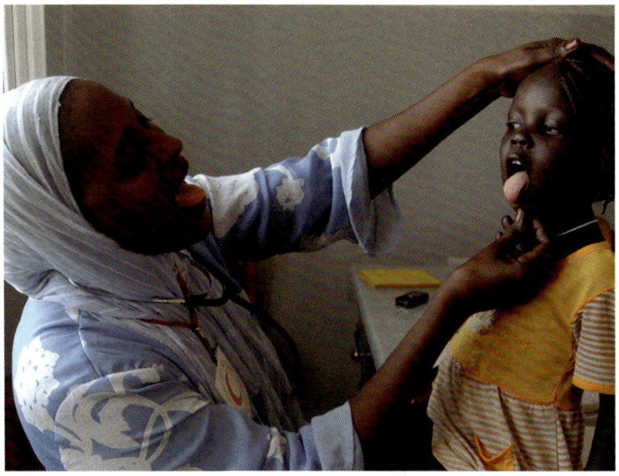

Die Hilfsorganisation Roter Halbmond – das Pendant zum Roten Kreuz – ist eine von vielen Organisationen, an die Muslime spenden. Hier untersucht eine Helferin ein Kind im Sudan.

- Umschreibe mit eigenen Worten, für wen die Zakat bestimmt ist! Sammelt auch Berufe, die von Zakat finanziert werden können!
- Erläutere, was aus muslimischer Sicht Gerechtigkeit und Solidarität in Bezug auf den Geldgeber bzw. -empfänger bedeuten! (Zum Thema Gerechtigkeit vgl. Kap. 2.)
- Recherchiere im Internet über Hilfsprojekte im Islam, z. B. auf www.muslimehelfen.org!
- Helfen verbindet die Religionen – stimmt das? (Vgl. Kap 6.)

info

Zakat und Sadaqa

- Im Islam gibt es zwei Arten von Spenden: das freiwillige Almosen (arabisch *sadaqa*) und die Pflichtabgabe (arabisch *zakat*).
- Die Zakat ist eine der fünf Säulen. Es handelt sich um eine Art Sozialsteuer in Höhe von 2,5 % auf nicht lebensnotwendiges Vermögen jedes Gläubigen. Wofür und ob das Geld gegeben wird, liegt in der Verantwortung des Zakat-Gebers. Genau betrachtet besitzt die Zakat den Charakter von etwas Anvertrautem, das man seinem eigentlichen Eigentümer, in diesem Fall den Armen und Bedürftigen, zurückgeben muss. Zakat ist der festgelegte Anteil am Vermögen eines Muslims, der eigentlich nicht zu seinem Eigentum zählt und über den er kein Besitz- oder Verfügungsrecht hat, sondern vielmehr verpflichtet ist, ihn an den Zakat-Berechtigten weiterzuleiten. Umgekehrt ist der Bedürftige kein Almosenempfänger, sondern hat einen Rechtsanspruch. Wer besitzt, hat Pflichten; wer entbehrt, hat Rechte vor Gott und gegenüber den Menschen.
- *Sadaqa* bedeutet wörtlich »aufrecht, wahrhaftig sein«. Die freiwillige Spende bringt den Gläubigen dem Paradies näher; sie festigt seine Beziehung zu Gott und bewahrt ihn vor Habgier und Geiz.

Zaun-Gespräche ...

Am Zaun

Nachbarn
neugierig sein
Fragen stellen
das Eigene zeigen
das Fremde beobachten
sehen, was man hat
gemeinsam und anders
einander begegnen
sich begegnen

- Berichtet von Zaungesprächen von Nachbarn, Freunden, Feinden, Jungen, Alten!
- Stellt eigene Schattenspiele nach (ein Overheadprojektor hilft) und macht Fotos! Bringt dabei verschiedene (Gesprächs-)Haltungen zum Ausdruck, die Menschen einnehmen, die Zaungespräche führen!
- Nicht alle Zäune eignen sich für Zaungespräche!

Über heilige Nächte

Wir haben ihn [den Koran]
in der Nacht der Bestimmung hinabgesandt.
Woher sollst du wissen,
was die Nacht der Bestimmung ist?
Die Nacht der Bestimmung ist
besser als tausend Monate.
Voller Frieden ist sie
bis zum Aufgang der Morgenröte.

SURE 97,1–3.5

»Nachtlicht.«

»Lichternacht.«

»Licht ist nachts anders.«

»Licht verändert die Nacht.«

»Die Nacht verändert alle Wahrnehmung.«

info

Heilige Nächte

Die letzten zehn Nächte des Fastenmonats Ramadan* gelten als besonders heilig. Muslime verbringen dabei viel Zeit in der Moschee, lesen den Koran und beten. Eine besondere Nacht in dieser Zeit ist die Nacht der Bestimmung am 27. Tag des Ramadan. Für Muslime ist es die Nacht, in der der Prophet Mohammed die erste Offenbarung des Koran empfängt (vgl. S. 120).
Die Nacht der Bestimmung gilt als die heiligste Nacht im Islam. Nach alter Überlieferung glauben Muslime auch, dass Allah in dieser Nacht das kommende Jahr festlegt, daher auch der Name »Nacht der Bestimmung«.

- Findet weitere Assoziationen zu Nacht und Licht!
- Die Nacht der Bestimmung ist besonders. Lies die Beschreibung in Sure 97 sorgfältig und suche Worte, die beim Leser den Eindruck erzeugen, dass diese Nacht eine heilige Nacht ist!
- Sprecht über besondere Nächte im Christentum! Berichtet von besonderen Feiern!
- Besondere Nächte in den beiden Religionen – skizziere mögliche Zaungespräche zwischen Christen und Muslimen, in denen darüber geredet wird, warum das, was in diesen Nächten gefeiert wird, so wichtig ist für den jeweiligen Glauben! Überlege, was in den Nächten »ans Licht kommt«!

... zwischen Muslimen und Christen

- Sammle Textbausteine für ein »Zaungespräch« mit Andersgläubigen, die die nebenstehenden Empfehlungen berücksichtigen!
- Ordne die Tipps möglichen Haltungen der Zaungespräche (vgl. S. 124) zu!

Was evangelische Kirchen für einen Dialog mit Muslimen empfehlen:

– Es ist die Bereitschaft gefordert, dem Partner auf gleicher Augenhöhe zu begegnen.
– Dialog ist auch eine Chance zur Überprüfung und Festigung des eigenen Standortes und zur Verbesserung der Kenntnisse und Auskunftsfähigkeit zu zentralen christlichen Glaubensaussagen.
– Es ist wichtig, eine Balance zu halten zwischen der Suche nach Gemeinsamkeiten und dem Festhalten von Unterschieden.
– Im Dialog mit Muslimen ist der Glaube an Jesus Christus ein zentraler Punkt, an dem sich Anknüpfungspunkte, aber auch grundlegende Differenzen zeigen.
– Es ist eine zentrale Frage, wie der Wahrheitsanspruch des eigenen Glaubens vertreten, aber gleichzeitig dem Gegenüber sein Anspruch auf Wahrheit zugestanden werden kann.
– Für Kritik offen und zu Selbstkritik fähig zu sein, setzt Vertrauen voraus. Dieses muss in Zusammenarbeit wachsen.

Über Jesus

info

Jesus im Koran

- Über 500 Jahre nach den ersten neutestamentlichen Schriften wird im Koran an mehreren Stellen auf das Neue Testament und auf Jesus Bezug genommen. Jesus wird dabei als ein Prophet* vorgestellt. Es wird erzählt, dass Jesus von Mose* mit einer Offenbarung zu den Menschen gesandt wird. Jesus wird als der wichtigste Prophet nach Mohammed bezeichnet. Wie in den Evangelien wird von Maria als der Mutter Jesu berichtet, außerdem von Wundern und davon, dass Jesus das Evangelium* predigt.
- Daneben gibt es große Unterschiede, so z. B. in der Schilderung der Passionsgeschichte*: Demnach wurde Jesus nicht gekreuzigt, weil er vorher von Gott gerettet und in den Himmel aufgenommen wurde.

Christus Jesus, der Sohn der Maria,
ist nicht Gottes Sohn.
Er ist nur der Gesandte Gottes.
Darum glaubt an Gott und an seine Gesandten
und sagt nicht von Gott,
dass er in einem drei sei.

SURE 4,171

Und die Christen sagen:
›Christus ist der Sohn Gottes.‹
So etwas wagen sie offen auszusprechen.

SURE 9,30

MERKe: Darin sind sich Christen und Muslime einig: Gott ist größer.

- Vergleiche die Koranstelle über Jesus mit christlichen Glaubensaussagen zu Jesus, wie du sie im Glaubensbekenntnis oder in Bibelstellen wie Mk 14,61 f. und Phil 2,6–11 findest! Versuche, die Unterschiede in eigene Worte zu fassen! 5/6
- Entwerft ein Zaungespräch über Jesus!
- Jesus entspricht Muhammad, die Bibel dem Koran. Diese Vergleiche gehen nicht auf!
- »Sagt nicht von Gott, dass er in einem drei sei!« – Philosophiert miteinander, was man Muslimen darauf antworten könnte! Erinnert euch dabei an die drei Artikel des Glaubensbekenntnisses! 5/6

Diskussion

»Ich bedecke meinen Kopf nur, wenn ich eine Moschee betrete – und im Monat Ramadan.«*

»Das Kopftuch gehört zu meiner Identität. Es zeigt meine Zugehörigkeit zum Islam, die ich auch im Westen nicht aufgeben möchte.«

Und sprich zu den gläubigen Frauen, sie sollen ihre Blicke senken und ihre Scham bewahren, ihren Schmuck (d. h. die Körperteile, an denen sie Schmuck tragen) nicht offen zeigen. (Sure 24,31)

Prophet! Sag deinen Gattinnen und Töchtern und den Frauen der Gläubigen, sie sollen, wenn sie austreten, sich etwas von ihrem Gewand über den Kopf herunterziehen. So ist es am ehesten gewährleistet, dass sie als ehrbare Frauen erkannt und daraufhin nicht belästigt werden. (Sure 33,59)

»Ich trage kein Kopftuch, weil es für die Unterdrückung der Frau steht.«

»In meinem Land ist es Sitte, dass Frauen ein Kopftuch tragen. Alle Frauen tragen eines, auch christliche.«

»Mein Kopftuch schützt mich vor Belästigungen.«

»Für mich ist das Kopftuch auch ein Ausdruck meiner Freiheit. Da soll mir keiner reinreden!«

info

Kopftuch

Geht es in Sure 33 überhaupt um ein Kopftuch? Die Übersetzer sind sich nicht einig (wie überhaupt viele arabische* Ausdrücke vieldeutig sind). In einigen muslimischen Ländern (Iran, Saudi-Arabien) ist das Kopftuchtragen für Frauen verpflichtend, in nordafrikanischen und nahöstlichen Ländern ist es Sitte. In Zentralasien und in Westafrika sieht man das Kopftuch hingegen seltener, in der muslimisch geprägten Türkei besteht seit 1925 sogar ein Kopftuchverbot in öffentlichen Institutionen. In Deutschland kam es zum sog. Kopftuchstreit. Mittelpunkt der Auseinandersetzung ist die Frage, ob Lehrerinnen im Unterricht ein Kopftuch tragen dürfen.

- Das Kopftuch als religiöses, soziales, politisches, kulturelles Zeichen: Ordne die Aussagen zu! Welche Meinung man in der Auseinandersetzung um das Kopftuch vertritt, hängt wesentlich davon ab, welche Bedeutung man ihm gibt.
- In 1 Kor 11,5–7 spricht sich Paulus für ein Kopftuch für Christinnen aus. Begründe gegenüber jemandem, der diese Bibelstelle zitiert, was man hier aus christlicher Sicht grundsätzlich entgegnen könnte! Untersuche anschließend 1 Kor 11,5–16 und ergänze deine Argumente!

Gespräch zwischen Tochter und Vater

Papa, bin ich eine Muslimin?
Ja, genau wie deine Eltern.
Aber du hast doch im Fernsehen gesehen: Die Muslime sind bösartig, sie haben viele Menschen getötet, ich will keine Muslimin sein.
Und? Was willst du nun tun?
In der Schulkantine werde ich jetzt auch Schweinefleisch essen.
Wie du willst. Aber bevor du aufhörst, eine Muslimin zu sein, muss ich dir erst mal erklären, dass die Bösen, von denen du redest, keine wahren Muslime sind. Allah untersagt, genau wie der Gott der Juden und der der Christen, sich selbst zu töten, also Selbstmord. Er untersagt auch, andere Menschen zu töten. Deshalb sind diese Leute, die in Flugzeuge gestiegen sind, die Piloten mit Messern umgebracht und die Maschinen in die Hochhäuser in New York gelenkt haben, Ignoranten, die die islamische Religion nicht kennen. Und es sind Fanatiker.
Was sind Fanatiker?
Einer, der immer Recht zu haben glaubt, er will der Stärkste sein. Wenn du nicht seiner Meinung bist, wird er sehr bösartig. Für mich sind es Verrückte.
Aber wieso sind sie verrückt?
Als sie noch klein waren und zur Koranschule gingen, hat man ihnen beigebracht, dass Allah sie auffordere, die Feinde des Islam zu töten, und ihnen nach getaner Arbeit zur Belohnung einen Platz im Paradies garantiere.
Und die glauben das auch noch! Erklär mir mal, wie man sie dazu bringt.
Man wiederholt immer wieder das Gleiche, führt als Beispiele Soldaten an, die im Kampf gefallen sind, oder zitiert einen Koranvers: »Und sagt nicht von denen, die um der Sache Gottes willen getötet werden, (sie seien) tot. (Sie sind) vielmehr lebendig (im Jenseits)« Sure 2, Vers 154. Am Ende glauben sie, was man ihnen Tausende von Malen vorgebetet hat.
Aber das ist ja wirklich bösartig. Leute umbringen, um ins Paradies zu kommen. Aber warum erzählen ihnen ihre Anführer all diese Dinge?
Weil sie Krieg führen gegen Andersdenkende. Sie lieben das Leben nicht, deshalb opfern sie ihr eigenes Leben, sofern sie möglichst viele andere Menschen dabei mit in den Tod reißen können. Es sind Terroristen.
Papa, was ist ein Terrorist?
Im Begriff Terrorist steckt das Wort »Terror«, das heißt ein großer Schreck, eine gewaltige Angst in einer Gemeinschaft, ein Entsetzen, eine kollektive Furcht, etwas, das Zittern und Panik hervorruft.
Ich verstehe nicht, warum Leute, die ins Paradies wollen, sich nicht alleine dorthin aufmachen. Warum töten sie und versetzen alle, die sie nicht umbringen, in großen Schrecken?
Das weiß ich nicht, meine Liebe. Da geht es mir wie dir. Sie schaden damit ihren Familien, dem Islam und allen Muslimen. Das ist keine Religion mehr, die dahinter steht, denn keine Religion fordert das Töten Unschuldiger. Islam bedeutet, »sich dem Frieden unterordnen«, es bedeutet nicht, »Unschuldige töten«. Das ist Wahn, den weder du noch ich verstehen. *Tahar Ben Jelloun*

info

Jihad (Dschihad, Djihad)

Auch *Jihad* ist ein vieldeutiges Wort: Es bedeutet eigentlich Anstrengung, Kampf. In der deutschen Sprache wird der Begriff oft mit »Heiliger Krieg« wiedergegeben. Ziel des *Jihad* ist die Ausbreitung des islamischen Glaubens. Der Glaubenskampf wird bisweilen als moralische Anstrengung verstanden. Darunter fallen Fasten, Spenden und die Pilgerfahrt. Teilweise ist der *Jihad*, wie er im Koran beschrieben wird, ein Kampf mit der Waffe gegen die Ungläubigen.

- Die Tochter hat eine Menge Fragen. Diskutiert die Antworten des Vaters!
- Unterscheide Islamisten und Muslime! (Vgl. auch S. 116 f.)
- Lies in einer Koranübersetzung die Suren 2,190.191; 22,78; 60,1; 16,125; 4,74.89; 5,35 und 10,99; prüfe, welche der in der Info beschriebenen Bedeutungen hier jeweils gemeint sein könnte!
- In der Geschichte der Religionen hat Gewalt oft eine Rolle gespielt – tragt euer Wissen aus dem Geschichtsunterricht zusammen! Diskutiert: Wäre die Welt ohne Religion friedlicher?
- Ein Fanatiker ist einer, »der immer recht zu haben glaubt«, sagt der Vater. Woher nimmt er selbst die Gewissheit, recht zu haben?

im Zusammenhang

»Ernsthaft glauben und dabei locker bleiben« ist das Motto eines Designerteams, das unter dem Label Style-islam T-Shirts mit flotten islamischen Sprüchen herstellt und damit den Islam auch jungen Leuten nahebringen will. Dabei entstehen Motive wie die folgenden:

- Entschlüssele die Motive auf der Grundlage deines Wissens zu den fünf Säulen und zum Islam (Hinweis: *salah:* beten). Achte dabei auf Grafik und Inhalt!
- Spekuliere über mögliche Reaktionen, die diese Motive bei unterschiedlichen Gruppen von Menschen hervorrufen könnten!
- Diskutiert, inwieweit die Gestaltungen einen Beitrag zum Dialog mit Muslimen (siehe Seite 124 f., Zaungespräche) leisten können!
- Wie könnte ein entsprechendes christliches T-Shirt-Motiv aussehen? Du kannst einen Entwurf versuchen, kannst aber auch eine Begründung formulieren, warum du das nicht für sinnvoll / möglich hältst.
- Kann und soll man überhaupt für Religion Werbung machen? Diskutiert!

Dein Merk-Rucksack füllt sich:

MERK-Rucksack

Überlegt gemeinsam:

Was war wichtig in diesem Kapitel?

Was wollt ihr euch MERKen?

Was werdet ihr wieder brauchen?

Worüber müsste man noch einmal nachdenken?

Möchtest du etwas für dich persönlich hinzufügen?

RELIGIONS-MÜNDIG

Wann bin ich religionsmündig?

Wozu überhaupt Religion?

Ist Satanismus etwas Schlimmes?

Sind Sekten nicht einfach kleine Kirchen?

Wieso glaubt jemand so was?

Was gehört zu einer »guten« Religion?

Ist ein Fisch ein Fisch?

Kapitel 8

Mündig ...

Gesetz über die religiöse Kindererziehung § 5
Nach der Vollendung des vierzehnten Lebensjahrs steht dem Kind die Entscheidung darüber zu, zu welchem religiösen Bekenntnis es sich halten will.
Hat das Kind das zwölfte Lebensjahr vollendet, so kann es nicht gegen seinen Willen in einem anderen Bekenntnis als bisher erzogen werden.

... in Sachen Religion

Imagine there's no Heaven.
It's easy if you try,
No hell below us.
Above us only sky,
Imagine all the people
Living for today.

John Lennon: Imagine

Time can bring you down,
Time can bend your knees.
Time can break your heart,
Have you begging please, begging please.

Beyond the door,
There's peace I'm sure,
And I know there'll be no more
Tears in heaven.

Eric Clapton: Tears in heaven

Selbstständig

Aus einer Konfirmationspredigt:

Liebe Konfirmandinnen, liebe Konfirmanden,

... mit 14 Jahren seid ihr nach dem Gesetz religionsmündig. Das heißt, ihr dürft selber entscheiden, welchem Bekenntnis und welcher Religion ihr angehören wollt ...

Wenn euch später in diesem Gottesdienst die Hand zum Segen aufgelegt wird, dann versteht das auch so:

Sie trauen mir zu und sie muten mir zu, dass ich mich in Sachen Religion selbst entscheide ...!

Der Philosoph Immanuel Kant hat darüber nachgedacht, was es heißt, mündig zu sein. Er meint, es ist vor allem der Mut, selber nachzudenken und sich das nicht von anderen abnehmen zu lassen. Warum Mut? Ganz klar: Selber nachzudenken und dann entsprechend zu handeln, das bedeutet immer auch, das Risiko auf sich zu nehmen, einen Fehler zu machen und auf Holzwege zu geraten. Allerdings fand Kant dieses Risiko immer noch besser, als sich die eigene Verantwortung abnehmen zu lassen.

Ich kann mir vorstellen, dass es euren Eltern nicht ganz leicht fällt, euch diese Selbstständigkeit einzuräumen. Denn es gibt sie einfach auch, die gefährlichen Holzwege in Sachen Religion.

Auch für uns als Gemeinde ist Konfirmation eine Herausforderung. Wir müssen euch zum Mündig-Werden den nötigen Raum geben – und wir müssen auch akzeptieren und euch dabei begleiten, wenn ihr euch ganz anders entscheidet, als wir uns das vorstellen.

- »Selbstständig« und »mündig«. Fertige für beide Begriffe Mindmaps an! Strukturieren Ist, wer selbstständig ist, auch mündig und umgekehrt?
- Die »äußere« Religionsmündigkeit ist mit dem vollendeten 14. Lebensjahr gegeben. Überlege, was alles zu einer »inneren« Religionsmündigkeit gehört!
- Tauscht euch über euren Konfirmandenunterricht aus! Unterstützt er eure Selbstständigkeit in Sachen Religion? Und wie ist das mit dem Religionsunterricht?
- Ein Standpunkt in Sachen Religion: Betrachte die Bilder dieser und der vorhergehenden Seite und überlege, inwieweit sie Mündigkeit und Selbstständigkeit zum Ausdruck bringen!
- Zur Konfirmation* gehört die segnende Hand, nicht der erhobene Zeigefinger. Bringe diese Geste in Verbindung mit den Gedanken der Predigt! Denke dabei auch an Luthers reformatorische Erkenntnis*, S. 66 f.!

- In den beiden Songs auf S. 131 kommt Religion ganz unterschiedlich zur Sprache. Überlege, auf welche Erfahrungen John Lennon und Eric Clapton mit ihren Liedern antworten könnten! Gestalte mit den Liedern Heftseiten! Können die Lieder nebeneinander stehen bleiben oder schließen sie sich aus?
- Lies die Definition von Religion nach Wilhelm Gräb und betrachte das Jugendzimmer auf S. 131! Kein Kreuz und keine Bibel und doch Religion?
- Gibt es auch in deinem Zimmer Spuren, die deine Lebenseinstellung zeigen? Woher kommt sie?
- Gehe in deiner Fantasie durch deine Wohnung! Gibt es auch Spuren des christlichen Glaubens?
- Betrachte den Cartoon: Hinter den Äußerungen verbergen sich Wünsche und Ängste, Hoffnungen und Sehnsüchte. Entdecke Religion im Sinne Gräbs!
- Erstellt gemeinsam (z. B. mit der Schneeballmethode, S. 224) eine Kriterienliste für eine gute Religion: »Eine gute Religion muss …/soll …/kann …/soll nicht …« Ihr könnt sie im Laufe des Kapitels erweitern und korrigieren!

»Religion findet sich nicht nur in der Kirche, sondern überall, wo es um unsere Grundeinstellungen zum Leben, um unsere tiefsten Wünsche und Ängste geht,
wo Werte verkündet,
Verhaltensweisen nahegelegt,
Stimmungen erzeugt
und Versprechungen gemacht werden.
Religion ist da, wo wir unser Leben verstehen wollen und ihm Richtung und Sinn geben.

NACH WILHELM GRÄB, EVANGELISCHER THEOLOGE IN BERLIN

MERKzettel von Paulus: Prüft aber alles und das Gute behaltet. 1 THESS 5,21

Eric Cornell

Symbole

Die griechischen Buchstaben Alpha und Omega (der erste und der letzte Buchstabe des griechischen Alphabets) stehen dafür, dass Jesus Christus das ganze Leben umspannt.

Der Fisch ist eines der bekanntesten Symbole des Christentums. Die griechische Bezeichnung für Fisch – ICHTHYS – verbirgt mehr, als man auf den ersten Blick sieht: Iesous Christos Theou Hyios Soter heißt übersetzt Jesus Christus, Gottes Sohn, Erlöser. Für die verfolgten Christen ist der Fisch so zu einem Erkennungszeichen geworden und erinnert auch daran, dass die ersten Christen trotz der Verfolgung durch die Römer (S. 150ff.) ihren Glauben nicht aufgegeben haben.

Das Lamm steht für Sanftmut, Unschuld und – wegen seiner weißen Farbe – für Reinheit. Deshalb war es im Altertum ein beliebtes Opfertier. Im Neuen Testament ist es ein Symbol für Jesus Christus. Es erzählt vom Glauben der Menschen, dass mit dem Tod nicht alles vorbei ist, weil Jesus Christus durch seinen Opfertod am Kreuz den Tod besiegt hat. Deshalb trägt das Lamm meistens eine Siegesfahne.

Das Christusmonogramm weist auf Jesus Christus hin. Es besteht aus den miteinander verbundenen Buchstaben XP: X (Chi) und P (Rho) sind die ersten zwei Buchstaben des griechischen Wortes Christus. Kaiser Konstantin verwendete es in einer wichtigen Schlacht im Jahr 312 (S. 154).*

Die Taube ist im Christentum ein Symbol für den Heiligen Geist: Bei Jesu Taufe (Mk 1,10) kommt der Heilige Geist wie eine Taube vom Himmel.
In der Geschichte von der Arche Noah (1 Mose 8,10f.) bringt die Taube das Zeichen, dass die Sintflut vorbei ist, auf der Erde wieder neues Leben möglich ist und Gott seinen Frieden mit den Menschen gemacht hat. Seitdem gilt sie auch als Friedenssymbol.

- Sammelt, in welchen Zusammenhängen euch die christlichen Symbole, die ihr auf dieser Seite seht, schon begegnet sind! Überlegt, warum sie an diesen Orten verwendet werden und was sie aussagen sollen!
- Im Alltag begegnen uns nicht nur christliche Symbole: Ying und Yang z.B. stehen für einander entgegengesetzte und dennoch aufeinander bezogene Kräfte oder Prinzipien, die liegende 8 für Unendlichkeit. Tragt weitere religiöse Symbole zusammen und interpretiert sie! Hilfreich kann dafür ein Symbollexikon in der Bibliothek oder im Internet sein.
- Manche behaupten, für die heutige Jugend sei das Handy ein religiöses Symbol. Diskutiert! Kommunikation
- Gefühle und Glaube brauchen Symbole. Überlege, warum das so ist!

info

Symbole

- Symbole (griech.: Bild, Sinnbild, Zeichen) sind Zeichen, Dinge, Worte oder Handlungen, deren Bedeutung über das, was man im ersten Moment sieht oder hört, hinausreicht. Hinter der äußeren, sichtbaren Gestalt eines Symbols gibt es eine andere, unsichtbare Wirklichkeit, die wir nicht mit den Augen, sondern mit dem Herzen wahrnehmen und/oder dem Verstand zu erschließen versuchen.
- Ein Tisch ist beispielsweise in seiner sichtbaren Gestalt ein Möbelstück. Er kann aber mehr sein – ein Treffpunkt, wo sich Familie und Freunde versammeln, miteinander essen und reden. Für diese Familie ist ihr Esstisch zu einem Symbol für Gemeinsamkeit geworden.
- Weil es in den Religionen immer auch um eine Wirklichkeit geht, die man nicht unmittelbar sehen kann, spielen hier Symbole eine besonders große Rolle.

Art. 4, Grundgesetz*:
(1) Die Freiheit des Glaubens, des Gewissens und die Freiheit des religiösen und weltanschaulichen Bekenntnisses sind unverletzlich.
(2) Die ungestörte Religionsausübung wird gewährleistet.

Art. 131 der Bayerischen Verfassung:
Oberste Bildungsziele sind Ehrfurcht vor Gott, Achtung vor religiöser Überzeugung und vor der Würde des Menschen.

Das Kreuz ist das wichtigste Symbol des Christentums (vgl. Kap. 11): Es erinnert an Jesu Kreuzigung. Vor allem aber steht es dafür, dass Jesus Christus an Ostern auferstanden ist und so den Tod überwunden hat.*

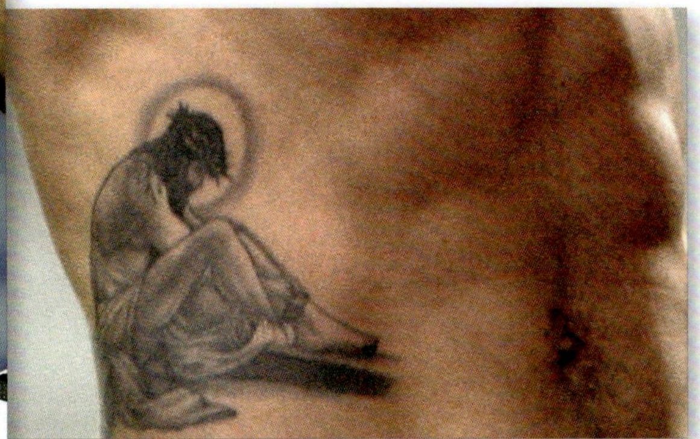

Zwei Tattos des Fußballers David Beckham

- Der Streit um das Kreuz im Klassenzimmer beschäftigte höchste nationale und internationale Gerichte. Klärt mithilfe der oben abgedruckten Verfassungsartikel, warum diese Frage so wichtig genommen wird! Bezieht dabei ggf. auch die Verfassungstexte auf Seite 147 mit ein!
- Tauscht euch über die Praxis an eurer Schule im Blick auf religiöse Symbole aus!
- Kann das Bild eines grausam Ermordeten einfach »Kulturgut« sein? Muss man nicht gerade, wenn man das Kreuz ernst nimmt, Verständnis für die Kruzifixgegner haben? Oder umgekehrt: Ermöglicht es einen anderen Blick auf gemeinsames Lehren und Lernen, wenn dies unter dem Zeichen des Kreuzes geschieht? Wägt diese Fragen ab und diskutiert darüber!
- Sammelt Beispiele für Kreuzessymbole außerhalb der Kirche; deutet und bewertet sie!
- Diskutiert die Entscheidung, bei der Fußball-WM 2010 religiöse Symbole zu verbieten!

info

Der »Kruzifixstreit«

- Im März 2011 revidierte die Große Kammer des Europäischen Gerichtshofs für Menschenrechte* eine Entscheidung, die im November 2009 für viel Aufsehen gesorgt hatte. Damals bekam eine italienische Mutter Recht, die gegen das Kreuz im Klassenzimmer ihres Kindes geklagt hatte, weil es als religiöses Symbol die Religionsfreiheit verletze.
- Im Bundesland Bayern ist es gesetzlich sogar vorgeschrieben, Kruzifixe* in Klassenzimmern in Volksschulen anzubringen. Dagegen gab es schon länger vereinzelte Proteste. Seit dem Bescheid des Bundesverfassungsgerichts von 1995 wird nun kein Zwang mehr ausgeübt, sondern es gilt die pragmatische Lösung: »Angesichts der geschichtlichen und kulturellen Prägung Bayerns wird in jedem Klassenraum ein Kreuz angebracht.« (EUG 7.3) Für Konfliktfälle werden jedoch Lösungen gesucht.

Interview mit Corinna (18):

So mit 14/15 hast du begonnen, dich für die Gothic-Bewegung zu interessieren. Was hat dich angesprochen?

Das ist schwer zu sagen. Vieles: die Gedanken, die Musik. Außerdem finde ich schwarz schön.

Vielleicht mal zu den Gedanken. Das ist schon irgendwie todesverliebt, oder?

Nein, überhaupt nicht. Mich ärgert es, wenn es heißt, ich sei morbid. Ich ziehe mich schwarz an, weil ich das Dunkle nicht ausklammern und nicht verdrängen möchte. Es ist ein Teil unseres Lebens und gehört einfach dazu. Wir stellen uns dem Dunklen. Die ganze Gesellschaft verdrängt doch das Unheil. Die Leute in meiner Klasse, ich fand sie alle so oberflächlich.

Was meinst du mit oberflächlich?

Die meisten wollen doch nicht tiefer nachdenken. Für tiefere Dinge, für philosophische Fragen und so interessieren die sich doch nicht. Sie wollen immer nur gut dastehen vor den anderen und passen sich an.

War das für dich dann auch eine Art Abgrenzung?

Schon irgendwie. Ich wollte mich nicht so anpassen. Zwei Gedanken sind in der Gothic-Bewegung wichtig: Wahrhaftigkeit und Ästhetik.

Schwierige Worte. Was ist damit gemeint?

Wahrhaftigkeit meint, dass man sich und den anderen nichts vormacht, dass ich erforsche, was in mir drin ist, und das nicht verschleiere.

Und Ästhetik?

Na ja, das meint halt, dass man das auch nach außen zeigt und schön gestaltet. Viele machen ihre Kleidung selbst. Es gibt sogar welche, die sagen, nur das ist richtig Gothic. Beim Wave-Gothic-Treffen in Leipzig gehen die dann auf und ab und zeigen, wie sie sich gestaltet haben. Das sieht toll aus. Es geht darum, sich als Individuum anzunehmen und – ja, so zu gestalten.

Was wird denn noch so gemacht, bei diesem Treffen?

Am Sonntag gibt es sogar einen Gottesdienst.

Echt? Wie sieht der aus?

Weiß ich nicht. Ich war nie dort. Aber ich weiß, dass es viele ärgert, wenn sie mit Satanismus in Verbindung gebracht werden, weil sie als Christen Gothic leben.

Du hast gesagt, dass du dich jetzt eigentlich nicht mehr der Gothic-Bewegung zurechnest. Warum?

Also einmal ist es sowieso schwierig, von einer Bewegung zu sprechen. Weil die sehr unterschiedlich ist. Inzwischen ist das bei uns hauptsächlich Clubbing, das heißt, man trifft sich in Clubs, zu denen man sich zählt, zeigt sich dort und grenzt sich von anderen ab. Ich finde, das hat nicht mehr viel mit den ursprünglichen Gedanken zu tun. Es passiert genau dasselbe wie in der Gesellschaft auch, dass man sich irgendwelchen Gruppen anschließt und bestimmten Vorschriften anpassen muss. Wie man auszusehen hat eben. Trotzdem fühle ich mich den Grundgedanken immer noch total verbunden.

- Die Farbe Schwarz – sammelt eure Assoziationen!
- Diskutiert über das Interview! Ergänzt eigene Kenntnisse über die Gothic-Bewegung!
- Suche grundsätzliche Lebenseinstellungen in den Gedanken Corinnas!
- Bringt Liedtexte mit, in denen Lebenseinstellungen vertreten oder kritisiert werden, und stellt sie einander vor! Gestaltet Plakate zu verschiedenen Jugendbewegungen!
- Gibt es an eurer Schule Schülerinnen und Schüler, die deutlich ihre Lebenseinstellung zeigen? Führt Interviews!
- Corinnas Einstellungen stehen nicht einfach im Gegensatz zur Bibel. Untersucht in Gruppen unterschiedliche Bibelstellen, z. B. 1 Mose 1,3–5.14–19, Jes 45,5–7, Röm 12,2, Mt 23,12, Mt 5,37, und vergleicht sie mit den Gedanken Corinnas! Sucht eigene biblische Geschichten oder Gedanken, die Corinna recht geben oder ihr widersprechen!
- Überprüfe deine Kriterienliste für eine »gute Religion«!

info

Satanismus

- Satanismus ist ein Sammelbegriff für unterschiedlichste Richtungen, Zirkel und bestimmte rituelle Praktiken. Für Aufsehen in der Öffentlichkeit sorgt, wenn seine Spuren sichtbar werden: Schmierereien an Gräbern, Tierquälereien, provokantes Tragen satanistischer Symbole wie umgedrehte Kreuze, Pentagramme, das Zeichen 666 usw.
- Im Zentrum des Satanismus steht der Wunsch nach Macht über sich selbst, andere Menschen und die Welt. Satan (bzw. der Teufel*, Luzifer) gilt als der personifizierte Widerstand gegen Gott. Er will nicht Gottes Geschöpf bleiben, sondern selbst Gott sein, Gottes Macht und Freiheit für sich beanspruchen. In Ritualen (z. B. Tieropfer) sollen besondere Kräfte errungen und hindernde Werte und Gefühle überwunden werden (z. B. Mitleid). Der moderne Satanismus hat seine bekannteste Gestalt in Aleister Crowley, der mit seinem Satz »Tu, was du willst, soll sein das ganze Gesetz« zum Stichwortgeber einiger Gruppen geworden ist.
- Meistens aber dient das Zitieren satanistischer Symbole und Praktiken vor allem im sog. »Jugendsatanismus« mehr der Provokation der Erwachsenenwelt, der Eltern, der etablierten Kirchen und der Gesellschaft, stillt die Lust am Gruseln oder kann auch der Versuch sein, das Dunkle und Unheimliche in den Griff zu bekommen. Dieses Phänomen sollte nicht kurzschlüssig mit dem Satanismus in einen Topf geworfen werden, auch wenn entsprechende Symbole benutzt werden.
- Dennoch kann auch der Jugendsatanismus gefährliche Folgen haben: Er kann bei Betroffenen Angstzustände oder gesteigerte Aggressivität bewirken und kann außerdem zu kriminellen Handlungen führen.

MERKwürdig: Wo nur Licht ist, hat man den Schatten verdrängt.

- Sieh dir die Bilder an! Kläre die Symbole z. B. mithilfe des Internets unter www.sekten-sachsen.de! Erzählt euch, wo ihr selbst diesen Symbolen begegnet und diskutiert, welche Rolle sie spielen!
- In den Bildern kommt viel Wut zum Ausdruck. Überlege, wogegen sie sich richten könnte!
- Eine These lautet: »Es ist das provozierende Outfit der Musiker, das bei den Jugendlichen das Interesse weckt. In der Identifikation mit solchen Bands versuchen sie sich von der Erwachsenen-Welt abzugrenzen. Dabei wollen sie durch ihre provokante Kleidung und Musik auffallen, schockieren, aber auch protestieren.« Diskutiert die These! Welchen Umgang mit dem Phänomen empfehlt ihr den Erwachsenen?
- Unter www.ekd.de/ezw kannst du dich bei Interesse sowohl genauer über den Satanismus, seine Wurzeln, Crowley, mögliche Gefahren … als auch über andere Weltanschauungen informieren.
- Überprüfe deine Kriterienliste für eine »gute Religion«!

Heraus aus der Enge

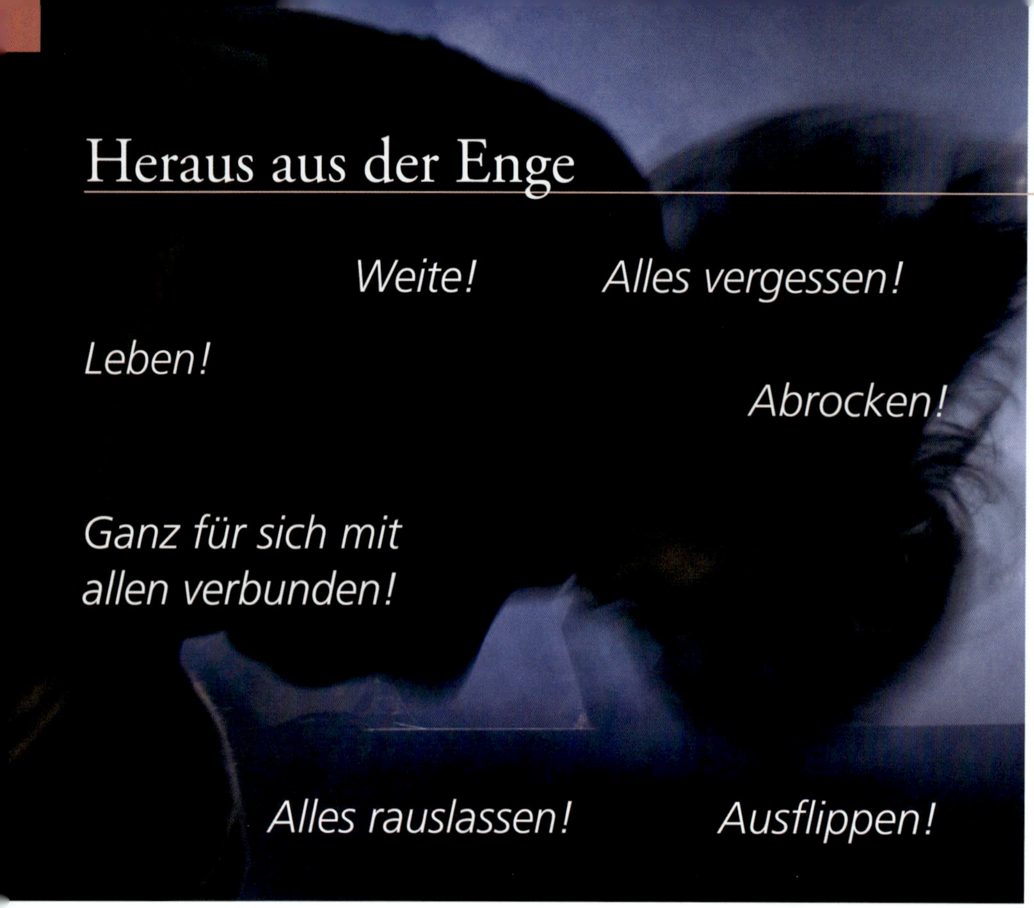

Jesusfreaks beim Lobpreis Gottes

info

Ekstase

- (griech. *ekstasis:* Außersichgeraten, Verzückung). In wohl allen Kulturen und zu allen Zeiten suchten und suchen Menschen nach dem rauschhaften, hinreißenden, erweiternden, ekstatischen Erlebnis. Ob es trommelnde Schamanen sind, die sich im Rhythmus verlieren, oder tanzende Derwische, die durch Drehen das Oben und Unten auflösen, ob es der Mönch ist, der im Fasten oder in der Meditation sich selbst und die Zeit vergisst, immer geht es um ein anderes Bewusstsein. Ein »höheres« Bewusstsein?
- Diese Erfahrungen sind nicht auf den im engeren Sinne religiösen Bereich beschränkt. In einer Rave-Night, beim Headbanging oder bei extremem Sport spielen ähnliche Bedürfnisse mit.
- Für viele Menschen haben bestimmte charismatische* Bewegungen und Pfingstkirchen* eine besondere Attraktivität, weil sie auch der ekstatischen Erfahrung in ihren Gottesdiensten Raum geben oder sie sogar ins Zentrum rücken.
- Besondere Gefahren werden von Psychologen dann gesehen, wenn die Ekstase zur Flucht aus der Realität wird oder Drogen ins Spiel kommen. (Vgl. S. 109.)

- Ekstase = höheres Bewusstsein. Stimmt die Formel?
- »Wenn ich einen guten Actionfilm sehe, bin ich 90 Minuten weg.« Beschreibe eigene ekstatische Erfahrungen und frage nach Unterschieden, Auswirkungen, Gründen!
- Kopf und Ekstase: Auch Paulus kennt das Phänomen: 1 Kor 14!
- Nach Luther zeichnet Ekstase einen Christen aus: »Ein Christenmensch lebt nicht in sich selbst, sondern in Christo und seinem Nächsten; in Christo durch den Glauben, im Nächsten durch die Liebe.« (Luther, Freiheitsschrift)

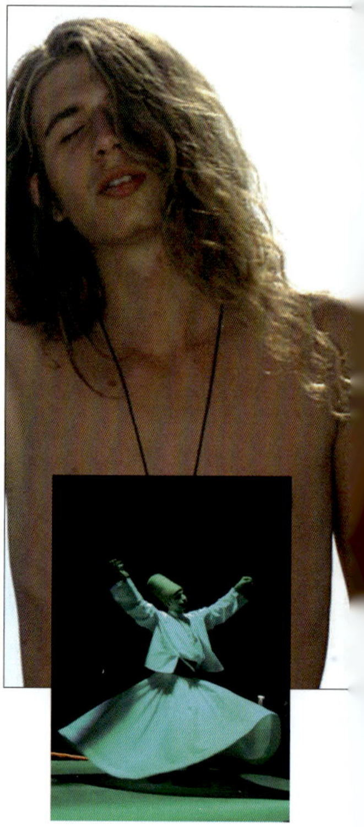
Tanzender Derwisch

Sicher begrenzt

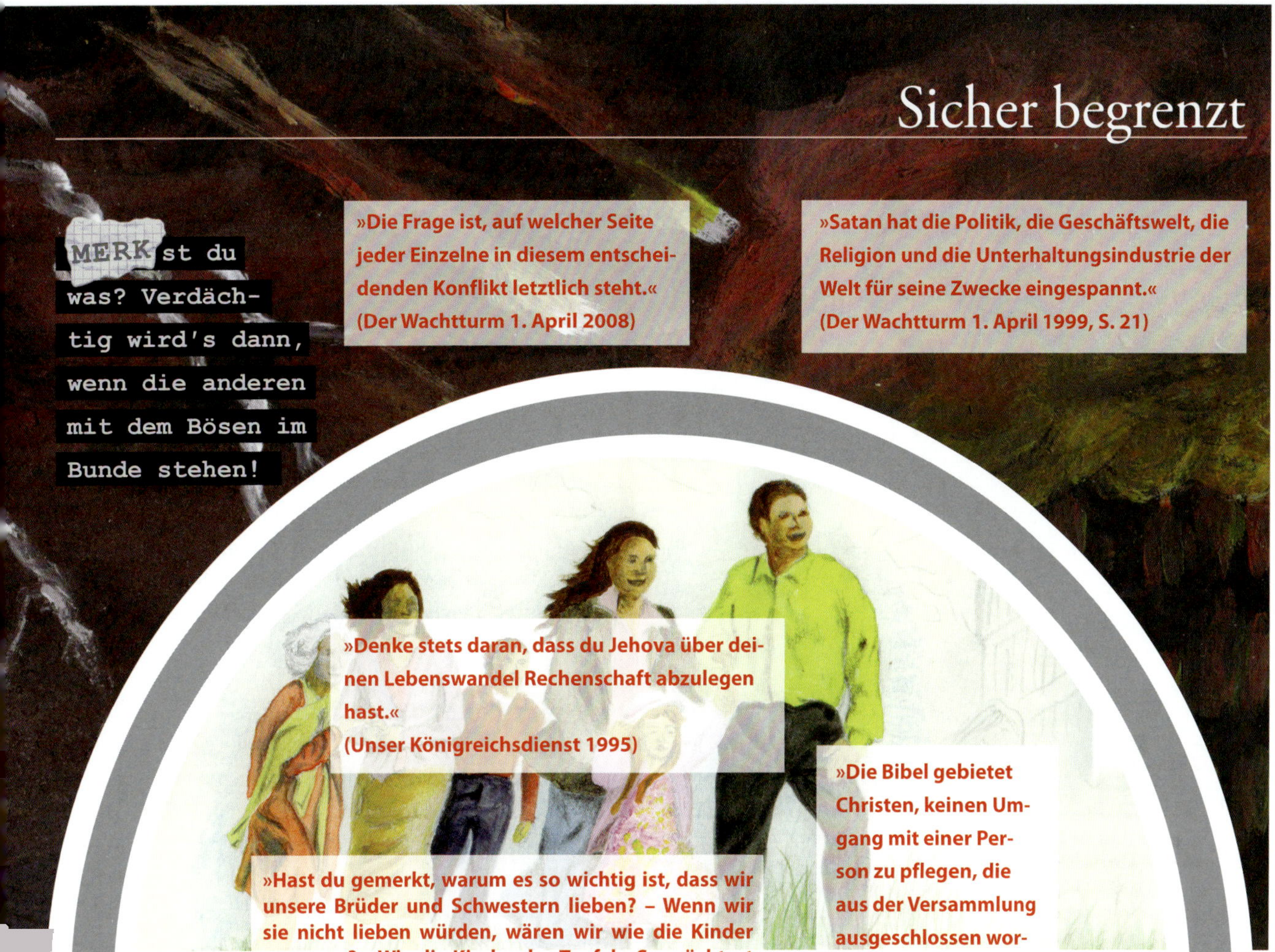

MERKst du was? Verdächtig wird's dann, wenn die anderen mit dem Bösen im Bunde stehen!

»Die Frage ist, auf welcher Seite jeder Einzelne in diesem entscheidenden Konflikt letztlich steht.« (Der Wachtturm 1. April 2008)

»Satan hat die Politik, die Geschäftswelt, die Religion und die Unterhaltungsindustrie der Welt für seine Zwecke eingespannt.« (Der Wachtturm 1. April 1999, S. 21)

»Denke stets daran, dass du Jehova über deinen Lebenswandel Rechenschaft abzulegen hast.«
(Unser Königreichsdienst 1995)

»Hast du gemerkt, warum es so wichtig ist, dass wir unsere Brüder und Schwestern lieben? – Wenn wir sie nicht lieben würden, wären wir wie die Kinder von wem? – Wie die Kinder des Teufels. So möchtest du bestimmt nicht sein, oder?«
(»Lerne vom großen Lehrer«, Wachtturmgesellschaft, Handbuch für die Kindererziehung)

»Die Bibel gebietet Christen, keinen Umgang mit einer Person zu pflegen, die aus der Versammlung ausgeschlossen worden ist.«
(Der Wachtturm Dezember 1981)

- Informiere dich über Entstehung, Geschichte und Lehre der Zeugen Jehovas (z. B. www.ekd.de/ezw)! Kläre unverständliche Begriffe in den Zitaten!
- Innen und außen, wir und die anderen, richtig und falsch: Suche Grenzziehungen in den Zitaten und in der Info! Was macht Grenzen eigentlich attraktiv?
- Geboten und Verboten gehorsam zu folgen wird hier nicht unbedingt als Beschneidung der Freiheit gesehen.
- Schon in der Bibel gibt es immer wieder die Tendenz, dualistisch (ein Reich des Bösen – ein Reich des Guten) zu denken. Suche nach solchen Texten (z. B. Joh 1) und nach solchen, die diese Trennung unterlaufen (z. B. 1 Mose 1, Mt 5,44, auch Joh 1)!
- Überprüfe deine Kriterienliste für eine »gute Religion«!

info

Endzeitglauben bei den Zeugen Jehovas

Nach den Zeugen Jehovas leben wir in der Endzeit. Gottes Krieg »Harmagedon« (nach Offb 16,16) steht unmittelbar bevor. In diesem Krieg werden alle Anhänger der Organisation Satans* vernichtet werden. Zu ihr gehören alle Religionen und auch alle politischen Organisationen. Die Zeugen pflegen keine Ökumene. Für die Zeugen Jehovas selbst besteht die Hoffnung, dass sie in der Katastrophe verschont werden und dann in der erneuerten Welt leben dürfen. Um aber wirklich gerettet zu werden, ist es notwendig, sich vor Satan zu hüten, der »ständig deinen Glauben prüft«, und gehorsam genauen Geboten und Verboten zu folgen, um nicht der »bösen Außenwelt« gleich zu werden.

Zitate von Ronald Hubbard

»Da Scientology jetzt TOTALE Freiheit bringt, muss sie auch die Macht und die Autorität haben, totale Disziplin zu fordern.«

»Setzen Sie auf Unordnung und falsche Berichte so harte Strafen, dass einem schlecht wird, und achten Sie darauf, dass die Strafen erhoben werden.«

»Im ganzen weiten Universum gibt es für die Menschheit nur eine Chance. Die sind wir!«

»Leute, die Scientology angreifen, sind Kriminelle ... wenn man Scientology angreift, wird man wegen Verbrechen ausgeforscht ... Wenn man Scientology nicht angreift ... ist man sicher.«

»Auf den OT-Stufen steigt man zur Ewigkeit auf. Die gewaltige Zeit, die in der Vergangenheit existiert hat, gleicht ungefähr der Zeit, die noch vor uns liegt. Das ist Ewigkeit und jedes Wesen wird in dieser Ewigkeit sein, entweder in einem guten oder einem schlechten Zustand. Man kann eine Arbeit oder eine Beziehung aufgeben oder einen alten Anzug wegwerfen, aber das Leben kann man nicht einfach verlassen.« (Info-Seite der Scientology-Church, Operierender Thetan)

info

Scientology I

Der Gründer

1954 gründete der Science-Fiction-Schriftsteller Lafayette Ronald Hubbard (1911–1986) in den USA die Scientology-Organisation. Zuvor hatte er als Abenteuer- und Wildwestschriftsteller gearbeitet. Ab 1938 schrieb er Science-Fiction-Romane. Er hatte Kontakte zu Okkultismusbewegungen. 1950 veröffentlichte er das Buch »Dianetics – Modern Science of Mental Health«, in dem er mit pseudowissenschaftlichem Ton seine Ideen darlegt.

Die Lehre

Laut Scientology besteht der Mensch aus drei Teilen, dem Körper, dem Verstand und dem Thetan.
Der Thetan ist die unsterbliche Person, das Ich oder der Geist. Er existiert seit dem Beginn des Universums. Wenn jemand stirbt, verlässt der Thetan den sterblichen Körper und sucht sich einen neuen Körper.
Der Verstand (Mind) teilt sich in einen analytischen und einen reaktiven Verstand. Der analytische Verstand (mit dem der Mensch alle Probleme lösen könnte) wird durch den reaktiven Verstand (verantwortlich für das unvernünftige Handeln, nur Reagieren auf die Umwelt) blockiert. Diese Blockade entsteht durch die schmerzlich negativen Erfahrungen, die sog. Engramme.
Diese Engramme überschatten den Verstand des Menschen und sind verantwortlich für Krankheit, Sucht und Verbrechen. Durch Dianetik kann man sich von den Engrammen lösen, »clear« werden und zu totaler Freiheit gelangen.

Das Ziel

Ziel ist es, ein sogenannter »operierender Thetan« zu werden und so die »totale Freiheit« zu erlangen. Der befreite Thetan »ist mit seiner Umgebung so vertraut gemacht worden, dass er den Punkt erreicht hat, völlig Ursache von Materie, Energie, Raum, Zeit und Denken zu sein.« Leiden, Schwäche und Scheitern gibt es dann nicht mehr. Ein OT ist nie mehr Opfer, sondern reiner Beherrscher seines Schicksals, ein »Übermensch«.

Werbekärtchen, die vor der Schule verteilt werden.

info

Scientology II

Die Technik

Um das Ziel zu erreichen, muss ein Therapieangebot durchlaufen werden, das aus immer teurer werdenden Psychokursen besteht. Eingestiegen wird mit einem kostenlosen Persönlichkeitstest, der Stärken und Schwächen der Person aufweist und in Aussicht stellt, dass diese Schwächen ausgemerzt werden können (clearing).

Zentral ist dabei das sog. »Auditing«. Der Klient ist mit einem Gerät (E-Meter) verbunden, das angeblich Gefühlszustände wie Stress erkennen kann. Es werden ihm Fragen gestellt und dabei die Engramme entdeckt, die es zu löschen gilt. Betroffene erzählen, dass sie mehrere tausend, manchmal sogar mehr als 50.000 € für die Kurse investiert haben.

Durch das Auditing und viele andere Methoden wird der sog. Preclear schließlich clear und kann sich dann eine Stufenleiter hocharbeiten zu einem immer höheren Bewusstsein.

Die Organisation

Bei Scientology gilt jedes Abweichen als »Verbrechen«. Abtrünnige oder Menschen, die die Organisation kritisieren, werden als »suppressive persons« bezeichnet. Aussteiger erzählen von »Straflagern«, in denen Abtrünnige wieder auf Linie gebracht werden.

Scientology versucht auf verschiedene Weise, in die Gesellschaft hineinzuwirken, Aufmerksamkeit und Anerkennung zu gewinnen. Zu ihr gehören eine Drogenhilfeorganisation (Narconon) oder eine »Kommission für Verstöße der Psychiatrie gegen Menschenrechte« (KVPM). Scientology bietet Lebenshilfe und Hausaufgabenbetreuung an, wobei den Hilfesuchenden nicht immer klar wird, mit wem sie es zu tun haben.

In verschiedenen Gutachten zu Scientology heißt es, es handele sich um keine religiöse Sekte*, sondern um politischen Extremismus, der auf dem Weg zu einer Diktatur die »lästigen Fesseln der Demokratie« abstreifen wolle. Scientology hat in Deutschland ca. 5.000 bis 6.000 Mitglieder.

Tom Cruise: »When you're a Scientologist, and you drive by an accident, you know you have to do something about it, because you know you're the only one who can really help … We are the way to happiness. We can bring peace and unite cultures.«

- Scientology verwendet eine auffallend wissenschaftlich anmutende Fachsprache. Überlege, was sie bewirken soll! Diskutiert, welche Menschen sich von Scientology besonders angesprochen fühlen könnten und welchen Bedürfnissen Scientology entgegenkommen möchte! (Infos bietet z.B. die ev. Zentralstelle für Weltanschauungsfragen www.ekd.de/ezw oder der Verfassungsschutz.)
- Sucht im Internet nach Aussteigerberichten! Vergleicht die Berichte mit der Info! Überlegt, wie vertrauenswürdig die Informationen sind!
- Lies die Info und die Zitate! Überlege, was man als Christ Scientology entgegenhalten müsste.
- Scientology verwendet ein stilisiertes Kreuz (links). Begründe, warum die Organisation wohl dieses Symbol gewählt hat, und beurteile seine Verwendung!
- Dringend gewarnt wird schon vor einem ersten Kontakt mit Scientology, der meist über einen Persönlichkeitstest hergestellt wird. Wie reagiert ihr, wenn ihr auf der Straße angesprochen werdet? Spielt es nach!
- Überprüfe deine Kriterienliste für eine »gute Religion«!

info

Der Begriff »Sekte«

- Sekte* (lat. *secta:* Richtung; *sequi:* folgen und *secare:* abschneiden) bezeichnet ursprünglich die Abspaltung einer Religion von ihrer Mutterreligion. Das Christentum ist also eine Sekte des Judentums.
- Im Verlauf der Begriffsgeschichte erhält das Wort »Sekte« jedoch immer mehr einen abwertenden Charakter und soll auf mögliche Gefahren durch bestimmte Religionsgemeinschaften hinweisen.
- »Es gibt ein Geflecht von Kriterien und wenn mehrere davon zutreffen, könnte eine Gemeinschaft versektet sein. Dazu gehört, dass sie Mitglieder nicht oder nur unter starken psychischen Sanktionen aus der Gruppe herauslässt. Oder dass behauptet wird, dass die Grenzen des Heils durch die Grenzen der Organisation definiert sind. Daneben spielt auch eine Rolle, ob mit Manipulationstechniken gearbeitet wird: Mitglieder könnten etwa gedrängt werden, die herkömmlichen Medien zu meiden und sich ausschließlich mit den Publikationen der Gemeinschaft zu beschäftigen. [Aber n]icht alles, was klein und fremd ist, ist eine Sekte. Das ist die Gefahr: Dass der Mainstream sagt, was wir unter ›vernünftiger‹ Religion verstehen, ist das normale und alles andere Sekte. Genau das soll eben nicht eintreten. Wir haben Religionsfreiheit und jeder darf denken und glauben, was er will. Die Frage ist nur: Gibt es Gruppen, bei denen das religiöse Verständnis dahin führt, dass die übrigen Freiheitsrechte des Menschen beschädigt werden, etwa die freie Entfaltung der Persönlichkeit und der Schutz der Familie?« (A. Finke, Evang. Zentralstelle für Weltanschauungsfragen)
- Um nicht von vorneherein religiöse Gemeinschaften zu verurteilen und sie gegenüber den etablierten Kirchen herabzusetzen, sondern sich mit ihnen, ihren Gedanken und Zielen wirklich auseinanderzusetzen, wurde versucht, andere Begriffe zu finden: Man spricht z. B. von »neureligiösen Bewegungen« oder »religiösen Sondergemeinschaften«.

Schon beMERKt? Von außen sieht manches anders aus als von innen!

- Erarbeite aus der Info einen »Sektencheck«! Vergleiche deinen Sektencheck mit einem Sektencheck im Internet!
- Menschen haben Sehnsüchte und Bedürfnisse. Religiöse Gemeinschaften und andere Gruppen bieten Erfüllung an. Blättere zurück und überlege, für welche Sehnsüchte welche Gruppe mit welchen Mitteln Abhilfe verspricht!
- »Jeder darf denken und glauben, was er will!« Diskutiert diese Aussage und vergleicht eure Gedanken mit denen Martin Luthers (Kap. 4)!
- Und wenn eine Freundin oder ein Freund Kontakt zu einer Sekte hat? Diskutiert, wie ihr vorgehen würdet!
- Macht nicht die evangelische Kirche ganz ähnliche Versprechen? Fragt euch, wie unsere Kirche vermeiden kann, eine »Sekte« zu werden! Überarbeite deinen Kriterienkatalog für eine »gute Religion«!
- Unternehmt eine Exkursion zu einer Beratungsstelle in eurer Nähe! Sammelt vorher Fragen, die ihr dort stellen wollt!

Was Menschen an Sekten faszinieren kann

Tritt jemand einer Weltanschauungsgruppe bei, so sieht er das nicht als Gefahr und Einschränkung seiner Freiheit. Im Gegenteil: Er erlebt das Glück, endlich gefunden zu haben, was er suchte:

»Endlich Zuwendung«
»Endlich Gebrauchtwerden«
»Endlich Heimat«
»Endlich Gesundheit«
»Endlich umfassendes Wissen«
»Endlich Sicherheit«

Helga Anders-Faber, Die Einsamkeit

Mehr verstehen?

Lk 15,11 ff. in der Volxbibel
... da packte der Sohn seine Sachen und machte eine Weltreise. Da gab es eine große Weltwirtschaftskrise und Lebensmittel wurden unbezahlbar und viele Menschen hatten nichts zu essen. Auch der Sohn hatte Hunger. Immerhin bekam er einen Job bei McDonalds als Toilettenmann. Da hatte er die Idee, wieder nach Hause zu gehen. Ich sage zu meinem Vater: Papa, ich habe Mist gebaut, ich habe mich von dir und von Gott abgewandt. Ich habe nicht verdient zu deiner Familie zu gehören, aber gib mir wenigstens einen Job in deiner Firma!

Mehr Action?

Mehr Lebenshilfe?

Mehr Gefühl?

- Bedürfnisse ernst genommen? Auch Kirche macht Angebote. Betrachte und bewerte die Materialien auf dieser Seite!
- Bringt verschiedene Gemeindebriefe mit und untersucht, welche Angebote für wen gemacht werden! Fragt euch, wie sie welchen Bedürfnissen der Menschen gerecht werden wollen!
- Findet Beispiele für Fulbert Steffenskys Meinung zum Thema »Bedürfnisbefriedigung in der Kirche« und diskutiert darüber!
- Spielt eine Sitzung des Jugendausschusses zum Thema: »Wir öffnen unsere Kirche für Jugendliche«! Bildet zwei Gruppen, die miteinander diskutieren: »Kirche soll jugendgemäßer werden« gegen »Kirche darf sich nicht anbiedern«. Kommunikation
- Suche nach Bibelstellen, die auf die Bedürfnisse der Menschen eingehen, und frage dich, welche Antwort diese Menschen finden (z. B. 1 Mose 1 5/6, Ps 23 5/6, aber auch Mk 8,31 ff.)!

Der Glaube ist nicht dazu da, unsere Bedürfnisse zu befriedigen. Er schreit und schimpft und ruft und betet und singt und lobt. Vielleicht sind unsere Predigten deswegen oft so langweilig, weil wir Gott zu früh recht geben. Wir gönnen unseren Aussagen keine Langsamkeit. Kommt das Wort Sünde, folgt ihm später gleich das Wort Vergebung, fällt das Wort Schuld, folgt die Gnade auf dem Fuß.

Nach Fulbert Steffensky

MERKwürdiges Kriterium: Eine »gute« Kirche muss sich trauen zu enttäuschen!

Im Zusammenhang

Man spricht heute häufig vom »Supermarkt der Religionen« und meint damit, dass sich Menschen nicht einer Religion zugehörig fühlen, sondern sich aus unterschiedlichen Religionen und Glaubensrichtungen beliebig bedienen und so ihr Weltbild (S. 190) erstellen.

- Gestalte auf einem Plakat einen »Supermarkt der Religionen« mit den Glaubensrichtungen und Strömungen, denen du in den letzten Stunden begegnet bist! Überlege dazu, wo du sie platzieren möchtest und mit welchen Inhalten und Aussagen sie für sich werben und Menschen gewinnen wollen!
- Formuliere mithilfe deines erstellten Kriterienkatalogs Anfragen an diese Bewegungen und Strömungen und hefte in deinem Supermarkt mögliche Warnhinweise an!

- Jeder soll sich mündig in Sachen Glauben selbst entscheiden dürfen und der Religionsunterricht soll dabei helfen. Verfasse deine Zehn Gebote für einen evangelischen Religionsunterricht, der sich an mündige Schülerinnen und Schüler richtet!
- Kirche soll die Bedürfnisse der Menschen ernst nehmen und muss sich zugleich trauen, sie zu enttäuschen. Zeige an einem konkreten Beispiel aus Gemeinde oder Schule mögliche Konsequenzen dieses Satzes auf! Was könnte dies zum Beispiel für die Gestaltung von Gottesdiensten, Jugendfreizeiten, Kirchencafés, Andachten usw. bedeuten?

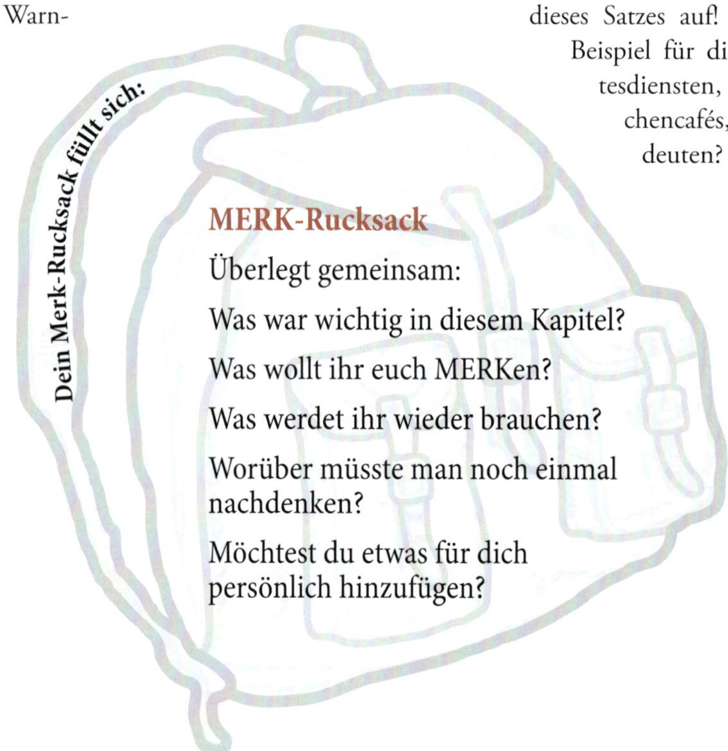

MERK-Rucksack

Überlegt gemeinsam:

Was war wichtig in diesem Kapitel?

Was wollt ihr euch MERKen?

Was werdet ihr wieder brauchen?

Worüber müsste man noch einmal nachdenken?

Möchtest du etwas für dich persönlich hinzufügen?

KIRCHE UND STAAT

***W**as geht den Staat die Religion an?*

***G**laube – Privatsache?*

***H**aben Diktatoren etwas gegen Religion?*

***W**ie hätte ich mich verhalten?*

***W**as sucht Gott in der Verfassung?*

***W**arum gibt die Kirche Geld für Kindergärten aus?*

***I**st Deutschland ein »christliches« Land?*

Kapitel 9

»Deutsches Stadion« – Modellentwurf für das Reichsparteitagsgelände in Nürnberg (nicht realisiert)

Der »Kulturpalast« in Warschau

Grundgesetz für die Bundesrepublik Deutschland

Präambel

Im Bewusstsein seiner Verantwortung vor Gott und den Menschen, von dem Willen beseelt, als gleichberechtigtes Glied in einem vereinten Europa dem Frieden der Welt zu dienen, hat sich das Deutsche Volk kraft seiner verfassungsgebenden Gewalt dieses Grundgesetz gegeben.

Artikel 1

(1) Die Würde des Menschen ist unantastbar. Sie zu achten und zu schützen ist Verpflichtung aller staatlichen Gewalt.

Artikel 137

Weimarer Verfassung (unverändert ins Grundgesetz übernommen)
Es besteht keine Staatskirche. […]

Verfassung für das Land Nordrhein-Westfalen

Präambel

In Verantwortung vor Gott und den Menschen, verbunden mit allen Deutschen, erfüllt von dem Willen, die Not der Gegenwart in gemeinschaftlicher Arbeit zu überwinden, dem inneren und äußeren Frieden zu dienen, Freiheit, Gerechtigkeit und Wohlstand für alle zu schaffen, haben sich die Männer und Frauen des Landes Nordrhein-Westfalen diese Verfassung gegeben.

Artikel 7

(1) Ehrfurcht vor Gott, Achtung vor der Würde des Menschen und Bereitschaft zum sozialen Handeln zu wecken, ist vornehmstes Ziel der Erziehung.

Bayerische Verfassung

Präambel

Angesichts des Trümmerfeldes, zu dem eine Staats- und Gesellschaftsordnung ohne Gott, ohne Gewissen und ohne Achtung vor der Würde des Menschen die Überlebenden des zweiten Weltkrieges geführt hat, in dem festen Entschlusse, den kommenden deutschen Geschlechtern die Segnungen des Friedens, der Menschlichkeit und des Rechtes dauernd zu sichern, gibt sich das Bayerische Volk, eingedenk seiner mehr als tausendjährigen Geschichte, nachstehende demokratische Verfassung.

Verfassung des Landes Brandenburg

Präambel

Wir, die Bürgerinnen und Bürger des Landes Brandenburg, haben uns in freier Entscheidung diese Verfassung gegeben, im Geiste der Traditionen von Recht, Toleranz und Solidarität in der Mark Brandenburg, gründend auf den friedlichen Veränderungen im Herbst 1989, von dem Willen beseelt, die Würde und Freiheit des Menschen zu sichern, das Gemeinschaftsleben in sozialer Gerechtigkeit zu ordnen, das Wohl aller zu fördern, Natur und Umwelt zu bewahren und zu schützen, und entschlossen, das Bundesland Brandenburg als lebendiges Glied der Bundesrepublik Deutschland in einem sich einigenden Europa und in der Einen Welt zu gestalten.

Gottlose Politik?

Otto von Habsburg, 1912 – 2011, ältester Sohn des letzten österreichischen Kaisers Karl I. Die Habsburger waren über viele Jahrhunderte die mächtigste Dynastie in Europa.

SZ: Es gibt derzeit einen heftigen Streit um die Aufnahme des Gottesbezugs in die neue Europäische Verfassung.

Habsburg: Für mich ist das wesentlich. Wie können Sie eine Gesellschaft ohne einen Gottesbezug aufbauen? Man kann's nicht. Am Schluss wird es immer schiefgehen: ein Mensch, der wie Gott sein will. Das fängt mit Satan an, geht über den Turmbau von Babel und zieht sich durch die ganze Geschichte hindurch. Wo es keinen Gott gibt, ist alles erlaubt. Und das ist immer sehr beunruhigend. Gerade diese Debatte um Gott ist hier entscheidend, auch vom kulturellen Standpunkt aus. Denn alle Bewegungen, die Gott leugnen, fallen in die Hässlichkeit. Die kommunistischen Gebäude sind das Hässlichste, was man sich vorstellen kann.

*Horst Isola, *1939, deutscher Politiker*

Wenn man deutschen Politikern heute zuhört, scheint Politik ohne Gott unmöglich. Eben hat die Kanzlerin dazu aufgerufen, mehr Christentum zu wagen. Davor behauptete der Bundespräsident, unsere Republik fuße auf einer »jüdisch-christlichen Tradition«, die mit dem Islam gut vereinbar sei. Diese schleichende Rechristianisierung der Politik läuft unserer Verfassung zuwider. Ein weltanschaulich neutraler Staat muss zwischen religiösen Fragen einerseits, ethischen Fragen andererseits präzise unterscheiden. Wir pochen auf Artikel 4 unseres Grundgesetzes*, der nicht nur freie Religionsausübung garantiert, sondern sagt: Jeder hat das Recht, frei von Religion zu sein. Mir persönlich ist nur die Verfassung heilig. Ich glaube an keinen Gott, sondern an Selbstbestimmung: dass freie Bürger entscheiden, was richtig und falsch ist.

MERKe: Gottesbezug, damit der Staat nicht Gott ist?

Macht-Orte

- Unternimm einen gedanklichen Spaziergang durch das »Deutsche Stadion« und den »Kulturpalast«! Beschreibe, wie es sich anfühlen könnte, wenn man unterschiedliche Standpunkte und Perspektiven innerhalb dieser Bauwerke einnimmt!
- Architektur kann auch eine Sprache der Macht sein – untersuche die beiden Gebäude daraufhin!
- Gibt es »Macht-Gebäude« in deiner Umgebung? Tragt zusammen, was ihr über sie wisst!
- Sicher kennst du Fußballstadien in deiner Umgebung. Diskutiert darüber, ob sie in die gleiche Kategorie wie das »Deutsche Stadion« fallen!

Gott in der Verfassung?

- Die abgedruckten Auszüge aus den verschiedenen deutschen Verfassungen (S. 147) beginnen alle mit einer »Präambel«, einer Art Einleitung. Vergleiche die Präambeln miteinander und achte insbesondere darauf, welche Rolle Gott jeweils in ihnen spielt!
- Untersucht die Verfassungen auch auf die in ihnen genannten Bildungs- und Erziehungsziele hin (z. B. Art. 7 der Verfassung von NRW) und auf den enthaltenen Gottesbezug!
- »Gott« in der Verfassung eines weltanschaulich neutralen Staates? »Ehrfurcht vor Gott« als Bildungsziel? Formuliert (arbeitsteilig) Stellungnahmen eines Atheisten, eines Christen, eines Muslims und bringt sie miteinander ins Gespräch!
- Fertige anhand der Verfassung von NRW und des Grundgesetzes eine Skizze an, die das Verhältnis von Staat und Religion veranschaulicht!

Ohne Gott

- Otto von Habsburg behauptet: »Wo es keinen Gott gibt, ist alles erlaubt.« Wirklich?
- Sammelt Assoziationen zum Turmbau zu Babel und zur Figur des Satans* und stellt Vermutungen darüber an, weshalb Habsburg diese biblischen Motive anführt!
- »Alle Bewegungen, die Gott leugnen, fallen in die Hässlichkeit«. Diskutiert darüber, ob die auf Seite 146 abgebildeten Gebäude »hässlich« sind und was »hässlich« in diesem Zusammenhang bedeuten könnte!
- Horst Isola ist die Verfassung »heilig«. Diskutiert dies!
- »Ohne Gott ist die Gesellschaft ...« – Vervollständige den Satz aus deiner Sicht sowie aus der Sicht von Habsburgs und Isolas! Vergleicht eure Ergebnisse!

Berührungspunkte: Wusstest du, dass …

- die Kirche zahlreiche soziale Aufgaben wahrnimmt und Einrichtungen wie Kindergärten, Krankenhäuser, Alten- und Pflegeheime finanziert?
- die Kirche dafür staatliche Gegenleistungen erhält?
- in Deutschland ca. 550 evangelische und katholische Seelsorgerinnen und Seelsorger in deutschen Gefängnissen arbeiten?
- die Kirchensteuer in Deutschland nicht von den Kirchen, sondern vom Staat eingezogen wird?
- ihm die Kirche dafür Geld bezahlt?
- Religionslehrer als staatliche Beamte eine kirchliche Lehrerlaubnis benötigen?
- es vom Gesetz her möglich ist, rein kirchlich zu heiraten, ohne zum Standesamt zu gehen?
- der Buß- und Bettag 1994 als gesetzlicher Feiertag abgeschafft wurde, um die staatliche Pflegeversicherung zu finanzieren?

»Der freiheitliche, säkularisierte Staat lebt von Voraussetzungen, die er selbst nicht garantieren kann.«
Ernst-Wolfgang Böckenförde, ehemaliger Verfassungsrichter

MERKst du was? Manchmal muss es kompliziert sein!

Auf den folgenden Seiten findest du Beispiele vom 3. bis zum 20. Jahrhundert, die grundlegende Aspekte in der Beziehung von Kirche und Staat genauer beleuchten. Einiges davon hast du – unter einem anderen Blickwinkel – bereits im Geschichtsunterricht kennengelernt. Dein Vorwissen kann dir für die folgenden Inhalte, die sich stärker auf den Bereich Kirche und Religion konzentrieren, hilfreich sein.

- Erläutere das Verhältnis von Kirche und Staat in den einzelnen Beispielen auf dieser Seite! Suche nach weiteren Beispielen und vergleiche evtl. mit anderen Ländern!
- Mit dem Satz von E.-W. Böckenförde (links) wird häufig der Religionsunterricht begründet!
- Heißt das: Ohne Religion kein Staat?
- Oben sind Beispiele aus weltlichen Bereich abgebildet, in denen Pfarrerinnen und Pfarrer seelsorgerisch tätig sind. Informiere dich genauer über die Art und Weise der jeweiligen Tätigkeit und recherchiere, in welchen weltlichen Bereichen die Kirchen noch aktiv sind!
- Geistliche beim Militär, bei der Polizei, im Zirkus und im Gefängnis? Diskutiert, was dafür und was dagegen spricht!

Unter Druck

- Stelle einen Zusammenhang zwischen dem Augustus-Bild und dem Kaiserkult (S. 151) her!
- Auf S. 151 findest du das Opferedikt des Decius und eine Bescheinigung an eine Opferkommission. Finde heraus, was genau von den Christen verlangt wurde! Was könnte der Sinn dieser Maßnahmen sein?
- Den Christen, die das Edikt des Kaisers Decius gelesen hatten, ging sicherlich sehr Unterschiedliches durch den Kopf. Schreibe ihre Überlegungen in Gedankenblasen!
- Aurelius Satabus hat öffentlich geopfert und blieb während der Verfolgung unbehelligt. Er besucht seit einiger Zeit wieder die Gottesdienste und unterstützt kranke Gemeindemitglieder. Einige von ihnen schlagen vor, dass er in den Kreis der Gemeindeältesten aufgenommen wird. Nilus hat bei der Verfolgung seine ganze Familie verloren. Er erhebt Einspruch … Verfasse ein Streitgespräch zwischen Gemeindemitgliedern, die jeweils für Aurelius oder für Nilus Partei ergreifen!
- Lege in deinem Heft mithilfe des Infotextes eine Zeitleiste zu den wichtigen Daten der Christenverfolgung an! Du kannst auch Informationen aus dem Latein- und Geschichtsunterricht verwenden.

info

Christenverfolgung

Das Römische Reich war auf einem Höhepunkt seiner Machtentfaltung, als im fernen Palästina die christliche Kirche entstand. Zur Zeit des Augustus (30 v. Chr.–14 n. Chr.) wurde Jesus geboren, unter der Regierung seines Nachfolgers Tiberius (14–37 n. Chr.) wurde er gekreuzigt. Als die Kaiser Caligula (37–41) und Claudius (41–54) die Macht innehatten, bildeten sich an vielen Orten schon christliche Gemeinden. Zunächst nahmen die Römer die Christen kaum wahr, doch unter Kaiser Nero (54–68) wurden Christen zu Außenseitern, sodass dieser sie als Sündenböcke benutzen konnte. Um nach einem großen Brand in Rom (64) den Verdacht der Brandstiftung von sich abzulenken, ließ Nero Christen verhaften und in grausamen Zirkusspielen hinrichten. Diese Ausschreitungen blieben auf Rom beschränkt.

Zu ersten größeren lokalen Verfolgungen kam es unter Kaiser Domitian (81–96) in Rom und in Kleinasien. Auch Mitglieder der kaiserlichen Familie waren betroffen. Um das Jahr 110/112 antwortete Kaiser Trajan (98–117) auf eine Anfrage seines Statthalters Plinius, der unsicher war, wie er mit den Christen verfahren sollte, folgendermaßen:

»Aufzusuchen sind sie nicht; werden sie angezeigt und überführt, so sind sie zu bestrafen, aber so, dass derjenige, der leugnet, ein Christ zu sein, und dies durch die Tat beweist, nämlich durch ein Opfer an die Götter, mag er wohl in Hinblick auf seine Vergangenheit verdächtig sein, aufgrund seiner Reue Verzeihung erlangt. Anonyme Zuschriften aber dürfen in keinem Prozess Berücksichtigung finden, denn das gäbe das schlimmste Beispiel und passt nicht in unsere Zeit.« Trajans Antwort wird zur Rechtsgrundlage für die folgenden Jahrzehnte.

In der Mitte des 3. Jahrhunderts, als das Römische Reich in eine Krise geriet, ordnete Kaiser Decius (249–251) anlässlich der 1000-Jahr-Feier Roms durch Gesetz ein allgemeines Bittopfer an. Dieses sollte einerseits die Götter versöhnen, andererseits die Loyalität der Bewohner zum Römischen Reich demonstrieren. Dies führte zu der ersten reichsweiten Verfolgung von Christen.

Rechts thront Augustus. Seine Haltung soll an Jupiter erinnern. Er empfängt Tiberius (links), der siegreich aus einer Schlacht nach Rom zurückkehrt. Schmuckstein, frühes 1. Jahrhundert n. Chr.

EDIKT DES KAISERS GAIUS DECIUS PIUS FELIX AUGUSTUS AN ALLE BÜRGER DES RÖMISCHEN REICHES:

ICH GEBIETE EUCH, DEN HEILIGEN GÖTTERN ROMS UND MIR ACHTUNG UND EHRE ZU ERWEISEN. IHR WERDET ALLE – MÄNNER UND FRAUEN, FREIE UND SKLAVEN – VOR EINER KOMMISSION EURER STADT ERSCHEINEN, AUF EINEM ÖFFENTLICHEN ALTAR WEIHRAUCH UND WEIN OPFERN UND VON DEM FLEISCH ESSEN, DAS DEN GÖTTERN GESPENDET WURDE. DIES WIRD EUCH SCHRIFTLICH BESTÄTIGT. WER BEI KÜNFTIGEN KONTROLLEN IM REICH KEINE OPFERBESCHEINIGUNG VORWEISEN KANN, GILT ALS STAATSFEIND UND WIRD INS GEFÄNGNIS GEWORFEN, ZU SCHWERER ZWANGSARBEIT VERURTEILT ODER HINGERICHTET. SEIN GESAMTER BESITZ FÄLLT AN DEN STAAT.

GEGEBEN IM ERSTEN JAHR DER REGIERUNG DES KAISERS GAIUS DECIUS PIUS FELIX AUGUSTUS, AM DRITTEN TAG DES ACHTEN MONATS

AN DIE OPFERKOMMISSION DES DORFES ALEXANDERINSEL – VON AURELIUS DIOGENES SATABUS, 72 JAHRE ALT, NARBE ÜBER DER RECHTEN AUGENBRAUE.

»ICH HABE IMMER DEN GÖTTERN GEOPFERT UND AUCH JETZT IN EURER ANWESENHEIT VORSCHRIFTSMÄSSIG GEOPFERT, GESPENDET UND DAS OPFERFLEISCH GEKOSTET. ICH BITTE EUCH, MIR DAS ZU BESCHEINIGEN.«

ICH AURELIUS SYRUS, HABE IHN MIT SEINEM SOHNE OPFERN SEHEN.

IM ERSTEN JAHR DES KAISERS DECIUS, DES GLÜCKLICHEN UND ERHABENEN, 26. JUNI

info

»Gottlose« Christen

Während des 3. Jahrhunderts geriet das Römische Reich durch äußere Bedrohung und wirtschaftliche Probleme zunehmend in die Krise. In dieser Situation versuchte Decius (249–251) die Reichseinheit mit einer Rückbesinnung auf die altrömische Staatsreligion zu erneuern und forderte hierfür ein Bittopfer für die Götter und den Kaiser. Der Kaiserkult war im Römischen Reich schon lange üblich: Toten und lebenden Herrschern wurden Opfer dargebracht und ihr Bildnis wurde angebetet. Wer die Teilnahme daran verweigerte, zeigte sich gegenüber dem Römischen Reich als unsolidarisch und schloss sich aus der Gesellschaft aus. Probleme mit dem Staatskult hatten im Römischen Reich nur Juden und Christen, die wegen des 1. Gebots nur einen einzigen Gott und keine Menschen als Götter verehren durften. Während die Juden von der Teilnahme am Kaiser- und Staatskult befreit waren, galt für die immer stärker anwachsende Christengemeinde seit Trajan (98–117) diese Vergünstigung nicht mehr. Wo Christen das Opfer für die Götter und die Verehrung des Kaisers verweigerten, kam es zeitweise zu schweren Verfolgungen, besonders unter Decius und später unter Diokletian (ab 303). Die Christen galten als »atheoi«, als gottlose »Atheisten«.

Zeugnis ablegen

- Standhaft oder hartherzig? Finde weitere charakteristische Adjektive für Perpetua! Welche passen zum Bild?
- Stelle Perpetuas Verhör aus unterschiedlichen Perspektiven dar (z.B. eine Zeitungsnotiz, die Erzählung eines Beteiligten usw.)!
- Untersuche, für wen der Tagebucheintrag bestimmt ist, wie er auf die Leserin oder den Leser wirkt und wirken soll!
- Viele Gründe sprechen gegen Perpetuas Entscheidung. Trotzdem …?
- Tertullian, der das Schicksal Perpetuas überliefert hat, sagte einmal: »Das Blut der Märtyrer ist der Samen des Christentums.« Diskutiert darüber z.B. mit der Fischbowl-Methode, S. 225!
- Vergleiche Perpetua mit anderen Menschen in der Nachfolge Jesu, die du schon kennengelernt hast (z.B. in Kap. 3, 5 und 6). Diskutiert, ob ihr sie als »Vorbild« bezeichnen würdet!

In Karthago lässt der Statthalter Hilarianus zu Beginn des 3. Jahrhunderts Perpetua und ihre Sklavin Felicitas verhaften, weil sie zum Christentum übertreten wollen. Perpetua führt im Gefängnis Tagebuch, ein Augenzeuge, wahrscheinlich der Kirchenvater Tertullian, berichtet über die Verurteilung und Hinrichtung der beiden Frauen.

Über das Verhör schreibt Perpetua:

»Am andern Tage wurden wir verhört. Die Reihe kam auch an mich. Da erschien plötzlich mein Vater mit meinem Sohn, zog mich vom Gerüst herab und sagte: ›Sprich das Gebet! (Gemeint ist das Gebet zu den heidnischen Göttern.) Hab Mitleid mit deinem Kinde!‹ Der Statthalter Hilarianus sagte daraufhin zu mir: »Schone die grauen Haare deines Vaters, schone die Kindheit des Knaben! Bring das Opfer für das Heil des Kaisers!‹ Ich antwortete: ›Nein!‹ Hilarianus: ›Bist du Christin?‹ ›Ja!‹, erwiderte ich, ›ich bin Christin‹.

Als mein Vater noch weiterhin versuchte, mich zu Fall zu bringen, befahl Hilarianus, ihn hinwegzuschaffen; er wurde mit einem Stock geschlagen. Über das, was meinem Vater zustieß, war ich so betrübt, als ob ich selbst geschlagen worden wäre; so leid tat mir der arme alte Mann.

Alsbald verkündete der Statthalter allen das Urteil: Er verurteilte uns zu den wilden Tieren. Fröhlich stiegen wir daraufhin wieder in den Kerker hinab. Ich schickte sofort den Diakon Pomponius zu meinem Vater, um ihn um das Kind zu bitten, weil es an meine Brust und an das Zusammensein mit mir im Kerker gewöhnt war. Aber mein Vater wollte das Kind nicht hergeben. Da fügte es Gott, dass das Kind von da an nicht mehr nach meiner Brust verlangte, sodass ich durch die Sorge um das Kind nicht mehr gequält wurde.«

Am Tag ihrer Hinrichtung betreten die beiden Frauen stolz das Theater, Psalmen singend und betend. Vor einer johlenden Zuschauermenge werden sie den Tieren vorgeworfen. Eine wilde Kuh verletzt sie schwer und sie werden schließlich mit dem Schwert hingerichtet.

MERKwürdig: Von Jesus wird erzählt, er habe Angst gehabt.

info

Märtyrer

- Märtyrer (von griechisch *martys:* Zeuge) nennt man Menschen, die Gefangenschaft, Misshandlungen oder den Tod erleiden mussten, weil sie ihren christlichen Glauben in Wort und Tat vertraten und sich nicht davon abbringen ließen. Darüber hinaus werden auch Menschen »Märtyrer« genannt, die wegen anderer politischer oder religiöser Überzeugungen verfolgt und umgebracht werden.
- Der Märtyrerbegriff wird missbraucht, wenn damit Gewalt gegen Andersdenkende gerechtfertigt werden soll (z. B. im Fall von terroristischen Selbstmordattentaten).

Märtyrer im Kleinen?

- Standhalten – für etwas einstehen – für jemanden eintreten … überlegt euch Körperhaltungen dazu!
- Nachteile in Kauf nehmen für etwas, das einem sehr wichtig ist: Findet Beispiele und diskutiert darüber!
- Sich mutig für etwas einsetzen – sich in der Märtyrerrolle gefallen: Manchmal ist das gar nicht leicht auseinanderzuhalten!
- Informiere dich im Internet über eine / n der am Portal der Westminster Abbey abgebildeten Märtyrer / innen im 20. Jahrhundert! Ist die Person freiwillig oder unfreiwillig zum Märtyrer geworden? Ihr könnt auch arbeitsteilig ein Plakat erstellen. – Über Martin Luther King und Dietrich Bonhoeffer erfährst du mehr in diesem Buch auf S. 34 f. und 160!
- Christenverfolgungen gibt es auch heute noch. Recherchiere! Internet

1998 wurde am Westportal der Westminster Abbey in London ein Fries von zehn repräsentativen Märtyrer-Gestalten des 20. Jahrhunderts eingeweiht. Ausgewählt wurden: Maximilian Kolbe, Manche Masemola, Janani Luwum, Elisabeth von Hessen-Darmstadt, Martin Luther King, Oscar Romero, Dietrich Bonhoeffer*, Esther John, Lucian Tapiedi und Wang Zhiming.*

Siegreiches Christentum …

info

Die Wende

Als Konstantin im Jahr 312 gegen Maxentius um die Macht in Italien kämpfte, war der Zeitpunkt für eine Einigung des Römischen Reiches günstig. Dabei erwies es sich für ihn als vorteilhaft, das Christentum, das bereits bis in die höheren Schichten der römischen Gesellschaft verbreitet war, anzuerkennen. Schon 311 hatte Kaiser Galerius das Christentum offiziell toleriert. Als Konstantin, der von Trier über die Alpen nach Rom gezogen war, dort an der Milvischen Brücke einen überraschenden Sieg gegen die übermächtigen Truppen des Maxentius errang, sah er darin eine Bestätigung der Macht des Gottes der Christen.

Johannes Lingelbach, Die Schlacht an der Milvischen Brücke, 1673

»In diesem Zeichen siege!«

Der christliche Geschichtsschreiber Eusebius erzählt:

»Während er in der aussichtslosen Situation betete, erschien dem Kaiser ein wunderbares Zeichen von Gott. Er erzählte, dass er um die Mittagszeit, als sich der Tag eben zu neigen begonnen hatte, mit eigenen Augen am Himmel, oberhalb der Sonne, das Siegeszeichen eines aus Licht gebildeten Kreuzes und darauf die Inschriften gesehen habe: ›In diesem Zeichen siege!‹ Ob dieser Vision sei ihn und sein ganzes Heer ein Erschrecken angekommen, darüber er gegrübelt habe, was die Bedeutung dieses Zeichens sein möchte. Und während er fortfuhr, zu grübeln und nachzusinnen, sei die Nacht hereingebrochen; im Schlaf sei ihm dann der Christus Gottes erschienen mit dem Zeichen, das er am Himmel gesehen, und habe ihm befohlen, ein Abbild jenes Zeichens herzustellen und als Schutz zu gebrauchen, wann immer er mit den Feinden zusammentreffe.«

Überzeugt, dass ihm der höchste Gott den Sieg geschenkt habe, verweigerte er nach der Schlacht den üblichen Gang zum Kapitol, dem Sitz der Staatsgötter. Wenig später erließ er in Mailand zusammen mit Licinius, dem Herrscher des Ostens des Reiches, folgendes Toleranzedikt:

»Ich, der Kaiser Konstantin, und ich, der Kaiser Licinius, haben alles, was der Wohlfahrt und Sicherheit des Staates dient, erwogen und beschlossen, den Christen ebenso wie allen anderen freie Wahl zu lassen, der Gottesverehrung zu folgen, die ein jeder wünscht, damit, was an Göttlichem auf himmlischem Sitz thront, uns und allen, die unter unserer Herrschaft leben, gewogen und gnädig sein möge. Dies geschieht im Interesse der Ruhe unserer Zeiten. Außerdem verfügen wir betreffs der Christen, dass man ihnen die Stätten, an denen sie sich früher zu versammeln pflegten, unentgeltlich ohne jeden Verzug zurückgebe. Wenn die, welche diese Orte verkauft, oder die, die sie zum Geschenk erhalten haben, etwas von unserer Güte wünschen, so mögen sie sich an den zuständigen Statthalter wenden, damit auch für sie durch unsere Güte gesorgt werde.«

... auf einer Gratwanderung

- Beschreibe die Bewegung im Bild S. 154! Finde den Mittelpunkt des Bildes und entdecke Elemente der Darstellung des Eusebius in dem Bild wieder!
- »In diesem Zeichen siege!« – vergleiche Konstantins Sicht von Jesus Christus* mit dem, was du schon über Jesus weißt!
- »Konstantin hat eine göttliche Offenbarung erlebt.« – »Konstantin hat aus politischer Klugheit gehandelt.« – Wie kann man wissen, was stimmt?

Eine kolossaler Kopf Kaiser Konstantins kurz vor einer Ausstellung in Trier

VERFÜGUNGEN KONSTANTINS:

- DER SONNTAG WIRD GESETZLICHER FEIERTAG.
- DIE KREUZIGUNGSSTRAFE WIRD ABGESCHAFFT.
- SKLAVEN UND VERBRECHER DÜRFEN IM GESICHT NICHT GEBRANNTMARKT WERDEN.
- SKLAVEN MÜSSEN HUMAN BEHANDELT UND DIE GESUNDHEIT DER HÄFTLINGE SOLL GESCHONT WERDEN.
- PRIESTER BRAUCHEN KEINE STEUERN ZU ZAHLEN UND SIND VOM KRIEGSDIENST BEFREIT.
- BISCHÖFE WERDEN DEN KAISERLICHEN WÜRDENTRÄGERN GLEICHGESTELLT.
- BEI ZIVILSTREITIGKEITEN DÜRFEN SIE RECHT SPRECHEN.
- BIBELN WERDEN AUF STAATSKOSTEN AUF KOSTBAREM PERGAMENT ABGESCHRIEBEN UND VERVIELFÄLTIGT.

Wie tolerant bist du?

Kannst du tolerieren, wenn …

- deine Freundin Kleidung trägt, die du hässlich findest?
- deine Freundin vor dem Essen betet (auch in der Schule)?
- dein Freund raucht?
- deine Freundin klaut?

Die Konstantinische Wende

- »Wende« – sammelt Assoziationen!
- Denkt über die Folgen der Verfügungen Konstantins für Christen und Nichtchristen nach – ihr könnt Leserbriefe aus unterschiedlicher Sicht formulieren: Sklaven, Verband der Opferfleischlieferer, Kirchenleitung.
- Hieronymus hatte offenbar keine hohe Meinung über diese »Wende«: Prüfe, welche Anordnungen Konstantins für die Zukunft der Kirche eher förderlich, welche eher schädlich waren!
- Finde heraus, welche Gesetze Konstantins heute noch gelten!
- Antworte Hieronymus aus heutiger Sicht!

Toleranz

- Toleranz ist / ist nicht …
- Überprüfe, ob Konstantins Regelungen tolerant sind!
- Vergleiche Toleranz mit Nächstenliebe (S. 101)!

info

Staatsreligion

391 erklärt Kaiser Theodosius, der Nachfolger Konstantins, den christlichen Glauben zur einzig erlaubten Religion im Römischen Reich und macht das Christentum zur Staatsreligion.

Das MERKe eines Kirchenvaters*: »Früher wuchs die Kirche durch Verfolgung. Jetzt ist sie an Macht und Reichtum größer, an Tugenden kleiner geworden«. HIERONYMUS

Krisenzeit

George Grosz, »Deutschland, ein Wintermärchen« (1917/18)

Die Herrlichkeit des deutschen Kaiserreichs, der Traum unserer Väter, der Stolz jedes Deutschen ist dahin. Mit ihr der hohe Träger der deutschen Macht, der Herrscher und das Herrscherhaus, das wir als Bannerträger deutscher Größe so innig liebten und verehrten. Wir können nicht anders als hier feierlich es bezeugen, welch reicher Segen von den bisherigen engen Zusammenhängen von Staat und Kirche auf beide – auf den Staat und auf die Kirche – und durch beide auf Volk und Vaterland ausgegangen ist.

Aus der Eröffnungsrede des Dresdener Kirchentages (1919)

info

Kirche und Staat zu Beginn des 20. Jahrhunderts

- Die enge Verknüpfung von Staat und evangelischer Kirche hatte während des Ersten Weltkrieges einen grotesken Höhepunkt erreicht. Die politischen Reichsinteressen wurden von den Kirchen als christlich ausgegeben, die meisten Geistlichen waren streng nationalistisch gesinnt.
- Nach dem Krieg endete das Bündnis von Thron und Altar mit Staatskirchentum und landesherrlichem Kirchenregiment* jedoch abrupt, die Weimarer* Verfassung sah eine Trennung von Staat und Kirche vor, die allerdings nicht strikt vollzogen wurde. Jüngere Theologen wie Karl Barth und Friedrich Gogarten (s. u.) strebten einen radikalen Neuanfang an und betonten die Verschiedenheit von Kirche und bürgerlicher Gesellschaft. Insgesamt behielten allerdings die konservativen Kräfte die Oberhand, deren nationalistische, militaristische und antidemokratische Grundhaltung nicht selten mit Antisemitismus* einherging.

Das ist das Schicksal unserer Generation, dass wir zwischen den Zeiten stehen. Wir gehörten nie zu der Zeit, die heute zu Ende geht. Ob wir je zu der Zeit gehören werden, die kommen wird? So stehen wir mitten dazwischen. In einem leeren Raum. Der Raum wurde frei für das Fragen nach Gott. Endlich. *Friedrich Gogarten, 1920*

- Analysiere das satirische Bild von George Grosz und gehe dabei auf die vier Figuren im Zentrum ein!
- Vergleiche die Bewertungen der historischen Situation in den beiden Quellentexten und beschreibe die Stimmung, die in ihnen vorherrscht!
- Krise als Thema ist dir bereits im Zusammenhang mit »Reformation« begegnet (Kap. 4). Halte Gemeinsamkeiten und Unterschiede mit der Krise zu Beginn des 20. Jahrhunderts in Stichpunkten fest!

Was ist uns heute das Christentum? Nationalsozialismus ist Religion. Es fehlt nur noch das religiöse Genie, das alte überlebte Formeln sprengt und neue bildet. Der Ritus fehlt uns. Nationalsozialismus muss auch einmal Staatsreligion der Deutschen werden. Meine Partei ist meine Kirche und ich glaube, dem Herrn am besten zu dienen, wenn ich seinen Willen erfülle und mein unterdrücktes Volk von den Sklavenketten befreie. Das ist mein Evangelium. *Joseph Goebbels, Tagebucheintrag 23. Juli 1926*

- Vergleiche die beiden obigen Bilder im Hinblick auf Motive, Bildsprache und Bedeutung des Dargestellten! Erkläre die auffälligen Gemeinsamkeiten mit Bezug auf das Zitat von Goebbels!
- Kreuz und Licht – kein Zufall, dass sich die Nationalsozialisten ausgerechnet dieser Symbole bedienten (S. 134 f.).
- Ideologien* wie der Nationalsozialismus* bedienten sich bewusst religiöser Elemente. Erstellt in Gruppen ein »Rezept«, in dem ihr beschreibt, welche religiösen »Zutaten« man für eine derartige Ideologie braucht! Haltet eure Ergebnisse auf Plakaten fest! Diskutiert dann darüber, welche Gründe die Nationalsozialisten dazu bewogen haben könnten, neue religiöse Riten und Kulte ins Leben zu rufen!

info

Rituale des Nationalsozialismus: Das Beispiel Sonnwendfeier

- Auch wenn Hitler sich gegenüber den Kirchen in öffentlichen Stellungnahmen zunächst moderat und entgegenkommend zeigte, sah der Nationalsozialismus – als den Menschen vollständig in Anspruch nehmendes totalitäres* System – das Christentum als Gegner, der letztendlich vernichtet werden sollte. Allerdings blieben die Bereiche, aus denen christliche Rituale herausgedrängt wurden, nicht leer; zahlreiche neue Riten und Feste, wie z. B. die Sonnwendfeier, traten an ihre Stelle.
- Aus alten »heidnischen« Kulturen stammt die Sonnwendfeier als Fest des längsten Tages im Jahr. Hitlerjugend und NSDAP übernahmen sie ab 1933 für ihre Zwecke. Der Ablauf war standardisiert: Auf Fanfarenruf und Entzündung des Feuers folgten Ansprachen, Weihesprüche und Lieder. Höhepunkt war das Totengedenken, bei dem Kränze ins Feuer geworfen wurden. Die Feier endete mit dem Ruf »Sieg-Heil« sowie dem Singen von Nationalhymne und Horst-Wessel-Lied.

Kirchen-

Wir sehen in Rasse, Volkstum und Nation uns von Gott geschenkte und anvertraute Lebensordnungen, für deren Erhaltung zu sorgen, uns Gottes Gesetz ist. Daher ist der Rassenvermischung entgegenzutreten.
In der Judenmission sehen wir eine schwere Gefahr für unser Volkstum. Sie ist das Eingangstor fremden Blutes in unsern Volkskörper. Insbesondere ist die Eheschließung zwischen Deutschen und Juden zu verbieten.
Aus den »Richtlinien« der DC vom Mai 1932

Die Nationalkirche

Briefe an deutsche Christen

Herausgeber: Siegfried Leffler — Schriftleitung: Heinz Dungs

Nummer 46 — Weimar, im Dezember 1937 — 6. Jahrgang

Christus der Todfeind des Judentums!

info

Spaltung

- Mit der nationalsozialistischen »Machtergreifung« 1933 änderte sich auch die Situation der Kirchen. Im Gegensatz zum liberalen Pluralismus der Weimarer Republik* vertraten die Nationalsozialisten* (NS) eine totalitäre* politische Heilslehre, die ganz auf den »Führer« Adolf Hitler ausgerichtet war. Die Reaktion der Kirchen fiel zunächst überwiegend positiv aus: Nicht wenige Christen sahen in Hitler den Retter des Vaterlandes vor der Gefahr des atheistischen* Bolschewismus*. Gerade evangelische Christen zeigten sich für die NS-Ideologie anfällig, waren sie doch traditionell deutschnational gesinnt und hatten seit jeher einen engen Bezug zur »Obrigkeit«, der sie Gehorsam schuldig zu sein meinten.
- In der evangelischen Kirche bildete sich die nationalsozialistische Kirchenpartei der »Deutschen Christen« (DC). Unter dem Motto: »Ein Volk, ein Reich, ein Führer, eine Kirche!« strebten sie eine deutsche »Reichskirche« im Sinne der nationalsozialistischen »Gleichschaltung«* an. Nach massiver Propaganda gewannen die DC die Kirchenwahlen 1933 und besetzten schlagartig Schlüsselpositionen der Landeskirchen. Der Nationalsozialist Ludwig Müller wurde als »Reichsbischof« an die Spitze der neuen »Deutschen Evangelischen Kirche« gesetzt. Die DC forderten »Rassenreinheit« und die Einführung des Arierparagraphen* im kirchlichen Bereich. Das Christentum sollte »entjudet« werden, z. B. durch die Eliminierung des Alten Testaments und der Paulus-Briefe.
- Auf der anderen Seite bildete sich innerhalb der evangelischen Kirche auch Widerstand gegen die NS-Ideologie, zumal deren Ablehnung des Christentums immer deutlicher zutage trat. 1933 wurde aus Protest gegen den kirchlichen Arierparagraphen der »Pfarrernotbund« gegründet, aus dem 1934 die »Bekennende Kirche« (BK) hervorging. Diese verstand sich als rechtmäßige evangelische Kirche; die ihr angehörenden Mitglieder beriefen sich dabei auf kirchliches Notrecht. Aufgrund dieses Widerstandes scheiterten die Pläne der Nationalsozialisten, die Kirche vollständig gleichzuschalten. Die »Barmer Theologische Erklärung« aus dem Jahr 1934 ist das wichtigste Dokument der BK. Allerdings positionierte sie sich in den Folgejahren nicht geschlossen und konsequent gegenüber dem NS-Staat. In erster Linie ging es der BK darum, eine Einmischung des Regimes in Glaubensinhalte und Kirchenverfassung abzuwehren. Eine politische Dimension hatte diese Abwehr nur indirekt, da auf diese Weise der Totalitätsanspruch des NS begrenzt wurde. Ein offener politischer Protest gegen den NS blieb jedoch weitgehend aus.

Reichsbischof Ludwig Müller beim Hitlergruß

info

Die Barmer Theologische Erklärung (BTE)

Die BTE gilt als Grunddokument der Bekennenden Kirche während des Kirchenkampfes und zugleich als einer der wichtigsten theologischen Texte des 20. Jahrhunderts. Sie wurde auf der ersten Bekenntnissynode in Wuppertal-Barmen (29. bis 31. Mai 1934) verabschiedet. Erarbeitet wurde sie im Wesentlichen von dem Theologen Karl Barth. Ihr Hauptzweck bestand einerseits in der klaren Abgrenzung von den Deutschen Christen, andererseits in dem Versuch, die zersplitterten protestantischen Kirchen (Lutheraner, Reformierte, Unierte) in der Krise zu einen. Alle sechs Thesen sind identisch aufgebaut: Auf ein Bibelzitat folgen eine theologische Erklärung sowie eine Abgrenzung.

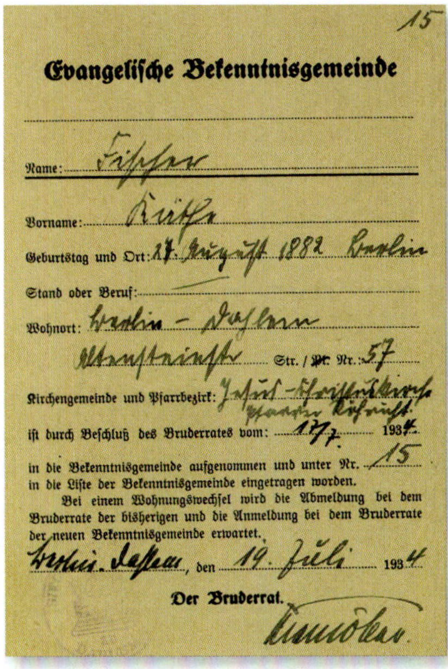

15

Evangelische Bekenntnisgemeinde

Name: Fischer

Vorname: ...

Geburtstag und Ort: 27. August 1882 Berlin

Stand oder Beruf: ...

Wohnort: Berlin-Dahlem

... Str./Nr. 57

Kirchengemeinde und Pfarrbezirk: ...

ist durch Beschluß des Bruderrates vom: 17/7 1934

in die Bekenntnisgemeinde aufgenommen und unter Nr. 15 in die Liste der Bekenntnisgemeinde eingetragen worden.

Bei einem Wohnungswechsel wird die Abmeldung bei dem Bruderrate der bisherigen und die Anmeldung bei dem Bruderrate der neuen Bekenntnisgemeinde erwartet.

Berlin-Dahlem, den 19. Juli 1934

Der Bruderrat.

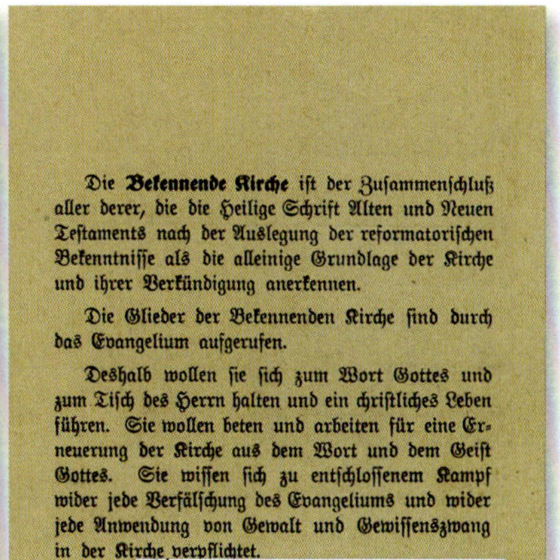

Die **Bekennende Kirche** ist der Zusammenschluß aller derer, die die Heilige Schrift Alten und Neuen Testaments nach der Auslegung der reformatorischen Bekenntnisse als die alleinige Grundlage der Kirche und ihrer Verkündigung anerkennen.

Die Glieder der Bekennenden Kirche sind durch das Evangelium aufgerufen.

Deshalb wollen sie sich zum Wort Gottes und zum Tisch des Herrn halten und ein christliches Leben führen. Sie wollen beten und arbeiten für eine Erneuerung der Kirche aus dem Wort und dem Geist Gottes. Sie wissen sich zu entschlossenem Kampf wider jede Verfälschung des Evangeliums und wider jede Anwendung von Gewalt und Gewissenszwang in der Kirche verpflichtet.

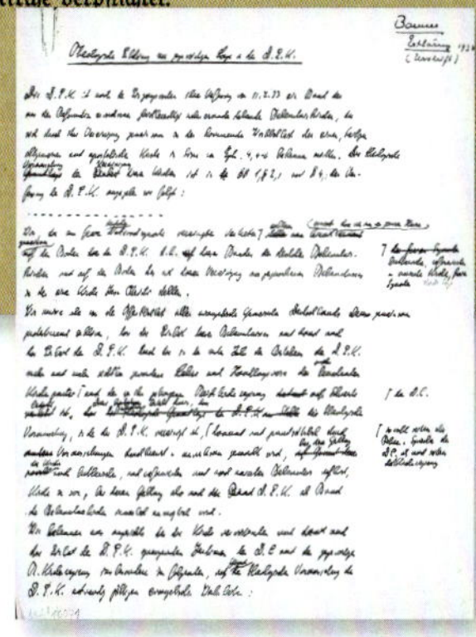

Karl Barths Urfassung der BTE

Auszüge aus der Barmer Theologischen Erklärung

Jesus Christus, wie er uns in der Heiligen Schrift bezeugt wird, ist das eine Wort Gottes, das wir zu hören, dem wir im Leben und im Sterben zu vertrauen und zu gehorchen haben.

Wir verwerfen die falsche Lehre, als könne und müsse die Kirche als Quelle ihrer Verkündigung außer und neben diesem einen Wort Gottes auch noch andere Ereignisse und Mächte, Gestalten und Wahrheiten als Gottes Offenbarung anerkennen.

Wir verwerfen die falsche Lehre, als dürfe die Kirche die Gestalt ihrer Botschaft und ihrer Ordnung ihrem Belieben oder dem Wechsel der jeweils herrschenden weltanschaulichen und politischen Überzeugung überlassen.

Wir verwerfen die falsche Lehre, als könne und dürfe sich die Kirche abseits von ihrem Dienst besondere, mit Herrschaftsbefugnissen ausgestattete Führer geben oder geben lassen.

Wir verwerfen die falsche Lehre, als solle und könne der Staat über seinen besonderen Auftrag hinaus die einzige und totale Ordnung menschlichen Lebens werden und also auch die Bestimmung der Kirche erfüllen.

Wir verwerfen die falsche Lehre, als solle und könne sich die Kirche über ihren besonderen Auftrag hinaus staatliche Art, staatliche Aufgaben und staatliche Würde aneignen und damit selbst zu einem Organ des Staates werden.

MERKe: Widerstand braucht einen guten Grund!

- Die Deutschen Christen wollten alles Jüdische aus dem Christentum entfernen – was bliebe übrig?
- Die BTE nennt das NS-Regime als Adressaten nicht explizit. Dennoch bezieht sich der Text auf die konkrete historische Situation im Jahr 1934. – Erstellt in Gruppenarbeit (unterteilt in Abschnitte) und unter Einbezug des Materials auf der linken Seite »Übersetzungen«, in denen deutlich wird, wogegen genau sich die einzelnen Aussagen der BTE richten!

Handlungsräume …

Dietrich Bonhoeffer: Leben in der Nachfolge Jesu

Dietrich Bonhoeffer wurde am 4. Februar 1906 in Breslau geboren. Nach dem Studium der Theologie arbeitete er in den frühen 1930er-Jahren in Berlin als Dozent an der Universität. Bereits kurz nach der nationalsozialistischen »Machtübernahme« warnte er vor der NS-Ideologie* und bezog eindeutig Stellung gegen die Diskriminierung der Juden. Seine Position fand in der Kirche wenig Gehör. Bonhoeffer verließ daraufhin Deutschland und wirkte als Pfarrer in London.

1935 kehrte Bonhoeffer nach Deutschland zurück, um die Leitung des Predigerseminars der Bekennenden Kirche zu übernehmen, zu deren entschiedensten Vertretern er zählte. In den Folgejahren behinderte der NS-Staat Bonhoeffers Wirken in immer stärkerem Maße: Seine Lehrbefugnis an der Universität wurde ihm entzogen, das Predigerseminar geschlossen, er erhielt ein Aufenthaltsverbot für Berlin, schließlich auch Rede- und Schreibverbot. Bis 1940 betrieb er das Predigerseminar illegal weiter. Unter dem Eindruck der Ereignisse gelangte er zu der Überzeugung, dass aktiver Widerstand geleistet und Hitler beseitigt werden musste. Daher schloss er sich einem Kreis von Widerstandskämpfern an, die ein Attentat auf Hitler planten.

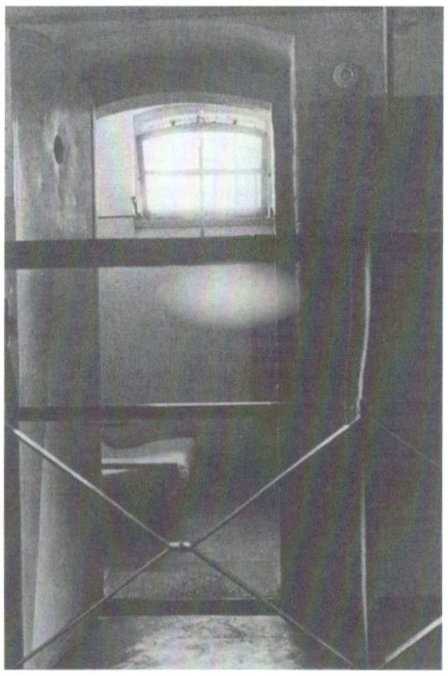

Bonhoeffers Gefängniszelle in Berlin-Tegel

Im Januar 1943 verlobte er sich mit der 18-jährigen Maria von Wedemeyer. Doch schon im April wurde Bonhoeffer verhaftet und im Militärgefängnis Tegel inhaftiert. Als nach dem misslungenen Attentat vom 20. Juli 1944 Akten gefunden wurden, die Bonhoeffer belasteten, verschärfte man seine Haftbedingungen. 1945 wurde er zunächst ins KZ Buchenwald, kurze Zeit später ins KZ Flossenbürg in der Oberpfalz deportiert. Dort wurde er, zwei Wochen vor der Befreiung durch die amerikanischen Truppen, nach einem Scheinprozess durch ein SS-Gericht am 9. April 1945 erhängt. Der KZ-Lagerarzt, der den Verurteilten nicht kannte, notierte später über Bonhoeffer: »Ich habe kaum je einen Mann so gottergeben sterben sehen.« Im Zentrum von Bonhoeffers Theologie steht Christus: Weil dieser sich vorbehaltlos auf die Welt eingelassen hat – bis hin zum Kreuz –, muss sich auch der Christ auf die Welt in ihrer Alltäglichkeit und Unvollkommenheit einlassen. Wahre »Nachfolge« Jesu besteht daher in der Einheit von Glaube und Handeln: »Nicht der religiöse Akt macht den Christen, sondern das Teilnehmen am Leiden Gottes im weltlichen Leben.« Das bedeutet auch, dass man sich als Christ nicht aus politischen Dingen heraushalten darf. Wer nachfolgen will, muss seine Stimme erheben, wenn politisches Unrecht geschieht.

- Singt (oder lest) das Lied »Von guten Mächten …« (EG 65), dessen Text Bonhoeffer in seiner Gefängniszelle verfasst hat! Zeige auf, welche Bezüge zu seinem Leben und Denken bestehen!
- Die Bibel war Bonhoeffer heilig, natürlich kannte er auch die Zehn Gebote* und das Doppelgebot* der Liebe und dennoch wollte er Hitler ermorden …
- Nachfolge: Vergleiche die Beispiele, die du schon kennst (z. B. S. 52 f., Kap. 6) mit Bonhoeffers Sicht!

Dietrich Bonhoeffer:

»Nur der Glaubende ist gehorsam und nur der Gehorsame glaubt. Nachfolge ist Bindung an Christus; ein Christentum ohne den lebendigen Jesus Christus bleibt notwendig ein Christentum ohne Nachfolge.«

»Tatenloses Abwarten und stumpfes Zuschauen sind keine christlichen Haltungen. Den Christen rufen nicht erst die Erfahrungen am eigenen Leibe, sondern die Erfahrungen am Leibe der Brüder, um derentwillen Christus gelitten hat, zur Tat und zum Mitleiden.«

»Nicht in der Flucht der Gedanken, allein in der Tat ist die Freiheit.«

»Christen, die nur mit einem Bein auf der Erde stehen, stehen wohl auch nur mit einem Bein im Himmel.«

Hans Meiser: Zwischen Protest und Anpassung

Hans Meiser, geboren am 16. Februar 1881 in Nürnberg, wirkte nach Theologiestudium und kurzem Einsatz im Ersten Weltkrieg als Pfarrer in München. 1922 wurde er Direktor des Predigerseminars in Nürnberg. In Anlehnung an die Ideen Wilhelm Löhes* setzte er sich für eine soziale Kirche ein, die strikt am lutherischen Bekenntnis orientiert sein sollte. 1933 wurde Meiser zum ersten bayerischen Landesbischof gewählt. Sein Amt wurde dabei mit umfassenden Vollmachten ausgestattet und somit dem »Führerprinzip« angeglichen.

Mit der nationalsozialistischen Machtübernahme verband Meiser zunächst die Hoffnung auf eine christliche Erneuerung des Staates, weshalb er anfangs mit dem Regime kooperierte. Bald jedoch musste er erkennen, dass seine Erwartungen nicht erfüllt wurden. Als die bayerische Landeskirche 1934 in die neue Reichskirche eingegliedert werden sollte, verweigerte sich Meiser gegenüber Hitler mit den Worten, im Falle einer Eingliederung zu »unseres Führers allergetreuesten Opposition« zu werden. Daraufhin wurde Meiser unter Hausarrest gestellt, der aber nach 14 Tagen wieder aufgehoben wurde, da zahlreiche Gläubige gegen das Vorgehen des Staates protestierten. Der »fromme Volksaufstand« führte dazu, dass Meiser sein Amt wieder ausführen konnte und die »Reichskirche« als gescheitert gelten musste. Dieser Vorgang gilt als einzige innenpolitische Niederlage Hitlers. Nach Kriegsende unterschrieb Meiser die »Stuttgarter Schulderklärung*«, protestierte allerdings auch gegen die Entnazifizierungsmaßnahmen, die er als zu schematisch ablehnte. 1948 wurde er zum ersten leitenden Bischof der Vereinigten evangelisch-lutherischen Kirche Deutschlands (VELKD) gewählt. Am 8. Juni 1956 verstarb Meiser. Seine Leistung bestand darin, seine Landeskirche als eine der wenigen intakt* gehalten und gegen Vereinnahmungen verteidigt zu haben. Allerdings musste er dafür zahlreiche Kompromisse mit dem NS-Regime schließen. So ließ er z. B. 1938 die Pfarrer den Eid auf Hitler ablegen. Auch gegen die Einführung des Hitlergrußes im Religionsunterricht protestierte er nicht. Vor allem aber bezog er keine öffentliche Stellung gegenüber der Judenverfolgung, obwohl er von einzelnen Gläubigen dazu aufgefordert wurde. Meiser vertrat die Meinung, dass öffentlicher Protest sowohl für die eigene Kirche als auch für die Juden von Nachteil wäre. Gleichwohl wurde 126 »nicht-arischen« Menschen von 1938 bis 1945 durch von Meiser eingerichtete Hilfsstellen zur Flucht ins Ausland verholfen.

info

Hans Meiser – ein Antisemit*?

- In einem 1926 erschienenen Artikel setzte sich Meiser mit der damals vehement diskutierten »Judenfrage« auseinander. Darin behauptete er, »dass der jüdische Geist für uns etwas Wesensfremdes hat und dass sein Umsichgreifen zum allergrößten Schaden für unser Volk wäre. Es ist oft betont worden, dass der jüdische Verstand etwas Zerfressendes, Ätzendes, Auflösendes an sich hat.« Meiser strebte eine Taufe der Juden an, da sie »die Juden auch rassisch veredeln würde«.
- Im gleichen Artikel forderte Meiser von jedem Christen, die Juden »mit Freundlichkeit« zu grüßen, »mit Selbstverleugnung« zu tragen, »durch hoffende Geduld« zu stärken, »mit wahrer Liebe« zu erquicken und »durch anhaltende Fürbitte« zu retten. Weil Meiser Stellung für evangelische Christen jüdischer Herkunft bezog, wurde er in den 1930er-Jahren von den Nazis angefeindet und vom Hetzblatt »Stürmer« als »Judenfreund« bezeichnet.

- An Bonhoeffer und Meiser kann man Exemplarisches über Handlungsmöglichkeiten in einer Diktatur ablesen. Benenne Unterschiede in den Verhaltensweisen!
- Meisers Verhalten war zweischneidig und wird bis heute diskutiert. Bewerte seine Aussagen und Handlungen aus heutiger Sicht!
- In einigen deutschen Städten wurde darüber debattiert, ob man nach Meiser benannte Straßen umbenennen soll. Schreibe einen Leserbrief, in dem du zu dieser Frage Stellung beziehst!
- Diskutiert, wer mehr durch sein Handeln erreicht hat: Bonhoeffer oder Meiser?

Koffer von ins KZ deportierten Jüdinnen und Juden

info

Das Verhältnis der Kirchen zu Judenverfolgung und Schoa*

- Die Kirchen schwiegen zur Verfolgung und Vernichtung der Juden. Weder anlässlich des Judenboykotts (1933), der Nürnberger Gesetze (1935), der Reichspogromnacht (1938) noch der Deportationen in die Vernichtungslager ab 1941 erhoben sie öffentlich ihre Stimme. Dieses Versagen gilt auch für die Bekennende Kirche (BK); anfangs stießen die Maßnahmen gegen die Juden sogar auf Zustimmung vieler BK-Kirchenführer. Grund für den Widerstand der BK gegen das NS-Regime war der Eingriff in die kirchliche Autonomie, nicht die Verfolgung und Ermordung jüdischer Mitbürger, obwohl deren Schicksal nachweislich bekannt war.
- Nur wenige Christen erkannten die Pflicht zur Solidarität mit den Juden und bezogen öffentlich Stellung gegenüber der Judenverfolgung. Zu dieser Gruppe zählten mutige Einzelne wie Dietrich Bonhoeffer (S. 160), der schon früh dafür plädierte, »nicht nur die Opfer unter dem Rad zu verbinden, sondern dem Rad selbst in die Speichen zu fallen«, also notfalls offenen Widerstand gegen den Staat zu leisten.

- Stelle Vermutungen an, warum viele Christen dem Antisemitismus* so wenig entgegenzusetzen hatten!
- Und wenn sich Kirchenvertreter für die Juden ebenso eingesetzt hätten wie für die Opfer der Euthanasie?
- Informiere dich im Internet über Einzelschicksale der Euthanasie-Vernichtung!

Versagen

info

Euthanasie und Kirche

- »Euthanasie« (griech.) heißt wörtlich »guter« bzw. »schöner Tod«. Die Nationalsozialisten verstanden darunter die Vernichtung »lebensunwerten Lebens« als Teil der von ihnen betriebenen »Rassenhygiene«. Nicht nur »Nicht-Arier« wurden ausgegrenzt, sondern auch behinderte und unheilbar kranke Menschen. Vom NS-Regime als »Defektmenschen« und »Ballastexistenzen« bezeichnet, wurden sie seit 1939 systematisch ermordet, um die »arische Rasse« nicht zu »verunreinigen« und um Pflegekosten einzusparen.
- Im Rahmen der »Aktion T 4« wurden ab 1940 Menschen mit geistiger Behinderung und andere »unerwünschte Elemente« Opfer eines Massenmordes. In sog. »Euthanasie-Anstalten« wurden über 100.000 Menschen ermordet, die Leichen eingeäschert. Angehörige erhielten Schreiben mit fingierten Todesangaben. Schon vor der Aktion T 4 wurden vom NS-Regime als wertlos erachtete Kinder ermordet. Hebammen und Ärzte erhielten die Aufforderung, behinderte Neugeborene zu melden – rückwirkend auch Kinder bis zu drei Jahren. Seit Kriegsbeginn kamen so mindestens 5.000 Kinder ums Leben.
- Einzelne Vertreter der Kirchen protestierten gegen die nationalsozialistischen Euthanasie-Aktionen. Auf evangelischer Seite sind die Bischöfe Theophil Wurm und Friedrich Bodelschwingh (jun.)* sowie der Pfarrer Paul Braune zu nennen. Der katholische Bischof Clemens August Graf von Galen prangerte die Tötungen 1941 in einer Predigt öffentlich an, woraufhin der Protest auch in der Bevölkerung derartig anstieg, dass die Morde offiziell gestoppt wurden; inoffiziell wurden sie – allerdings in geringerem Umfang – fortgeführt.

»Der nachdenkliche Christ weiß, dass in Auschwitz nicht das jüdische Volk, sondern das Christentum gestorben ist.«

ELIE WIESEL

Elisabeth Schmitz (1893–1977): Eine Frau erhebt Einspruch

»Im Winter trug sie den braunen Rock, im Sommer den grauen, der Saum zwei Handbreit unter dem Knie, blasse Bluse, Strickjacke, dicke Strümpfe, die grauen Haare aufgesteckt, die Stimme monoton und weinerlich, unscheinbar und reserviert, der ganze Habitus auf Distanz gebürstet. So ist sie ihren Schülerinnen in Erinnerung geblieben. [. . .] Nicht einen Moment lang hätte man einen Gedanken daran verschwendet, was für ein Leben, was für ein Schicksal sich hinter einer Fassade gediegener Altbackenheit verbergen mochte. Das Bild einer mutigen Widerständlerin, die das drohende Naziunheil früher als andere erkannte, sich früher als andere einen Reim auf die Konsequenzen machte, protestierte, appellierte und unter Einsatz ihres Lebens Juden versteckte, brachte niemand zusammen mit der biederen Lehrerin. Zumal sie niemals über ihre Heldentaten sprach. Erst sechzig Jahre nach Kriegsende fand man in einem Kirchenarchiv eine Aktentasche mit Dokumenten, die Zeugnis ablegten von ihrem Widerstand. [. . .] Zu ihren Lebzeiten hatte sie es nicht leicht, sich Gehör zu verschaffen, und bei ihrer Beerdigung standen gerade mal sieben Personen an ihrem Grab. Sie wirkte im Stillen. In ihrer auf Matrizen geschriebenen und in einer Auflage von 200 Stück gedruckten Denkschrift sammelte sie ganz konkrete, oftmals kleine, unspektakuläre Alltagsvorkommnisse einer vergifteten Gesellschaft als Belege für die Schikanen an Juden, Schikanen von Nachbarn und Kollegen, Lehrern und anderen Amtspersonen, auch kirchlichen.«

SZ, 16.9.2010

- Erst seit 2004 weiß man, wie mutig und konsequent Elisabeth Schmitz Widerstand gegen die NS-Diktatur leistete. Informiert euch über ihre Biografie und entwerft eine Ausstellung über ihr Leben! Material findet ihr z. B. in dem Buch »Mir aber zerriss es das Herz. Der stille Widerstand der Elisabeth Schmitz« von M. Gailus (2010). Geht dabei auch auf die Rolle der Bekennenden Kirche ein!

BeMERKenswert: Sie hat nicht nichts gewusst.

In einer kleinen Stadt werden den jüdischen Kindern von den anderen immer wieder die Hefte zerrissen, wird ihnen das Frühstücksbrot weggenommen und in den Schmutz getreten! Es sind christliche Kinder, die das tun, und christliche Eltern, Lehrer und Pfarrer, die es geschehen lassen. Ein kleines Mädchen wagt auf der Straße nicht, an einem Pferd vorbeizugehen, das mit den Vorderhufen auf dem Bürgersteig steht. Da sagt seine Schwester beruhigend: »Geh doch, das Pferd weiß ja nicht, dass wir jüdisch sind.« Ein Kind, das eine jüdische Mutter hat, bittet seine Freundinnen immer wieder angstvoll: »Kommt bald wieder, meine Mutti ist sehr nett.« – Ein anderes bittet die Mutter fortzugehen, damit die Freundinnen sie nicht sehen. Andere Kinder verbergen angstvoll mit allen Mitteln, dass sie nicht arisch sind, lügen, immer in der Angst, dass »es herauskommt«, machen Vater oder Mutter Vorwürfe. Was soll aus den Seelen dieser Kinder werden und was aus einem Volk, das solche Kindermartyrien duldet? Und was aus der Jugend dieses Volkes, die in solcher Luft aufwächst und so missbraucht wird?

Was soll man antworten auf all die verzweifelten, bitteren Fragen und Anklagen: Warum tut die Kirche nichts? Warum lässt sie das namenlose Unrecht geschehen? Wie kann sie immer wieder freudige Bekenntnisse zum nationalsozialistischen Staat ablegen, die doch politische Bekenntnisse sind und sich gegen das Leben eines Teiles ihrer eigenen Glieder richten? Warum schützt sie nicht wenigstens die Kinder? Sollte denn alles das, was mit der heute so verachteten Humanität schlechterdings unvereinbar ist, mit dem Christentum vereinbar sein?

Und wenn die Kirche um ihrer völligen Zerstörung willen in vielen Fällen nichts tun kann, warum weiß sie dann nicht wenigstens um ihre Schuld? Warum betet sie nicht für die, die dies unverschuldete Leid und die Verfolgung trifft? Warum gibt es nicht Fürbittegottesdienste, wie es sie gab für die gefangenen Pfarrer? Die Kirche macht es einem bitter schwer, sie zu verteidigen.

Menschlich geredet bleibt die Schuld, dass alles dies geschehen konnte vor den Augen der Christen, für alle Zeiten und vor allen Völkern und nicht zuletzt vor den eigenen künftigen Generationen auf den Christen Deutschlands liegen.

Auszüge aus Elisabeth Schmitz' Denkschrift »Zur Lage der deutschen Nichtarier« (1935)

Wende-

info

Religion und Kirche in der DDR

- Der Osten Deutschlands war seit der Reformation protestantisch geprägt. Die SED wollte jedoch die Religion aus dem öffentlichen Leben verdrängen und durch die kommunistisch-atheistische* Ideologie* ersetzen. Das SED-Regime hoffte, dass die Religion als »Opium des Volkes« (Karl Marx*) im Laufe der Zeit aussterben würde.
- Mitgliedschaft in der Kirche hatte vielfältige Benachteiligungen zur Folge, auch deshalb, weil die DDR-Führung jegliche Freiräume, die sich der Kontrolle durch den Staat entzogen, verhindern wollte. Beispielsweise durften Christen häufig keine höheren Berufe ausüben und wurden von der Erweiterten Oberschule sowie vom Studium ausgeschlossen. Kirchlich aktive Personen wurden oft von der Stasi überwacht. Als Christ wurde man somit zum gesellschaftlichen Außenseiter und sah sich zum Teil massivem Druck ausgesetzt. Dennoch konnte insbesondere die evangelische Kirche in der DDR eine gewisse Autonomie gegenüber den totalitären* Staatsansprüchen aufrechterhalten. Mit dem Untergang der DDR im Jahr 1989 zeigte sich, dass das Programm der Entkirchlichung und Entchristlichung Erfolg gehabt hatte: Waren 1950 noch 95 % der in der DDR lebenden Menschen Kirchenmitglieder, waren es 1989 nur noch ca. 25 %.

info

Die Jugendweihe

- Die Jugendweihe gab es als Ersatzritual für kirchliche Feiern bereits seit dem 19. Jahrhundert. Seit 1954 wurde sie auch in der DDR durchgeführt, um Jugendliche im Alter von 14 Jahren in den Kreis der Erwachsenen aufzunehmen. Man wollte den Kirchen dadurch die Möglichkeit nehmen, junge Menschen durch Konfirmation* oder Firmung für sich zu gewinnen. Die bürgerlich-christliche Weltanschauung sollte so durch die sozialistisch*-atheistische* ersetzt werden.
- Da die Jugendweihe eng mit der Schule verknüpft war, konnten Jugendliche sich ihr kaum entziehen. Verweigerer wurden in Schule und Beruf systematisch benachteiligt, auf Eltern wurde staatlicher Druck ausgeübt. Dies führte dazu, dass sich die Jugendweihe als Familienfest durchsetzte und im Jahr 1985 über 97 % der Jugendlichen an der Feier teilnahmen. Auch nach dem Ende der DDR wird der Brauch bis heute, nun allerdings ohne staatliche Zwangsmaßnahmen, von vielen Menschen fortgeführt.

Jugendweihe-Plakat aus dem Jahr 1957

Jedes Ding hat zwei Seiten, sagt man. Dieses hier nicht, dieses hier hat viele. Es ist das Geschenkbuch zur Jugendweihe. Aufregende Fragen stellt es, und kluge Antworten gibt es. Von Aufständen, von Revolutionen ist in dem Buch oft die Rede. Das hat seinen Sinn. Wir glauben Leuten, die uns sagen: »Revolutionen sind die Lokomotiven der Geschichte«. Oder besser: Wir glauben ihnen das nicht nur, sondern wissen es spätestens, sobald wir im Geschenkbuch die Stelle gelesen haben, wo es uns erklärt wird. Übrigens gehört Karl Marx zu diesen Menschen. Klar, ihm dürfen wir trauen! Also ihr merkt schon, wen »Vom Sinn unseres Lebens« langweilt, der muss sich Dummkopf nennen lassen.

Aus einem Begleittext zum Jugendweihe-Geschenkbuch »Vom Sinn unseres Lebens«, 1983

- Konfirmation und Jugendweihe lassen sich als Initiationsriten* deuten. Erkläre den Sinn solcher Riten!
- Überlege, wie der Begleittext links auf junge Menschen wirken kann!
- Informiere dich im Internet über die Jugendweihe in der heutigen Zeit und überlege, wogegen sich dieses Ritual abgrenzt!
- Setze das Briefmarkenbild in Verbindung zu religiösen Heilsmotiven!

Pfarrhaus

Wer da bedrängt ist findet
mauern, ein
dach und

muß nicht beten

REINER KUNZE

Am 30. Mai 1968 wurde die Leipziger Paulinerkirche auf Befehl der SED-Regierung gesprengt. Sie war, von leichten Kriegsbeschädigungen abgesehen, völlig intakt. SED-Chef Walter Ulbrichts Begründung lautete: »Ja! Wir werden Türme haben, zum Beispiel einen Turm fürs Rathaus, einen Turm fürs Kulturhaus. Andere Türme können wir in der sozialistischen Stadt nicht gebrauchen.« Insgesamt wurden in der DDR ca. 60 Kirchen zerstört.*

Eines ist mir noch besonders wichtig geworden: Im Verlauf der friedlichen Revolution haben wir gelernt, was im Sinne des Wanderpredigers Jesus zusammengehört: die Straße und die Kirche. Das ist eine Wechselbeziehung. Die Kirche muss heraus auf die Straße, muss sich einmischen, muss das Salz der Erde sein, von dem Jesus spricht. Und die Menschen wiederum müssen einen Ort in der Kirche finden können. Jesus hat sich nie im Tempel versteckt. Es war dort anzutreffen, wo sich die Menschen mit ihrem Leben abquälten. Er war mitten unter ihnen. In ebensolcher Weise müssen wir zu den Menschen gehen und ihnen gleichzeitig in unseren Kirchen Orte zur Verfügung stellen, an denen sie Geborgenheit erfahren und Angst überwinden können. Das ist unsere Aufgabe. Und das haben wir im Herbst 1989 auf wunderbare Weise lernen dürfen. Diese Erfahrung ist zu einem festen Bestandteil meines Lebens geworden.

Christian Führer, 1989 Pfarrer an der Leipziger Nikolaikirche

- Informiere dich im Internet über weitere Kirchensprengungen in der DDR!
- Tragt zusammen, was ihr über die »Wende« wisst!
- »Stunde Null« 1945 / »Wende« 1989. Philosophiert über diese Begriffe!
- Beschreibe die gesellschaftliche Rolle der Kirche aus Sicht von Christian Führer!

info

Die Rolle der Kirche bei der »Wende« 1989

Für die friedliche Revolution des Jahres 1989 waren die seit Beginn der 1980er-Jahre stattfindenden Friedensgebete* von zentraler Bedeutung. Ausgehend von den Leipziger Kirchen erreichte der Protest gegen das SED-Regime mit den Montagsdemonstrationen* im Herbst 1989 eine ungeahnte Dynamik. Waren es Anfang September gerade einmal tausend Menschen, die sich montags nach dem Gottesdienst vor der Nikolaikirche versammelten und demonstrierten, stieg deren Zahl im November auf eine halbe Million. Die bereitstehende Polizei zog sich schließlich völlig unerwartet zurück; die Bevölkerung hatte sich gegenüber der Staatsgewalt durchgesetzt. Die »Wende« hätte es ohne die Kirche in dieser Form wohl nicht gegeben.

Handlungsräume ...

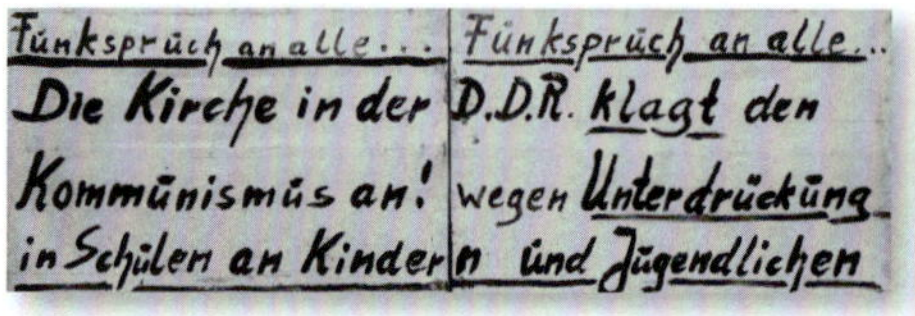

Oskar Brüsewitz (1929–1976): Märtyrer? Prophet?

Der Fall Oskar Brüsewitz

Er war der Störenfried. Der ewige Provokateur. Der Mann, der sich dem Verhandlungskurs der »Kirche im Sozialismus« verweigerte. Der lieber öffentlich gegen den Totalitätsanspruch des atheistischen SED-Regimes demonstrierte. Am 18. August 1976 verbrannte sich der evangelische Pfarrer Oskar Brüsewitz (47) vor der Marktkirche in Zeitz.*

»Funkspruch an alle: Die Kirche in der DDR klagt den Kommunismus an wegen Unterdrückung in Schulen an Kindern und Jugendlichen!« stand in ungelenker Schrift auf dem Plakat, das man bei Brüsewitz fand. Die Propaganda- und Verschleierungsmaschinen begannen zu rotieren. Über die von Brüsewitz gestellten Fragen sollte nicht diskutiert werden. Verwirrt, auf jeden Fall nicht ganz zurechnungsfähig, sei der für seine unkonventionellen Missionsmethoden bekannte Geistliche gewesen, ließ Erich Honecker im »Neuen Deutschland« verbreiten. Die Kirche duckte sich; mancher Verantwortliche beteiligte sich heimlich an der Verleumdung; Manfred Stolpe, der damals in der Kirchenleitung arbeitete, machte aus Sorge, dass die »mühsamen Verhandlungen mit dem Staat gestört werden könnten«, gut Wetter bei der Staatsführung, beschuldigte Kreise im Westen, die Verzweiflungstat des Pastors für ihre antikommunistische Politik zu missbrauchen. Doch das Fanal von Zeitz führte trotz aller Stolpeschen Beschwichtigungen zu einem tiefen Einschnitt in der Geschichte der »Kirche im Sozialismus«.

Brüsewitz war und ist bis heute umstritten. Aber nach drei Jahrzehnten haben selbst Akteure wie Stolpe ein anderes Brüsewitz-Bild. Sie geben zu, dass die »Wende«, die friedliche Revolution im Herbst 1989 nicht vom Himmel gefallen ist. Sie hatte Vorläufer. Der damalige Oberkirchenrat Stolpe sagt heute frank und frei: »Oskar Brüsewitz war ein Vorbote des Systemwechsels«. Er nennt den einsamen Kämpfer einen »Propheten«, der die »Richtung der Lösung« kannte: »1976 war er allein und entschied sich für die Selbstverbrennung als schärfste öffentliche Demonstration. 1989 waren Millionen unterwegs, um mit öffentlichen Demonstrationen den Umbruch für die Freiheit zu erzwingen«. Zerknirscht gibt der Mann, der für seine Kirche mit dem Staat und der Stasi verhandelte, zu, die Botschaft von Brüsewitz zu langsam verstanden zu haben: »Auch habe ich die Lösung von Einzelsorgen für dringlicher genommen als die klare Benennung des Grundübels Freiheit«. Der Abstand von 30 Jahren hat in der Tat eine andere Sicht auf den Landpfarrer aus dem Dorf Rippicha in Sachsen-Anhalt ermöglicht. Im Ökumenischen Heiligenlexikon steht sein Name gleich nach Oscar Romero, dem katholischen Märtyrerbischof von San Salvador.

Oskar Brüsewitz ein Märtyrer? Darauf eine klare, unmissverständliche Antwort zu geben fällt seiner Kirche weiter schwer. Sie laviert. Für den evangelischen Zeitgeschichtler Harald Schultze steht fest: Da Brüsewitz spürte, dass die Politik der Kirche zu keiner Änderung des marxistisch geprägten Bildungssystems führte, brachte er sich selbst zum Opfer, um ein wirksames Signal zu setzen. Aber als Martyrium könne seine Selbstverbrennung nicht bezeichnet werden: »Er wurde nicht verfolgt, eine Inhaftierung stand nicht bevor.«

Bekenner, Prophet, Vorläufer der friedlichen Revolution ja, was das Martyrium betrifft, allenfalls ein Grenzfall – das ist die Argumentationslinie der Kirchenoffiziellen. Andere, etwa der Theologe und frühere Mitarbeiter der Gauck-Behörde Ehrhard Neubert, sind sich ziemlich sicher: Ähnlich wie Dietrich Bonhoeffer* heute als positive Symbolfigur für Kirche im »Dritten Reich« gelte, werde dies eines Tages Oskar Brüsewitz für Kirche und Pfarrer in der DDR sein.

WELT online, 18. 8. 2006

- O. Brüsewitz und A. Schönherr hatten bewegte Biographien. Erstellt mithilfe der Zeitungsartikel in Gruppen jeweils einen kurzen Lebenslauf der beiden Persönlichkeiten! Zieht dafür auch zusätzliche Informationen aus dem Internet heran!
- Diskutiert auf Grundlage eurer Ergebnisse darüber, worin die Leistungen Schönherrs und Brüsewitz' bestehen! Welche Fragen würdest du ihnen stellen, wenn du ein Interview mit ihnen führen könntest?
- »Prophet*«, »Märtyrer« (S. 153) – überprüfe, ob diese Begriffe auf Brüsewitz zutreffen!
- Die von Schönherr verwendete Formel »Kirche im Sozialismus*« ist mehrdeutig und wurde auch unterschiedlich gedeutet. Diskutiert über mögliche Verständnisweisen!

Albrecht Schönherr (1911–2009): »Wir wollen Kirche nicht neben, nicht gegen, sondern im Sozialismus sein.«*

Bischof Albrecht Schönherr gestorben

Am Montag ist Albrecht Schönherr im Alter von 97 Jahren in Potsdam gestorben. Weit über drei Jahrzehnte hat er kirchenleitende Verantwortung getragen: als Superintendent in Brandenburg an der Havel, als Eberswalder Generalsuperintendent und schließlich als Bischof der Ostregion seiner Berlin-Brandenburgischen Kirche. Als erster Vorsitzender hat er zudem zwölf Jahre den Weg des evangelischen Kirchenbundes in der DDR wie kein anderer bestimmt.
Geprägt hat Schönherr vor allem die Begegnung mit dem Theologen Dietrich Bonhoeffer*, der sich nicht nur mit aller Konsequenz der Nazi-Herrschaft entgegenstellte, sondern in der ihm eigenen Radikalität auch für glaubwürdiges Reden und Handeln der Kirche eintrat. Für Schönherr hieß das, sich auf die jeweilige Situation einzulassen und sie als Ort der christlichen Bewährung anzunehmen.
Dieses Ziel war es auch, das Schönherr Ende der 60er-Jahre zum Fürsprecher eines eigenständigen Weges der acht ostdeutschen Landeskirchen werden ließ. Der Preis dafür war zwar eine Trennung von der bis dahin gesamtdeutschen Evangelischen Kirche in Deutschland. Dieser Weg eröffnete jedoch für die Christen und ihre Gemeinden in der DDR neue Arbeitsmöglichkeiten. Höhepunkt und Bestätigung dieses Weges war zweifellos das Gespräch mit dem damaligen Staats- und Parteichef Erich Honecker am 6. März 1978. Denn es brachte nicht nur eine Reihe Zugeständnisse für die Arbeit der Kirchen, sondern signalisierte auch mit der herausgehobenen Berichterstattung in den DDR-Medien, dass Kirche und Christentum Teil der Gesellschaft waren und entsprechende Achtung verdienten.
Sein kirchenpolitischer Kurs unter der Kurzformel »Kirche im Sozialismus« stieß aber auch – vor allem bei kirchlichen Mitarbeitern – auf Ablehnung. Viele verstanden die Formel als Anpassung an die politisch Mächtigen.
Doch angepasst ist Schönherr nie gewesen – weder in den Vorkriegsjahren als Pfarrer der Bekennenden Kirche im uckermärkischen Brüssow noch nach Kriegsende als Superintendent in Brandenburg oder in den 50er-Jahren als Direktor des dortigen Predigerseminars. Und auch als Generalsuperintendent in Eberswalde sowie als Bischof in Ost-Berlin ist er stets seinen eigenen Weg gegangen.
Berliner Morgenpost, 10. 3. 2009

Berliner Bischof Schönherr gestorben

»Die Kirche in der DDR erreichte mediale Aufmerksamkeit und Zugeständnisse für ihre Arbeit, zementierte aber zugleich die Trennung der deutschen Protestanten in Ost und West. In der Bundesrepublik wurde Albrecht Schönherr für sein Vorgehen scharf kritisiert.«
Tagesspiegel, 10. 3. 2009

Christ in Zeiten der Prüfung

Durch persönliche Integrität und diplomatisches Geschick gelang es dem hochaufragenden Schönherr, unüberbrückbare Verwerfungen innerhalb der Kirche angesichts der weitgehenden Entkirchlichung abzuwenden.
Nach außen war es Schönherrs Bestreben, einen Modus Vivendi mit dem DDR-Apparat zu erreichen. Aus der »Kirche für andere«, deren Gestalt Bonhoeffer in »Widerstand und Ergebung«, seinen Schriften aus der Haft, skizziert hatte, leitete Schönherr die »Kirche im Sozialismus« ab: »Nicht gegen, nicht neben, sondern im Sozialismus« habe sich Kirche zu bewähren, um ihrem Auftrag gerecht zu werden und nicht im geistigen Getto zu enden. Die Formel »Kirche im Sozialismus« wollte Schönherr nicht als Anlehnung an das System, sondern lediglich als Standortbestimmung verstanden wissen. Das blieb nicht ohne Widerspruch. Bei einem Treffen mit dem Staatsratsvorsitzenden Honecker im Jahr 1978, zwanzig Jahre nach den schwersten Schlägen der SED gegen die Kirchen, erreichte Schönherr einen Zugewinn an Autonomie für die evangelischen Kirchen – freilich um den Preis, weiterhin auf Konfrontation zu verzichten.
Im Anteil der evangelischen Kirche, unter deren Dächern sich die neuen sozialen Bewegungen sammelten, an der friedlichen Revolution des Jahres 1989 mag der Kurs Schönherrs, im Sozialismus nicht nur zu überwintern, seine Rechtfertigung gefunden haben.
FAZ, 11. 3. 2009

Kirche: einheitlich –

info

Die EKD

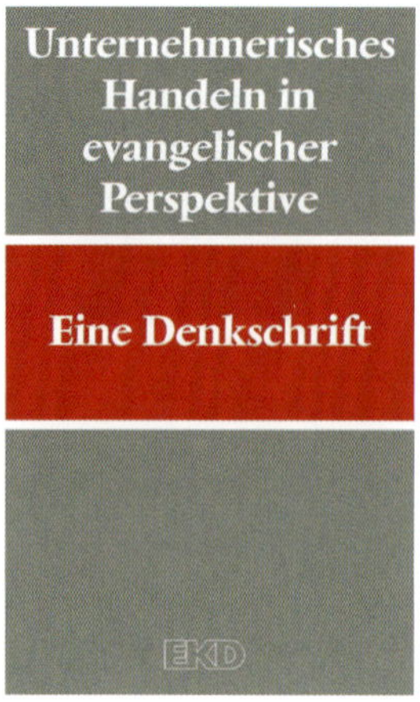

- Mit dem Ende des Zweiten Weltkrieges bestand das Bedürfnis nach einer neuen Dachorganisation für die unterschiedlichen protestantischen Landeskirchen in Deutschland. 1945 wurde daraufhin die Evangelische Kirche in Deutschland (EKD) im hessischen Treysa gegründet. Eine Grundordnung erhielt sie 1948 in Eisenach. Zunächst hatte die EKD den Anspruch, alle Landeskirchen des geteilten Deutschland zu vertreten. Mit dem Mauerbau 1961 erwies sich dies jedoch als problematisch, da die Teilung eine Zusammenarbeit erschwerte und sich die Lebensbedingungen in Ost- und Westdeutschland, auch im kirchlichen Bereich, zunehmend unterschieden. Aus diesem Grund organisierten sich die acht ostdeutschen Landeskirchen 1969 im Bund der Evangelischen Kirchen in der DDR. Nach der Wiedervereinigung 1990 schlossen sie sich wieder der EKD an.
- Heute umfasst die EKD 22 lutherische, unierte und reformierte Gliedkirchen. Unter ihnen besteht uneingeschränkte Kanzel- und Abendmahlsgemeinschaft*. Die EKD ist demokratisch verfasst, ihre Leitungsgremien sind Synode, Rat und Kirchenkonferenz. Die Synode mit insgesamt 120 Mitgliedern ist dabei das gesetzgebende »Kirchenparlament« der EKD. Der Rat der EKD ist das aus 15 Mitgliedern bestehende Leitungsgremium. Sein Vorsitzender ist zugleich oberster Repräsentant der EKD.
- Trotz der einheitlichen Dachorganisation EKD herrschen in den einzelnen Gliedkirchen unterschiedliche Meinungen zu bestimmten Fragen. Während z. B. Pfarrerinnen in mittlerweile allen Landeskirchen der EKD zugelassen sind, ebenso wie homosexuelle Pastoren, ist eine Segnung gleichgeschlechtlicher Paare derzeit nur in neun Landeskirchen möglich. Dies zeigt, dass es unter den Bedingungen des Pluralismus auch innerhalb der evangelischen Kirchen ein breites Meinungsspektrum gibt und unterschiedliche Sichtweisen möglich sind.

»Ich gehöre der Kirche an und das ist mir auch wichtig, aber ich gehe ehrlich gesagt nur an Weihnachten in den Gottesdienst.«

»Ich engagiere mich in der Gemeinde.«

»Den letzten Kirchentag fand ich gut.«

»Ich finde es interessant, über theologische Fragen nachzudenken; solche Sendungen sehe ich mir gern im Fernsehen an.«

»Ich spende einen Teil meines Taschengeldes.«

»Mit der Kirche habe ich eigentlich nichts am Hut, aber ich war schon auf kirchlichen Jugendfreizeiten dabei.«

»Kirche? Damit kann ich nichts anfangen.«

Mitglieder der evangelischen und katholischen Kirche in Deutschland

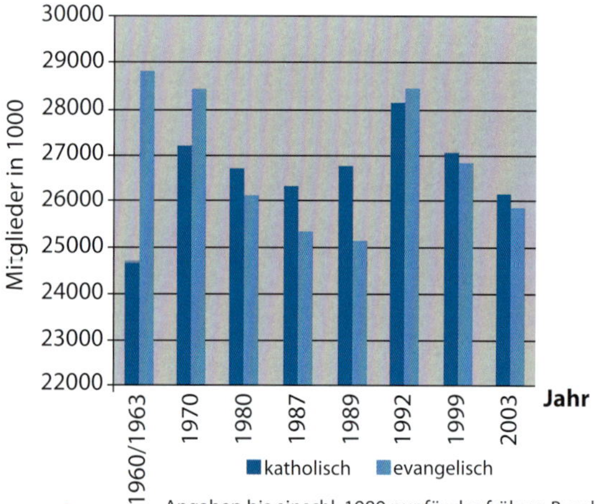

Angaben bis einschl. 1989 nur für das frühere Bundesgebiet.
Quelle: EKD, DBK

- Recherchiere, zu welchen Themen es Denkschriften der EKD gibt!
- Sammle im Internet Informationen über gesellschaftliche Aktivitäten der EKD und überprüfe, an welchen Stellen sich Staat und Kirche berühren!
- Interpretiere die Statistik zu den Mitgliedzahlen der beiden Kirchen! Beziehe dabei dein Wissen aus diesem Kapitel mit ein!
- Recherchiere, wie viel Prozent der deutschen Bevölkerung gegenwärtig einer christlichen Kirche angehören!
- »Abschied von der Volkskirche« – »Ende des »Konstantinischen Zeitalters«: Beurteile diese Aussagen!
- Christ oder kein Christ? Das ist ganz schön kompliziert geworden. Vergleicht die Zitate und versucht, euch selbst zuzuordnen, z. B. durch Punktekleben! Kommunizieren

Gebiet und Bezeichnung der Gliedkirchen

Grenzen und Bezeichnung der Bundesländer

* Die Reformierte Kirche ist keine Territorialkirche. Sie ist nicht in allen Teilen des farblich gekennzeichneten Gebietes vorhanden.

Stand: 27. Mai 2012

Copyright: Evangelische Kirche in Deutschland – Statistik –

EKD

- Vergleiche die Grenzen der EKD-Gliedkirchen mit denen der deutschen Bundesländer und notiere alle Unterschiede, die dir auffallen!
- Suche, auch mithilfe eures Vorwissens aus dem Geschichtsunterricht, nach den Gründen dafür, dass sich so viele evangelische Gliedkirchen nicht mit den Grenzen der Bundesländer decken!
- Die Evangelische Kirche in Deutschland gibt es nur im Plural der 20 Landeskirchen. Tauscht euch über Vor- und Nachteile dieses Modells aus!
- Informiere dich über lutherische, reformierte und unierte Landeskirchen!

Im Zusammenhang

- Ihr habt in diesem Kapitel einige Biografien kennengelernt. Verfasst ein fiktives Gespräch zwischen Elisabeth Schmitz, Dietrich Bonhoeffer, Hans Meiser, Oskar Brüsewitz und Albrecht Schönherr, in dem sie den Ausspruch Kaiser Wilhelms II. diskutieren und ihre eigene Sicht auf die Rolle der Kirche in der Gesellschaft zum Ausdruck bringen! Geht auch darauf ein, wie sich Christen unter den Bedingungen totalitärer* Diktaturen verhalten sollen, also auf die Frage, welche »Spielräume« für den Einzelnen bestehen!
  Ihr könnt dazu zunächst »Rollenkarten« erstellen, auf denen ihr wichtige Stichpunkte über Leben und Denken der vorgestellten Personen festhaltet. Bedenkt dabei auch, inwiefern Kategorien wie Nachfolge, Prophet, Märtyrer usw. passen!
- Tragt die Diskussion dann in Form eines szenischen Spiels vor! Vielleicht habt ihr Lust, euer kleines Theaterstück im Rahmen einer Schulveranstaltung vorzuspielen?

Die Herren Pastoren sollen sich um die Seelen ihrer Gemeinden kümmern, die Nächstenliebe pflegen, aber die Politik aus dem Spiele lassen, dieweil sie das gar nichts angeht.

KAISER WILHELM II.

Dein Merk-Rucksack füllt sich:

MERK-Rucksack

Überlegt gemeinsam:

Was war wichtig in diesem Kapitel?

Was wollt ihr euch MERKen?

Was werdet ihr wieder brauchen?

Worüber müsste man noch einmal nachdenken?

Möchtest du etwas für dich persönlich hinzufügen?

ZWEIFELHAFT

Warum?

Was kann wieder gut werden?

Und wenn alles keinen Sinn hat?

Darf man Gott anklagen?

Geht es ohne Gott besser?

Ist nicht schon längst alles bewiesen?

Glauben nur schwache Menschen?

Kapitel 10

18. März 2011

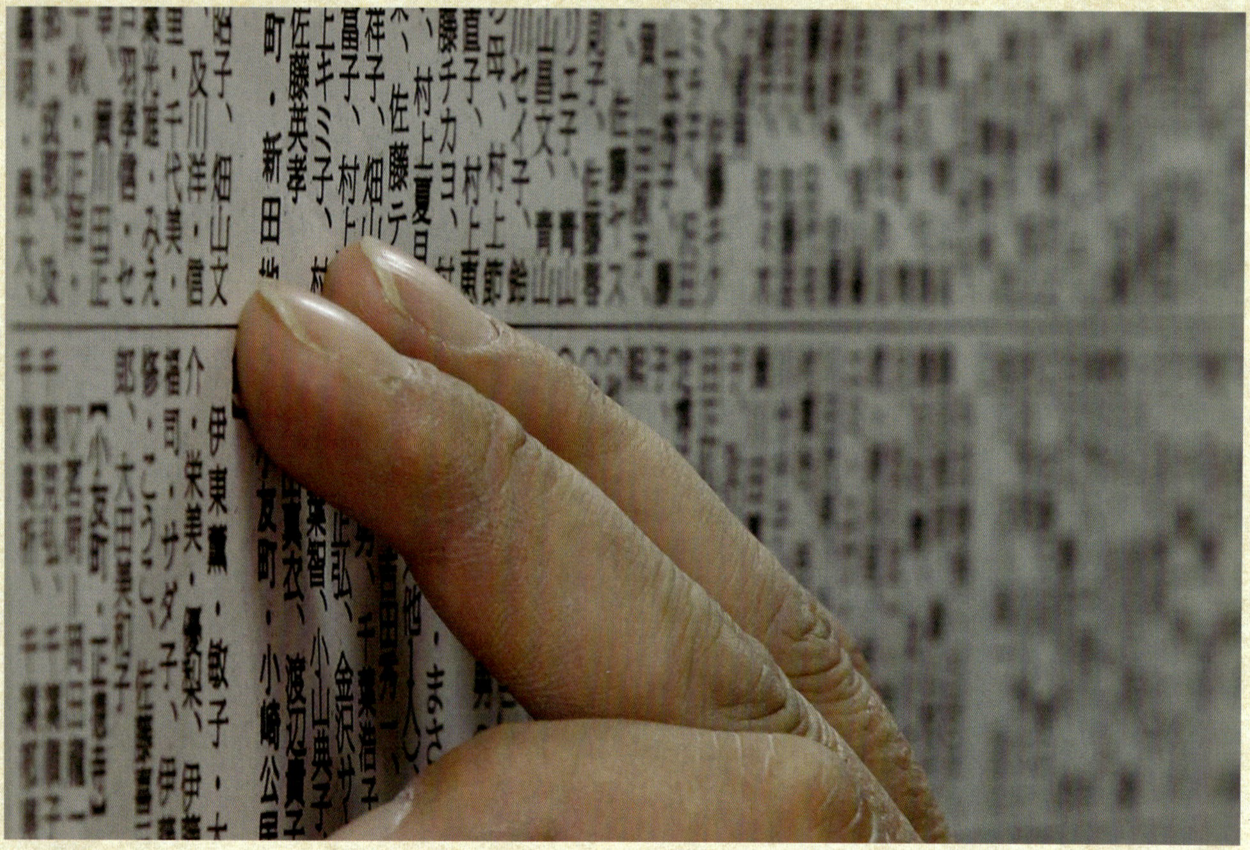

Am 11. März 2011 löste ein schweres Erdbeben einen Tsunami aus, der weite Teile der Nordostküste Japans überflutete. Fast 20.000 Menschen starben. Im Atomkraftwerk Fukushima kam es zum Super-GAU. Das Foto entstand eine Woche nach Beginn der Katastrophe in Rikuzentakata und zeigt eine Vermisstenliste.

»Alles ist gut«

Wie wird ein Kind getröstet?

Das Kind erwacht – vielleicht aus schweren Träumen – und findet sich allein, von nächtlicher Dunkelheit umgeben, namenloser Angst ausgeliefert. Die vertrauten Umrisse der Wirklichkeit sind verwischt, ja unsichtbar. Chaos will hereinbrechen. Das Kind schreit nach der Mutter. In einem solchen Augenblick ist der Ruf nach der Mutter, ohne Übertreibung, der Ruf nach einer Hohepriesterin der Ordnung. Die Mutter – und vielleicht nur sie – hat die Macht, das Chaos zu bannen und die Welt in ihrer Wohlgestalt wiederherzustellen. Genau das tut eine Mutter. Sie nimmt das Kind in den Arm. Sie zündet ein Licht an und warmer, Sicherheit verheißender Schein umgibt sie und ihr Kind. Sie spricht zu ihrem Kind, sie singt ihm ein Schlummerlied. Und der Grundtenor ist auf der ganzen Welt immer und immer derselbe: »Hab keine Angst«; »alles in Ordnung«; »alles ist wieder gut«. Das Kind schluchzt vielleicht noch ein paarmal auf und gibt sich allmählich zufrieden. Sein Vertrauen zur Wirklichkeit ist zurückgewonnen und in diesem Vertrauen kann es wieder einschlafen.

[So etwas] gehört zur Routine des Alltags. Aber gerade dass es so gewöhnlich ist, wirft die keineswegs gewöhnliche Frage auf – eine Frage, die unmittelbar in eine religiöse Dimension reicht: Belügt die Mutter das Kind? Nur wenn ein religiöses Verständnis des menschlichen Daseins Wahrheit enthält, kann die Antwort aus vollem Herzen »Nein« lauten. Ist dagegen umgekehrt das »Natürliche« die einzige Wirklichkeit, so lügt die Mutter. Warum? Weil der Trost, den sie gibt, über sie und ihr Kind, über die Zufälligkeit der Personen und der Situation hinausreicht und eine Behauptung über Wirklichkeit als solche enthält. Die Rolle, die Eltern ihrem Kind gegenüber annehmen, ist die von Repräsentanten nicht nur irgendeiner Gesellschaftsordnung, sondern von Ordnung als solcher, jener Grundordnung (oder Regel) der Welt (oder des Universums), dass unser Vertrauen einen Sinn hat (oder sinnhaft ist). »Alles ist in Ordnung«; »alles ist wieder gut« – das ist die Grundformel elterlichen Trostes. Nicht nur diese eine Angst, dieser eine Schmerz – nein, alles ist in Ordnung. Man kann die Formel, ohne sie in irgendeiner Weise anzutasten, in eine kosmische Aussage übersetzen: »Vertraue dem Sein.«

Peter L. Berger

»Riss in der Schöpfung«

»Man kann das Böse leugnen, aber nicht den Schmerz […] Warum leide ich? Das ist der Fels des Atheismus. Das leiseste Zucken des Schmerzes, und rege es sich in einem Atom, macht einen Riss in der Schöpfung von oben bis unten.«

Aus Georg Büchner, Dantons Tod, 3. Akt, 1. Szene 1835

Einbruchstellen des Gottesglaubens

Der Religionspädagoge Karl Ernst Nipkow sieht verschiedene Ursachen für den Verlust des Gottesglaubens von Jugendlichen; er spricht von vier Einbruchstellen:

1. *»Die enttäuschte Erwartung an Gott als Helfer und Garant des Guten«:* Dies stellt seines Erachtens die bedeutendste Schwierigkeit in der Gottesbeziehung junger Menschen dar. Es wird die sog. Theodizeefrage* gestellt, also die Frage danach, warum Unschuldige in der Welt leiden müssen, wenn es einen allmächtigen und guten Gott gibt. Müsste Gott nicht eingreifen und helfen? Zudem wünschten sich viele Jugendliche, dass Gott auch ihre persönlichen Wünsche erfüllt und dadurch erfahrbar wird.
2. *»Die enttäuschte Erwartung an Gott als Schlüssel zur Erklärung der Welt und des Sinns von Leben und Tod«:* Diese Einbruchstelle wird vor allem durch denkerische Schwierigkeiten hervorgerufen: Wie kann Gott mit der Welt, ihrer Entstehung und ihrer Zukunft zusammengedacht werden? Wie soll mit dem Tod nicht alles aus sein? Für viele geht es dabei um das Verhältnis von Glaube und Wissenschaft.
3. *»Die enttäuschte Erwartung an Gottes Realität gegen die Vermutung bloßer Fiktivität«:* Hier wird danach gefragt, ob Gott nicht nur ein menschliches Gedankengebilde und somit nur ein »Wort« ist.
4. *»Die enttäuschte Erwartung an das glaubwürdige Zeugnis über Gott in der zwischenmenschlichen Umgebung und in der Kirche«:* Es geht Jugendlichen um die mangelnde Glaubwürdigkeit zwischen Reden und Handeln konkreter Zeuginnen und Zeugen in der Geschichte und Gegenwart.

- Das Bild auf S. 172 lässt unzählige Geschichten erahnen – erzähle, was sich zugetragen haben könnte!
- »Das Bild macht das Ausmaß des Unglücks gar nicht richtig deutlich!« – Informiere dich über die Katastrophe in Japan von 2011 und nimm Stellung!

Aussagen Jugendlicher aus einer Studie zum Gottesglauben

»Ich möchte hinzufügen, dass ich noch vor eineinhalb Jahren eine schwere Krankheit hatte; meine Mutter ebenfalls an einer Krankheit leidet, ich meinen Vater nie kannte, einer meiner besten Freunde bei einem Crash ums Leben kam und ich dabei war im Krankenhaus, als er gestorben ist. Und jetzt mal ganz ehrlich: Wenn Sie so was erlebt hätten und gerade mal 20 Jahre alt sind, würden Sie an einen Gott glauben, wie ihn die Weltreligionen Ihnen andrehen wollen? Ich für meinen Teil NEIN!« Lena, 17

»Grundsätzlich muss ich sagen, dass meine Vorstellung von Gott stetig schwankt! Ich schwanke zwischen dem rationalen Denken, begründet durch die Naturwissenschaften*, die eine Existenz Gottes so gesehen ausschließen, da man ihn nicht beweisen kann. Andererseits kommt man, besonders über die Vorstellung vom Tod, auf die Frage, ob es nicht etwas Übernatürliches gibt, was einem nach dem Tod begegnet. Momentan muss ich jedoch sagen, dass meine Vorstellung von Gott eher von dem rationalen Denken beeinflusst ist und durch verschiedene Fragen wie: »Warum lässt Gott Leid zu?« oder »Wie kann ein Krieg auf Gottes Willen begründet sein?« bestärkt wird. Ich habe kein konkretes Bild von Gott, welches ich mir vorstelle, da ich überhaupt nicht weiß, ob es ihn gibt oder nicht.« Tim, 18

- Warum-Fragen haben unterschiedliche Bedeutungsschattierungen. Sammele Beispiele und ordne das »Warum« auf dem Foto zu! Auf S. 181 und 190 kannst du deine Überlegungen zu Warum-Fragen vertiefen!
- Beziehe die Überlegungen von K. E. Nipkow auf die Warum-Frage auf dem Foto oben und die Statements!
- K. E. Nipkow hat seine Erkenntnisse aus Aussagen Jugendlicher abgeleitet. Positioniert euch zu seinen Thesen! Kommunikation
- Im berühmten Dramenauszug Büchners wird die Warum-Frage in der Aussage des Philosophen Thomas Payne zum »Fels des Atheismus*«. Erläutere dessen Aussage!
- Das Motto des Risses kennst du von S. 32.

Ohne Gott

Für eine atheistische* Weltweisheit und Lebenskunst ergibt sich aus diesen Einsichten die Schlussfolgerung: Der Mensch ist nicht das Ebenbild einer überweltlichen und übernatürlichen Gottheit, sondern ein vorbildloses Geschöpf der Natur, all ihren Gesetzen unterworfen. In einer Welt, die nicht für ihn gemacht wurde, muss er sich seinen Weg selbst bahnen und lernen, allem verderblichen Allmachts- und Unsterblichkeitswahn zu entsagen. Atheismus ist der Abschied von jeglicher Heilslehre und Heilshoffnung, freilich auch von jeglicher Unheilslehre und Untergangsprophetie.
Menschliches Leben heißt: sich für eine kurze Zeitspanne erträglich einrichten auf einem Staubkorn im Weltall – mit Würde und Anstand und Humor. Vielleicht gelingt es doch noch, den Erdball bewohnbar zu gestalten!? Die gesellschaftlichen Verhältnisse lassen sich jedenfalls schrittweise verbessern. Universale Gerechtigkeit und die Versöhnung von Mensch und Natur bleiben allerdings unerreichbar.

Joachim Kahl

- »Alles ist gut!«, »Alles wird gut!«: Erinnere dich an Momente, in denen du das gehört hast, und bewerte die Trostkartenmotive! Formuliere Ratschläge zur Verwendung solcher Karten!
- Für P. L. Berger hat »alles ist gut« eine religiöse Dimension. Arbeitet diese aus seinen Überlegungen auf S. 173 heraus! Sachtexte
- J. Kahls Überlegungen beziehen sich wie die Bergers auf die Welt als Ganzes und die Sinn-Frage*. Arbeite seine Sicht heraus und bringe sie mit der Bergers ins Gespräch! Diskutiert, was Kahl seinem Kind sagen würde, wenn es schreit!
- Während Büchner (S. 174) noch von »Schöpfung« redet, verwendet Kahl ganz andere Begriffe! Untersuche seine atheistische Sicht die Welt!
- »allem verderblichen Allmachts- und Unsterblichkeitswahn zu entsagen« Was könnte damit gemeint sein? – Vergleiche dazu auch 1 Mose 2–3!
- Analysiere das Lied und kläre schwierige Worte! – Hat der Dichter die Einbruchstellen nicht erlebt? Ein naives Lied? – Informiert euch über das Leben Paul Gerhardts*!

GeMERKt? Wir leben immer schon so, als ob es Sinn macht.

Befiehl du deine Wege

1. Befiehl du deine Wege und was dein Herze kränkt,
der allertreusten Pflege des, der den Himmel lenkt.
Der Wolken, Luft und Winden gibt Wege, Lauf und Bahn,
der wird auch Wege finden, da dein Fuß gehen kann.

7. Auf, auf, gib deinem Schmerze und Sorgen gute Nacht,
lass fahren, was das Herze betrübt und traurig macht;
bist du doch nicht Regente, der alles führen soll,
Gott sitzt im Regimente und führet alles wohl.

12. Mach End, o Herr, mach Ende mit aller unsrer Not;
stärk unsre Füß und Hände und lass bis in den Tod
uns allzeit deiner Pflege und Treu empfohlen sein,
so gehen unsre Wege gewiss zum Himmel ein.
Paul Gerhardt

Die Frage nach dem Leiden Unschuldiger ist in besonderer Weise mit dem Namen Hiob verbunden. Das gleichnamige Buch der Bibel konfrontiert seine Leserinnen und Leser mit Hiobs radikalen Fragen nach dem Warum und nach der Vertrauenswürdigkeit der Welt. Hieran lässt sich beispielhaft ein biblisch-christlicher Umgang mit der Theodizeefrage* ablesen (S. 176–187). – Fragen nach dem Zusammenhang von Naturwissenschaft* und Schöpfungsglaube werden ab Seite 188 behandelt.

Es war einmal …

Es war ein Mann

So beginnen Märchen.
Wann, wo, wie?
Typisch, von einer Frau
ist nicht die Rede.

im Lande Uz,

Das liegt nicht in Israel,
sondern weit weg im Osten.
Ist es die Gegend, aus der
Abraham* kommt?
Ein Hinweis auf die Ursprünge
Israels?

der hieß Hiob.

Der Name bedeutet: Wo ist
mein Vater? Es klingt aber
auch »Feind« mit (Ojeb).
Der Name kommt noch
zweimal in der Bibel vor.
Hiob ist auch im Islam
bekannt.

Der war fromm und rechtschaffen, gottesfürchtig und mied das Böse.

Gleich viermal – der Verfasser kann
Hiob gar nicht genug loben. Diese
Begriffe kommen nicht in den Zehn
Geboten* vor; sie sind eher allgemein-
menschlich-weisheitliche Tugenden.
Ein anständiger Mensch!

Und er zeugte 7 Söhne und 3 Töchter, und er besaß 7000 Schafe, 3000 Kamele,

Unglaubliche Zahlen!
Ein typischer reicher Nomadenscheich –
stammt die Geschichte aus
der Nomadenzeit?
Er ist gut und ihm geht es gut – typisch für
weisheitliches Denken.
Das kann nicht gut gehen; irgendetwas
passiert jetzt.

500 Joch Rinder und 500 Eselinnen und sehr viel Gesinde, und er war reicher als alle, die im Osten wohnten.

Mit dem ersten Satz wird der Stein ins Rollen gebracht. Der erste Satz ist Versprechen, Duftmarke, Schlaglicht – kurz: der Brühwürfel, mit dem die ganze folgende Suppe gekocht wird. Thomas Brussig, Schriftsteller

Der Schreiber gestaltet mit der Schrift eine Art Leiter zwischen Mensch und Gott und dabei weiß er, dass es eben gerade nicht die Stufen dieser Leiter sind, die das Auf und Ab bestimmen und ermöglichen. Es sind die Abstände zwischen diesen Stufen, die den Weg bestimmen, ihm gleichsam im Schweigen eine Stimme geben. Die Leerstellen zwischen den Stufen müssen entdeckt werden. Evelyn Goodman Thau

- »Die Leerstellen müssen entdeckt werden.« – Beziehe die Überlegungen der jüdischen Theologin E. Goodman Thau auf eigene Lese- oder Seherfahrungen!
- Hi 1,1–3 – der »Brühwürfel, mit dem die folgende Suppe gekocht wird«? Es lohnt sich, solche Anfangssätze sehr langsam zu lesen, um sich der »Abstände zwischen den Stufen« bewusst zu werden. Im Bild der Leiter links sind diese Abstände gefüllt. Ergänze eigene Beobachtungen!

info

Das Hiobbuch

- Das Buch Hiob (auch: Ijob) gehört zur alttestamentlichen Weisheitsliteratur*. Es besteht aus einer Prosa-Rahmenerzählung – der Legende vom frommen Hiob, der trotz schwerster Schicksalsschläge an Gott festhält – und einem metrisch gestalteten dialogischen Mittelteil. Darin klagt Hiob über sein Leid und wird zunehmend zum Ankläger Gottes. Seine Freunde versuchen vergeblich, ihn zurechtzuweisen. Schließlich ergreift Gott selbst das Wort.
- Der Rahmen des Hiobbuchs enthält Motive, die in sehr frühe Zeit zurückweisen, und geht möglicherweise auf mündliche Vorformen zurück. Der kunstvolle Dialog und das gesamte Werk in seiner Endgestalt dürften nachexilischen Ursprungs sein (5.–2. Jh. v. Chr.).
- Kaum ein anderes Buch der Bibel stellt so radikal die Frage nach der Gerechtigkeit Gottes angesichts des Leidens Unschuldiger. Es wurde zur Inspirationsquelle für zahlreiche theologische, philosophische und künstlerische Deutungen und Bearbeitungen bis heute.

... ein Mann namens Hiob

An dem Tage aber, da seine Söhne und Töchter aßen und Wein tranken im Hause ihres Bruders, des Erstgeborenen, kam ein Bote zu Hiob und sprach: Die Rinder pflügten und die Eselinnen gingen neben ihnen auf der Weide, da fielen die aus Saba ein und nahmen sie weg und erschlugen die Knechte mit der Schärfe des Schwerts, und ich allein bin entronnen, dass ich dir's ansagte. Als der noch redete, kam ein anderer und sprach: Feuer Gottes fiel vom Himmel und traf Schafe und Knechte und verzehrte sie, und ich allein bin entronnen, dass ich dir's ansagte. Als der noch redete, kam einer und sprach: Die Chaldäer machten drei Abteilungen und fielen über die Kamele her und nahmen sie weg und erschlugen die Knechte mit der Schärfe des Schwerts, und ich allein bin entronnen, dass ich dir's ansagte. Als der noch redete, kam einer und sprach: Deine Söhne und Töchter aßen und tranken im Hause ihres Bruders, des Erstgeborenen, und siehe, da kam ein großer Wind von der Wüste her und stieß an die vier Ecken des Hauses; da fiel es auf die jungen Leute, dass sie starben, und ich allein bin entronnen, dass ich dir's ansagte.

Da stand Hiob auf und zerriss sein Kleid und schor sein Haupt und fiel auf die Erde und neigte sich tief und sprach: Ich bin nackt von meiner Mutter Leibe gekommen, nackt werde ich wieder dahinfahren. Der HERR hat's gegeben, der HERR hat's genommen; der Name des HERRN sei gelobt! In diesem allen sündigte Hiob nicht und tat nichts Törichtes wider Gott.

Hi 1,13–22

- »Hiobsbotschaften« – hätte nicht eine einzige gereicht?
- »Ich allein bin entronnen …« – Zu jeder Hiobsbotschaft gehört auch einer, der sie überbringt!
- Hi 1,21 wird manchmal bei Beerdigungen gesprochen und in Todesanzeigen zitiert. Führt ein Schreibgespräch zu dem Anzeigenmuster (unten)!
- Ob man eher Kierkegaards oder Ebachs Interpretation zustimmt, hängt auch davon ab, in welchem Ton man die Sätze Hi 1,21 f. spricht! Probiere es aus! Texttheater Achte auch auf die Körpersprache Hiobs in der Szene!
- »Es gibt auch ein Nein und Amen« – Finde Beispiele aus der Kirchengeschichte! (Kap. 9)
- Die theologische Wissenschaft versucht im Rahmen der historisch-kritischen Forschung aus sprachlichen Merkmalen den »Sitz im Leben«, d.h. die ursprüngliche »Gebrauchssituation« eines Textes zu ermitteln (vgl. sog. Formkritik). Suche in Hi 1,1–5.13–22 nach Hinweisen darauf, dass es sich um eine mündliche Erzählung aus der Nomadenzeit handeln könnte!

Hiob! Hast du wirklich nichts anderes gesagt als jene schönen Worte … Weißt du nicht mehr zu sagen, wagst du nicht mehr zu sagen als, was die beamteten Tröster, steifen Zeremonienmeistern gleich, dem Einzelnen vorschreiben, dass es nämlich in Stunden der Not ziemlich sei zu sprechen: Der Herr hat's gegeben, der Herr hat's genommen, der Name des Herrn sei gelobet, nicht mehr und nicht weniger, ebenso wie man Prosit sagt zu dem Niesenden!

Søren Kierkegaard, 1843*

Der Satz Hiobs ist gerade nicht als duldsame Einwilligung in das Leiden zu verstehen. Denn kein blindes Schicksal traf Hiob, sondern Adonaj*, Gott selbst: »Niemand als Adonaj ist's, der gegeben, niemand als Adonaj ist's, der genommen hat, gesegnet sei der Name Adonaj.« Wer so spricht, wer so segnet (so Gott segnet), ist kein Objekt eines bloß passiv hinzunehmenden Geschicks. Wer so redet, weiß, mit wem er es zu tun und von wem er sein Recht zu fordern hat. »Wenn nicht Gott, wer dann?« Fromm sein heißt nicht, allein Ja und Amen zu sagen. Es gibt auch ein Nein und Amen.

Jürgen Ebach

Der Herr hat's gegeben,
der Herr hat's genommen,
der Name des Herrn sei gelobt!
Hi 1,21

Vorname – Nachnahme
***Geburtsdatum – † Todesdatum**
Trauernde

Der Trauergottesdienst findet statt am …
Ort …

MUSTER

Ein kurzer Auftritt

Der »Prolog im Himmel« aus Johann Wolfgang von Goethes »Faust« – hier in einer Comicfassung von Flix. In Goethes berühmter, dem Hiobbuch nachempfundenen Szene wettet Mephisto mit dem HERRN, dass er es schaffen werde, Faust, den unermüdlich Fragenden und Suchenden, von seinem Weg abzubringen.

Satan schlägt Hiob mit Aussatz. Ausschnitt aus einem Altar mit Szenen aus dem Leben Hiobs (Meister der Katharinen- und der Barbaralegende, ca. 1466–1499).

- Vielleicht hast du zuhause noch eine Teufelsfigur aus dem Kasperltheater? – Erinnere dich an typische Kasperltheaterszenen und beschreibe die Funktion des Teufels darin!
- In Hi 1,21 sagt Hiob: »Gott (allein) hat gegeben und genommen.« – Was ändert sich, wenn ein Teufel mit im Spiel ist? Spiel es gedanklich – oder, wenn ihr mögt, in kleinen Szenen mit Kasperlfiguren – durch!
- Lies Hi 1,6–12 und 2,1–7; untersuche die Rolle des Satans und vergleiche sie mit den Bildern auf dieser Seite! Achte genau auf den Gegenstand der Wette!
- »Der Auftritt des Teufels bringt Gott aus der Schusslinie.« – »Der Auftritt des Teufels macht alles noch viel schlimmer.« Diskutiert! Kommunizieren
- Recherchiere im Internet oder in einer Konkordanz nach »Satan« bzw. »Teufel« in der Bibel! Untersuche seine Rolle in der Versuchungsgeschichte Jesu (Mt 4)!

BeMERKung von Robert Musil: Ich glaube nicht an den Teufel, aber wenn, würde ich ihn mir als den Trainer vorstellen, der den Himmel zu Rekordleistungen hetzt.

info

Die Satansszenen – religionsgeschichtlich betrachtet

- Die beiden Himmelsszenen Hi 1,6–12 und Hi 2,1–7 stehen im Buch Hiob isoliert da. Danach ist von Satan nicht mehr die Rede. Manche Forscher halten diese Passagen daher für nachträglich eingefügt, womöglich unter Einfluss der persischen Zarathustra*-Religion, die durch einen ausgeprägten Dualismus (Widerstreit eines guten und eines bösen Prinzips) charakterisiert war. In der Bibel ist eher selten vom Satan (hebr.: Widersacher) oder vom Teufel* (griech. *diabolos:* Durcheinanderwerfer) die Rede. Ein konsequenter Dualismus wäre mit der biblischen Religion, die Gut und Böse auf Gott zurückführt, nicht vereinbar.
- Im Hiobbuch erscheint Satan zusammen mit den »Gottessöhnen«; hier liegt die altorientalische Vorstellung einer himmlischen Ratsversammlung zugrunde. Diese ursprünglich polytheistische Vorstellung wird allerdings im Alten Testament so umgewandelt, dass Gott in dieser »Konferenz« fraglos das Sagen hat.

Hiob wird von Satan und seiner Frau gegeißelt (mittelalterliche Buchmalerei).

William Blake (1757–1827) lässt in seinen Illustrationen zum Buch Hiob immer Hiob und seine Frau gemeinsam auftreten.

Und seine Frau sprach zu ihm: Hältst du noch fest an deiner Frömmigkeit? Sage Gott ab und stirb! Er aber sprach zu ihr: Du redest, wie die törichten Weiber reden.
Hi 2,9f.

Das apokryphe Testament des Hiob lässt diesen im Alter rückblickend erzählen:
»Und ich sah mit eigenen Augen, wie meine erste Frau Wasser in das Haus eines Reichen trug als Dienstmagd, bis sie Brot bekam und es mir brachte. Und betroffen sprach ich: ›Welche Unverschämtheit von den Herrn dieser Stadt! Wie können sie es wagen, meine Frau wie eine Sklavin zu behandeln?‹ Aber sie teilte, was sie bekam, mit mir und schämte sich nicht, auf den Markt zu gehen und Brot von den Brotverkäufern zu erbetteln.« *(Sie selbst erzählt:)* »Und ich bat um Brot. Aber der Händler sprach: ›Gib das Geld und nimm.‹ Da tat ich ihm unsere Not kund und bekam von ihm zu hören: ›Wenn du kein Geld hast, Frau, so gib dein Haar her und nimm dafür drei Brote. Gewiss werdet ihr drei Tage davon leben können.‹ Und in meiner Verzweiflung sprach ich: ›Steh auf und schere mich.‹ Und so stand er auf und schor mit einer Schere mir zur Schande mein Haar auf dem Markt vor der gaffenden Menge.«

info

Frau Hiob – Satansgehilfin oder Partnerin im Leid?

- Hat Hiobs Frau nicht auch gelitten unter dem Tod ihrer Kinder? Wie so oft in der Bibel zählt nur die Perspektive des Mannes. Hiobs Frau bleibt lediglich der denkbar unvorteilhafte Satz: »Sage Gott ab und stirb!« (Andere Übersetzungen: »Fluche Gott!«)
- Feministische Bibelauslegung macht darauf aufmerksam, dass Frauen in Bibel und kirchlicher Tradition oft an den Rand gedrängt, übersehen oder gezielt abgewertet werden. Sie versucht an solchen Stellen die Perspektive der Frauengestalten bewusst zu machen und verdrängte Frauengeschichte zu rekonstruieren.
- Bei dieser Lesart fällt dann z. B. auf, dass in Frau Hiobs Satz der hebräische Begriff für »Gott absagen, Gott fluchen« eigentlich derselbe ist wie »Gott segnen«. Die meisten Ausleger nehmen hier einen Euphemismus (eine beschönigende Redeweise) an – aber wie, wenn hier wirklich »segnen« gemeint wäre?
- Hilfreich kann auch ein Blick in Schriften außerhalb des Kanons* sein: Die Hiobübersetzung der Septuaginta* enthält eine anrührende Klage der Frau Hiobs. Und das apokryphe* Testament Hiobs lässt sie zur gleichberechtigt leidenden Partnerin werden.

- Vergleiche die Personenkonstellationen auf den beiden Bildern! Beziehe sie auf den Anfang des Hiobbuches, insbesondere Hi 2,9f. und den apokryphen Text und deute die Unterschiede!
- Suche, ausgehend von der Info, Beispiele für das Abwerten oder Unsichtbarmachen von Frauen in der Bibel! (Vgl. S. 79.)
- Informiere dich über die »Bibel(übersetzung) in gerechter Sprache« (Referat)!
- Mädchen und junge Frauen zweifeln manchmal das Anliegen feministischer Theologinnen an: »Wir haben das Problem nicht mehr. Wir werden nicht benachteiligt.« Diskutiert!

Warum?

Auftritt der Freunde:
Als aber die drei Freunde Hiobs all das Unglück hörten, das über ihn gekommen war, kamen sie, ein jeder aus seinem Ort: Elifas von Teman, Bildad von Schuach und Zofar von Naama. Denn sie waren eins geworden hinzugehen, um ihn zu beklagen und zu trösten. Und als sie ihre Augen aufhoben von ferne, erkannten sie ihn nicht und erhoben ihre Stimme und weinten, und ein jeder zerriss sein Kleid und sie warfen Staub gen Himmel auf ihr Haupt und saßen mit ihm auf der Erde sieben Tage und sieben Nächte und redeten nichts mit ihm; denn sie sahen, dass der Schmerz sehr groß war.
Hi 2,11–13

Hiob:
Danach tat Hiob seinen Mund auf und verfluchte seinen Tag.
Und Hiob sprach: Ausgelöscht sei der Tag, an dem ich geboren bin, und die Nacht, da man sprach: Ein Knabe kam zur Welt! Jener Tag soll finster sein und Gott droben frage nicht nach ihm! Jene Nacht – das Dunkel nehme sie hinweg! Ihre Sterne sollen finster sein!
Warum bin ich nicht gestorben bei meiner Geburt? Warum bin ich nicht umgekommen, als ich aus dem Mutterleib kam? Warum hat man mich auf den Schoß genommen? Warum bin ich an den Brüsten gesäugt?
Dann läge ich da und wäre still, dann schliefe ich und hätte Ruhe. Wie eine Fehlgeburt, die man verscharrt hat, hätte ich nie gelebt, wie Kinder, die das Licht nie gesehen haben. Warum gibt Gott das Licht dem Mühseligen und das Leben den betrübten Herzen – die auf den Tod warten, und er kommt nicht, und nach ihm suchen mehr als nach Schätzen, die sich sehr freuten und fröhlich wären, wenn sie ein Grab bekämen –, dem Mann, dessen Weg verborgen ist, dem Gott den Pfad ringsum verzäunt hat?
Denn was ich gefürchtet habe, ist über mich gekommen, und wovor mir graute, hat mich getroffen.
aus Hi 3

Elifas:
Meinst du, der Allmächtige habe Vorteil davon, dass du gerecht bist? Was hilft's ihm, selbst wenn deine Wege ohne Tadel sind?
Meinst du: er wird dich wegen deiner Gottesfurcht zurechtweisen und mit dir ins Gericht gehen? Ist deine Bosheit nicht zu groß und sind deine Missetaten nicht ohne Ende?
So vertrage dich nun mit Gott und mache Frieden; daraus wird dir viel Gutes kommen.
aus Hi 22

Hiob:
Ja, ich weiß sehr gut, dass es so ist und dass ein Mensch nicht recht behalten kann gegen Gott.
Hat er Lust, mit ihm zu streiten, so kann er ihm auf tausend nicht eins antworten. Wenn ich auch recht habe, so kann ich ihm doch nicht antworten, sondern ich müsste um mein Recht flehen.
Wenn ich ihn auch anrufe, dass er mir antwortet, so glaube ich nicht, dass er meine Stimme hört.
Ich bin unschuldig! Ich möchte nicht mehr leben; ich verachte mein Leben.
Es ist eins, darum sage ich: Er bringt den Frommen um wie den Gottlosen.
Wenn seine Geißel plötzlich tötet, so spottet er über die Verzweiflung der Unschuldigen.
aus Hi 9

Hiob:
Ich habe das schon oft gehört. Ihr seid allzumal leidige Tröster! Wollen die leeren Worte kein Ende haben? Oder was reizt dich, so zu reden? Auch ich könnte wohl reden wie ihr, wärt ihr an meiner Stelle. Auch ich könnte Worte gegen euch zusammenbringen und mein Haupt über euch schütteln.
aus Hi 16

Zophar:
Muss langes Gerede ohne Antwort bleiben? Muss denn ein Schwätzer immer recht haben? Meinst du, dass du weißt, was Gott weiß, oder kannst du alles so vollkommen treffen wie der Allmächtige?
Wenn er daherfährt und gefangen legt und Gericht hält – wer will's ihm wehren?
aus Hi 11

3

Elifas:
Du hast's vielleicht nicht gern, wenn man versucht, mit dir zu reden; aber Worte zurückhalten, wer kann's? Siehe, du hast viele unterwiesen und matte Hände gestärkt; deine Rede hat die Strauchelnden aufgerichtet. Nun es aber an dich kommt, wirst du weich, und nun es dich trifft, erschrickst du. Bedenke doch: Wo ist ein Unschuldiger umgekommen? Oder wo wurden die Gerechten je vertilgt? Wohl aber habe ich gesehen: Die da Frevel pflügten und Unheil säten, ernteten es auch ein. Siehe, selig ist der Mensch, den Gott zurechtweist; darum widersetze dich der Zucht des Allmächtigen nicht. Denn er verletzt und verbindet; er zerschlägt, und seine Hand heilt.
aus Hi 4 und 5

4

Hiob:
Die Pfeile des Allmächtigen stecken in mir; mein Geist muss ihr Gift trinken, und die Schrecknisse Gottes sind auf mich gerichtet. Wie kräftig sind doch redliche Worte! Aber euer Tadeln, was beweist das? Ist denn auf meiner Zunge Unrecht? Mein Fleisch ist um und um eine Beute des Gewürms und faulig, meine Haut ist verschrumpft und voller Eiter. Meine Tage sind schneller dahingeflogen als ein Weberschiffchen und sind vergangen ohne Hoffnung. Bedenke, dass mein Leben ein Hauch ist und meine Augen nicht wieder Gutes sehen werden. Eine Wolke vergeht und fährt dahin: so kommt nicht wieder herauf, wer zu den Toten herunterfährt. Darum will auch ich meinem Munde nicht wehren. Ich will reden in der Angst meines Herzens und will klagen in der Betrübnis meiner Seele. Bin ich denn das Meer oder der Drache, dass du eine Wache gegen mich aufstellst? Ich vergehe! Ich leb' ja nicht ewig. Lass ab von mir, denn meine Tage sind nur noch ein Hauch. Was ist der Mensch, dass du ihn groß achtest und dich um ihn bekümmerst? Jeden Morgen suchst du ihn heim und prüfst ihn alle Stunden. Warum blickst du nicht einmal von mir weg und lässt mir keinen Atemzug Ruhe?
aus Hi 6–7

5

Bildad:
Wie lange willst du so reden und sollen die Reden deines Mundes so ungestüm daherfahren? Meinst du, dass Gott unrecht richtet oder der Allmächtige das Recht verkehrt?
Haben deine Söhne vor ihm gesündigt, so hat er sie verstoßen um ihrer Sünde willen. Wenn du aber dich beizeiten zu Gott wendest und zu dem Allmächtigen flehst, wenn du rein und fromm bist, so wird er deinetwegen aufwachen und wird wieder aufrichten deine Wohnung, wie es dir zusteht.
aus Hi 8

Den Riss ...

Die Sprache der Klage

Wo findest du tiefere, kläglichere Worte von der Traurigkeit, als die Klagepsalmen sie haben? Und (wie gesagt) ist das das Allerbeste, dass sie solche Worte gegen Gott und mit Gott reden; das macht, dass zweifältig Ernst und Leben in den Worten sind. Daher kommt es auch, dass ein jeder, in was für Sachen er auch ist, Psalmen und Worte darin findet, die sich auf seine Sachen reimen und ihm ebenso sind, als wären sie allein um seinetwillen so gesagt.

Martin Luther

Der erste Schritt der Überwindung (des Leidens) ist dann, eine Sprache zu finden, die aus dem unbegriffenen und stumm machenden Leiden herausführt, eine Sprache des Klagens, des Schreies, die wenigstens sagt, was ist.

Dorothee Sölle

Ist womöglich zu viel Gesang und zu wenig Geschrei in unserem Christentum? Zu viel Jubel und zu wenig Trauer, zu viel Zustimmung und zu wenig Vermissen, zu viel Trost und zu wenig Tröstungshunger? Steht die Kirche nicht zu sehr auf der Seite der Freunde Hiobs und zu wenig auf der Seite Hiobs selbst, der dem Glauben auch Rückfragen an Gott zugetraut hat?

Johann Baptist Metz

BeMERKenswert: Atheismus wäre die einfachere Lösung.

aus: Johannes Brahms, Motetten op. 74 Nr. 1 (1878)

info

Von der Klage zur Theodizee

- »Warum?« und »Wie lange?« – immer wieder werden in den Klagepsalmen (z. B. Ps 13, 22, 43) diese Grundfragen Gott entgegengeschrien. Der einzelne Mensch oder auch das ganze Volk klagt sein Leid vor Gott und bittet um Hilfe. Typisch für die Klagepsalmen ist der plötzliche Umschwung von Klage zu Hoffnung. Vielleicht weist er historisch auf eine dazwischenliegende kultische Handlung hin. Was im Text bleibt, ist eine rätselhafte Lücke, eine winzige und doch unendlich lang scheinende Pause.
- Hiobs Klage ist in ihrem überbordenden Bilderreichtum im Stil dieser Psalmen gestaltet. Auf den »Umschwung« wartet man – zunächst – vergeblich.
- Im »Warum« liegt auch der Kern der sog. Theodizeefrage*: Warum lässt ein allmächtiger und zugleich liebender Gott das Böse und das Leiden auf der Welt zu? Im Hiobbuch wird diese Frage so radikal gestellt wie sonst kaum jemals in der Bibel und zugespitzt auf die Frage: Warum lässt Gott den Gerechten so maßlos leiden?

Hiobs Klage

- Auch Hiob fragt »Warum«! (S. 174, vgl. S. 180.)
- Heinrich Heine sagte über das Hiobbuch: »Es zwitschern und pfeifen darin die entsetzlichen Schlangen ihr ewiges: Warum?« Vergleiche damit die Gestaltung des »Warum« in Brahms' Motette!
- Die Warum-Klage spielt auch in der Passion Jesu eine wichtige Rolle (Mk 15,34)! (S. 206 f.)
- Ordne den sprachlichen Bildern in Hiobs Klage Emotionen zu! Wenn Zeit ist, kannst du über die Zitate auf S. 180 f. hinaus auch weitere Passagen der Hiobreden heranziehen.
- Viele dieser Sprachbilder sind Zitate. Untersuche, wie der Hiobdichter z. B. mit Schöpfungstraditionen wie 1 Mose 1 und Ps 8 umgeht!
- »Gegen Gott und mit Gott« (Luther) – Beziehe dieses Paradox auf den Text von Hiobs Klage!
- Luther, Sölle und Metz schätzen die Sprache der Klage sehr hoch. Vergleicht die Gründe und diskutiert darüber, auch im Blick auf eigene Erfahrungen!

Der schrei des leidens

Ein sprichwort aus südafrika sagt
man kann weinenden nicht die tränen abwischen
ohne sich die hände nass zu machen
Ich hör oft sagen
wie kann man das weinen verhindern
und seine ursachen beseitigen
Ich seh oft fühlen
weg damit der schmerz muss weg
schluss jetzt ich muss heraus
Die menschen mit den nassen händen
sind bescheidener als wir
es ist nur eine geste
aus zärtlichkeit und trauer
die geschwister sind
kinder einer mutter
der erde
Dorothee Sölle

info

Der Tun-Ergehens-Zusammenhang

- »Wer anderen eine Grube gräbt ...«, fällt bekanntlich selbst hinein (Spr 26,27). Das ist die Logik weisheitlicher* Ethik im Alten Testament (z. B. im Buch der Sprüche). Es geht dabei nicht um Strafe oder Vergeltung, sondern schlicht um Erfahrungen, die man im Bereich der Sippe immer wieder machte: Das Verhalten des Einzelnen fällt – im Guten wie Schlechten – auf ihn und seine Familie zurück. Solche Erfahrungen wurden von Generation zu Generation weitergegeben; als Lebensregeln halfen sie, die Welt als geordnet und verlässlich zu erleben und sich darin zu orientieren.
- Gott galt als »Schützer« dieser Ordnung, doch war er ihr nicht unterworfen. Der Tun-Ergehens-Zusammenhang war kein unumstößliches Dogma, natürlich konnte es auch anders kommen – dies galt umso mehr, je mehr der Einzelne sich nicht mehr in erster Linie als Teil der Großfamilie sah.
- Am Hiobbuch lässt sich die Krise des Tun-Ergehens-Zusammenhangs ablesen. Während Hiob davon überzeugt ist, ungerechterweise zu leiden, beharren die Freunde auf der Stimmigkeit der Erfahrungsregeln.

Gespräch mit einer Notfallseelsorgerin

Frau Gassert, Sie werden als Notfallseelsorgerin an Unfallorte, zu Gewaltverbrechen und anderen Tragödien gerufen. Sie sind auch dabei, wenn Menschen schlimme Nachrichten überbracht werden – ich stelle es mir schwierig vor, in einer solchen Situation das »Richtige« zu sagen.

Sandra Gassert: »Das Richtige« gibt es nicht. Nie. Ich denke, es gibt überhaupt nur wenige Worte, die Leid treffend wiedergeben – und die zu finden ist unendlich schwer. Gut ist es, einfach da zu sein. Mit Worten, einer Geste oder einer Berührung zu signalisieren: »Ich bin da. Ich helfe dir, diesen Tag zu überstehen. Ich halte deinen Schmerz mit dir aus und helfe dir, Halt zu finden.« Wie das aussieht? Manches Mal bin ich der Manager der Krise, dann wieder weine ich mit, halte jemanden im Arm oder trinke mit den Betroffenen Tee – denn der wärmt und man kann sich an der Tasse festhalten. Und immer schweige ich ganz viel ... Denn: Worte zu finden, die wahr sind und nicht bloß platt oder banal, das ist eben schwer.

- Was tröstet und was nicht? Sammle Redewendungen, Gesten, Verhaltensweisen aus dem Alltag – sicher helfen dir dabei die Überlegungen von S. 175!
- Wie kann und soll man fremdem Leid begegnen? Vergleiche die Aussagen in Sölles Gedicht mit den Erfahrungen der Krisenseelsorgerin!
- Beschreibe die Wirkung des Bildes von L. Corinth (S. 181); untersuche die Bildsprache und achte besonders auf die Haltung der Personen zueinander!
- Auf S. 180 f. findet ihr exemplarische (im Uhrzeigersinn angeordnete) Ausschnitte aus dem Streit zwischen Hiob und seinen Freunden. Lest Rede und Gegenrede im Wechsel! – Die Dynamik des Streits wird noch anschaulicher, wenn ihr die vollständigen Dialoge in der Bibel lest.
- Arbeite wichtige Verhaltensweisen und Argumente der Freunde heraus; versuche das Anliegen der Freunde mithilfe der Info zu verstehen! Bewerte ihre »Trostversuche« unter Gesichtspunkten der Krisenseelsorge (oben rechts)!
- Ratgeberliteratur – die »Weisheitsliteratur« unserer Tage? Suche Gründe für den Boom dieser Bücher!
- Der Gott Hiobs – der Gott der Freunde: Charakterisiere die unterschiedlichen Gottesvorstellungen z. B. durch Namen, Bilder, Vergleiche, kurze Gebetstexte!

Prozess gegen Gott

Will Eisner begründete mit seiner Bildgeschichte »Ein Vertrag mit Gott« die Graphic Novel. Sie handelt von einem frommen Juden in den USA, der in seiner Jugend einen Vertrag mit Gott geschlossen und auf einem Steintäfelchen fixiert hat. Er hält sich seither treu daran, doch als seine Tochter stirbt, kündigt er ihn in seiner Wut und Verzweiflung auf und wird zum skrupellosen Immobilienspekulanten. Am Ende findet ein Junge die Steintafel und trägt seinen Namen darunter ein.

Denn ich bin der HERR, der das Recht liebt ...
JES 61,8

Hier meine Unterschrift! Der Allmächtige antworte mir!
HI 31,35

So sollst du wissen, dass der HERR, dein Gott, allein Gott ist, der treue Gott, der den Bund und die Barmherzigkeit bis ins tausendste Glied hält denen, die ihn lieben und seine Gebote halten.
5 MOSE 7,9

Aber ich weiß, dass mein Erlöser lebt, und als der Letzte wird er über dem Staub sich erheben.
HI 19,25

MERKe: »Nemo contra deum nisi Deus ipse.«

»Ein Mensch überholt, ja überleuchtet seinen Gott – das ist und bleibt die Logik des Buchs Hiob.«
ERNST BLOCH

- Hiobs Klage wird zunehmend zur Anklage. Lies Hi 9,19–35; 16,18–22; 19,6f.23–29; 31,35ff. und arbeite Begriffe und Motive heraus, die mit »Recht« zu tun haben!
- Klärt die Rollen in dem von Hiob gewünschten Prozess! Achtet besonders auf die Rolle Gottes! Vergleicht eure Ergebnisse mit dem von Goethe überlieferten lateinischen »Merke« (Niemand gegen Gott außer Gott selbst)!
- Gibt es überhaupt eine Rechtsgrundlage für einen Prozess gegen Gott? Wiederhole, was du über den Bund Gottes mit Israel weißt! 5/6
- Hat Satan seine Wette jetzt gewonnen? Erfinde ein »Zwischenspiel im Himmel«!
- Eisners Comic ist in vielem Hiob nachempfunden, lässt aber den Protagonisten eine andere Konsequenz ziehen!
- Der »Erlöser« in Hiob 19,25 wird in anderen Bibelausgaben als »Anwalt«, »Auslöser«, »Bluträcher« übersetzt. Das entsprechende hebräische Verb bedeutet: loskaufen, aus fremder Verfügungsgewalt befreien, den Rechtszustand wiederherstellen. Untersuche die Rolle dieser »Person« im Prozess Hiobs!
- Hi 19,25 wurde oft als Vorverweis auf Jesus Christus gelesen. Vielleicht hast du Gelegenheit, die Sopranarie aus Händels Messias zu hören: »I know that my redeemer liveth.«

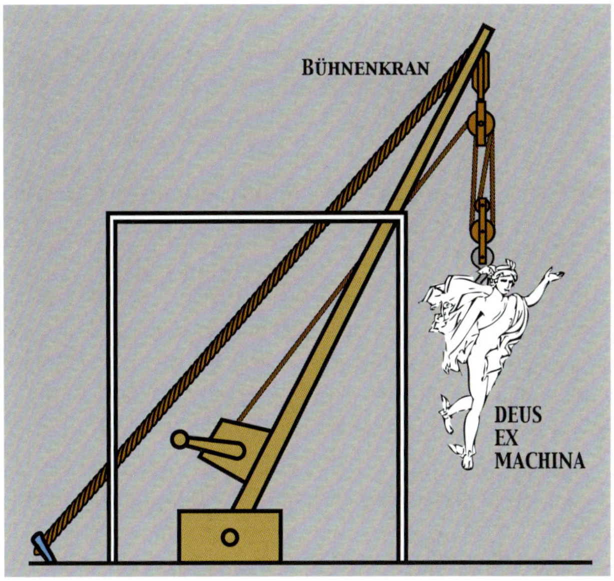

Wenn menschliche Lösungen nicht mehr ausreichten, trat in der antiken Tragödie manchmal der »Deus ex machina« auf.

Und der HERR antwortete Hiob aus dem Wettersturm und sprach:
Wer ist's, der den Ratschluss verdunkelt mit Worten ohne Verstand?
Gürte deine Lenden wie ein Mann! Ich will dich fragen, lehre mich!
Wo warst du, als ich die Erde gründete?
Sage mir's, wenn du so klug bist!
Weißt du, wer ihr das Maß gesetzt hat oder wer über sie die Richtschnur gezogen hat?
Worauf sind ihre Pfeiler eingesenkt, oder wer hat ihren Eckstein gelegt,
als mich die Morgensterne miteinander lobten und jauchzten alle Gottessöhne?
Bist du zu den Quellen des Meeres gekommen und auf dem Grund der Tiefe gewandelt?
Haben sich dir des Todes Tore je aufgetan oder hast du gesehen die Tore der Finsternis?
Hast du erkannt, wie breit die Erde ist? Sage an, weißt du das alles?
Hi 38,1–7.16–18

Willst du mein Urteil zunichte machen und mich schuldig sprechen, dass du recht behältst?
Hast du einen Arm wie Gott, und kannst du mit gleicher Stimme donnern wie er?
Kannst du den Leviatan fangen mit der Angel und seine Zunge mit einer Fangschnur fassen?
Kannst du mit ihm spielen wie mit einem Vogel oder ihn für deine Mädchen anbinden?
Lege deine Hand an ihn! An den Kampf wirst du denken und es nicht wieder tun!
Hi 40,8 f.25.29.32

Die Gottesreden

- Gefragt werden, gefragt sein, ausgefragt werden – das kann, je nach Situation, ganz unterschiedliche Gefühle auslösen!
- Lies die Gottesreden und charakterisiere die darin enthaltenen Fragen! Prüfe, inwieweit sie Antworten auf Hiobs Klagen und Anklagen enthalten!
- Lies Hi 40,3–5 und 42,2–6! Vergleiche die beiden Reaktionen auf das Machtwort Gottes! Suche nach Gefühlen und Gedanken hinter den Antworten Hiobs! Probiere aus, wie Gott antworten könnte!
- Es folgt – wieder im Stil der alten Prosaerzählung – das »Happy-End« (Hi 42,7–17). Schnorr von Carolsfeld hat es anschaulich illustriert. Lest den Text und führt ein Schreibgespräch dazu!
- Verfasse einen Kommentar zum Schluss des Hiobbuchs z. B. aus der Sicht einer der Figuren der Dichtung (Hiobs Frau, ein Freund, Satan)!
- Vergleicht und diskutiert die kontroversen Deutungen dieses Schlusses (S. 186)!

Julius Schnorr von Carolsfeld, Hiobs neues Glück

… und viele Fragen offen

Schließlich trat der Herr der Heerscharen noch persönlich auf und bewies, wie porträtähnlich Hiob ihn gezeichnet hatte. Der Allmächtige dachte gar nicht daran, sich zu rechtfertigen. Er wies nur auf sein mächtiges irdisches Empire hin und meinte, recht hochmütig: »Wo warest du, da ich die Erde gründete?« Als ob das ein Einwand gegen das Halten von Verträgen ist. Dann fragte er noch: »Kannst du den Morgenstern hervorbringen zu seiner Zeit?« Natürlich konnte Hiob das nicht. Und er bestand auch nicht die weitere Examens-Frage: »Kannst du mit gleicher Stimme donnern«? Aber Hiob hielt es eben nicht für das Thema des Streits: Ob er genauso gut donnern kann? Die Frage war seiner Ansicht nach: Wer hat sich an die Abmachungen gehalten? Doch der Allmächtige, als habe er nie etwas vom Sinai* gehört, erklärte kurz und bündig: »Es ist mein, was unter allen Himmeln ist«. Das Ende der Geschichte ist voll von ungetrübtem, unproblematischem Glück, nur ist es nicht ein Ende, das zur vorangehenden Geschichte passt. Hiob ist nicht mehr Hiob. *Ludwig Marcuse*

Gott gibt Hiob Recht gegen die Freunde, die die Augen vor der Wirklichkeit verschließen, um an der heilen Welt und einem sie garantierenden Gott festhalten zu können. Aber Hiob bekommt auch Unrecht – nicht darin, dass er seine Klage als Be- und Getroffener vorbringt, auch nicht darin, dass ihn sein Leiden zu Worten gegenüber Gott führt, die nicht fromm, nicht duldend, nicht schicksalsergeben sind. Unrecht wird Hiob darin bekommen, dass er in einem monomanen Ego-Trip den Zustand der Welt und die (fehlende) Güte Gottes allein an seinem persönlichen Ergehen ablesen will. (Mir ergeht es schlecht, also ist die ganze Welt schlecht.) *Jürgen Ebach*

Hiob klagt nicht nur, er klagt Gott an. Und er empfängt von Gott eine Antwort. Aber was Gott ihm sagt, beantwortet die Anklage gar nicht, es berührt sie gar nicht; die wahre Antwort, die Hiob empfängt, ist die Erscheinung Gottes allein, dies allein, dass die Ferne zur Nähe sich wandelt, dass »sein Auge ihn sieht«, dass er ihn wiedererkennt. Nichts ist erklärt, nichts ausgeglichen, das Unrecht ist nicht Recht geworden und die Grausamkeit nicht Milde. Nichts ist geschehen, als dass der Mensch wieder Gottes Anrede vernimmt. *Martin Buber**

Hiob starb alt und lebenssatt. Er hatte es also – wenn man so will – satt zu leben, er hatte genug davon. Er wusste von jetzt an, dass ein Geschwätz, eine Wette zwischen Fremden genügt, um das ganze Gebäude wie eine Sandburg bei einem Sturm zusammenfallen zu lassen. Wenn man den Satz jedoch ganz wörtlich nimmt, dann scheinen diese Worte anzuzeigen, dass Hiob, nachdem er die Prüfung hinter sich hatte, in Frieden mit seinem Schicksal und versöhnt mit Gott und den Menschen gelebt hat. Doch das möchte ich eher für falsch erklären und laut dagegen protestieren. Und warum soll ich nicht sagen, dass Hiob mich vor allem nach dem Kriege in Verwirrung gestürzt hat. Man traf ihn damals auf allen Wegen Europas, verwundet, beraubt, verstümmelt, sicher nicht glücklich, aber auch nicht resigniert. Seine Unterwerfung im Buche Hiob erschien mir wie ein Hohn. Er hätte nicht so schnell nachgeben dürfen. Er hätte mit seinem Protest nicht aufhören dürfen. Er hätte zu Gott sagen müssen: »Gut, ich verzeihe dir, verzeihe dir insofern es sich um mich handelt. Aber meine toten Kinder, verzeihen sie denn dir? Habe ich das Recht, in ihrem Namen zu sprechen? Ich fordere, wenn nicht für mich, so doch für sie, dass Gerechtigkeit geschehe und der Prozess weitergeht.« Ja, eine solche Sprache hätte er sprechen müssen. Nun hat er aber nichts gesagt, hat akzeptiert, so zu leben wie vorher. Hier liegt der eigentliche Sieg Gottes. Er hat Hiob dazu gezwungen, das Glück anzunehmen. Nach der Katastrophe lebt Hiob glücklich wider seinen eigenen Willen. Sein Prozess geht jedoch weiter. Die Tragödie Hiobs endet nicht mit Hiob.

Elie Wiesel, Schriftsteller und Auschwitz-Überlebender

Hitchcock-MERKe: Die Lücke füllen die Zuschauer.

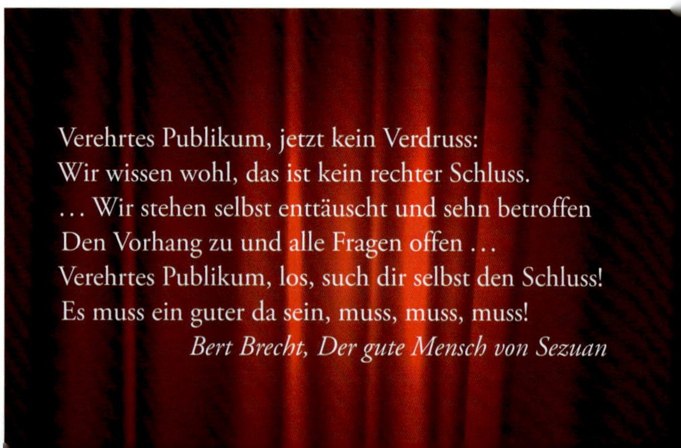

Szenenfoto aus der Inszenierung von »Hiob« an den Münchner Kammerspielen (Theaterfassung von Koen Tachelet nach dem Roman von Josef Roth, 1930). Roman und Theaterstück handeln von dem galizischen Juden Mendel Singer, der nach Amerika auswandert. Seine Familie erlebt ein Unglück nach dem anderen: Der jüngste Sohn Menuchim ist Epileptiker und wird bei der Auswanderung zurückgelassen; der älteste Sohn ist verschollen, der dritte fällt im Ersten Weltkrieg; die Tochter Mirjam bricht mit den Moralvorstellungen der Familie und wird schließlich geisteskrank. Als auch noch seine Frau stirbt, bricht Mendel in seiner Verzweiflung mit seiner Religion und sagt Gott ab. Doch das »Wunder« geschieht: Der – inzwischen geheilte und als Musiker berühmt gewordene – Menuchim findet seinen Vater in Amerika und lässt ihn seinen Frieden finden.

- In diesem Kapitel bist du schon vielfältigen künstlerischen und literarischen Bearbeitungen der Hiobtradition begegnet. Untersuche sie!
- Informiere dich über weitere Beispiele der Rezeption der Hiobtradition in Kunst, Musik und Literatur! (Referate)
- Vielleicht magst du selbst kreativ werden, z. B. Hiobszenen aufführen, einen Handyfilm drehen, einen Rap dichten und vertonen, Textcollagen anfertigen, Bilder gestalten.

info

Hiobs Frage verstummt nicht

- Das Buch Hiob hat sich in der historisch-kritischen und literarischen Analyse als ein Buch mit ganz unterschiedlichen Stilen, Formen und historischen Bezügen erwiesen. Vielstimmig ist es auch in seinem Umgang mit menschlichem Leid. Es liegen Welten zwischen der frommen Annahme des Leids in Hi 1,21 und der kühnen Anklage Gottes in Hiobs Reden. Dies könnte man mit einem langen Entstehungsprozess erklären, in dem die Frage nach Gott und dem Leid immer wieder zu neuer Bearbeitung nötigte. Vielleicht hat hier aber auch ein Autor ganz bewusst mit solchen Brüchen und Spannungen gearbeitet.
- Auffällig ist die dramatische Form. Wurde der Dialog vielleicht wirklich aufgeführt? (Zu dieser Zeit stand das griechische Drama immerhin in Blüte.) Oder handelt es sich um einen Kunstgriff des Autors?
- Das Buch Hiob ist Dichtung, sein Protagonist eine fiktive Gestalt, die die Leserinnen und Leser zum Nachdenken bringen soll. Weil die Hiobfrage jede/n persönlich betrifft und weil keine »Lösung« zufriedenstellen kann, wurde das Buch Hiob immer neu gedeutet und gestaltet – in Theologie und Philosophie, in Literatur, Musik, Malerei, Film und Theater. All diese Interpretationen sind wiederum Versuche, die »Abstände zwischen den Stufen« des Textes zu füllen. Sie eröffnen eine neue Sicht auf den »ursprünglichen« Text und treten quasi in einen Dialog mit ihm. Mit diesem »Wechselspiel« zwischen dem Text und seinen Wirkungen beschäftigt sich die rezeptionsgeschichtliche Bibelauslegung.

Hiob im Diakonissenkrankenhaus

Ihr habt mir tags von Gott erzählt, / nachts hat mich euer Gott gequält. / Ihr habt laut eures Gotts gedacht, / mich hat er stumm zur Sau gemacht. / Ihr habt gesagt, dass Gott mich braucht – / braucht Gott wen, den er nächtens schlaucht? / Ihr habt erklärt, dass Gott mich liebt – / liebt Gott den, dem er Saures gibt?

Robert Gernhardt

Gedenkstein im ehemaligen Konzentrationslager Bergen-Belsen

»Gott nein!« – »Gott ja!«

Sprachverwirrung – Weltverwirrung

Auf dem Flug nach Europa sitze ich neben einem braungebrannten Russen. Er ist gut gelaunt und möchte gleich anfangen, mit mir zu sprechen. Aber welche Sprache sollen wir benutzen? Ich kann nicht Russisch. Er kann nur zehn Wörter Deutsch. Keine Verständigung möglich? Aber er lässt nicht locker. Und so entsteht folgendes Gespräch:
Er fragt: »Tourista?«
Ich sage: »Nein, Konferenz.«
»Aha«, sagt er. Dann malt er einen Fisch auf ein Stück Zeitungspapier, das vor uns liegt. Er fragt nach dem Thema der Konferenz.

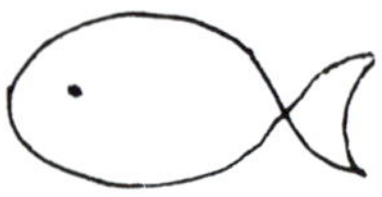

Ich male eine Kirche aufs Papier. Er macht große Augen. Er benutzt offensichtlich das russische Wort für Kirche mit einem großen Fragezeichen dahinter. »Wieso Kirche?« Er deutet auf mich und fragt: »Arbeiten?«

Ich male mich im Talar hin.
Er schüttelt ungläubig den Kopf. Das geht nicht in seinen an orthodoxe Priester gewöhnten Kopf.

Und dann sagt er: »Nix Gott – Gott nein!«
Ich sage: »Gott – ja!«
Er erklärt, so gut es eben geht, dass der Sputnik in den Himmel geflogen sei, aber da sei kein Gott gewesen.
Er malt dazu folgendes kleine Bild:

Ich sage: »Gott ist nicht in den Wolken, er ist zum Beispiel in Ihrem Herzen.« Ich male ein Herz aufs Papier und zeige auf sein Herz.

Er lacht ungläubig und fasst sich an die Brust: »Gott nein – nix sehen!«
Ich möchte ihm erklären, dass es viele Dinge gibt, die man nicht sieht, aber die wir erfahren, zum Beispiel die Liebe.
»Liebe«, sagt er, »aber meine Frau ...«, er zeigt mir, dass er sie anfassen kann.
Ich male eine Weltkugel und sage: »Gott ist überall. «

Ja, wie geht so ein Dialog weiter? Er schreibt auf den Zettel die Zahl 1979. Dann zeigt er auf die Kirche. Dann schreibt er 1990 und streicht die Kirche durch. Also, die Kirche wird verschwinden. Ich male die Kirche erneut hinter die Zahl 1990. Er lacht. »Gott – nein!«, sagt er. Dann erzählt er mir, er habe ein Buch gelesen, in dem stand, dass die biblischen Geschichten Märchen seien. Da habe er gelacht. Er machte es mir vor, wie er lachte. Aber seine Großmutter habe gesagt, er dürfe nicht lachen.

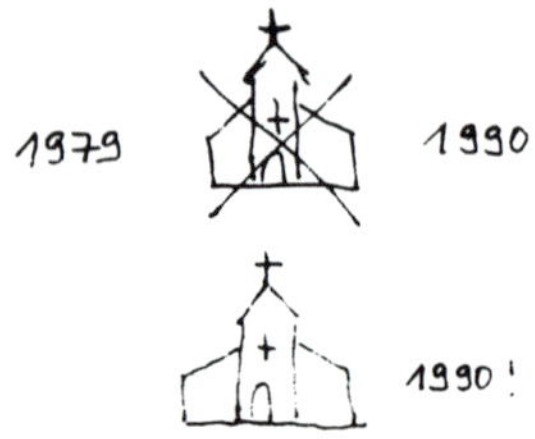

Seine Großmutter glaube das von der Bibel noch. Ihm fällt das Wort Dummkopf ein. Er sagt, ich sei ein Dummkopf, wenn ich »Gott – ja« sage. Er fragt mich, ob wir das Kreuz mit drei oder zwei Fingern schlagen.
Ich erkläre ihm, dass wir diese Symbolik nicht verwenden, indem ich die Hand durchstreiche. Das trägt nicht zur weiteren Verständigung bei.
Er zeigt auf meine rotlackierten Zehennägel und sagt: »Gott – nein!« Ich sage, dass Gott meine Zehennägel nicht stören. Inzwischen hat er eine Flasche Sekt bestellt. Wir trinken den Sekt und er meint, das würde Gott nicht gefallen.
Noch einmal macht er einen Versuch, mich zu überzeugen. Er erklärt mir, dass das Flugzeug starten und landen könne ohne Gott. »Gott schläft«, sagt er.
Dann sprechen wir über andere Dinge. Manchmal schaut er mich halb belustigt, halb zweifelnd an. Zwischendurch sagt er immer wieder einmal: »Gott – nein!« In Frankfurt verabschieden wir uns herzlich: »Deutsche Frau – Freundschaft.«

Bärbel von Wartenberg-Potter

- Die beiden Passagiere führen ihr Gespräch 1979. Begründe, ob sein Inhalt aktuell ist!
- Im Gespräch treten unterschiedliche Sichtweisen der Welt zutage: Arbeite diese heraus!
- »Gott schläft« – Hat hier eine Annäherung stattgefunden?
- »Gott – ja! « – »Gott – nein!« Setzt euch mit den Versuchen auseinander, die jeweilige Sicht verständlich zu machen. – Probiert selbst ein solches Zeichen-Gespräch aus und vergleicht!

MERKwürdig: Hiob hat an ein Nein gar nicht gedacht!

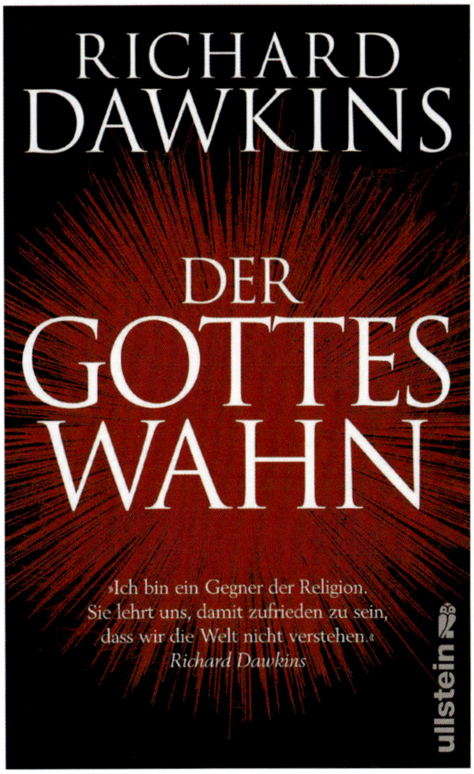

Das Fliegende Spaghettimonster (FSM) ist die Gottheit einer im Internet verbreiteten Religionsparodie. Sie entstand u. a. in Auseinandersetzung mit dem Kreationismus (S. 192). Wie bei einer herkömmlichen Religion gibt es eine Gemeinschaft, Glaubenslehren, Gebote, Feste, Symbole usw.

Richard Dawkins ist einer der bekanntesten Vertreter des sog. »Neuen Atheismus«. Im Klappentext zu seinem Buch »The God Delusion« heißt es:* »Der Glaube an eine übernatürliche Macht kann keine Grundlage für das Verständnis der Welt sein und schon gar keine Erklärung für ihre Entstehung. Wenn wir die Kritik an den Religionen zum Tabu erklären, laufen wir Gefahr, von Fundamentalisten* jedweder Couleur dominiert zu werden. Der Glaube an ein göttliches Wesen ist vielfach die Ursache von Terror und Zerstörung, wie die Weltgeschichte von der Inquisition bis zu den Anschlägen auf die Twin Towers zeigt. Ein wichtiges Buch, das zu einem brennend aktuellen Thema eindeutig und überzeugend Position bezieht.«

- Arbeite aus den entsprechenden Materialien dieser Seite Argumentationsmuster des neuen Atheismus heraus!
- Untersuche sie auf zugrundeliegende Weltbilder und vergleiche diese mit dem Dialog auf der linken Seite!
- Atheistische Positionen werden teils sehr missionarisch, teils auch witzig vertreten – stelle Vermutungen über die Gründe an!
- Ein »Götze, der auch christliche Züge tragen kann«: Erkläre, was Böbel damit meint, an Beispielen! (Vgl. S. 30 f.)
- Anders als für Dawkins ist Götzendienst für Böbel kein Grund, nicht an Gott zu glauben.
- Entwerft eine Umfrage z. B. für eure Schule zur Einstellung zu Gott!

»Ist doch klar, dass Gott eine Erfindung ist. Aber wenn es den Leuten guttut? Das muss jeder selber wissen.«
Jakob, 16

Götzen entlarven!

Die Christenheit sollte alles unterlassen, was dem Missverständnis, dass Gott das Produkt menschlicher Wünsche sei, Vorschub leistet. Das ist nicht die Empfehlung einer schlauen Taktik für den Umgang mit Atheisten, sondern für den Christen der Ruf zur Umkehr vom Götzendienst. Denn tatsächlich formt sich der Mensch nur allzu gern Gott nach den Wünschen seines Herzens und den Bedürfnissen seines Lebens, womit er sich einen Götzen schafft, der auch christliche Züge tragen kann. Darum kann die Christenheit auf solche Verdächtigungen nicht besser antworten, als dass sie, das erste Gebot radikal ernst nehmend, die Götzen in ihrer Mitte entlarvt und sich von ihnen trennt.
Fritz Böbel

Orientierungssuche

Das Verhältnis von Glaube und Naturwissenschaft ist ein häufig genannter Grund für eine atheistische Weltanschauung. Auf den nachfolgenden Seiten erhältst du vielfältige Anregungen, dieses Verhältnis differenziert zu bestimmen: Worum geht es Naturwissenschaften und was können sie leisten? Worum geht es christlichem Schöpfungsglauben? Unter welchen Voraussetzungen kann zwischen beiden ein Gegensatz gesehen werden? Gibt es dazu Alternativen?

Warum ist der Käfer tot?

»Papa, warum ist der Käfer tot?« – »Welcher Käfer? Ach, der da … draufgelatscht!« – »Und warum ist er tot?« – »Ich sag doch: Da ist wohl einer draufgetreten!« – »Ja, aber warum er tot ist, will ich wissen!« – »Okay. Schau her: Stell dir vor, du wärst ein Käfer. Und dann kommt jemand, der so groß ist wie ich. Also bei deiner Größe müsste der so groß sein … wie das Haus! Also stell dir vor, das Haus da tritt auf dich drauf! Vier Stockwerke. Meinst du nicht, dass du dann auch hin wärst?« – »Ja Papa, aber WARUM? Warum ist da jemand draufgetreten?« – »Na ja, der wird halt so gegangen sein wie ich. Ich habe den Käfer ja auch erst nicht gesehen. Und dann ist das halt passiert.« – »Und warum hat der Mann nicht geschaut, der draufgetreten ist?« – »Ist das jetzt ein Spiel? Dann kannst du ja auch fragen, warum der Käfer nicht aufgepasst hat und ausgerechnet hier lang gegangen ist. Und überhaupt, warum es diesen Käfer gibt? Und warum diesen Menschen?« – »Und? Warum gibt es diesen Käfer?«

info

Was ist ein Weltbild?

- Jeder Mensch lebt mit bestimmten Vorstellungen von der Welt – seinen Sichtweisen vom Leben. Er hat z. B. Vorstellungen von den physikalischen, chemischen und biologischen Grundlagen der Welt, er hat bestimmte Ansichten darüber, wie Menschen denken, fühlen und miteinander leben (sollen) und welchen Sinn das Dasein hat. Von einem Weltbild kann man dann sprechen, wenn man versucht, diese verschiedenen Lebenssichten in ein Gesamtmodell zu bringen. Dieses soll aufzeigen, wie die Welt, das Leben und die eigene Existenz miteinander zusammenhängen.
- Vor allem dann, wenn die Welt unsicher und fraglich ist, »basteln« wir umso mehr an unseren Weltsichten. Wir versuchen dadurch das, was in uns und um uns herum geschieht, in einen für uns nachvollziehbaren Zusammenhang zu bringen, und gewinnen dadurch Orientierung.

- Wieder ein »Warum?« (S. 174, 181 f.). Aber offenbar bedeutet es für Vater und Kind (links) nicht dasselbe. Lest das Gespräch z. B. in Gruppen mit verteilten Rollen langsam vor und haltet jedes Mal an, wenn in der Kommunikation etwas schiefläuft. Probiert Alternativen aus!
- Man unterscheidet zwischen Sachfragen und Sinnfragen*. Beide können äußerlich gleich aussehen. Doch während es Sachfragen um eine möglichst eindeutige Klärung von Vorgängen oder Sachverhalten in der Welt geht, zielen Sinnfragen auf einen tiefergehenden Grund: Sie fragen – konsequent zu Ende gedacht – nach dem Sinn der Welt als ganzer. – Beziehe diese Unterscheidung auf das Gespräch zwischen Vater und Kind!
- Nimm an, das Foto links ist ein Symbol für die Welt – ein Weltmodell. – Stelle Zusammenhänge zum Gespräch zwischen Vater und Kind her!
- Erläutere, wie man dieses Weltmodell (links) aus der Sicht von J. Kahl oder Paul Gerhardt (S. 175) deuten könnte!

ICH GLAUBE AN GOTT DEN VATER,
DEN ALLMÄCHTIGEN,
DEN SCHÖPFER DES HIMMELS UND DER ERDE.

Schöpfungsglaube

Schöpfung meint nicht Weltentstehung

Schöpfung ist kein deskriptiver Begriff, der etwas Vorfindliches beschreibt – weder die Natur, noch das eingespielte Öko-System. Genauso wenig ist Schöpfung eine Bezeichnung für einen anfanghaften Akt Gottes, der damit den von der Physik beschriebenen Kosmos oder das von der Biologie beschriebene Leben ins Dasein ruft. Vielmehr ist zu betonen, dass Schöpfung ein Begriff des Glaubens ist und kein Pendant zu den naturwissenschaftlichen* Begriffen »Urknall« oder »Evolution*«.

Schöpfung ist viel eher eine aktive und kreative Art, die Welt wahrzunehmen. Dazu gehört die beeindruckende Ordnung der Natur und ihre überwältigende Gewalt, ihre Schönheit und ihre Grausamkeit; dazu gehört auch der Mensch mit seiner Freiheit zum Guten und zum Schlechten. Es sind durchaus widerstrebende Erfahrungen, die wir mit der Welt und der Natur machen. »Durch das Chaos hindurch glauben« (Gabriele Miller) ist ein möglicher Weg des Ordnens: nämlich der christliche Weg, der die Welt als Schöpfung des geglaubten Gottes wahrnehmen hilft. Hier geht es um eine Beziehungsaussage: Gott steht mit der Welt, mit den Menschen in Beziehung, in der Ordnung und im Chaos. Diese Beziehung ist Grund der Hoffnung auf die Erlösung, auf das schon begonnene und auf seine Vollendung hinstrebende Heilswirken Gottes.

Gudio Hunze

- Arbeite aus dem Text von Hunze drei zentrale Thesen heraus! Sachtexte Beziehe diesen Text und die Info oben rechts auf S. 14 f.! (Vgl. dazu auch 5/6.)
- Dass es bei Schöpfung nicht wirklich um Weltentstehung geht, kann man auch in 1 Mose 1 und 1 Mose 2–3 erkennen, wenn man etwas genauer hinschaut! Suche nach entsprechenden Hinweisen!
- Diskutiert die Kinderbuch-Zeichnung rechts aus atheistischer* Sicht und aus Sicht des christlichen Schöpfungsglaubens!

BeMERKenswert: Glauben heißt, auf einfache Antworten zu verzichten.

info

Christlich von Schöpfung reden

- Anders als in manchen Diskussionen um Glaube und Naturwissenschaft geht es im biblischen Schöpfungsglauben nicht darum, *ob* irgendein höheres Wesen die Welt erschaffen hat. Die Frage ist vielmehr, *welcher* Gott hinter dieser Welt steht. Meint er es gut mit uns? Kann man in dieser Welt vertrauensvoll leben? Die Schöpfungsüberlieferungen des Alten Testaments erzählen davon, dass derselbe Gott, der sich als »Ich bin da« offenbart hat, auch für das Gedeihen und Vergehen von Tieren und Pflanzen zuständig ist. Und es sind die Hände dieses befreienden und liebenden Gottes, in denen das Leben und Sterben des Menschen liegt.
- Brisant wird diese Aussage besonders in Situationen, in denen die Welt gerade nicht vertrauenswürdig scheint: in Katastrophen, Kriegen oder Situationen persönlicher Not. Dann wird das »sehr gut« zum Widerspruch, zur (An-)Klage oder zur Hoffnungsvision, wie z. B. in dem im babylonischen Exil* entstandenen 1 Mose 1–2,4a.
- Wer angesichts der Realität dieser Welt das Glaubensbekenntnis spricht, bringt somit eine Spannung zum Ausdruck: Wie kann zusammengedacht werden, dass Gott Schöpfer, allmächtig und liebender Vater ist? Solange es Leid auf der Welt gibt, kann diese Spannung nicht aufgelöst werden. Was bleibt, sind Wut, Klage, Unverständnis und trotzige Hoffnung – wie bei Jesus am Kreuz: Obwohl er sich von Gott verlassen glaubt, schreit er seine Verlorenheit und seinen Schmerz hinaus und sagt »mein Gott« (Mk 15,34).

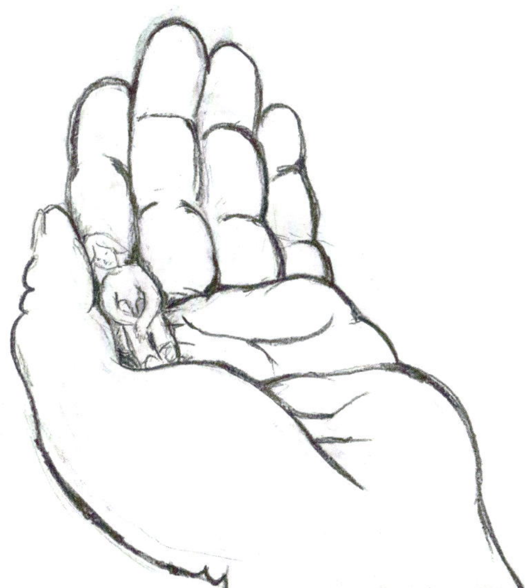

Unvereinbar?

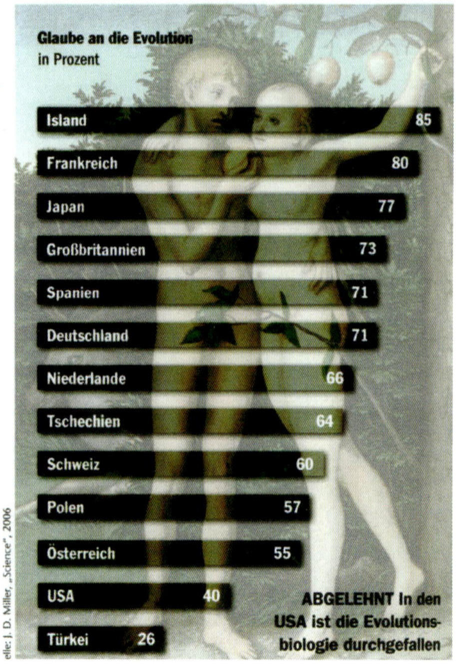

Quelle: J. D. Miller, „Science", 2006

Unausgesprochene »Spielregeln«

Wenn Glaube und Naturwissenschaft als Gegensätze wahrgenommen werden, wird mindestens eine der nachfolgenden Sichtweisen vorausgesetzt:

- Es gibt keinen Unterschied zwischen Sach- und Sinnfragen*.
- Die eigene Sicht ist keine begrenzte Perspektive, sondern allgemeingültig und wahr.
- Die eigene Sicht beruht auf einem unumstößlichen Fundament, das ihre Richtigkeit beweist.
- Die Welt ist so, wie sie nun mal ist. Punkt.

150 JAHRE EVOLUTIONSTHEORIE

Anlässlich des »Geburtstages« der Evolutionstheorie veranstalteten viele Online-Redaktionen von Wissensformaten und Magazinen Umfragen zum Verhältnis von Glaube und Naturwissenschaft. Eine lautete:

Hier können Sie abstimmen, woher Ihrer Meinung nach die Arten kommen: War es ein Schöpfer oder ein »blinder Uhrmacher«?

Umfrage

- ☐ die Evolution
- ☐ ein Schöpfer in einem Schöpfungsakt
- ☐ ein Schöpfer durch die Evolution

- Über Charles Darwin und seine Theorien kannst du dich in Biologie oder im Internet informieren.
- Als »Uhrmachergott« bezeichnet man die Vorstellung, dass Gott zwar Ursprung der Welt ist, jedoch nicht weiter in den Weltlauf eingreift. – Schreibe eine E-Mail an die Online-Redaktion, in der du dir über die Aufgabenstellung der Umfrage Gedanken machst!
- Beziehe die »Spielregeln« auf die Materialien der Doppelseite und prüfe, ob sie zutreffen! – Sollten einzelne Punkte unklar sein, hilft sicher die nächste Doppelseite weiter.

info

Kreationismus und Intelligent Design (ID)

Kreationisten gehen davon aus, dass die Welt und das Leben durch einen direkten Eingriff Gottes entstanden sind. Sie lesen 1 Mose 1 als einen Bericht, der die tatsächlichen Abläufe der Entstehung wiedergibt. In der Auseinandersetzung mit der Evolutionstheorie* liegt das Hauptaugenmerk darauf nachzuweisen, dass die Tiere »jedes nach seiner Art« entstanden seien und sich dann erst weiterentwickelt hätten (= Mikroevolution). Dagegen wird die sog. Makroevolution, also die Entwicklung von einer Art aus einer anderen, abgelehnt.

ID ist der Versuch, Gedankengut des Kreationismus mit neuem Namen als Wissenschaft auszugeben. So wie man bei einer Uhr, die man findet, davon ausgeht, dass sie ein intelligenter Uhrmacher geschaffen hat, können die hochkomplexen Lebewesen nicht durch Zufall entstanden sein, sondern legen nahe, dass sie auf eine höhere Intelligenz zurückgehen: »Design must have a designer.«

Biologismus

Von Biologismus oder Evolutionismus spricht man, wenn die begrenzten Ergebnisse biologischer Forschung als Welterklärung interpretiert und aus ihnen Gesetze für andere Lebensbereiche, z. B. für das Zusammenleben der Menschen abgeleitet werden. Bekannt ist der »Sozialdarwinismus«, der Darwins Theorie vom »Kampf ums Dasein« (eigentlich: »struggle for existence«) und der »Durchsetzung des Stärkeren« (eigentlich »survival of the fittest«) auf die menschliche Gesellschaft überträgt. Im Nationalsozialismus* wurde damit eine Überlegenheit einer »arischen« über eine »jüdische Rasse« begründet.

Man spricht aber auch von biologistischer Argumentation, wenn bestehende Verhältnisse gerechtfertigt werden, weil sie naturgegeben und damit unveränderlich seien, z. B. im Verhältnis der Geschlechter, Völker oder sozialen Schichten.

In Konkurrenz?

Man hat trotz aller Suche bisher keinen einzigen Beweis für die Theorie der Makroevolution gefunden. Die Funde in den Erdschichten zeigen – objektiv betrachtet – keine Entwicklung. Aber man legt sie zurecht, wie man will: Man schließt von Bruchstücken auf ganze Tiere. Die Erde müsste doch voll von Zwischenformen sein, wenn die Evolutionstheorie stimmen würde.

Wenn jemand an einen intelligenten Schöpfer glaubt, wird er gleich als Starrkopf und Fundamentalist* angesehen. Aber wenn mir einer ein Haus zeigt, das irgendwo auf dem Lande steht, mit Dachschindeln und Sanitärkeramik, mit Stromanschluss und Garten, dann komme ich nicht umhin, an eine Baufirma zu glauben und an einen Gärtner, selbst wenn ich die gerade nicht sehen kann. Denn der Zufall könnte nicht in Jahrmillionen und Milliarden je so etwas zustande bringen. – Wer ist hier stur?

So lange ein (schwer verletzter) Lehmklumpen und ein Teilknochen dieses Lehmklumpens uns die Welt erklären wollen und den dazugehörenden Schöpfer-Gott auch noch verherrlichen, solange wird es keinen Frieden unter den Menschen geben. Evolution ist eine Tatsache, alles andere ist Quatsch.

Die waren früher nur zu dumm, um bestimmte Dinge in der Welt zu erklären, und haben eine einfache, aber damals überzeugende Lösung gesucht: GOTT! Aber wie ist der Mensch entstanden? Von Affen – früher hieß es von Gott. So fing es mit einer kleinen Gruppe an, die dies weitererzählt hat, die andern glaubten es, schlossen sich der Gruppe an und erzählten es auch weiter und heute gibt es immer noch Leute, die das glauben …

Mitgefühl oder Nächstenliebe ist ein Produkt unserer Evolution. Im Laufe der Zeit hat es sich bewährt, auf seine Familie aufzupassen und sie zu beschützen, um letztendlich von ihr zu profitieren. Das überträgt man dann auf größere Verbände und schließlich auf alle Menschen und auch Tiere. Aber eigentlich steckt dahinter nur der evolutionäre Egoismus, selbst am besten überleben zu können, wenn es anderen auch gut geht.

Forenbeiträge im »Darwin-Jahr«

- Kreationismus und Biologismus – zwei »-ismen«! Vergleiche sie miteinander und mit anderen dir bekannten »-ismen«!
- »Aus Sicht des Kreationismus müsste es eigentlich heißen: Ich glaube an Gott, den Konstrukteur.« Diskutiert! Welche Konsequenzen hätte das für das Verständnis des christlichen Glaubens?
- Formuliere eine Antwort auf einen Kreationisten: »Mir ist die Bibel auch wichtig, aber …« Beziehe dabei ggf. dein Wissen zur historisch-kritischen Methode mit ein!
- »Es ist schwieriger, eine vorgefasste Meinung zu zertrümmern als ein Atom.« (Albert Einstein)

Evolution und Glaube

Ein Gespräch im Lehrerzimmer

»Ich habe vorhin in der Vertretungsstunde in eurem Bio-Buch geblättert.«

»Und, hast du etwas gelernt?«

»Was mich überrascht hat: Bei Evolution gab es einen Artikel zum Kreationismus. Schade nur, dass nicht noch ein paar klärende Worte zu Schöpfung daneben standen.«

»Ist das nicht ein bisschen viel verlangt? Mit Intelligent Design setzt sich das Buch nur auseinander, weil die die Evolutionstheorie* als wissenschaftliche Theorie ablehnen. In den USA glauben über die Hälfte der Menschen, dass Gott die Grundtypen der Lebewesen jeweils nach ihrer Art geschaffen hat und sie sich dann erst weiterentwickelt hätten. Das finde ich problematisch.«

»Haben Biologen deshalb häufig Probleme mit dem Schöpfungsglauben? Nicht wenige setzen ja Schöpfung und Kreationismus gleich, obwohl das die Kirchen ablehnen.«

»Biologen wollen wie alle Naturwissenschaftler* nicht glauben, sondern Theorien experimentell überprüfen oder durch Beobachtungen und Vergleiche bei heutigen oder ausgestorbenen Organismen belegen.«

»Und wie kriegst du das für dich zusammen, dass du Naturwissenschaftlerin und zugleich gläubig bist? Zumindest kommst du immer zu unseren Gottesdiensten …«

»Das schließt sich ja auch nicht aus. Man muss als Biologe eben unterscheiden, was Wissenschaft bezweckt und kann und was nicht. Was wir machen, ist eben, durch Beobachtung und Vergleiche Schlüsse zu ziehen. Diese führen zu Theorien oder stellen sie infrage. Dabei werden Sachverhalte, die sich dem Erkenntnisbereich von Wissenschaft entziehen, prinzipiell außen vor gelassen. Das gilt z. B. für die Physik genauso: Man kann ja nicht wissenschaftlich ergründen und mit Beobachtung belegen, was vor dem Urknall war oder ob es Paralleluniversen gibt, obgleich es dazu schöne mathematische Modelle gibt. Auch die Biologie hat ihre Grenzen: Ob wir Menschen z. B. eine Seele haben oder nicht, ist eine Frage des Weltbildes.«

»Das würde ich auch so sehen.«

»Was wir als Wissenschaftler können, ist, Sachfragen zu diskutieren und zu klären, also z. B. wie sich eine Art weiterentwickelt hat. Übernatürliche Erklärungen müssen dabei ausgeschlossen werden, weil man sie prinzipiell nicht überprüfen kann.«

»Ich habe aber schon den Eindruck, dass für manche Biologen damit auch Sinnfragen* gleich mit erledigt sind.«

»Es gibt natürlich biologistische Sichtweisen, wonach der Mensch und alles Geistige, was er denkt, tut und vollbringt, einen Mechanismus der Evolution darstellt. Aber diese Sicht ist an Voraussetzungen geknüpft, die sie selbst nicht mehr begründen kann.«

»So was wie: Wenn sich unter allem letztlich sinnlos Entstandenen dasjenige erhalten hat, was zufällig am besten angepasst war, dann betrifft das auch den Evolutionismus: Er ist ein Produkt des Zufalls und keine Notwendigkeit. Dann kann er aber keine umfassende Geltung haben.«

»Also ich hätte jetzt schlicht gesagt: Es gibt erstens keine einzige wissenschaftliche Theorie, von der man beweisen kann, dass sie wahr ist. Man kann nur zeigen, dass manche falsch sind. Und zweitens wird hier nur Materie für wirklich gehalten. Aber dass es nichts als Materie gibt, ist eine weltanschauliche Entscheidung, die ich beispielsweise nicht teile. Liebe ist für mich mehr als ein Produkt von hormonellen Reaktionen und ein Trick der Natur zur Fortpflanzung.«

»Würdest du dann sagen, dass die Behauptung, dass alles sinn- und ziellos sein muss, unwissenschaftlich ist?«

»Als Wissenschaftlerin darf ich Gott nicht als Erklärungsvariable verwenden. Aber das sagt doch nichts darüber, ob es nicht das Absolute gibt und wir zu ihm auch über den Tod hinaus in einer Beziehung stehen. Umgekehrt kann ich mit meinem Glauben aber begründen, warum Wissenschaft wichtig ist: Groß sind Gottes Werke; wer sie erforscht, der hat Freude daran. – Das ist eine meiner Lieblingsstellen aus den Psalmen.«

- Untersuche Schulbücher aus Biologie, Ethik und Katholischer Religionslehre zur Thematik: Welche Modelle zum Verhältnis von Wissenschaft und Glaube gibt es, welche nicht? Welches Weltbild wird dort skizziert? Wie wird der Mensch gesehen?
- In Biologie beschäftigt ihr euch mit der Evolutionslehre. Bringt auch dort eure Fragen zum Lehrerzimmergespräch oder zum Kreationismus (S. 192) ein!

MERKst du was: Zufall oder nicht ist eine Frage des Standpunktes, nicht von Wissenschaft.

Es ist mir deutlich geworden, dass man Gott nicht als Lückenbüßer unserer unvollkommenen Erkenntnis verwenden darf; wenn sich nämlich die Grenzen der Erkenntnis immer weiter herausschieben, wird mit ihnen auch Gott immer weiter weggeschoben und befindet sich somit auf einem fortgesetzten Rückzug. Aber nicht in den ungelösten, sondern in den gelösten Fragen will Gott von uns begriffen sein. Nicht erst an den Grenzen unserer Möglichkeiten, sondern mitten im Leben muss Gott erkannt werden.

Dietrich Bonhoeffer*

Groß sind die Werke des HERRN; wer sie erforscht, der hat Freude daran.

Ps 111,2

Deshalb werden wir uns nicht mit der Frage beschäftigen, warum sich die Natur so verhält, wie sie es tut. Es gibt keine brauchbaren Theorien, die das Warum erklären könnten.

Richard P. Feynman, Nobelpreis, Quantenphysiker

Wissenschaft ohne Religion ist lahm, Religion ohne Wissenschaft ist blind.

Albert Einstein

Die Neugier steht immer an erster Stelle eines Problems, das gelöst werden will.

Galileo Galilei

Früher war man der Ansicht, dass mithilfe der Naturwissenschaften die Zukunft beherrscht werden könnte. Die Chaostheorie und die Quantenphysik zeigen aber, dass diese Vorstellung naiv ist. Im Grunde weiß das jeder auch, seit es Wetterbericht gibt.

Thomas Görnitz, Physiker

info

Offene oder geschlossene Weltbilder

Von einem *geschlossenen Weltbild* könnte man reden, wenn jemand den Anspruch erhebt, die Wirklichkeit richtig und vollständig zu erfassen: Man schließt die Möglichkeit anderer Möglichkeiten aus, weil man weiß, wie es wirklich ist. Man muss dann auch nicht mehr nach Wahrheit suchen, da man sie bereits hat. Ein *offenes Weltbild* könnte man dagegen so bestimmen, dass es Platz dafür lässt, seine Sicht kritisch zu prüfen und gegebenenfalls infrage zu stellen. Denn dann geht man davon aus, dass die eigene Sicht »lediglich« eine Vorstellung, eine Theorie, ein Deutungsversuch ist, und räumt einen Spielraum für Einseitigkeiten, Fehler und Veränderungen ein.

- Formuliere eine Gegen-Liste zu den »Spielregeln« auf S. 192: Religion und Naturwissenschaften kommen gut ins Gespräch, wenn … Dabei können dir das Gespräch im Lehrerzimmer und die Zitate auf der Seite helfen.
- Der Schulalltag kann als ein permanentes Wechseln und Einüben verschiedener Sichtweisen angesehen werden. Erläutere diesen Gedanken mithilfe deines Stundenplans!

Modelle für ein konstruktives Verhältnis von Glaube und Naturwissenschaft

Das *Unabhängigkeitsmodell* steht dafür, dass Glaube und Naturwissenschaft* völlig verschiedene Zugänge zur Wirklichkeit haben, sodass es keine echten Überschneidungspunkte gibt. Während einen Naturwissenschaftler z. B. die chemischen Prozesse in einem Menschen interessieren, fragt der Glaube nach dem Sinn seiner Existenz im Verhältnis zum Ganzen.

Im *Dialogmodell* wird die Sicht vertreten, dass sich Glaube und Wissenschaft letztlich auf die eine Wirklichkeit beziehen, diese aber zu komplex ist, als dass man nur einen Zugang favorisieren dürfte. Z. B. kann man etwa im Umgang mit Grenzfragen vom anderen lernen, wo Wissenschaft aufhört und Weltanschauung anfängt.

im Zusammenhang

Eine jüdische Geschichte

Ein Skeptiker, ein gelehrter Mann, kam zu Rabbi* Levi Jizchak, um seinen rückständigen Glauben zu widerlegen. Als er seine Stube betrat, sah ihn der Rabbi flüchtig an und sagte: »Vielleicht ist es aber wahr.« Dem Skeptiker schlotterten die Knie, so furchtbar war dieser Satz anzuhören. Levi Jizchak sprach ihn gelassen an: »Mein Sohn, die Lehrer der Tora*, mit denen du gestritten hast, haben ihre Worte an dich verschwendet und du hast darüber gelacht. Sie haben dir Gott und sein Reich* nicht auf den Tisch legen können. Und ich kann es auch nicht. Aber bedenke: Vielleicht ist es wahr.« Der Zweifler nahm all seine Kraft zusammen, um dem Rabbi zu entgegnen. Aber gegen dieses furchtbare »vielleicht« konnte er nichts sagen. Er gab sich geschlagen.
*Martin Buber**

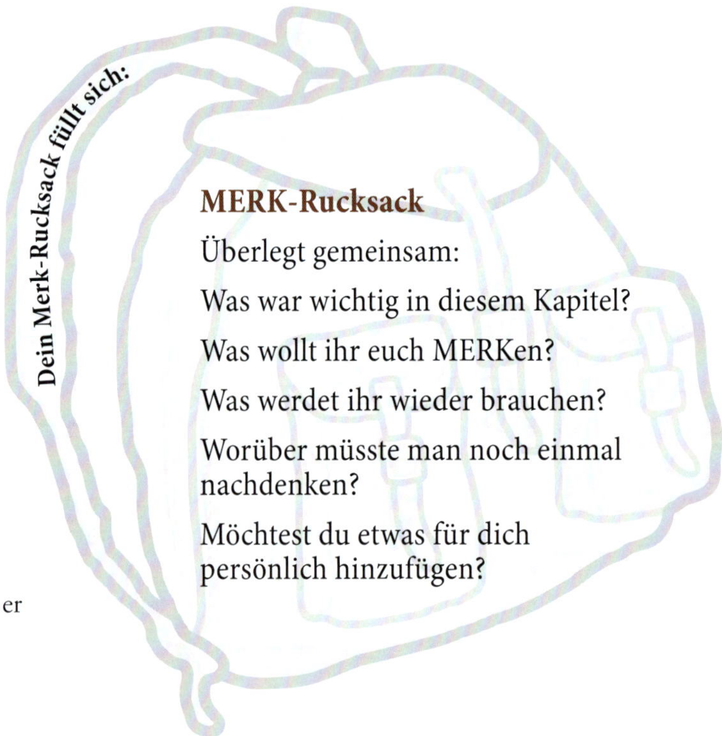

MERK-Rucksack

Überlegt gemeinsam:

Was war wichtig in diesem Kapitel?

Was wollt ihr euch MERKen?

Was werdet ihr wieder brauchen?

Worüber müsste man noch einmal nachdenken?

Möchtest du etwas für dich persönlich hinzufügen?

- Bilde Sätze mit »vielleicht« und nimm die unterschiedlichen Nuancen wahr!
- Der Religionsgelehrte sagt »vielleicht« – der Naturwissenschaftler auch? Vergleiche die beiden Texte auf dieser Seite!
- Ein Vielleicht kann die starren Fronten zwischen Ja und Nein aufbrechen. Suche in den Materialien dieses Kapitels geschlossene und offene Weltbilder!
- Wirf aus der Perspektive dieses Kapitels, vor allem vom Gedanken der offenen und geschlossenen Weltbilder her, noch einmal einen Blick auf das Wunder-Kapitel (Kap. 3)! Erinnere dich dabei auch an das »Vielleicht« des Propheten Amos (S. 33)!
- Suche nach Situationen im eigenen und im öffentlichen Leben, wo ein Vielleicht weiterhelfen könnte!

Kann Naturwissenschaft die Welt erklären?

Wir haben gar keine Möglichkeit, das gesamte System zu verstehen, denn wir müssten uns dazu außerhalb dieses Systems aufhalten. Dann und auch nur dann könnten wir die Fragen beantworten wie z. B.: Was war vor dem Urknall oder das Berühmte: Ja, wo hinein expandiert denn dieses Universum eigentlich? – Wir müssen uns damit abfinden: Kosmologie ist Innenarchitektur, kann also innere Eigenschaften des Universum darstellen, abbilden, theoretisch erklären. Aber warum die Dinge so sind, wie sie sind, lässt sich letztlich tatsächlich nicht beantworten. Deswegen muss ich leider bei dieser Frage passen. Solange wir mittendrin sind – und wir sind mittendrin – haben wir keine Möglichkeit.
Harald Lesch, Astrophysiker und Naturphilosoph

FÜR MICH

W*arum haben Christen so ein trauriges Symbol?*

H*at Gott seinen Sohn geopfert?*

I*st Jesus ein Vorbild?*

I*st es wichtig, ob Jesus gelebt hat?*

G*ott oder Jesus?*

B*rauche ich Jesus?*

F*ür mich – wurde ich gefragt?*

Kapitel 11

Alles für mich?

Töricht!

Georg Baselitz, Tanz um das Kreuz, 1983

Die Torheit Gottes ist weiser, als die Menschen sind, und die Schwachheit Gottes ist stärker, als die Menschen sind.

für uns

»Ist das wirklich für mich? Alles für mich?«
»Ich tue das doch nur für dich!«
»Sie können für Ihren Ehemann unterschreiben.«
»Bist du jetzt für mich oder gegen mich?«
»Das ist gut für mich.«
»Für ihn ist das alles nicht so wichtig.«
»Ich bin für dich da!«
»E-Mail für dich!«
»Für ihn wurde eine hohe Ablöse gezahlt.«

Schenken

Etwas zu verschenken widerspricht eigentlich der wirtschaftlichen Vernunft. Die Menschen kalkulieren die Kosten und den Nutzen ihrer Handlungen. Etwas umsonst herzugeben – das passt nicht in dieses Muster. Denn was steht auf der Nutzenseite? Die Dankbarkeit des Beschenkten? Gesellschaftliches Ansehen? Ein Gegengeschenk? Selbst dann erscheint dieser Tausch nicht gerade effizient. Denn nur selten bekommt der Beschenkte genau das, was er sich auch selber angeschafft hätte. Trotzdem ist das Geschenk aus keiner Gesellschaft wegzudenken. Schenken dient weltweit dazu, Beziehungen zu erhalten und zu stärken. Dieses Prinzip der Gegenseitigkeit hält die Menschen zusammen. *Silke Bigalke, Süddeutsche Zeitung*

Gibt es nicht doch das reine Geschenk, das den Tauschzirkel durchbricht, ohne Spur von Eitelkeit und Eigennutz? Es erwartet vom Adressaten nichts, auch keine Antwort. Alles scheint wie immer, und doch ist alles ganz anders.
Thomas Assheuer, DIE ZEIT

Die wirkliche Liebe beginnt, wo keine Gegengabe mehr erwartet wird. *Antoine de Saint-Exupéry*

Ist Gott für uns, wer kann wider uns sein? Der auch seinen eigenen Sohn nicht verschont hat, sondern hat ihn für uns alle dahingegeben – wie sollte er uns mit ihm nicht alles schenken?
RÖM 8,31B–32

Schenken und beschenkt werden

- Alles für mich? Formuliere mögliche Gedanken und Reaktionen der Beschenkten (S. 198)!
- Diskutiert über die Äußerungen zum Schenken (links, in der Mitte); denkt dabei auch an eigene Erfahrungen mit Schenken und Beschenktwerden!
- Versuche das Merke zu erklären; beziehe dabei mit ein, was du über »Wunder« gelernt hast (Kap. 3)!

»Für«

- Arbeite aus den Zitaten oben links verschiedene Bedeutungsschattierungen des »für« heraus. Notiere zu diesen auch deine Assoziationen und Gefühle!
- Beziehe die »für uns«-Formulierungen in Röm 8,31 f. auf die Zitate!
- »Wie sollte er uns mit ihm nicht alles schenken«? Alles? Tragt zusammen, was sich Menschen von Gott als Geschenk erwarten – und was vielleicht auch eher nicht!
- Und wenn Jesu Leben und Sterben das »reine Geschenk« (Assheuer), wäre?

GeMERKt? Ein Geschenk ohne Gegengabe wäre ein Wunder!

Zu den ältesten christlichen Glaubenssätzen gehört die Aussage, dass Jesus Christus* »für uns« (pro nobis) gekreuzigt wurde. Viele Fragen verbinden sich damit. Wie kann das sein, angesichts der großen historischen Distanz? Will ich überhaupt, dass jemand »für mich« stirbt? Was ist das für ein grausamer Gott, der seinen Sohn »für uns« sterben lässt? – Die ersten Christen haben – überwältigt von der Erfahrung der Auferweckung Christi – in unterschiedlichen Bildern und Vergleichen auszudrücken versucht, dass das Kreuz Christi, sein Leben und Sterben Heil für die Menschen bedeutet. Die folgenden Seiten nehmen einige dieser Deutungen in den Blick. Ihr versteht sie besser, wenn ihr euch vergegenwärtigt, was ihr über Jesu Verkündigung des Reiches* Gottes, seine Zuwendung zu den Menschen sowie über Passion* und Ostern schon besprochen habt (Kap 3, 5/6).

Torheit und Skandal

- »Eine Torheit«, »ein Ärgernis« (griech. *skandalon*), sagen die Gegner des Paulus. »Übersetze« die Begriffe!
- Der Clown ist dir nun schon öfters in Verbindung mit Jesus begegnet (5/6, vgl. S. 52): Sammle Beispiele aus Jesu Leben und Botschaft, die auf den ersten Blick »töricht« erscheinen! Vielleicht entdeckst du das »für uns« in diesen Geschichten.
- Lies zur Info ausgewählte Abschnitte der Passionsgeschichten* der Evangelien!
- Beschreibe das Bild von G. Baselitz (S. 199)!
- Deute es mithilfe seines Titels »Tanz ums Kreuz«!
- Als der Künstler dieses (2,40 m mal 1,80 m große) Bild seiner Heimatkirche in Luttrum schenkte, gab es einen Riesenskandal: Wollte man ein solches Bild im Altarraum aufhängen? Die Meinungen waren gespalten. Bereitet ein Streitgespräch (z. B. mit den Methoden von S. 225) vor! Bezieht dabei sowohl eure Deutung des Bildes als auch euer Wissen über Jesu Leben und Botschaft (5/6, Kap. 3) ein!
- Deute die Wandzeichnung aus dem alten Rom (oben rechts)! Lass Anaximenos mit dem Zeichner einen Dialog führen; du kannst dabei die (Kopfstand-)Gedanken des Paulus (aus 1 Kor 1 und 15) einbeziehen!

»Stellt euch auf den Kopf«! – mit diesem Bild wurde in Ortswechsel 5/6 Jesu Passion symbolisiert.

Wir aber predigen den gekreuzigten Christus, den Juden ein Ärgernis und den Griechen eine Torheit; denen aber, die berufen sind, Juden und Griechen, predigen wir Christus als Gottes Kraft und Gottes Weisheit. Denn die Torheit Gottes ist weiser, als die Menschen sind, und die Schwachheit Gottes ist stärker, als die Menschen sind.

1 Kor 1,23–25

Ist aber Christus nicht auferstanden, so ist unsere Predigt vergeblich, so ist auch euer Glaube vergeblich. Hoffen wir allein in diesem Leben auf Christus, so sind wir die elendesten unter allen Menschen. Nun aber ist Christus auferstanden von den Toten als Erstling unter denen, die entschlafen sind.

1 Kor 15,14.19 f.

Sog Spottkreuz aus Rom, ca. 200 n. Chr. mit der Inschrift: »Anaximenos verehrt seinen Gott.«

info

Jesu Kreuzigung

- Das Kreuz war in römischer Zeit ein grausames Hinrichtungsinstrument; zahllose Aufständische, Sklaven, Schwerverbrecher starben daran – öffentlich zur Schau gestellt – einen qualvollen Tod. Römische Bürger durften nicht gekreuzigt werden. Jesus wurde vermutlich am Pessachfest des Jahres 30 unter dem (als skrupellos bekannten) Präfekten Pontius* Pilatus in Jerusalem hingerichtet. Von dieser Hinrichtung wissen auch einige der wenigen außerchristlichen Zeugnisse über Jesus (z. B. Tacitus).
- Bis in die Neuzeit hinein wurde »den Juden« die Schuld an seinem Tod gegeben; schon im Neuen Testament klingt dieser Vorwurf an (z. B. Mt 27,23). Aus historischer Sicht wurde Jesus aber von den römischen Machthabern verurteilt: Sie befürchteten wohl – wie auch die Kreuzesinschrift verrät – einen politischen Aufstand. Feinde hatte Jesus auch in der (mit den Römern kooperierenden) Jerusalemer Priesterschaft – hatte er doch den Tempelkult kritisiert und dabei für Aufruhr gesorgt! Seine Auslegung der Tora* (S. 54) hingegen war eher nicht Anlass für Verurteilung; Streit um die Tora gehört zum jüdischen Glauben hinzu.
- In der christlichen Deutung versagen alle an Jesus – und Jesus stirbt »für« alle: nicht nur die Machthaber, sondern auch die Jünger, die davonlaufen, die Soldaten, die ihn foltern, das Volk, das ihm zunächst zujubelt und ihn dann fallenlässt.

Sehet ...

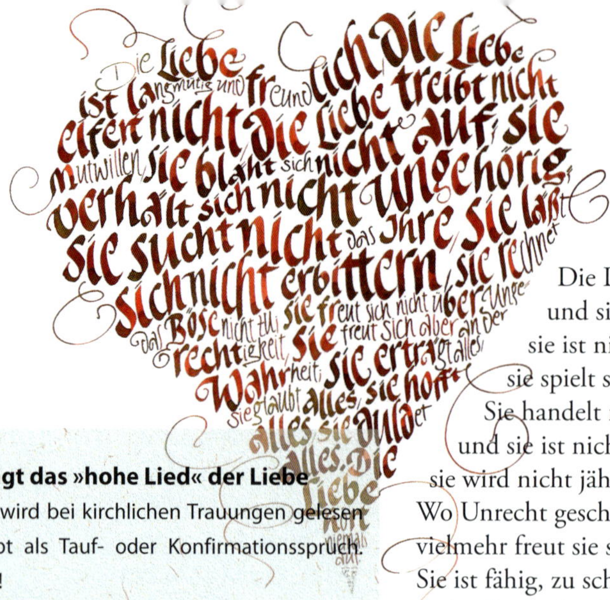

Die Liebe hat einen langen Atem
und sie ist zuverlässig,
sie ist nicht eifersüchtig,
sie spielt sich nicht auf, um andere zu beherrschen.
Sie handelt nicht respektlos anderen gegenüber
und sie ist nicht egoistisch,
sie wird nicht jähzornig und nachtragend.
Wo Unrecht geschieht, freut sie sich nicht,
vielmehr freut sie sich mit anderen an der Wahrheit.
Sie ist fähig, zu schweigen und zu vertrauen,
sie hofft mit Ausdauer und Widerstandskraft.
Die Liebe gibt niemals auf.
1 Kor 13,4–7, nach der »Bibel in gerechter Sprache«

Paulus singt das »hohe Lied« der Liebe

- 1 Kor 13 wird bei kirchlichen Trauungen gelesen und ist beliebt als Tauf- oder Konfirmationsspruch. Suche Gründe dafür!
- Stelle die positiven und negativen Aussagen über Liebe in 1 Kor 13,4–7 einander gegenüber!
- 1 Kor 13,4–7 ist rechts in einer verständlicheren modernen Übersetzung abgedruckt. Aus dem Gottesdienst bekannter ist die Fassung Martin Luthers, die auf der Kalligraphie oben gestaltet ist. Vergleiche die Übersetzungen!
- 1 Kor 13 – ein »Liebesratgeber«? Diskutiert darüber, wie sinnvoll und praktikabel die einzelnen Aussagen sind! (Ihr könnt ein Ranking erstellen oder an der Tafel mit Klebepunkten arbeiten.) Kommunikation
- Auf S. 89 findest du verschiedene Begriffe für Liebe – überlege, welcher hier passt!
- Liebe macht verletzlich – montiere die Sätze aus Eva Zellers »Postscriptum«, evtl. ergänzt durch eigene Sätze, in 1 Kor 13,4–7 hinein!
- Bringt 1 Kor 13,4–7 auf unterschiedliche Weise zu Gehör, z. B. als Dialog, als Sprechmotette, als Texttheater!

»Rahmenbedingungen« der Liebe

- Lies den gesamten Text 1 Kor 13,1–13! In der Einleitung (Vers 1–3) zeigt Paulus mit Blick auf die Korinther Gemeinde, dass ohne Liebe alles »nichts« ist. Finde aktuelle Bilder oder Beispiele!
- Visualisiere die Verse 8–13 durch eine Skizze, in der du Aussagen zu »jetzt« und zu »dann« einander gegenüberstellst! Verorte danach die Begriffe »Glaube«, »Liebe« und »Hoffnung« in der Skizze! Strukturieren
- Gestalte 1 Kor 13,4–7 so (z. B. für eine Postkarte), dass deutlich wird, dass unser Leben und damit auch unsere Beziehungen – noch – »Stückwerk« sind!

info

Das »Hohelied« der Liebe (1. Kor 13)

Paulus wendet sich mit seinem Brief an die junge Gemeinde in Korinth, in der es viele Konflikte und Konkurrenzkämpfe gibt. In 1 Kor 13 erinnert er daran, dass Stärke und Erfolg, ja selbst alle guten Taten sich an der Liebe messen lassen müssen. Er meint dabei nicht nur die Liebe zwischen Mann und Frau, sondern eine Lebenshaltung allen Menschen, gerade auch den »Ungeliebten« gegenüber, wie sie der Liebe Gottes, die Jesus vorgelebt hat, entspricht. Er malt kein romantisches Bild von der Liebe, denn ihm ist klar, dass in dieser Welt unser Wissen Stückwerk ist und der, der liebt, das Risiko eingeht, enttäuscht und verletzt zu werden. Jesu Liebe zu den Menschen führt ans Kreuz. Doch Jesu Auferstehung gibt Paulus Gewissheit, dass Gottes Liebe sich durchsetzen wird.

GeMERKt? Weil es Glaube, Liebe und Hoffnung gibt, kann ich »Stückwerk« sein!

Postskriptum
Was ich noch sagen wollte
Wenn ich Dir
einen Tipp geben darf
Ich meine
Ich bitte Dich
um alles in der Welt
und wider besseres Wissen:

Halte dich nicht schadlos
Zieh den Kürzeren
Lass dir etwas
entgehen.
Eva Zeller

welch eine Liebe! 1 Joh 3,1

In seinem Büchlein »Ich will von Gott erzählen, wie von einem Menschen, den ich liebe« erzählt der Theologe Hans Frör die biblische Geschichte aus der Perspektive Gottes. Gott, der die Menschen aus Liebe erschaffen und sie mit großer Sympathie begleitet hat, ist wütend und enttäuscht, weil sie ungerecht und lieblos miteinander umgehen, und das auch noch in seinem, Gottes, Namen.

»Wie soll ich ihnen zeigen, wer ich wirklich bin?«, fragte Gott. »Ich habe mit ihnen geredet. Sie haben meine Worte aufgeschrieben und können sie lesen. Sie hören meine Stimme in ihren Gottesdiensten. Ist das nicht deutlich genug?« Gott überdachte noch einmal den bisherigen Weg, den er mit seinem Volk gegangen war, angefangen bei Abraham. Damals hatte er sich vorgenommen, mit den Menschen zu reden wie eine Mutter mit ihrem Kind oder wie ein Mann mit seiner Geliebten. »Mehr als Worte«, sagte Gott vor sich hin. »Sie werden meine Sprache verstehen, wenn sie mich selbst sehen, hören, fühlen können. Ja, wie ein Mensch mit einem anderen spricht und selber ganz dabei ist mit seinem Körper und mit seiner Seele, so muss ich ihnen begegnen. Als ein Mensch muss ich sie aufsuchen. So werden sie erfahren, wer ich bin und wie sehr ich sie liebe.«

Mit einem Mal fühlte Gott eine Angst, wie er sie vorher nicht gekannt hatte. Wie, wenn sie ihn übersehen würden? Wenn sie zu ihm sagen würden: Was willst du, Mensch? Wie kommst du dazu, unseren Gott, den wir kennen, Lügen zu strafen? – Was, wenn sie ihn ausstoßen würden, wie sie die Irren und die Sünder ausstießen?

Gott überlegte hin und her, ob es dagegen ein Mittel gäbe. Sollte er sich legitimieren, etwa durch ein Wunder? Ein winziges Element seiner Allmacht demonstrieren – sie würden ihm zu Füßen liegen, ihm huldigen – wie sie den Tyrannen die Füße leckten – o nein! Sonst hätten sie wieder einen Gott nach Wunsch, lückenlos eingefügt in ihr krankes System, einen Messias nach ihrem Bild: der der Gewalt der Mächtigen noch mehr Gewalt entgegensetzt, der Schrecken verbreitet, in dessen Schatten keine Liebe und kein Vertrauen wachsen können. »Ich riskiere es«, sagte Gott. »Ich riskiere, dass sie mich übersehen, verteufeln, zertreten. Es gibt keinen Weg, ihr Vertrauen zu gewinnen, an diesem Risiko vorbei. Ich werde mich ihnen ausliefern als ein Mensch unter Menschen. Und nichts als meine leidenschaftliche Liebe zu ihnen soll mich als ihren Gott ausweisen.«

Julius Schnorr-von-Carolsfeld, Illustration zu Lk 15,11–32

Der indische Künstler Frank Wresley spielt in seinem Bild »Vergebender Vater« auf das Kastensystem im Hinduismus an: Der Vater ist als Brahmane gekleidet, während der Sohn die »Unberührbaren« repräsentiert; seine Gestalt erinnert an Lastenträger oder Laufrikschafahrer in Kalkutta.*

- Beziehe die »Merkmale der Liebe« aus 1 Kor 13 auf Gottes Verhalten in Frörs Erzählung!
- Man könnte diese Geschichte auch aus der Perspektive Jesu erzählen: »Ich riskiere es …«
- »Sollte er sich legitimieren durch ein Wunder?« Lies dazu Mt 4,1–11! (Vgl. S. 48 f.)
- »Wie soll ich ihnen zeigen, wie ich wirklich bin?« In Lk 15,11–32 erklärt Jesus, wie Gott »wirklich ist« (und erzählt zugleich über sich selbst! Vgl. S. 66). Deutet diese Parabel* mithilfe der Materialien auf dieser Doppelseite! Auch in Lk 15 stößt Liebe auf Widerstände!
- Vergleiche die Vater-Sohn-Beziehung in den beiden Bildern!

Für mich ...

Auch für Frodo ist gesorgt: Sam rettet ihm das Leben. Aus dem Film »Herr der Ringe« (3), Die Rückkehr des Königs

Für-Sorge im Fantasy-Film

Das Hauptmotiv von Fantasy-Fiction ist die Darstellung des Kampfes zwischen Gut und Böse. Die existenzielle Bedrohung und die Angst, die das Böse verbreitet, sind so übermächtig, dass ihr alle guten Kräfte und Mächte kaum etwas entgegenzusetzen haben. Vielmehr bedarf es hierzu einer anderen Macht, einer Stärke der guten Seite, die die böse Macht nicht besitzt. In den kleinen Protagonisten Frodo und Harry Potter ist diese Macht prototypisch personifiziert: die Liebe. Liebe als schöpferische Macht, die sich in einer existenziellen Grundhaltung und in vielen guten Tugenden realisiert und sich im konkreten Handeln vor allem mit dem Begriff der Sorge fassen lässt, bietet die einzige Möglichkeit, das Böse zu besiegen. Diese Liebe wird zur Sorge in zweifacher Hinsicht: Auf der einen Seite steht das Sorgen um oder Sorgen für etwas oder jemanden. Und tatsächlich ist das ganze Handeln Frodos und Harry Potters durchgehend von dieser Sorge geprägt. Sie sorgen sich nicht nur um ihre nächsten Freunde, sondern um alle Menschen und Wesen ihrer Welt. Richtige Fürsorge ist dabei besonders Unterstützung zur Selbstsorge, das heißt, eine Sorge, die den je anderen zur Freiheit befähigen will. Und diese durch Liebe motivierte uneigennützige Fürsorge ist es, die schließlich zum bestimmenden Unterscheidungskriterium zwischen Gut und Böse wird, denn das Böse, das nur sich selbst im Blick hat, achtet nicht auf den Anderen und kann diese Fürsorge niemals aufbringen. Die Fürsorge kommt dem Bösen nicht in den Sinn, weil das Böse sie wesenhaft ausschließt durch sein einziges Streben nach Macht, die das Gegenteil von all dem bedeutet, was Liebe schaffen will; nämlich Unfreiheit anstatt Freiheit und Vernichtung anstatt Leben.

Nicht nur das Sorgen für, sondern auch das Sorgen um im Sinne von besorgt sein oder Sorgen haben ist dem Begriff der Sorge inhärent. Im übertragenen Sinne des Wortes geht es darum, sich der übergroßen Last der persönlichen Aufgabe zu stellen, sie anzunehmen und zu tragen.

Mark Achilles

Für mich ist gesorgt, wenn ...

... ein Teller Suppe dasteht, wenn ich vom Skifahren komme.

... meine Mutter mir die Hand auf die Stirn legt: »Du hast ja Fieber!«

... ich Liebeskummer habe und meine Freundin ganz lange mit mir bei einer Tasse Tee sitzenbleibt.

... wenn ich ein Pausenbrot geschmiert bekomme (auch wenn's in der Schule ein bisschen peinlich ist).

... Papa mich nach der Party abholt.

- »Für mich ist gesorgt, wenn ...« Führe die obige Liste fort! Probiere es einmal umgekehrt: »Ich sorge für ..., indem ...«
- Fürsorge kann auch umkippen – finde Beispiele!
- Arbeite aus dem Text Merkmale der »Fürsorge« in Fantasy-Filmen heraus! Sachtexte Kannst du die Thesen des Verfassers aus deiner Kenntnis solcher Filme bestätigen?
- Fürsorge und Liebe: Mache in einem Cluster Gemeinsamkeiten, Unterschiede und Berührungspunkte deutlich! Strukturieren
- In Fantasy-Filmen ist der Fürsorgende in einen kosmischen Kampf verwickelt und muss große Opfer bringen. Was würdest du zurückstellen, um für jemanden, der/die dir nahesteht, zu sorgen?
- Harry Potter – Frodo – Sam: Auf dieser Seite findet man vorwiegend Beispiele »männlicher« Fürsorge. Stellt Beispiele »weiblicher« Liebe und Zuwendung in Fantasy-Filmen daneben und vergleicht! Diskutiert, ob wirklich ein Unterschied zwischen männlicher und weiblicher Fürsorge besteht! (Vgl. Kap. 5.)

Mit dem »Schafträger«, wurde ein ursprünglich heidnisches Symbol für Menschenfreundlichkeit auf Christus übertragen (4. Jahrhundert).

südkurier.de, Juli 2010: Bei der Loveparade in Duisburg kommt es zu einer Massenpanik – 21 Menschen sterben, Hunderte werden verletzt.

Debora (24) sieht, wie sich Menschen in ihrem Alter versuchen hochzuziehen, wie sie schreien, kämpfen, fallen – irgendwo in die panische Menge. Die 24-Jährige bekommt Tritte ab. In den Bauch, an den Hals. »Ich konnte nicht mehr atmen, nicht mehr schreien, gar nichts mehr. Und ich dachte nur noch, dass ich sterben muss.« Ein junger Mann zog sie aus der Menge. »Danach habe ich einen Filmriss«, sagt sie und wird immer leiser, »aus eigener Kraft wäre ich da nicht mehr herausgekommen.« Debora zitterte. Der unbekannte junge Mann gab ihr sein T-Shirt. Gab ihr Wasser. Beruhigte sie. Und dann war er weg. Jetzt will Debora ihm »Danke« sagen. Die 24-Jährige sucht ihn im Internet.

Ich bin der gute Hirte. Der gute Hirte lässt sein Leben für die Schafe. Der Mietling aber, der nicht Hirte ist, dem die Schafe nicht gehören, sieht den Wolf kommen und verlässt die Schafe und flieht – und der Wolf stürzt sich auf die Schafe und zerstreut sie –, denn er ist ein Mietling und kümmert sich nicht um die Schafe. Ich bin der gute Hirte und kenne die Meinen, und die Meinen kennen mich, wie mich mein Vater kennt, und ich kenne den Vater. Und ich lasse mein Leben für die Schafe.

JOH 10,11–15

- Der Schafträger – ein Symbol für menschliche Grunderfahrungen und Sehnsüchte? Vergleiche die antike Darstellung mit dem Szenenbild aus »Herr der Ringe«!
- Arbeite aus Joh 10,11–15 heraus, was Jesus als »guten Hirten« auszeichnet! Welche Gemeinsamkeiten und Unterschiede siehst du im Vergleich mit der Fürsorge, wie M. Achilles sie als typisch für den Fantasy-Film beschreibt?
- Das Gleichnis Lk 15,4–7 bringt provozierend zum Ausdruck, wem vor allem die Fürsorge des »guten Hirten« gilt.
- »Richtige Fürsorge (will) den je anderen zur Freiheit befähigen« (M. Achilles, links). – Diskutiert, ob dieser Satz auch für Jesus und seine »Schafe« gilt!
- Für Debora ist nach dem Unglück nichts mehr, wie es war. Warum will sie den Retter finden? Sollte er sich bei ihr melden?

info

Der gute Hirte

In der frühen Christenheit stellte man Jesus noch nicht am Kreuz dar, sondern man symbolisierte seine Lebenshingabe z. B. mit dem Bild des guten Hirten und griff dabei auf ein schon in der griechisch-römischen Antike vorhandenes Bild zurück: den Schafträger. Auch aus dem Alten Testament kannte man das Bild des Hirten als Königsprädikat und als Metapher für Gott (z. B. Ps 23 5/6). Um die Schafe aus Gefahr zu retten, riskiert der Hirte sein Leben. Der Tod Jesu wird in diesem Zusammenhang also nicht als (gewolltes) »Opfer« gedeutet, sondern als Folge seiner Sorge für die Menschen. In Joh 21,15 ff. fordert der Auferstandene Petrus auf: »Weide meine Schafe!« D. h., es gehört zum Glauben, die erfahrene Fürsorge weiterzugeben. Im engeren Sinn wurde Hirte zum Pfarrerstitel (lat. pastor: *Hirte*).

Ich-bin-Worte

Im Johannesevangelium finden sich mehrere Reden Jesu, die mit »Ich bin ...« beginnen: »Ich bin der gute Hirte, der Weinstock, der Weg, die Wahrheit und das Leben« u. a. Einige davon werden in diesem Kapitel besprochen. Das Johannesevangelium ist als spätestes der Evangelien* entstanden, sodass es eher unwahrscheinlich ist, dass Jesus diese Worte selbst gesprochen hat. Eher wollten die frühen Christen damit ausdrücken, was Jesus für sie bedeutet.

Ecce

Wann
wenn nicht um die neunte Stunde
als er schrie
sind wir ihm
wie aus dem Gesicht geschnitten.
Nur seinen Schrei
nehmen wir ihm noch ab
und verstärken ihn
in aller Munde.
Brüste sich
wer da will
mit seinem Mut
der Verzweiflung;
meine Angst
kann sich sehen lassen.

Eva Zeller

Er hatte keine Gestalt und Hoheit. Wir sahen ihn, aber da war keine Gestalt, die uns gefallen hätte. Er war der Allerverachtetste und Unwerteste, voller Schmerzen und Krankheit. Er war so verachtet, dass man das Angesicht vor ihm verbarg; darum haben wir ihn für nichts geachtet.

JES 53,2B–3

Ecce Homo
Weniger als die Hoffnung
auf ihn
das ist der Mensch
einarmig
immer
Nur der gekreuzigte
beide Arme
weit offen
der Hier-Bin-Ich

Hilde Domin

- Informiere dich mithilfe eines Kunstbands oder aus dem Internet über das gesamte Altarbild Matthias Grünewalds!
- Klebe eine Kopie des Kreuzigungsbilds in dein Heft und schreibe deine persönlichen Gedanken dazu!
- In den Evangelien ist es neben den Gottesknechtsliedern auch die Sprache der Psalmen, die Jesu Leiden zu artikulieren und deuten hilft 5/6. Suche für deine Heftseite ein passendes Psalmzitat aus!
- Der Film »Die Passion Christi« war gerade wegen seiner Gewaltdarstellung sehr umstritten. Diskutiert darüber, unter welchen Bedingungen die Darstellung von Leid und Gewalt »heilsam« oder gefährlich ist!
- Im Gekreuzigten sich selbst und Gott besser erkennen? – Untersuche die Materialien dieser Seite unter beiden Aspekten! Vergleiche auch den Satz des Hauptmanns am Kreuz Mk 15,39! 5/6

info

Der Isenheimer Altar
1506–1515 gestaltete Matthias Grünewald* eine Altarwand für die Krankenhauskapelle des Antoniterklosters in Isenheim im Elsass. Dort wurden in Quarantäne Schwerstkranke gepflegt, die an »Antoniusfeuer« (einer gefährlichen Vergiftung), Pest oder Cholera litten: Sie konnten sich in dem Gekreuzigten wiedererkennen und darin Trost finden.

Gottesknechtslieder
Im 2. Teil des Jesajabuchs* (»Deuterojesaja«) finden sich vier Lieder über einen Propheten, der von den Menschen verworfen wurde, aber gerade als Leidender der wahre »Knecht Gottes« ist (z.B. Jes 53,1–12). Den ersten Christen halfen diese Lieder, die Passion* Christi zu deuten (z.B. Mt 8,17).

O Haupt voll Blut und Wunden,
voll Schmerz und voller Hohn,
o Haupt, zum Spott gebunden
mit einer Dornenkron,
o Haupt, sonst schön gezieret
mit höchster Ehr und Zier,
jetzt aber hoch schimpfieret:
gegrüßet seist du mir!

PAUL GERHARDT, 1656, EG 85, STR. 1

homo

Die beiden Bilder stammen aus dem Foto-Projekt »Jesus an der Ruhr«; das die Jugendkirche TABGHA und ein Religionskurs der Jahrgangsstufe 10 des Elsa-Brändström-Gymnasiums Oberhausen im Jahr 2002 gestaltet haben. Wichtige Stationen aus dem Leben Jesu wurden in moderner Umgebung in Szene gesetzt. Dabei treten Ruhrgebietskulisse und biblische Tradition in eine fruchtbare Spannung. Links: Folterung; unten: Verrat.

Lovis Corinth, Ecce Homo, 1925

Willst du sicher sein, dann sollst du überhaupt keinen Gott kennen außer diesem Menschen. MARTIN LUTHER

- Beschreibe und deute, wie in den Bildern und Texten dieser Doppelseite Jesus als wahrer Mensch dargestellt wird!
- Untersuche die Materialien auch daraufhin, inwiefern sie etwas über uns als Menschen aussagen, über unsere Erfahrungen, Gefühle, Geschichten …!
- Beschreibe und interpretiere das Bild von Lovis Corinth; achte dabei auch auf die Rolle, die er dem Betrachter zuweist!
- Ecce Homo und Gottebenbildlichkeit (S. 14 f.) – ziehe Verbindungen!
- Sieh dir das ganze Projekt »Jesus an der Ruhr« im Internet an (in der »Artothek« von rpi-virtuell.net). Achte auf die gewählten Räume, auf die Personenkonstellationen und auf Symbole!
- Vielleicht möchtet ihr selbst ein Projekt versuchen, in dem ihr die Stationen der Passionsgeschichte* so gestaltet, dass menschliche Grunderfahrungen deutlich werden. Ihr könnt Fotos machen, aber auch literarische Texte, Passionslieder, Zeitungsausschnitte oder ganz andere Materialien verwenden. Evtl. könnt ihr auch Materialien aus 5/6 heranziehen, wo ihr schon einmal z. B. über Gethsemane oder die Verurteilung Jesu nachgedacht habt.

info

Ecce Homo

- So lautet die lateinische Übersetzung des berühmten Pilatusworts Joh 19,5. »Sehet, welch ein Mensch«, heißt es bei Luther; andere übersetzen: »Da seht ihn euch an, den Menschen«, »Hier ist er, der Mensch«, »Da seht die Jammergestalt«. Was wollte Pilatus damit ausdrücken? Mitleid, Verachtung?
- In der christlichen Tradition, in Kunst und Kultur wurde das »Ecce Homo« zum Symbol dafür, dass Jesus wirklich Mensch war und als Mensch tiefste Erniedrigung erfuhr. Zugleich ist es eine Aussage über alle Menschen: An Jesus kann man erkennen, was das Wesen und die Bestimmung des Menschen ist.

Das Kreuz als Lebensbaum: Ausschnitt aus dem Schlutuper Sippenaltar (Lübeck um 1500)

Auferweckt

Holz auf Jesu Schulter

Über die Auferstehung kann man nicht freischwebend reden, als hätte sie mit dem Kreuz nichts zu tun. Als wäre Jesus in jedem Fall, auch nach seinem Tod aus Altersschwäche, in den Genuss dieser Wunderdroge gekommen! Wenn wir uns vor Augen führen, was dieser rätselhafte Satz »auferstanden von den Toten« sagt, dann gehört die Realität »Kreuz« dazu: Wer in der Liebe lebt, der wird mit Verachtung, Beschimpfung, Diskriminierung, ja mit dem Tod zu rechnen haben. Die Auferstehung ist längst schon vor dem Tod sichtbar, in dieser anderen Art zu leben. Jesus glaubte vor allem an ein Leben vor dem Tod, und für alle. Die Auferstehung, dieser Funke des Lebens, war schon in ihm. Und nur deswegen, wegen dieses Gott-in-Ihm, konnten sie ihn nicht umbringen. Es funktionierte einfach nicht. Und auch heute gelingt es den Mächtigen nicht, diese Liebe zur Gerechtigkeit, dieses nachhaltige Interesse an den Letzten auszulöschen.

Dorothee Sölle

info

Das Kreuz als Lebensbaum

Der Baum gilt vielen Kulturen als Symbol des Lebens. Seit dem 5. Jahrhundert wird im Christentum das Kreuz als Lebensbaum (oft in Anspielung auf den Paradiesbaum aus 1 Mose 2f.) dargestellt. Gegenwärtig greift man gern auf dieses Bild zurück, um der einseitigen Betonung des Leidens Jesu seine lebensspendende Kraft gegenüberzustellen. Als reines Natursymbol wäre der christliche Lebensbaum jedoch missverstanden: Auferstehung ist nicht vom Kreuz zu trennen.

Jesu Auferweckung von den Toten

Auf vielen Auferstehungsbildern der Kunst sehen wir Jesus siegreich aus dem Grabe steigen. Diese Szene steht so nirgends in den Evangelien (erst spätere, apokryphe* Schriften fügen sie hinzu). Stattdessen wird erzählt vom leeren Grab, von merkwürdigen Gestalten, von Staunen und Erschrecken am Ostermorgen – was »wirklich« geschehen ist, bleibt Geheimnis. Jesu Auferstehung ist historisch nicht beweisbar. Wichtiger als das leere Grab sind die Erscheinungen Jesu, von denen schon Paulus, der früheste Auferstehungszeuge, erzählt (1 Kor 15). Menschen, die Jesus nahestanden, erleben Begegnungen mit dem Auferstandenen, jede/r auf seine/ihre Weise, unabhängig voneinander. Sie wissen nicht, wie ihnen geschieht, laufen los, erzählen es weiter … – und so wird aus der traurigen, enttäuschten Jüngerschar die erste Christengemeinde. Wir haben für die Auferstehung Jesu keine anderen »Beweise« als die Begeisterung dieser Menschen, die in der Bibel Niederschlag gefunden hat und die dazu einlädt, darauf zu vertrauen, dass Gott stärker ist als der Tod.

lebendig

Ich bin die Auferstehung und das Leben. Wer an mich glaubt, der wird leben, auch wenn er stirbt.

JOH 11,25

»Höllenfahrt Christi« aus dem Albani-Psalter (um1140)

Leben ist mehr als Rackern und Schuften,
leben ist mehr als Kohle und Kies,
Leben ist mehr als Warten auf morgen,
Leben ist jetzt, Leben ist dies …
Leben ist Träumen, Lachen und Weinen,
Leben ist Zärtlichkeit und Gefühl,
Leben ist Lust und Leben, ist Liebe.
Zeit für Musik und Zeit für ein Spiel.
Leben ist, miteinander zu reden,
Leben ist, aufeinander zu baun.
Leben ist, füreinander zu kämpfen,
Leben ist Hoffnung, Mut und Vertraun.
Leben ist mehr als nur das Leben hier,
Leben ist mehr als messbare Zeit,
Leben ist glauben, hoffen und lieben,
Leben ist Leben in Ewigkeit.

Rolf Zuckowski

Ge MERK t? Auferstehung kann man leben!

- Vergleiche die Ostererzählungen der Evangelien miteinander und mit dem ältesten Auferstehungszeugnis 1 Kor 15,4 ff.!
- Genaueres zu Maria Magdalenas Begegnung mit dem Auferstandenen findest du auf S. 84 f.!
- Suche Osterspuren in den Evangelien! (Vgl. z. B. S. 46.)
- Erarbeite das Verhältnis von »Leben und Tod« in den Materialien dieser Doppelseite! Achte dabei auch auf die verschiedenen Sprach- und Ausdrucksformen, in denen hier von Tod und Auferstehung die Rede ist!
- »Tod und Leben« – untersuche Traueranzeigen und/oder Grabinschriften!
- Ein Leben vor dem Tod – gestalte zu diesem Thema einen eigenen Lebensbaum!

Lied am Grabe

Niemand weiß, wie lange werden wir noch sein,
morgen oder heute holt der Tod uns ein.
Keiner kann uns helfen, jeder stirbt allein,
und es bleibt am Ende nur ein Grab, ein Stein.
Alle unsre Namen wird der Wind versehn,
oder ruft uns einer, dass wir fortbestehn?
Kann es sein, dass Gott uns einst vom Tod befreit
und in Freude wandelt alles Menschenleid?
Ob wir dann wie Kinder vor dem Vater stehn
und mit neuen Augen seine Wunder sehn?
Werden wir dann hören, wie die Schöpfung singt,
wie das Lied der Sterne und der Blumen klingt?
Eine neue Erde, wie soll das geschehn,
dass wir unsre Lieben einmal wiedersehn?
Oder sind das Träume, die wir uns erdacht?
Wer von uns ist jemals aus dem Tod erwacht?
Wer wälzt von dem Grabe uns den schweren Stein?
Wer kann, wenn wir tot sind, uns vom Tod befrein?
Einen sah ich sterbend in das Leben gehn,
und ihm will ich glauben, dass wir auferstehn.

Lothar Zenetti

Osterkerze wird angezündet.

Versöhnung

Versöhnung ist möglich,
... weil alles vergessen ist?
... weil wir nicht mehr darüber reden?
... weil es nur halb so schlimm war?
... weil ich jetzt was gut habe?
... weil du es ungeschehen gemacht hast?
... weil ich über den Schatten gesprungen bin?
... weil es nicht wichtig war?
... einfach so?

Coventry 1940 – Deutsche Flugzeuge bombardieren die englische Stadt.

Dresden nach den schweren englischen und amerikanischen Angriffen 1945

Am 22. Juni 2004 wurde das neu gefertigte Kuppelkreuz als »Versöhnungskreuz« auf den Turm der wiedererrichteten Frauenkirche Dresden gesetzt: »Mit großer Freude übergebe ich im Namen vieler Bürger des vereinigten Königreiches, einschließlich ihrer Majestät der Königin und in Demut vor Gott, dieses Kuppelkreuz«, sagte der Herzog von Kent; »möge es zu Beginn dieses Jahrtausends ein Zeichen erlebter Versöhnung und dauerhaften Friedens sein wie auch für unsere Verpflichtung, die Freundschaft zwischen unseren Völkern weiterhin zu vertiefen.« Der Herzog erinnerte auch an die erfolgreiche Städtepartnerschaft von Dresden und Coventry und daran, dass junge Deutsche in Coventry geholfen haben, die sichtbaren Wunden des Krieges zu heilen. Das Kuppelkreuz wurde vom Sohn eines Bomberpiloten gefertigt.

- Versöhnung ... überlegt Fallbeispiele zu den Sätzen oben und übersetzt die Vorschläge in Standbilder! Sucht danach, was echte Versöhnung ermöglicht!
- Coventry und Dresden. Wenn Zeit ist, informiere dich über die Zerstörung der beiden Städte und über unterschiedliche Meinungen zur Frage der Schuld und Wiedergutmachung! Diskutiert: Wie kann man mit den geschehenen Katastrophen umgehen?
- Das Turmkreuz der Frauenkirche* als Ausdruck von Versöhnung. Sucht in den Aussagen des Herzogs von Kent und M. Käßmanns nach Entsprechungen und Widersprüchen zu den Versöhnungsgedanken oben!

»Die Frauenkirche in Dresden war ein Wahrzeichen der Stadt. Knapp drei Monate vor dem Ende des Zweiten Weltkriegs wurde Dresden in der Nacht des 13. Februar 1945 durch Bomben der britischen Luftwaffe zerstört. Ein gewaltiger Feuersturm machte fast die gesamte Stadt dem Erdboden gleich. Über 40.000 Menschen starben, darunter viele Frauen, Kinder, Verletzte, Zwangsarbeiter und Flüchtlinge. Die Kuppel der Frauenkirche widerstand der Bombardierung zunächst, doch die gewaltige Hitze von über 1000 Grad Celsius setzte dem Sandstein dermaßen zu, dass die Kirche nach zwei Tagen in sich zusammenbrach.
Gottes Gnade macht Versöhnung möglich. Es war ein ganz besonderer Augenblick, als das Kreuz aus Großbritannien auf die Kirchenkuppel gehoben wurde. Die ganze Pracht des Gebäudes ist nun wieder zu sehen, doch sind auch die Wunden sichtbar, die Hass und Ideologie* hinterlassen haben. Die Gnade Gottes ist die Quelle des Lebens, der Versöhnung, der Hoffnung auf Frieden und Gerechtigkeit. Und sie ist ein Zeichen der Vision Gottes für diese Welt – manchmal auch für diejenigen sichtbar, die nicht glauben.«
Bischöfin Margot Käßmann anlässlich der Wiedereröffnung der Frauenkirche im Oktober 2005

H. Nitsch, Schüttbild, 1995. Der Künstler provoziert mit Bildern und Aktionen, in denen er »Blut« nicht nur thematisiert, sondern auch als Material verwendet.

»O große Not, Gott selbst liegt tot. Am Kreuz ist er gestorben, hat dadurch das Himmelreich uns aus Lieb erworben«. JOHANN RIST (1641)

Martin Luthers Auslegung des 2. Glaubensartikels im Kleinen Katechismus*:

Ich glaube, dass Jesus Christus, wahrhaftiger Gott vom Vater in Ewigkeit geboren und auch wahrhaftiger Mensch von der Jungfrau Maria geboren, sei mein Herr, der mich verlorenen und verdammten Menschen erlöset hat, erworben, gewonnen von allen Sünden, vom Tode und von der Gewalt des Teufels; nicht mit Gold oder Silber, sondern mit seinem heiligen, teueren Blut und mit seinem unschuldigen Leiden und Sterben; damit ich sein eigen sei und in seinem Reich unter ihm lebe und ihm diene in ewiger Gerechtigkeit, Unschuld und Seligkeit, gleichwie er ist auferstanden vom Tode, lebet und regieret in Ewigkeit. Das ist gewisslich wahr.

Ein Opfer für mich?

- »Ärgernis« – »Torheit«? Beschreibe deine Eindrücke des Bildes von H. Nitsch und interpretiere es mithilfe der Materialien auf dieser Seite!
- Die Info benennt auch Widersprüche gegen Jesu Sühnetod; ergänzt sie ggf. und diskutiert darüber!
- Gib die Info mit eigenen Worten wieder und beziehe sie auf die Versöhnungsfeier zwischen Dresden und Coventry!
- Suche nach Konsequenzen, die sich aus der Deutung von Jesu Tod als Opfer »für uns« und aus der darin enthaltenen Sicht des Menschen ergeben! Du kannst dazu z.B. das »Gleichnis vom Schalksknecht« (Mt 18,21 ff.) oder die folgende Doppelseite heranziehen. Formuliere daraus einen Beitrag für einen Schulgottesdienst oder eine Andacht in der Passionszeit!

info

Jesus – mehr als ein Vorbild?

- Jesus als Idealbild des Menschen – hier könnten viele zustimmen, sogar Nichtchristen. Auch der Tod Jesu wäre dann verständlich: Der »gute« Mensch Jesus stirbt am Kreuz, weil er den Herrschenden ein Dorn im Auge war. Christsein würde dann heißen, diesem idealen Menschen nachzueifern, gute Menschen zu werden, weil wir es eigentlich können. Aber können Menschen das?
- Anders sieht es aus, wenn in Christus* Gottes Sohn gesehen wird. Eine Vorstellung, die viel Nachdenken hervorgerufen hat und immer auch heftigen Widerspruch. Opfert Gott seinen Sohn? Ist er so grausam und zornig? Und was haben wir verbrochen, das nur auf diese Weise gesühnt werden kann?
- So versuchte etwa Anselm von Canterbury (1033–1109) das Kreuz zu verstehen. Er meinte, dass die Gerechtigkeit auf der Strecke geblieben wäre, wenn Gott die Sünde der Menschen einfach vergeben hätte. So billig ist Versöhnung nicht zu haben, da muss auch »etwas wieder gutgemacht werden«. Da der Mensch dies nicht aus eigener Kraft schafft, ist Gott aus Liebe für ihn eingetreten und hat seinen Sohn, sein Liebstes, und damit sich selbst den Menschen ausgeliefert. Gott sorgt selbst für die Versöhnung. Gott ist selbst am Kreuz gestorben.
- Dieser und andere Verstehensversuche sind Bilder, sehen etwas Wichtiges und haben ihre Grenze. Das Bild vom Opfertod Jesu am Kreuz eröffnet eine andere, vielleicht realistischere Sicht auf den Menschen, als es die Vorstellung vom Märtyrertod (vgl. S. 152) tut: Der Mensch kann dem »Vorbild Jesu« beim besten Willen nicht gerecht werden; er kann sich nicht aus eigener Kraft aus den Teufelskreisen von Gewalt und Schuld befreien. Aber ein verändertes Leben ist möglich auf der Grundlage, dass wir schon teuer versöhnt sind. Und das hat Konsequenzen.

AnMERKung: Versöhnte brauchen nicht mehr Recht zu haben.

Zaungespräch mit Juden ...

Zwei jüdische Religionsphilosophen über Jesus

Martin Buber* hat das berühmte Wort vom Bruder Jesus gesprochen: »Jesus habe ich von Jugend auf als meinen großen Bruder empfunden. Dass die Christenheit ihn als Gott und Erlöser angesehen hat und ansieht, ist mir immer als eine Tatsache von höchstem Ernst erschienen, die ich um seinet- und um meinetwillen zu begreifen suchen muss.« Mit diesem Bekenntnis Bubers ist auch meine eigene Position abgesteckt. Jesus ist für mich der ewige Bruder, nicht nur der Menschenbruder, sondern mein jüdischer Bruder. Ich spüre seine brüderliche Hand, die mich fasst, damit ich ihm nachfolge. Es ist nicht die Hand des Messias*, diese mit den Wundmalen gezeichnete Hand. Es ist bestimmt keine göttliche, sondern eine menschliche Hand, in deren Linien das tiefste Leid eingegraben ist.

Das unterscheidet mich, den Juden, vom Christen, und doch ist es dieselbe Hand, von der wir uns angerührt wissen. Es ist die Hand eines großen Glaubenszeugen in Israel. Sein Glaube, sein bedingungsloser Glaube, das schlechthinnige Vertrauen auf Gott, den Vater, die Bereitschaft, sich ganz unter den Willen Gottes zu demütigen, das ist die Haltung, die uns in Jesus vorgelebt wird und die uns – Juden und Christen – verbinden kann: Der Glaube Jesu einigt uns, aber der Glaube an Jesus trennt uns.

*Schalom Ben-Chorin**

Der Blick von außen hilft, »Skandal« und »Torheit« des Kreuzes zu beMERKen!

Wir warten alle auf den Messias. Sie glauben, er ist bereits gekommen, ist wieder gegangen und wird einst wiederkommen. Ich glaube, dass er bisher noch nicht gekommen ist, aber dass er irgendwann kommen wird. Deshalb mache ich Ihnen einen Vorschlag: Lassen Sie uns gemeinsam warten. Wenn er dann kommen wird, fragen wir ihn einfach: Warst du schon einmal hier? Und dann hoffe ich, ganz nahe bei ihm zu stehen, um ihm ins Ohr zu flüstern: »Antworte nicht!«

*Martin Buber**

Gemeinsam beten?

Für Christinnen und Christen ist Jesus Christus* nicht ein Prophet in einer langen Reihe von Propheten, sondern der eine Sohn Gottes*, der Weg, die Wahrheit und das Leben. Dieses klare Bekenntnis müssen wir einander zumuten. Wir können füreinander beten; wir können in unseren Gottesdienst Angehörige einer anderen Religion zu einem Grußwort einladen; wir können in einer Moschee oder Synagoge respektvoll dabei sein, aber wir sollten keinen Religionsmischmasch anstreben.

Wir beten zu Gott, der sich uns in Jesus Christus als Vater offenbart hat. Hier würden sich Muslime nicht einfach vereinnahmen lassen. Ich halte es für geradezu absurd, in einer christlichen Kirche das Kreuz zu verstecken, um mit Muslimen beten zu können. Das Kreuz ist unser zentrales Symbol, im Kreuzestod Jesu und seiner Auferstehung ist die zentrale Botschaft des Christentums beinhaltet. Wenn bei einer multireligiösen Feier alle christlichen Symbole aus einer Kirche entfernt werden, ist das wie ein Verleugnen der eigenen Religion. Gemeinsam können wir für Gerechtigkeit, Frieden und Schöpfungsbewahrung eintreten. Das gilt für Juden, Christen, Muslime, das gilt für jede andere Religion in diesem Land. Gemeinsames Gebet halte ich dabei nicht für notwendig.

Margot Käßmann

- Ergänze das Zaungespräch mit dem Judentum auf dieser Seite durch die Zaungespräche mit Islam (S. 124) und Hinduismus* (Gandhi: S. 55)! Arbeite aus den Materialien auf dieser Doppelseite Merkmale von Sympathie, aber auch von Abgrenzung gegen Jesus heraus!
- Zum jüdischen Jesusverständnis vergleiche auch Kreuzesdarstellungen von Marc Chagall, die du in Bildbänden oder im Internet findest!
- Der Theologe Ernst Käsemann sagte einmal: »Das einzige Merkmal, welches die Christenheit von anderen Religionen und ihren Göttern radikal trennt, ist das Kreuz.« Überprüfe die Aussage an den Materialien!
- Wenn ich Schwierigkeiten habe, Jesus als »den einen Sohn Gottes« zu verstehen – bin ich dann kein Christ, keine Christin?
- Was ist mit denen, die Jesus noch gar nicht kennen konnten?
- Zaungespräche Ja – gemeinsames Gebet Nein. Arbeitet Käßmanns Argumente heraus und diskutiert darüber!

... und Buddhisten

Die Pforten des Paradieses

Ein Soldat namens Nobushige kam zu Hakuin und fragte: »Gibt es wirklich ein Paradies und eine Hölle?« »Wer bist du?«, erkundigte sich Hakuin. »Ich bin ein Samurai«, antwortete der Krieger. »Du ein Soldat!«, rief Hakuin. »Welcher Herrscher mag dich wohl zur Schildwache haben? Dein Gesicht sieht aus wie das eines Bettlers.« Nobushige wurde so wütend, dass er nach seinem Schwert griff, aber Hakuin fuhr fort: »So, du hast ein Schwert! Deine Waffe ist wohl viel zu stumpf, um mir den Kopf abzuschlagen.« Als Nobushige sein Schwert zog, bemerkte Hakuin: »Hier öffnen sich die Pforten der Hölle!« Bei diesen Worten steckte der Samurai, der die Methode des Meisters erkannte, sein Schwert in die Scheide zurück und verneigte sich. »Hier öffnen sich die Pforten des Paradieses«, sagte Hakuin.

- Informiert euch über Grundlagen des Buddhismus (v. a. die Buddhalegenden, Grundlehren des Buddhismus, Buddhismus heute), z. B. im Internet, durch Unterrichtsfilme oder Referate!
- Entdecke in den Materialien dieser Seite Gesprächsthemen zwischen christlichem Glauben und Buddhismus!
- Arbeite aus den Erzählungen Einsichten über den Menschen und seine Lebensführung heraus! Was möchtest du einen Buddhisten fragen?
- Von Buddha und Jesus sind jeweils sehr unterschiedliche letzte Worte überliefert. Vergleiche sie!

Ryokan und der Dieb

Eines Nachts brach ein Dieb in die bescheidene Hütte des Zen*-Meisters Ryokan ein, die hoch oben in den Bergen lag. Er durchwühlte die Wohnstätte des Meisters, konnte aber nichts finden, das es sich mitzunehmen lohnte.

Als Meister Ryokan von seiner nächtlichen Wanderung zurück- und zur Tür hineinkam und den Einbrecher überraschte, sah er das enttäuschte Gesicht des Diebes. Darauf sagte er: »Der Weg hier hinauf zu mir war lang und beschwerlich. Ich will dich nicht mit leeren Händen gehen lassen. Deshalb schenke ich dir meine Kleider.«

Der Dieb war verblüfft, ergriff aber hektisch die Kleider des Meisters und rannte Hals über Kopf davon.

Ryokan setzte sich nackt vor seine Hütte und schaute in den sternklaren Himmel zum Vollmond hinauf. »Der arme Mensch. Ich bedauere, dass ich ihm diesen wunderschönen Mond [d. h. die Erkenntnis] nicht schenken kann.«

»Eli, Eli, lama asabtani? Das heißt: Mein Gott, mein Gott, warum hast du mich verlassen?« Mt 27,46
»Vater, ich befehle meinen Geist in deine Hände!« Lk 23,46

»Alle zusammengesetzten Dinge sind unbeständig. Strebt ernsthaft weiter!« Pali-Kanon
»Es schmerzt!« Zen-Tradition

Was wird wiedergeboren?

Ajahn Amaro antwortet:

»Wiedergeboren werden im Großen und Ganzen unsere Gewohnheiten. Im Wesentlichen ist es das. Woran auch immer der Geist festhält, das wird wiedergeboren – was wir lieben, hassen, fürchten, bewundern und worüber wir Meinungen haben. Hinter unserer Identifikation mit diesen Aspekten des Geistes steckt eine Triebkraft. Anhaftung ist wie ein Schwungrad. Erleuchtung ist das Ende der Wiedergeburten, was so viel bedeutet wie: vollkommenes Nicht-Anhaften an allen Gedanken, Gefühlen, Wahrnehmungen, körperlichen Empfindungen und Vorstellungen, vollständige Nicht-Identifikation. Wenn wir also davon sprechen, dass wir Geburt und Tod hinter uns lassen, vom Ende der Wiedergeburten, von Erleuchtung, so ist das in Wirklichkeit die natürliche Verfassung des Geistes – nicht verwirrt, mit keinem inneren oder äußeren Objekt identifiziert oder darin verfangen.

Von Leben zu Leben wiedergeboren wird dasjenige in uns, was sich blindlings mit Objekten identifiziert.«

Glaube

Jesus – für mich? Aussagen von Schülerinnen und Schülern der 9. Jahrgangsstufe:

(1) Obwohl Jesus eine sehr wichtige Person ist, denke ich im Alltag nicht viel an ihn, da ich eher an Gott denke.

(2) Ich sehe ihn. Aber nicht real. Nur für mich. Er ist derjenige, dessen Wunder und Taten mich berühren, mich staunen lassen. Seine Sanftmütigkeit, die mich schon immer viel mehr ansprach als Gottes Regeln, Bestrafungen und harsche Worte. Die Unlogik meines Glaubens – ich glaube an Jesus. Aber mit Gott kann ich nichts anfangen.

(3) Ich habe zwei Bilder von Jesus. Das erste ist der Jesus, der immer nur in Geschichten erwähnt wird, den es nie gegeben hat. Vielleicht haben sich Menschen früher den Jesus ausgedacht, um eine Leitperson zu haben oder einen Beschützer für schwierige Zeiten und Nöte. Das zweite Bild ist der Jesus, der existiert hat und der die Welt verändert hat. Für mich ist er dann ein Beschützer und Versteher, dem man alles erzählen kann, wenn es einem mal schlecht geht. Er ist auch ein »Zauberer«, weil er wieder aufgestanden ist, was man eigentlich für unmöglich hält. Vielleicht hatte er aber auch die Kraft dazu oder konnte es einfach. Ich bin mir da nicht so sicher. »Göttlich« bedeutet für mich: dass er nie nur auf sich geachtet hat, sondern auch auf andere. Deswegen ist Jesus für mich ein Vorbild.

(4) Weil es mir zur Zeit eigentlich gut geht, bin ich nicht allzu sehr auf ihn als Leitfigur angewiesen. Allerdings weiß ich, dass ich in Zeiten, in denen es mir schlecht geht, immer auf ihn setzen kann.

(5) Ich glaube nicht an Gott, weil es kein einziges Zeichen gibt, gab oder geben wird, das seine Existenz beweist, allerdings respektiere ich diejenigen, die an ihn glauben. Jesus ist meiner Meinung nach auch nur eine Erzählung. Die wirklich wichtigen Sachen in meinem Leben sind für mich meine Familie, meine Freunde und mein Leben.

(6) Ich glaube an Gott. Aber nicht als eine Person oder Macht, die alle Vorgänge auf der Welt verhindern, beschleunigen oder erst zustande bringen kann. Ich glaube eher an Gott in Sachen Gefühlen, also dass Gott den Menschen hilft, zu lieben, zu verzeihen und überhaupt zufrieden zu sein. In meinem Glauben handelt Gott nicht mit Gewalt. Ich glaube auch an Jesus, auch wenn ich natürlich nicht weiß, ob er wirklich jemals gelebt hat.

(7) Ich weiß, dass es unsinnig ist, Christ zu sein, aber nicht an Jesus zu glauben. Aber ich denke, viele tun das. Wenn es ihn wirklich gegeben hat, wovon ich ausgehe, dann konnte er doch sicher nicht über Wasser gehen. Aber ich denke, er ist, wenn er schon keine reale Figur ist, ein Hoffnungsträger.

(8) Ich glaube, Gott ist immer da, wo auch Glaube ist. Er ist aber auch da, wo kein Glaube ist. Es ist nicht wichtig, dass man unbedingt immer nur an Gott, Jesus und so weiter glaubt. Ich tue dies auch nur bedingt. Aber ich glaube, dass es irgendetwas Höheres gibt. Ich glaube.

»Glaube ist eine lebendige, verwegene Zuversicht auf Gottes Gnade.«

»Zu glauben, dass Christus für die Menschen gestorben sei, nützt gar nichts, wenn man nicht glaubt, einer von diesen zu sein.«

»Ich glaube, dass ich nicht aus eigener Vernunft noch Kraft an Jesus Christus, meinen Herrn, glauben oder zu ihm kommen kann …«
Martin Luther

Traumtänzer Glaube,
schwindelfrei über alle
Beweise erhaben,
majestätische Balance
eines Philipp Petit*,
der auf der Luftlinie
zwischen Eiffelturm
und Trocadero
offenen Augs
die Erklärung
für Menschenrechte
über die Seine trug.
Eva Zeller

- Untersuche die Schüleräußerungen unter Aspekten wie: Sicherheit – Unsicherheit; Jesus für andere – »für mich«; Jesus – Gott; Glaube – Unglaube!
- Wähle eine Äußerung, die dich anspricht, und schreibe dem/der Verfasser/in einen Brief oder eine Mail!
- »Glauben« ist nicht einfach »etwas nicht genau wissen«; der Glaube ist auch kein Besitz, den man »hat« oder »nicht hat«. Erarbeite aus den Texten dieser Seite Merkmale von »Glauben« und beziehe sie auf den Glauben an Jesus Christus!
- Kann man Glauben lernen?

Martin Schongauer, Noli me tangere (um 1480)

sucht (sich) Sprache

- Beschreibe die Beziehung der beiden Personen auf dem Bild! Deute das Bild vor dem Hintergrund von Joh 20,11–18!
- Beschäftigt euch arbeitsteilig mit den in den Sprechblasen zitierten »Namen« Jesu (Lexikon!) und den dazu angegebenen Bibelstellen! Erweitert dann die Sprechblasen, indem ihr das biblische Zitat so ausformuliert, dass deutlich wird, was der jeweilige Sprecher zu Jesus / über Jesus sagen will!
- »Du sollst dir kein Bild machen« 5/6 – beschreibe die Grenzen der jeweiligen Titel!
- Welches Sprachrepertoire steht heute zur Verfügung, um das Besondere Jesu auszudrücken? Experimentiert mit »modernen Hoheitstiteln*«!
- Wiederhole das apostolische Glaubensbekenntnis! Prüfe, welche Aussagen für dich im Laufe dieses Kapitels klarer geworden sind und über welche du noch sprechen möchtest! Ziehe dazu auch Luthers Auslegung des 2. Artikels heran! (S. 211)
- Vergleiche die Neuformulierung von I. Salzmann mit dem »Original«! Versucht eigene Aktualisierungen, indem ihr zunächst einzeln arbeitet und dann mit ein oder mehreren Mitschülern einen Konsens versucht! Sprecht darüber, wie es euch bei der Konsensfindung gegangen ist! Kommunikation
- Über Religion kann in unterschiedlichen Sprachen gesprochen werden: Unterscheide verschiedene Sprachen auf dieser Seite (z. B. Bekenntnis, Dichtung, Sachinformation usw.) und begründe deine Unterscheidung!

Gott
ENERGIE
Anfang und Ende
Jesus – Du bist die LIEBE
Geburt Tod Auferstehung
Heiliger Geist ENERGIE zum L(I)EBEN
Ingeborg Salzmann

»Herr!«
z. B. Joh 20,28

»Rabbi!«
z. B. Joh 1,38

»Christus*!«
z. B. Mk 15,32

»Sohn Gottes*!«
z. B. Mt 16,16

»Menschensohn*!«
z. B. Mt 17,22

»Sohn Davids*!«
z. B. Mk 10,47

info

Das Bekenntnis zu Jesus Christus*

Das gesamte Neue Testament ist eingefärbt von dem Staunen darüber, dass in Jesu Leben und Leiden Gott den Menschen nahe gekommen ist, dass Sünde und Tod nicht das letzte Wort haben und dass diese Erfahrung das ganze Leben verändern kann. Um dies auszudrücken, verwendete man zunächst aus der Tradition bekannte Begriffe wie »Messias«*, »Herr«*, »Rabbi«*, »Sohn Gottes«* – wissend, dass man Jesus damit nicht fassen kann. Solche »Hoheitstitel«* sind keine abschließenden »Definitionen«, sondern Ausdruck von Beziehung. Später hat man in der Kirche die neue Erfahrung mit Gott in Formeln verdichtet: »Gott ist Mensch geworden!«, »Jesus ist wahrer Gott und wahrer Mensch«. Es entstanden die Glaubensbekenntnisse, wie sie auch heute im Gottesdienst gesprochen werden. Sie formulieren einen Grundkonsens an Glaubensinhalten und helfen so, die Gemeinschaft der Christen über Zeit und Raum zusammenzuhalten. Wer das Glaubensbekenntnis (Credo*) spricht, weiß sich damit der Christengemeinde zugehörig, selbst wenn er / sie nicht jeden Satz in jeder Lebensphase ohne weiteres »unterschreiben« kann. Zugleich will das Bekenntnis immer neu (kritisch) bedacht und mit Leben gefüllt werden.

Für Christinnen und Christen sind die Aussagen des Credos Orientierungspunkte, Grenzmarkierungen in einem weiten Glaubens-Spielraum, innerhalb dessen man sich ein Leben lang immer neu positionieren wird.

im Zusammenhang

Ihr habt euch mit der Bedeutung des Kreuzes Jesu »für uns« beschäftigt. Dabei spielten Bilder eine große Rolle, Sprachbilder der Bibel sowie Bilder von Künstlern verschiedener Jahrhunderte.
Bereitet nun eine Ausstellung zum Thema »Im Zeichen des Kreuzes« vor (z. B. für die Schule, für den Religionsraum, für die Ortsgemeinde); ihr könnt auch gemeinsam eine Bild-Mappe erstellen und / oder eine Führung vorbereiten. Informiert euch vorher im Methodenteil über die Geschichte der Kreuzesdarstellungen S. 220 f.!
Ihr könnt z. B.:

- Bilder dieses Kapitels auswählen und mit Erklärungen und Kommentaren versehen,
- weitere Kreuzesdarstellungen von Künstlern mitbringen,
- Kreuze in der Öffentlichkeit fotografieren,
- alte Bilder zu Collagen verarbeiten, verfremden,
- Kreuze selbst gestalten aus unterschiedlichsten Materialien. Auf dieser Seite findet ihr einige Beispiele aus Projekten an Gymnasien.

Passionskreuz

Bayerisches Heimatkreuz

Spiegelkreuz

MERK-Rucksack

Überlegt gemeinsam:

Was war wichtig in diesem Kapitel?

Was wollt ihr euch MERKen?

Was werdet ihr wieder brauchen?

Worüber müsste man noch einmal nachdenken?

Möchtest du etwas für dich persönlich hinzufügen?

Hoffnungskreuz

METHODEN

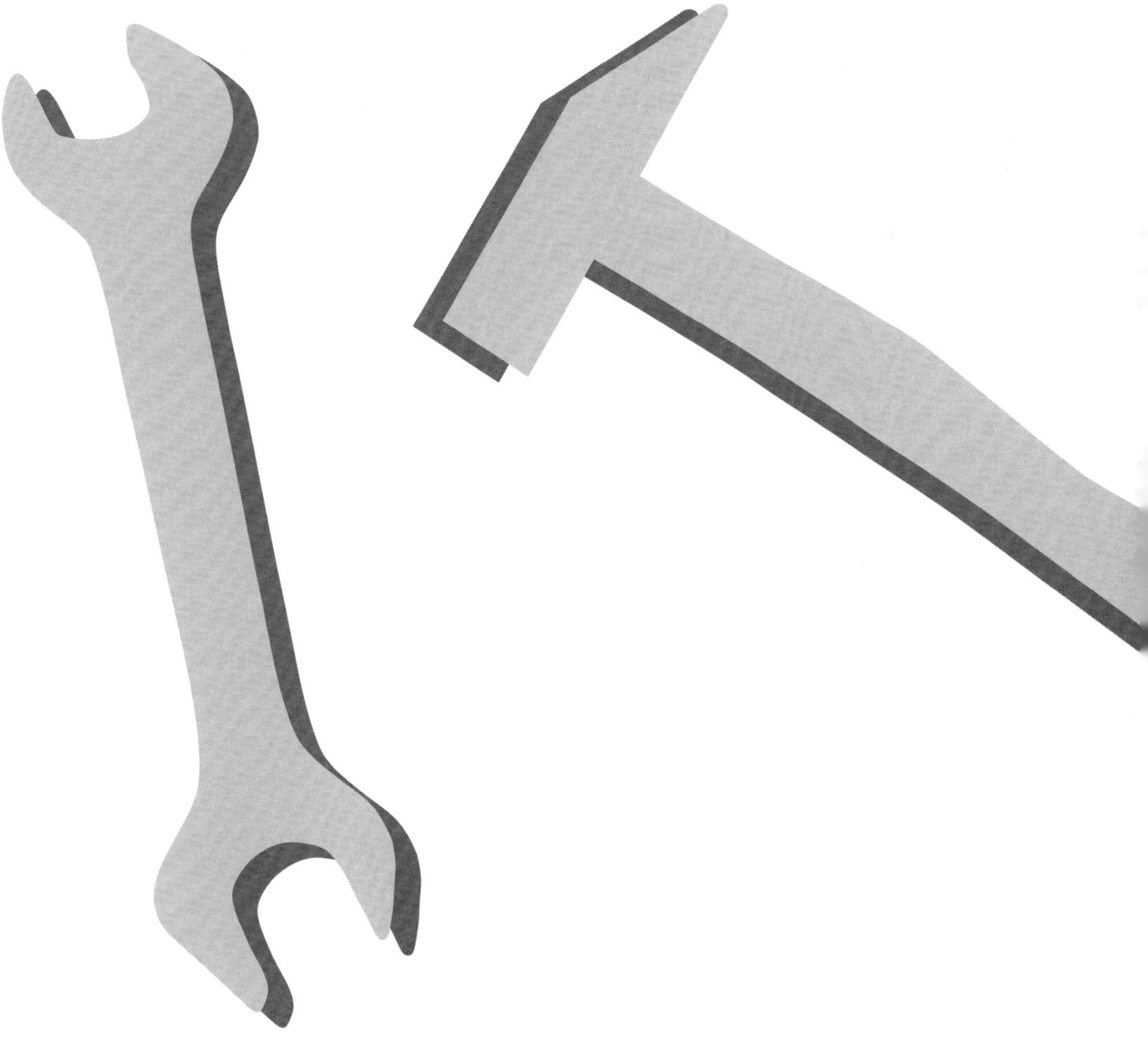

Bibelauslegung –

»So viel Leben in alten Texten!«
»Was soll man da noch glauben?«
»Muss man studiert haben, um die Bibel lesen zu können?«
»Ist es wichtig, was Jesus wirklich gesagt hat?«

Die Bibel – damit hast du dich schon in 5/6 beschäftigt – ist nicht »vom Himmel gefallen«; ihre Texte sind über lange Zeiträume hinweg mündlich und schriftlich überliefert, überarbeitet, aktualisiert, geordnet worden, bevor, erst Jahrhunderte nach Christus, der biblische »Kanon« (griech: Richtschnur), d. h. der verbindliche Textbestand des Alten und Neuen Testaments festgelegt wurde.*
Du bist in diesem Buch verschiedenen Methoden begegnet, wie man die Bibel auslegen und verstehen kann. Eine der wichtigsten und Grundlage vieler anderer ist die historisch-kritische Methode. Anders als bei den anderen auf diesen Seiten erklärten Methoden handelt es sich dabei eher um eine wissenschaftliche Methode, die z. B. an den theologischen Fakultäten an den Lehrstühlen für Altes und Neues Testament gelernt und angewendet wird. Dennoch kann diese Methode jede/n, der/die sich für die Bibel interessiert, dazu anregen, die biblischen Texte kritisch zu hinterfragen und als historische Quellen wahrzunehmen – wie es etwa auch in diesem Buch am Beispiel »Hiob« (Kap. 10) und der Geschichte von der Heilung der Schwiegermutter des Petrus (S. 45) ausprobiert wird.

Mit dem Zeitalter der Aufklärung wurde die Bibel als historisches Dokument entdeckt. Samuel Reimarus (1694–1768), dessen »Fragmente« G. E. Lessing anonym veröffentlichte, hielt einen großen Teil des Neuen Testaments (z. B. Wunder, Auferstehung) für eine nachösterliche »Erfindung«. Seit dieser Zeit entwickelte sich der »historisch-kritische« Umgang mit der Bibel, der bis heute einen Schwerpunkt des theologischen Studiums ausmacht. »Kritisch« bedeutet in diesem Zusammenhang: analytisch, unterscheidend. Die historisch-kritische Forschung untersucht den Überlieferungsprozess, der zu dem Text in seiner jetzigen Gestalt geführt hat. Dazu werden verschiedene methodische Verfahren eingesetzt.

Übersetzung
Voraussetzung für die wissenschaftliche Beschäftigung mit biblischen Texten ist die Kenntnis der Originalsprachen Hebräisch und Griechisch, dazu ggf. Aramäisch (die Sprache Jesu) und andere altorientalische Sprachen. Die Tragweite von Übersetzungsdifferenzen kann man z. B. an Hi 19,25 sehen (S. 184): Die philologische Untersuchung des Begriffs *goël* verweist diesen in den Rechtskontext (»loskaufen, auslösen«) und legt offen, wie stark die vertraute Übersetzung »Erlöser« vom christlichen Glauben »übermalt« ist.
Selbstverständlich kann man auch ohne Kenntnis der alten Sprachen am deutschen Text Wichtiges erkennen, z. B. durch den Vergleich unterschiedlicher Übersetzungen und die Arbeit mit Kommentaren.

Textkritik
Selbst den ältesten erhaltenen Bibelhandschriften (z. B. Qumranfragmenten aus dem 3. Jahrhundert v. Chr. oder dem Codex Sinaiticus aus dem 4. Jahrhundert n. Chr.) geht jeweils schon ein langer Prozess des Abschreibens voraus. Dabei sind Fehler unterlaufen oder auch bewusst Textkorrekturen vorgenommen worden. So kam es zu Textvarianten, die in jeder wissenschaftlichen Bibelausgabe in einem sog. »textkritischen Apparat« aufgeführt sind. Beim Auslegen hat man sich begründet zwischen solchen Textvarianten zu entscheiden. Kriterien sind z. B. das Alter und die Verbreitung der Handschrift; erfahrungsgemäß sind oft die kürzeren und die schwierigeren Textfassungen die zuverlässigeren.

Literarkritik
Inhaltliche oder stilistische Brüche, Widersprüche, Wiederholungen und Doubletten können darauf hinweisen, dass ein Bibeltext nicht aus einem Guss ist. Berühmte Beispiele sind die beiden Fassungen der Schöpfungsgeschichte 5/6 oder die Montage von Quellen in der Exodusüberlieferung 5/6. Auch im Hiobbuch gibt es massive Spannungen: eine Prosaerzählung mit z. T. altertümlichem Vokabular neben einer geradezu »modern« anmutenden metrischen Dichtung mit kühnen Bildern; dazu eine Satansszene, die völlig isoliert dasteht. Es könnten hier verschiedene Quellen zusammengefügt sein bzw. ein ursprünglicher Text immer wieder überarbeitet worden sein.

Formgeschichte

Was heute als Text, als Buch vor uns liegt, ist einmal kommuniziert worden – von lebendigen Menschen in realen Situationen. Wie gerne würde man mehr davon wissen! Manchmal hilft die Form, die Gattung eines Textes, etwas von seinem »Sitz im Leben« wiederzuentdecken. Auch heute weisen geprägte Sprachformen auf bestimmte Kommunikationssituationen hin: »Es war einmal …«, »1. Stegreifaufgabe aus der Mathematik …«, » … hdgdl«. Dies gilt auch für antike Texte: »Es war ein Mann im Lande Uz« (Hi 1,1) – das verweist zusammen mit der einfachen Erzählstruktur auf ein Märchen oder eine Legende, die mündlich erzählt wurde. »Warum ist das Licht gegeben …« (Hi 3,20) – klingt nach einem Klagepsalm, gesprochen von einem verzweifelten Betenden. Die Bibel enthält viele andere typische Formen wie Gesetzestexte, Sagen, Briefe, Prophetensprüche, Gleichnisse, Sprichwörter u. v. m., in denen Lebenssituationen sozusagen »geronnen« sind.

In »Hiob« fallen zudem Formelemente des Theaters auf – Hinweis auf seinen »Sitz im Leben« oder »nur« ein Stilelement?

Traditionskritik

Die Traditions- oder Überlieferungskritik nimmt den Prozess der mündlichen Überlieferung eines Textes in den Blick. Hat es z. B. einmal eine eigene Hioblegende vom vorbildlich geduldigen Hiob gegeben? Sprachliche Untersuchungen, aber auch Kenntnisse der Sozial- und Religionsgeschichte und der Archäologie sind hier hilfreich. So weist Hi 1 auf die Nomadenzeit und auf ein außerisraelitisches Umfeld hin; die Satanspassage hingegen ist (obwohl noch zur Prosaerzählung gehörig) eher unter persischem Einfluss (nachexilisch) denkbar. Der komplizierte Dialogteil wiederum ist als mündliche Überlieferung kaum vorstellbar (vgl. S. 45).

Redaktionskritik

Die Quellen- und Redaktionskritik beschäftigt sich mit den Stadien der schriftlichen Überlieferung. Woher hat der Redaktor (der Bearbeiter des Textes in seinem Endstadium) seine Quellen? Wie und mit welcher Absicht hat er sie zusammengefügt? Das klassische Beispiel sind hier die vier Evangelien*. Nach der Zweiquellentheorie schöpfen das Matthäus- und das Lukasevangelium einerseits aus dem älteren Markusevangelium, andererseits aus einer nicht mehr erhaltenen Spruchquelle (Q) mit Jesusworten; jeder hat zudem eigene Überlieferungen (»Sondergut«). Das Johannesevangelium gilt als später und unabhängig von den anderen entstanden. Im synoptischen Vergleich, d. h. durch das Nebeneinanderstellen der Textfassungen, werden die unterschiedlichen Akzentsetzungen der Evangelisten sichtbar (vgl. S. 45).

Vom Verfasser des Hiobbuchs wissen wir, dass er höchst disparate Textteile zusammengefügt hat. Unterschiedliche Meinungen gibt es darüber, ob seinem Werk schon ein längerer Überlieferungsprozess zugrundeliegt, ob er bestehende mündliche oder schriftliche Quellen übernommen hat oder ob er seine Dichtung eigenständig und bewusst spannungsvoll angelegt hat. Merkwürdig ist auch, dass er nach den aufrüttelnden Hiobklagen sein Buch so »brav« beendet hat. Es gehört zum Wesen historisch-kritischer Forschung, dass ihre Ergebnisse kontrovers sind und zu immer weiteren Forschungen reizen.

Gesamtdeutung

Aus all diesen methodischen Schritten wird der / die Auslegende Schlüsse ziehen. Dabei wäre es ein verkürztes Verständnis von historisch-kritischer Forschung, wenn am Ende das als normativ gültig herauskäme, was »ursprünglich« oder »echt« an einem Text ist. Vielmehr leistet es die historisch-kritische Forschung, biblische Texte als Glaubenszeugnisse zu würdigen und die darin eingefrorenen Gesprächsprozesse wieder zu verflüssigen. So zeigt das Buch Hiob – gleich, ob es von einem Autor oder aus vielen Quellen stammt – die immer neu ansetzende Suche nach Antworten auf die Theodizeefrage*, die aber letztlich offen bleibt, offen bleiben muss. Beim synoptischen Vergleich von Mk 1,29–34 mit Matthäus und Lukas kann man sehen, wie sich die frühen Christengemeinden mit der Bedeutung Jesu und mit seiner Wirkung auf die Menschen auseinandergesetzt haben.

Heute wird die historisch-kritische Methode im Verbund mit anderen Auslegungsmethoden angewendet; sie steht für eine kritische Haltung gegenüber den Texten ein, die den Texten ihre Fremdheit lässt und sie vor Vereinnahmung schützt.

Bilder und Kunstwerke erschließen:

»Kruzifix – ist das nicht ein Fluch?«
»Ich weiß gar nicht, ob in unserem Klassenzimmer eins hängt.«
»Und das Hakenkreuz?«
»An meinem Hals ist es einfach ein Glücksbringer.«

Auf S. 216 wird vorgeschlagen, eine Ausstellung mit Kreuzesdarstellungen zu gestalten. Gleich, ob du dazu Bildunterschriften verfassen möchtest oder eine kleine Führung planst – Kreuzesdarstellungen erklären sich nicht von selbst. Es ist hilfreich, etwas über ihre historische Entwicklung zu wissen.

Ravenna, Apsismosaik S. Apollinare in Classe/Ravenna: Gemmenkreuz

Schon lange vor Christus und außerhalb des Christentums gab und gibt es die Kreuzesform als weltliches und religiöses Zeichen. Im Christentum wurde es erst 431 (Konzil von Ephesus) zum offiziellen Symbol erklärt. In den ersten drei Jahrhunderten wurde es kaum dargestellt (eher griff man antike Motive, wie z. B. Christus als Schafträger, vgl. S. 205, auf), denn es erinnerte ja an die grausame und erniedrigende Hinrichtung Jesu. Die Strafe der Kreuzigung war im Römischen Reich eine der brutalsten Maßnahmen zur Unterdrückung politischer Aufstände. Seit dem 4. Jahrhundert – Kreuzigungen waren inzwischen verboten und Konstantin hatte »im Zeichen des Kreuzes« die Schlacht um den römischen Kaiserthron für sich entschieden (S. 154) – wurden Kreuze dargestellt, allerdings zunächst ohne die Figur des Gekreuzigten. Prachtvolle goldene, edelsteinverzierte Kreuze in den Kuppeln und Apsiden von Kirchen symbolisierten die endzeitliche Weltherrschaft Christi. Zugleich war das Kreuz kaiserliche Insigne, z. B. auf Zeptern und Diademen, und diente so zur göttlichen Legitimation der Herrschenden.

links: Romanik, Bockhorster Triumphkreuz, Westfalen, um 1150/70, Eiche, Höhe 352 cm

Unten: Gabelkreuz, Köln, St. Maria im Kapitol, Anfang 14. Jahrhundert

Die ersten Darstellungen Christi am Kreuz in der Zeit der Romanik zeigen ihn aufrecht stehend, bekleidet, mit offenen Augen und oft mit einer Krone geschmückt: Christus als Auferstandener, als Sieger und Erlöser der Menschheit. Um 1200 wandelt sich diese Darstellung. Künstler stellen Jesus als Leidenden und Sterbenden dar, die Füße aufeinander genagelt, in verkrümmter Haltung und mit schmerzverzerrtem Gesicht. Nicht mehr der Anblick des Siegers über den Tod, sondern die Versenkung in sein Leiden soll dem Betrachter Trost spenden. Christus als Schmerzensmann bleibt ein wichtiges Motiv bis in die Barockzeit hinein.

Rembrandt, Mein Gott, warum hast du mich verlassen, 1631

Bildelemente aus dem Mittelalter bleiben auch in den folgenden Jahrhunderten maßgeblich, doch setzt jede Kunstepoche ihre eigenen Akzente. Im Zeitalter der Reformation und Renaissance schafft Matthias Grünewald mit dem Isenheimer Altar (S. 206) eine der beeindruckendsten Darstellungen des Leidens und der Auferstehung Christi. Schon bei ihm spielt – wie in der gesamten Renaissance- und Barockzeit – Licht eine große Rolle. Durch Lichteffekte wird die Göttlichkeit Jesu im Leiden angedeutet. Seit der Renaissance betont man auch die Körperlichkeit Jesu. Maler stellen Jesus selbst am Kreuz als schönen, muskulösen Mann dar.

George Grosz, Maul halten und weiter dienen, 1927

In der Kunst des 20. und 21. Jahrhunderts findet eine intensive und vielfältige Auseinandersetzung mit dem Symbol des Kreuzes statt. Manche Darstellungen, vor allem im frühen 20. Jahrhundert, betonen die Grausamkeit der Passion* in expressiver Weise und wollen damit auf Unmenschlichkeit und Unrecht in der Gesellschaft aufmerksam machen. Viele Kunstwerke arbeiten mit Verfremdung und Provokation; sie laden dazu ein, gewohnte Sichtweisen aufzugeben und neue zu erproben. Kunst löst sich davon, »etwas« darstellen zu wollen; in der Gegenwartskunst werden dabei häufig das Produzieren und Sehen von Kunst selbst thematisiert: das Spiel mit Farben (Baselitz, S. 199), die Verwendung ungewohnter Materialien (Nitsch, S. 211) und der Einsatz stilisierender Maltechniken (z. B. Corinth, S. 181; 207) und verfremdender Gestaltung (Zacharias, S. 26; 84).

Caspar David Friedrich, Kreuz im Gebirge, 1808

Als wichtiges Bild im Übergang zur Moderne gilt C. D. Friedrichs Altarbild »Das Kreuz im Gebirge« (1808), das zu seiner Zeit heftigen Streit auslöste: War diese Darstellung mit ihren verschwimmenden Konturen, ihren Lichtspielen und ihrer Naturfrömmigkeit noch mit biblischer Tradition vereinbar oder war sie nicht doch eher ein romantisches Landschaftsbild?

Joseph Beuys, Kreuzigung, Holz, Zeitungspapier, Nadel, Draht, Nähgarn und Flaschen, 1962–63

Für die Religion wird Kunst heute gerade dann zur wertvollen Gesprächspartnerin, wenn sie nicht traditionelle Anschauungen oder herrschende Meinungen bestätigt, sondern wenn sie beunruhigt, Fragen stellt, provoziert. Im Zusammenhang mit der Kreuzesthematik sind es oft gerade die Künstler, die – bis zur Grenze der Blasphemie – das Kreuz wieder zum »Ärgernis« (1 Kor 1,23, vgl. S. 201) werden lassen.

Collagen und Plakate gestalten und präsentieren

»Basteln, kleben, gestalten – das entspannt.«
»Manchmal gestalte ich einfach aus dem Gefühl heraus, ohne nachzudenken. Und nachher macht es doch irgendwie Sinn.«
»Man lernt wie von selbst.«
»Das braucht man im Beruf!«
»Meistens kann man bei Präsentationen den Text nicht lesen.«
»Manches kann man nicht mit einigen wenigen SCHLAGWORTEN ausdrücken.«

Eine Collage gestalten
Mithilfe einer Collage kann man sich recht frei mit einem Thema auseinandersetzen und dabei seine Meinung und seine Gefühle zum Ausdruck bringen. Man sammelt dazu Bilder, Fotos, Texte und Schlagzeilen und ordnet sie zu einer Gesamtkomposition an. Bei Themen, die viel mit Gefühlen zu tun haben, bieten sich auch Naturmaterialien wie Steine, Blätter, Holz und Stoffe zur Gestaltung an.
Durch die Gestaltung und Präsentation von Plakaten und Collagen setzt man sich nicht nur selbst intensiv mit einem Thema auseinander, sondern man regt auch andere dazu an, sich damit zu beschäftigen.

Ein Plakat gestalten
Zunächst solltest du unterscheiden, ob du ein Plakat gestaltest, um dir einen Sachverhalt einzuprägen (Lernplakat), um andere über ein Thema zu informieren (Informationsplakat) oder um für etwas zu werben (Werbeplakat).
Je nach Zielsetzung kann man nun Material sichten, das für das Plakat geeignet ist. Denkbar sind Überschriften, Schlagzeilen, Bilder, Grafiken, Statistiken, Kommentare, Berichte, Leserbriefe.
Überlege dir, wie du dein Plakat aufbaust! Ist es sinnvoll, das Thema ins Zentrum zu stellen und die Materialien außen herum zu positionieren? Oder willst du das Thema mithilfe eines Weges von der linken zur rechten Seite des Plakats gestalten?
Damit ein Plakat gut verständlich ist, muss man außerdem auf die Größe der Bilder und der Schrift und ihr Verhältnis zueinander achten. Wenn die Texte auf dem Plakat zu lang und zu klein sind, sind die Betrachtenden überfordert. Man rechnet pro Meter Abstand zum Plakat etwa einen Zentimeter Schrifthöhe.
Besorgt euch, ggf. mithilfe der Kunstlehrkraft, die nötigen Arbeitsmaterialien, z. B. bunten Karton (eine Rolle Packpapier oder die Rückseite einer Tapete tut's auch!), Klebstoff, Scheren und Eddings in verschiedenen Größen und Farben.

Anregungen zur Weiterarbeit
Hat man sich erst einmal viel Arbeit mit den Plakaten gemacht, will man sie auch länger ansehen. Das ist entweder im Rahmen eines Galeriegangs oder in Form einer Ausstellung im Klassenzimmer oder in der Eingangshalle der Schule möglich. Eine solche Ausstellung verlangt eine klare Gliederung. Man entwirft einzelne Kapitel, die aufeinander aufbauen, sodass der / die Betrachtende durch das Thema geführt wird.
Man kann nun zusätzlich ein Aufgabenblatt erstellen, das von den Besucherinnen und Besuchern mithilfe der Ausstellung gelöst werden kann. Sinnvoll ist es ferner, am Ende Gelegenheit zu geben, persönliche Eindrücke zu hinterlassen (z. B. auf einer Pinnwand).

Eine Collage zu S. 96

Du hast schon einige Erfahrungen mit dem Recherchieren im Internet gesammelt und sicher schon gemerkt, dass die Informationen, die du dort findest, von unterschiedlicher Qualität sind. Hier bekommst du einige Hinweise, wie man Internetseiten bewerten und Manipulationen durchschauen kann.

»Wenn ich etwas nicht weiß, schaue ich einfach in Wikipedia nach.«
»Kann im Internet eigentlich jeder schreiben, was er will?«
»Ein Leben ohne Internet?«
»Auf unserer Schulhomepage kannst du nachschauen, wann genau das Theaterstück beginnt.«

Tipps zum Bewerten des Seitenaufbaus

Einen gewöhnlichen Internetauftritt könnte man mit einem Buch vergleichen, dessen Inhaltsverzeichnis immer zu sehen ist: Mithilfe der Navigationsleiste kann man zwischen den verschiedenen Seiten hin- und herwechseln. Auf der Startseite (Homepage) wird der Titel genannt bzw. eine Zugehörigkeit (z. B. zu einer Organisation) ausgedrückt. Wer für die Seite verantwortlich ist, sollte im Impressum stehen, das sich oft unten auf der Seite befindet.
Die Struktur einer Internetseite hilft, deren Qualität einzuschätzen. Deshalb lohnt es sich, kritisch hinzuschauen:

- Ist die Seite übersichtlich aufgebaut?
- Welche Informationen oder Bereiche werden durch den Aufbau in den Vordergrund gerückt? Passt dies dazu, worum es in diesem Auftritt gehen soll(te)?
- Ist eindeutig erkennbar, wer die Seite und ihre Inhalte zu verantworten hat? – Fehlt ein Impressum, sollte dich das immer stutzig machen, auch wenn es für private Seiten zurzeit nicht vorgeschrieben ist.
- Welche Gestaltungselemente (Bilder, Farben, Animationen usw.) werden hauptsächlich eingesetzt?

Tipps zum Bewerten von Informationen

Sowohl Autorinnen und Autoren von Internetseiten als auch deren Betreiber verfolgen bestimmte Zielsetzungen. Dies sollte man berücksichtigen, um Informationen nicht falsch einzuordnen und um nicht manipuliert zu werden.

- Am besten fragt man ähnlich wie beim Vier-Ohren-Modell (S. 100): Worüber informiert die Seite? Wozu fordert sie auf? Welche Gefühle oder Haltungen sollen beim Leser dadurch erzeugt werden? Was sagt sie über Autoren bzw. Betreiber aus?
- Versuche, Genaueres über Autor/in bzw. Betreiber der Seite herauszubekommen: Ist es eine Einzelperson, eine Organisation, eine Institution oder ein Unternehmen, das für etwas wirbt? Wie seriös und kompetent wirken der oder die Urheber auf dich? Gibt es z. B. Links auf brauchbare andere Veröffentlichungen, die nicht mit dieser Seite zusammenhängen? Wie steht es mit der Genauigkeit der Zitate? Was beabsichtigt der/die Verantwortliche: Will er/sie z. B. informieren, eine bestimmte Meinung vertreten, andere beeinflussen oder sich selbst darstellen?
- Wie aktuell ist die Seite (Datum der Erstellung bzw. letzten Bearbeitung)?
- Sind die Informationen sachgemäß? Das kann man z. B. durch Vergleich mit anderen Informationsquellen (Internetseiten, Zeitungen, Bücher, Lexika usw.) überprüfen.

Tipps zum Verwenden von Internetinformationen in Referaten

Verwende nur Quellen, die du sorgfältig geprüft hast, und gib immer die genaue und vollständige Internetadresse mit dem Datum des Aufrufs der Seite an!
Wichtig: Wenn du von Zuhause aus im Internet recherchierst, solltest du immer eine aktuelle Antivirensoftware verwenden, um die Gefahr von Schadprogrammen (z. B. Viren) zu verringern.

Kommunizieren: Sich eine Meinung bilden ...

»Von einigen in der Klasse weiß man überhaupt nicht, was sie denken.«
»Ich hätte gar nicht gedacht, dass das so viele auch so sehen wie ich.«
»Manchmal probiere ich gern einen extremen Standpunkt aus.«
»Viele warten erstmal, was die anderen machen.«

So viele Schülerinnen und Schüler in einer Klasse – so viele Standpunkte und Meinungen! Für Diskussionen ist nicht immer Zeit und wenn doch, dann kommt nicht jede / r zu Wort. Die folgenden Methoden ermöglichen,
1. sich rasch ein Bild davon zu machen, wie die gesamte Gruppe zu einer Frage / einem Problem steht (und zwar so, dass jede / r sich äußert).
2. viele Meinungen so zu reduzieren und zu komprimieren, dass man arbeitsfähig wird.
Was durch diese Methoden sichtbar wird, sind (jederzeit revidierbare) Momentaufnahmen, die eine vertiefte Auseinandersetzung nicht ersetzen, diese aber vorbereiten können. Man kann die Methoden in bestimmten Abständen wiederholen, um zu testen, ob sich ein Meinungsbild verändert hat.

(Stand-)Punkte-Kleben
Zur Auswahl steht eine Reihe von Aussagen / Thesen / Bewertungen auf einem Plakat. Auf S. 168 sind es beispielsweise mehrere Aussagen zu Kirche, die man bewerten kann. Jede / r klebt einen Klebepunkt dorthin, wo er / sie zustimmt. Möglich ist auch die Arbeit mit verschiedenfarbigen Punkten für Zustimmung / Ablehnung. Man kann auch Punkte auf einer Skala setzen (»Ich weiß schon viel über die Reformation« oder »Mir ist es wichtig, evangelisch zu sein«). Möglich ist auch die Auswahl eines Unterrichtsthemas oder eines Projekts mithilfe von Klebepunkten.

Stimmungsbarometer
Jede / r markiert auf einem (z. B. an der Tafel angezeichneten) Barometer z. B., wie es ihm / ihr heute geht, wie die Interessenlage ist oder wie er / sie zu einem Thema steht: Herrscht eher »Sonnenschein« oder »Regenwetter«? (Auch Smileys können verwendet werden.) Man kann dieses Stimmungsbild nach der Stunde / nach Unterrichtsphasen wiederholen und die Ergebnisse vergleichen.

Standpunkte einnehmen
Diese Methode bringt Bewegung in die Klasse. Jede / r nimmt einen Standpunkt im Wortsinn ein. Zunächst wird im Raum definiert, wo welche Meinung positioniert ist (z. B. eine Grenze durch die Klasse ziehen und sich nach pro und kontra positionieren; oder mehrere Thesen auf Zetteln im Raum verteilen und sich dazustellen; oder die Ecken des Raumes für vier verschiedene Standpunkte benutzen). Entscheidet vorher, ob Zwischenlösungen erlaubt sind (Gefahr: Dann werden sich viele lieber in die Mitte stellen!).

Schneeballmethode
Ein Beispiel aus Kap. 8: Jede / r formuliert für sich zwei Kriterien für eine »gute Religion« (S. 133). Anschließend bilden sich Zweiergruppen und reduzieren ihre (4) Kriterien auf zwei. Das Gleiche geschieht noch einmal in Vierergruppen, ggf. (bei sehr großen Klassen) in Achtergruppen. Übrig bleibt eine Kriterienliste, die gründlich diskutiert wurde und viel Zustimmung findet. Man kann diese Methode auch anwenden, um sich auf Begriffe zu einigen oder die wichtigsten Aspekte eines Themas herauszufinden. Je nach Klassengröße kann die Zahl der Ausgangsbegriffe und / oder der Gruppen variieren.

Blitzlicht
Die Methode eignet sich sowohl als Einstieg in ein Thema als auch als Feedbackmethode in nicht zu großen Gruppen. Jede / r gibt nacheinander ein Statement: Was verbinde ich mit dem Thema? Was nehme ich aus der Stunde mit? Was hat mir gefallen, was nicht? Es funktioniert nur, wenn jede / r sich ganz kurz fasst und die Äußerungen nicht kommentiert / bewertet werden.

... und miteinander darüber sprechen

»Wenn alles schweigt und einer spricht ...«
»... und dann landen wir immer im Nebel.«
»Jeder kann doch denken, was er will!«

Im Religionsunterricht spielt das Gespräch eine große Rolle, denn häufig geht es um Fragen, die nicht mit einer einfachen Information beantwortet werden können. Wir beantworten sie aus unseren persönlichen Einstellungen und Sichtweisen, die wiederum mit den eigenen Erfahrungen und Hintergründen gewachsen sind. Im Gespräch kann man die Meinungen der anderen erfahren, Verständnis dafür gewinnen, andere zu überzeugen versuchen und seine eigene Position überprüfen. Weil wir zusammenleben, ist es nicht egal, was andere denken.
Aber miteinander sprechen, besonders in großen Gruppen, ist schwierig. Da diskutieren die drei Vielredner, während der Rest die Augen verdreht. Da hat sich das Gespräch schon weiterentwickelt und jemand klebt noch an einem Punkt. Gespräche können sich im Kreis drehen, auseinanderfallen, Sinn und Ziel verlieren.
Probiert aus, ob folgende Methoden helfen:

Aquarium oder Fishbowl

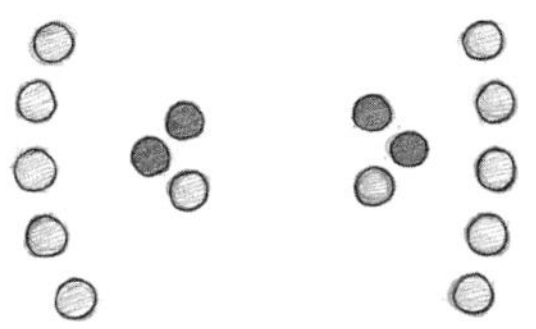

Die Methode eignet sich dann, wenn zwei Meinungen aufeinanderstoßen oder ausprobiert werden sollen. Die Klasse teilt sich in zwei Gruppen (pro und kontra). Jeder Gruppe stehen in der Mitte drei Stühle zur Verfügung, von denen zu Beginn der Diskussion jeweils zwei Stühle mit Vertretern der Gruppen besetzt werden. Die restlichen Gruppenmitglieder sammeln sich hinter ihren Diskutanten und beobachten das Gespräch. Will ein Beobachter sich in die Diskussion einmischen, kann er den dritten leeren Stuhl besetzen und erhält Rederecht. Nach einer vereinbarten Zeit muss er diesen Stuhl wieder verlassen und anderen Interessierten Platz machen.
Wenn jemand feststellt, dass die Diskussion nicht mehr weiterführt, kann er ihr Ende beantragen. Alle stimmen darüber ab. Die Methode könnte man auch mit mehreren Positionen ausprobieren: z. B. ein Konflikt aus der Familie: 3 bis 4 Schüler bereiten die einzelnen Positionen vor – weiter wie oben.

Kugellager

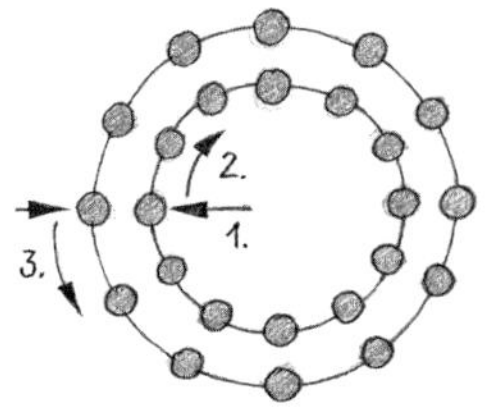

Die Methode eignet sich, wenn alle ins Gespräch gebracht werden sollen.
Die Teilnehmer sitzen sich in einem Innen- und einem Außenkreis gegenüber. Zu einem vereinbarten Thema tauschen sich die Gegenüber etwa 5 Minuten aus. Auf ein Signal hin rutschen alle im Innenkreis zwei Plätze weiter und diskutieren wieder ihre Gedanken, wobei auch die Meinungen der letzten Gesprächspartner einfließen. Nach weiteren 5 Minuten bewegt sich der Außenkreis im anderen Uhrzeigersinn um zwei Plätze. So kann es weitergehen, bis der Diskussionsbedarf erschöpft ist.
Noch ein Tipp: Wenn das Klassenzimmer nicht ausreicht, geht in den Pausenhof oder die Aula.

Diskussion aus dem Schutzraum

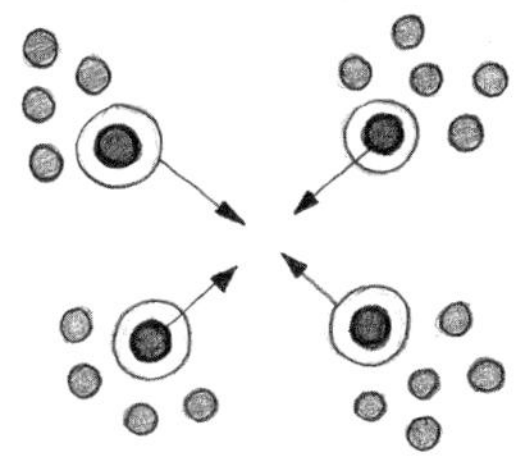

Die Methode eignet sich auch dazu, eher Zurückhaltenden Mut zu machen, sich stärker einzubringen und Diskussionserfahrungen zu sammeln. Nur vier oder fünf Personen einer größeren Lerngruppe nehmen aktiv teil. Hinter jedem Teilnehmer sitzt eine Kleingruppe, die beratende und zuarbeitende Aufgaben hat. Sie versorgen in Diskussionspausen den Diskutanten mit Beispielen, Argumenten und flüstern auch während der Diskussion zu. Dabei müssen sie natürlich aufpassen, dass sie nicht Verwirrung stiften.

Positionsspiel

Diese Methode ist ähnlich wie »Standpunkte einnehmen« (vgl. S. 224), aber so, dass man seinen Standpunkt auch begründen und verteidigen muss. Zwei Schüler / innen tragen an zwei gegenüberliegenden Ecken des Klassenraums abwechselnd Argumente für gegensätzliche Positionen vor (die nicht unbedingt der eigenen Meinung entsprechen müssen). Zwischen beiden stehen in der Mitte des Raums die anderen Teilnehmer der Lerngruppe. Bei Befürwortung des Arguments machen sie einen Schritt auf den Argumentierenden zu, bei Ablehnung entfernen sie sich.

Philosophieren

»Habe Mut, dich deines eigenen Verstandes zu bedienen!« (Immanuel Kant)
»Wissen ist Macht.« (Francis Bacon)
»Was ist das eigentlich, was ich tue? Und was will gerade ich damit?« (Friedrich Nietzsche)
»Unser Kopf ist rund, damit das Denken die Richtung ändern kann.« (Francis Picabia)

Jedes Kapitel dieser Buchreihe beginnt mit Fragen, auf die man nur selten einfache Antworten finden kann, weil sie zum tieferen Nachdenken und Weiterfragen einladen. Es handelt sich bei ihnen meist um sog. philosophische Fragen, da sie mit dem Sinn und Zweck unseres Daseins und der Welt oder mit Fragen des Erkennens zu tun haben. Wenn ihr über solche Fragen nachgedacht habt, habt ihr sicherlich philosophiert.

Was ist philosophieren?

Philosophieren hat mit Nachdenken zu tun. Was Nachdenken bedeutet, scheint uns klar zu sein, da wir uns täglich über Fragen unseres Alltags, über Verhaltensweisen oder über die Lösung von Problemen Gedanken machen. Allerdings ist Nachdenken nicht genau dasselbe wie Philosophieren. Mit dem Nachdenken hat das Philosophieren gemeinsam, dass wir versuchen, uns mithilfe unseres Verstandes zu orientieren: Wir suchen nach Erklärungen oder Antworten, nach Standpunkten und Perspektiven. Von daher ist jedes Philosophieren immer auch Nachdenken. Aber es geschieht mit einer besonderen Haltung: Man versucht, den Dingen möglichst auf den »Grund« zu gehen, anstatt sich mit ersten Antworten zufriedenzugeben. – Ein Beispiel:

Wenn man an die Frage *»Was ist philosophieren?«* mit einer philosophierenden Haltung herangeht, wird man sich nicht mit der Erklärung begnügen: »Das ist gründliches Nachdenken.« Zur philosophischen Haltung gehört es **kritisch weiterzufragen, der Bedeutung von Wörtern nachzugehen, nach den Gründen zu fragen, warum etwas so ist, wie es ist, oder zu überlegen, ob man es nicht anders sehen sollte.** Hier könnte man überlegen, was »gründlich« genauer bedeuten soll. – Ein Versuch:

In »gründlich« steckt das Wort »Grund«. Ein Grund ist etwas, was einem Halt gibt, sodass man nicht gleich versinkt. Wenn man gründlich nachdenkt, könnte man also zu einem Gedanken gelangen, der sich als »tragfähig« erweist, auf dem man also ein Gedankengebäude errichten kann, das nicht gleich wieder einstürzt. Allerdings weist einem jeder Grund (vgl. Kap. 1) zugleich einen Standpunkt und damit auch eine bestimmte Sichtweise zu. Es muss somit auch andere Standpunkte und Perspektiven geben, die ich ebenso einnehmen könnte. »Gründlich« bedeutet also, nach einem letzten Grund zu suchen, auch wenn man dabei nicht wirklich an ein Ende gelangen wird.

Fragen und Denkfiguren, die euch dabei helfen, sind z. B.: *»Was meinst du mit ... / Was verstehst du unter ...?«, »Was wäre, wenn ...?«, »Nehmen wir mal an ...«, »Gehen wir vom Gegenteil aus ...«, »Versetzen wir uns in jemanden, der das anders sehen würde!«, »Wenn es so ist, was folgt daraus alles?«, »Muss man das so sehen?«, »Nach welchen Kriterien halten wir das für wichtig / richtig / falsch ...?«, »Was wäre, wenn das immer gelten würde?«, »Wo gibt es so etwas noch/so etwas Ähnliches?« »Welche Gegenbeispiele gibt es?«, »Versuchen wir das zu ordnen!«, »Ist das zwangsläufig so oder nur möglich?«, »Für welche Bereiche gilt das?«, »Warum?« ...*

Mit diesen Fragen *denkt ihr nach,* **bewegt euch also euren Gedanken hinterher und prüft, wohin sie euch führen.** Ein solches Gespräch **mit sich selbst oder mit anderen hat das Ziel, scheinbare Selbstverständlichkeiten zu hinterfragen.** Man nimmt beim Philosophieren also eine distanzierte **Haltung des Zweifelns** ein, um sich nicht vorschnell mit Antworten zufriedenzugeben.

Ein Ziel muss es sein, dass andere die Gedanken nachvollziehen können. Was nützt einem die »beste« Erkenntnis, wenn sie niemand versteht? Sucht nach anschaulichen Beispielen oder Vergleichen, an denen man eure Erkenntnisse nachvollziehen bzw. überprüfen kann.

Ein paar allgemeine Tipps

Neue Fragen und Sichtweisen tun sich leichter auf, wenn man gemeinsam nachdenkt. Dabei solltet ihr keinesfalls bestimmte Fragen oder Antworten vorschnell abtun und verwerfen. Lasst erst einmal alles gelten und geht dann den verschiedenen Gedanken nach. Überlegt, welche Sitzordnung dafür am sinnvollsten ist oder ob ihr euch z. B. mit einem Ball Fragen zuwerfen wollt, die den Fänger zu neuen Fragen anregen usw.

Philosophieren sollte Spaß machen (können). Probiert verrückte Gedanken aus, nehmt ungewöhnliche Standpunkte ein! Das Ganze kann und sollte etwas Spielerisches haben.

Sachtexte erschließen

Im Religionsunterricht liest man je nach Thema Geschichten, kurze Informationen, Dialoge, Gedichte, Tagebucheinträge, Briefe und viele andere Textarten. Aus dem Deutschunterricht kennt ihr sicher die Unterscheidung zwischen Sachtext und fiktivem Text. Ihr habt vielleicht schon entdeckt, dass fiktive Texte nicht einfach »erfunden« und »erlogen« sind und dass Sachtexte nicht unbedingt »wahrer« sind als Märchen und Romane. Verschiedene Textsorten erfordern unterschiedliche Zugangs- und Verstehensweisen. Im Folgenden bekommt ihr einige Tipps zum Umgang mit Sachtexten, mit denen ihr euch im Laufe der Schulzeit immer mehr beschäftigen werdet.

Sachtexte

Theologie und andere Geistes-, Natur- und Humanwissenschaften, wie z. B. die Philosophie, die Psychologie oder die Soziologie haben, um ihren Gegenstand möglichst genau behandeln zu können, Fachsprachen entwickelt. Das macht es manchmal so schwer, in Texte dieser Wissenschaften einzusteigen und sie für unseren Gedankenweg fruchtbar werden zu lassen. Im Religionsunterricht wird es häufig darum gehen, einen Text zusammenzufassen. Es versteht sich von selbst, dass er dazu erst verstehend gelesen sein muss.

Sachtexte »überfliegend« lesen

Beim Lesen geht es darum, die Gedanken des Textes zu erfassen. Dabei ist es von Vorteil, den ganzen Text schon früh in Grundzügen zu kennen. Deshalb empfiehlt sich ein doppelter Lesezugang: ein überfliegendes und erst dann ein genaues (intensives, studierendes) Lesen. Beim überfliegenden Lesen kann man oft bereits erkennen, von welcher Art der Sachtext ist, gegen wen oder was er zu Felde zieht und wofür er plädiert. Vielleicht erlaubt der grobe Zusammenhang auch Rückschlüsse auf schwierige Worte oder Textpassagen. Gut wäre es, wenn aus dem ersten Lesen Fragen erwachsen, die man an den Text stellen kann.

Sachtexte intensiv lesen

Durch das intensive Lesen werden der genaue Informationsgehalt und der Textaufbau erarbeitet. Auch der Textaufbau kann Schwierigkeiten machen. Manchmal referiert oder zitiert der Autor eine Gegenposition oder macht sich ironisch darüber lustig. Wenn man da nicht genau liest, hält man diese leicht für die Meinung des Autors oder gerät ganz in Verwirrung.

»Das ist deutsch geschrieben; und trotzdem verstehe ich nur Bahnhof.«
»Lesen ist mehr, als Worte mit den Augen abzutasten.«
»Verstehen, was ein anderer meint, das heißt, eigene Gedanken erst einmal zurückzustellen.«

Wenn ein Text aus diesem Buch intensiv gelesen werden soll, empfiehlt es sich, eine Fotokopie herzustellen, damit der Text auch optisch durch Unterstreichungen, Zeichen und Randbemerkungen bearbeitet werden kann.

- Kläre unbekannte Wörter mit Wörterbuch oder aus dem Textzusammenhang. Bei Fotokopien kann die Wortbedeutung an den Rand geschrieben werden.
- Kläre die zentralen Aussagen des Textes durch entsprechende Markierungen von Wörtern und Wortgruppen (dabei könnten auch verschiedene Farben helfen: pro und kontra; Thesen und Argumente; Themenbereiche).
- Formuliere Zwischenüberschriften.
- Verwende Randsymbole (z. B. ?: unklare Aussage; !: einleuchtend; Σ: Zusammenfassung).
- Erarbeite den Textaufbau durch das Anfertigen von Randbemerkungen im Hinblick auf den gedanklichen Aufbau (These, Argument, Beispiel, Gegenthese, Überleitung, Aufmacher usw.).

Die Kunst des Markierens besteht darin, den Blick für das Wesentliche nicht zu verlieren. Es ist wenig hilfreich, den ganzen Text zu unterstreichen. Es kommt darauf an, sich Schlüsselwörter und zentrale Aussagen zu erarbeiten.

Sachtexte zusammenfassen

Wenn der Sachtext verstanden ist, kann er auf wenige Sätze zusammengefasst werden. Wenn mehrere einen Text bearbeitet haben, dann können die Zusammenfassungen verglichen werden. Je nach Aufgabenstellung und Textsorte wird man unterschiedliche Weisen der Zusammenfassung wählen. Eine Möglichkeit ist es, den Text in einer oder mehreren Thesen auf den Punkt zu bringen. In einer These versucht man in einem Satz und mit eigenen Worten die zentrale Aussage festzuhalten. Wenn der Text mehrere Thesen enthält, muss man vorher den Text in Sinnabschnitte einteilen. Dabei helfen manchmal die eingefügten Absätze. Um einen Text in Thesen darzustellen, kann man entweder einfach den Textfluss verfolgen oder man versucht von der zentralen These aus Voraussetzungsthesen und Folgethesen zu formulieren.

Texten begegnen: Texttheater

»Anfangs wusste keiner, was wir jetzt machen sollten.«
»Beim Sprechen ist mir erst richtig klar geworden, was mich an dieser Bibelstelle so gestört hat.«
»Zum Glück gab es auch Rollen für einen Sprechchor!«
»Eigentlich war es auch so was wie Textarbeit, aber viel witziger.«

Texttheater

Das Texttheater ist eine Methode zum besseren Kennenlernen von Texten und zur Auseinandersetzung mit ihnen. Dabei wird aus dem vorgegebenen Wort- und Satzmaterial ein neuer Sprech-»Text« geschaffen, den man – ähnlich wie bei einem mehrstimmigen Musikstück – gemeinsam aufführt. So entstehen verschiedene Interpretationen, die z. B. auf Typisches oder Widersprüchliches oder auf versteckte Zusammenhänge im Text aufmerksam machen und so bestimmte Verstehensmöglichkeiten oder Wertungen verdeutlichen können.

Zum Vorgehen

Wie bei der Aufführung eines Orchesters oder Chores ist die Durchführung eines Texttheaters nur in der Gruppe möglich. Die Gruppenstärke sollte nicht zu klein angesetzt werden, wobei es auch denkbar ist, in eine Produktionsphase (in kleineren Gruppen) und eine Aufführungsphase (mit z. B. der ganzen Klasse) zu trennen. Dies hängt auch von euren konkreten Bedingungen vor Ort ab (z. B. Klassenstärke, Größe des Klassenzimmers, Anzahl freier paralleler Klassenzimmer und Vorhandensein eines oder mehrerer PC-Räume). Die Frage, für welchen Rahmen bzw. für welches Publikum die Aufführung gedacht ist (die anderen Mitschüler / innen, ein Aufnahmegerät zum Selbstanhören, ein Schulgottesdienst, die Parallelklasse usw.), sollte vor der Produktionsphase angesprochen werden.

Produktionsphase

Nach dem Lesen sollten erste spontane Eindrücke in der Gruppe ausgetauscht werden. Diese können bereits als Grundlage für die spätere Umarbeitung des Textes dienen. Wie frei oder zielgerichtet diese Umarbeitung ausfällt, hängt von eurem Arbeitsauftrag ab.

Lest den Text insgesamt mehrmals durch und markiert (für eure Frage / n) wichtige, merkwürdige, anstößige oder interessante Aussagen oder Formulierungen! Versucht mithilfe dieses Materials und eigener Ideen eine Art Sprech-Symphonie zu entwerfen! Ihr könnt dazu vorgegebene Sinnzusammenhänge auflösen (also den Text zerstückeln), Textstellen oder auch ganze Abschnitte herausstreichen, wichtige Worte oder (Teil-)Sätze wiederholen und mit anderen kontrastieren, neue Sätze und Zusammenhänge hinzufügen (z. B. aktuelle / berühmte Zitate) – also mit dem Sprachmaterial spielen.

Überlegt euch zudem, in welcher Lautstärke und mit welcher Betonung die Elemente jeweils von wem gesprochen werden sollen! Denn derselbe Satz kann eine vollkommen andere Bedeutung erhalten, je nachdem, ob er von einer oder mehreren Personen z. B. weinerlich-leise, selbstbewusst-kräftig, mitfühlend, aggressiv, hintertrieben, vorlaut-besserwisserisch, abwertend, monoton, ironisch usw. gesprochen, vor sich hingemurmelt, gesungen oder herausgeschrien wird. Entsprechend kann es das Ziel einer Aufführung sein, die Zuhörer auf diese unterschiedlichen Bedeutungsmöglichkeiten aufmerksam zu machen. Auch der Einsatz akustischer Signale (Zischen, Klopfen, Klatschen usw.) ist natürlich möglich.

Gerade wenn es sich um etwas längere Texte handelt, ist die Arbeit mit dem PC hilfreich, da man hier nicht nur sehr schnell mit den Versatzstücken experimentieren kann, sondern auch die Möglichkeit hat, verschiedene Vorleser / innen und Lautstärken zu kennzeichnen.

Bei allem ist zu beachten, dass der Wortlaut mindestens einer für den Text wichtigen Stelle vom Satzbau her nicht verändert wird (was nicht heißt, dass er nicht in anderer Weise verfremdet werden darf).

Aufführung

Wenn ihr die neuen Sprech-Symphonien in Kleingruppen erarbeitet habt, muss die Klasse für die Aufführung durch einen »Dirigenten« eingewiesen und das Stück geprobt werden. Andernfalls gehört das Proben mit zur Erarbeitungsphase. Neben der sprachlichen ist auch eine gewisse räumliche und / oder gestisch-pantomimische Inszenierung denkbar (zwei Chöre stehen sich gegenüber, Vorleser sind herausgehoben, »versenkt«, umzingelt usw.). Im Vordergrund muss aber das Akustische stehen.

Der neue »Text« braucht nicht auswendig gelernt zu werden. Achtet aber darauf, dass die Vorlage(n) gut zu lesen (mindestens 14er Schrift Arial für Overhead-Folien) und eventuelle (farbliche) Markierungen zu erkennen sind.

Auswertung

Nach der Aufführung sollte Zeit sein, über die Eindrücke zu reden und der jeweiligen Deutung nachzugehen.

Sprechmotette

Eine Sprechmotette eignet sich ebenso wie das Texttheater zum besseren Kennenlernen von Texten und zur Auseinandersetzung mit ihnen – man könnte sie als »spontanes Texttheater« bezeichnen. Bei biblischen oder wichtigen Glaubenstexten (wie z. B. Texten aus dem Amosbuch, Kap. 2, oder einem Luther-Text auf S. 67) sind mehrere, aufeinander aufbauende Durchgänge sinnvoll:

1. Falls es möglich ist, setzt euch in einen Stuhlkreis, sodass ihr einander sehen könnt. Ihr könnt aber auch in der üblichen Sitzordnung bleiben, solltet dann aber eine Reihenfolge ausmachen, in der ihr lest. Der oder die Erste fängt an und liest den ersten Satz (oder Satzteil). Sobald er oder sie stoppt, liest der oder die Nächste weiter. Ihr könnt dabei selbst entscheiden, ob ihr einen ganzen Satz, einen Satzteil, ein paar Worte oder auch nur ein einziges Wort lest. Wenn ihr am Ende des Textes angekommen seid, beginnt der oder die Nächste wieder am Anfang des Textes. Lest den Text auf diese Weise mehrmals durch.

2. Im zweiten Durchgang wird der Text wieder von oben nach unten gelesen, diesmal aber ohne eine vorher ausgemachte Reihenfolge. Dabei können auch zwei oder mehrere gleichzeitig lesen. Ihr könnt – wie oben – entscheiden, wie viel ihr lest. Man kann z. B. auch nur ein Wort (das man besonders betonen will) mitlesen. Dabei wird aber immer die Reihenfolge des Textes eingehalten. Wenn ihr unten angekommen seid, beginnt der Nächste wieder oben. Wichtig dabei ist, dass ihr laut genug sprecht, sodass die anderen euch gut hören können, und dass ihr gut aufeinander hört und reagiert.

3. Im dritten Durchgang wird nun auch die Reihenfolge des Textes aufgehoben. Ihr entscheidet selbst, welche Sätze, Satzteile oder Worte ihr wann sprecht. Hierbei ist es noch wichtiger als zuvor, gut aufeinander zu hören und zu reagieren!

4. Für den vierten Durchgang liest jeder und jede den Text zunächst leise für sich und sucht sich dabei ein Wort, einen Satzteil oder Satz aus. Merkt euch eure Worte. Dann steht ihr auf, geht im Raum herum und flüstert euch gegenseitig eure Worte ins Ohr oder – je nachdem, was ihr zuvor abgesprochen habt – sagt den anderen, die euch begegnen, eure Worte laut. Variiert dabei Tonfall, Lautstärke und Sprechmelodie passend zu dem, was euch derjenige, der euch begegnet, sagt.

5. In einem letzten Durchgang tauscht ihr euch darüber aus, was euch durch eure Sprechmotette am Text aufgefallen ist oder sich für euch an ihm verändert hat.

Ihr könnt eine Sprechmotette auch mit Zitaten (wie z. B. auf S. 41 oder S. 64) machen. Hier geht es dann nicht darum, den Text besser kennenzulernen, sondern mit den Stimmungen, die die Zitate erzeugen können, zu spielen. Dafür sucht jede und jeder von euch sich ein bestimmtes Zitat aus. Auf ein Zeichen hin sprecht ihr die verschiedenen Sätze durcheinander. Auch hier ist es sehr wichtig, dass ihr aufeinander hört und reagiert und dafür Tonfall, Lautstärke und Stimmlage variiert.

Bibliolog

Der auf S. 66 angewendete Zugang, eine (biblische) Geschichte von innen heraus zu entdecken, indem man sich mit verschiedenen Personen (möglich sind auch Tiere und Gegenstände) identifiziert und auf Fragen antwortet, die der Text stellt, aber offen lässt, entspricht der Methode des Bibliologs. Es wird empfohlen, sich diesen Zugang zu biblischen Texten methodisch fundiert anzueignen, da das Gelingen eines Bibliologs von verschiedenen Aspekten abhängt, die auf den ersten Blick nicht unbedingt erkennbar sind. Auf der Internetseite www.bibliolog.de finden sich hierzu wichtige Hinweise.

Für einen Bibliolog ist eine Gesprächsleitung notwendig, die den Text (sorgfältig) vorbereitet und sich die Rollen und Fragen (nur solche, die der Text nicht selbst beantwortet!) überlegt – in der Regel wird dies der Lehrer oder die Lehrerin sein. In der Gruppe führt er oder sie zunächst kurz in die Methode ein. Wichtig ist dabei vor allem zweierlei:

1. Ihr könnt nichts Falsches sagen – alles, was gesagt wird, ist so in Ordnung und wichtig!

2. Jeder darf etwas sagen, aber niemand muss!

Dann folgt eine Hinführung zu der ausgewählten biblischen Geschichte, die eine Identifikation mit den Gestalten erleichtert und erzählerisch die wesentlichen Informationen über den Text vermittelt. An einer Stelle, an der der Text etwas offen lässt und sich eine Identifikationsmöglichkeit anbietet, schlägt die Gesprächsleitung die Bibel auf und liest einen Satz oder einen kurzen Abschnitt. Aus diesem weist sie der Gruppe die Rolle einer biblischen Gestalt zu, spricht sie in dieser an und lädt sie dazu ein, sich als diese Gestalt in der Ich-Form zu äußern. Diese Antworten werden von der Gesprächsleitung dann jeweils mit eigenen Worten wiedergegeben.

Strukturieren und visualisieren (1)

»Du bringst es mal wieder auf den Punkt!«
»Mir fehlt der rote Faden!«
»Ich lerne am besten mit Stift in der Hand.«
»Manche Lehrer schreiben gar nichts mehr an die Tafel.«
»Früher haben wir zu biblischen Geschichten immer gemalt.«

Gehirnforscher gehen davon aus, dass das menschliche Gehirn auf zwei verschiedene Arten denkt: Das *begriffliche* Denken beruht auf Logik und Analyse und funktioniert oft linear, das *bildliche* Denken dagegen ist assoziativ und auf der sinnlichen Ebene empfänglich etwa für Farben, Klänge und Gerüche; es funktioniert vernetzt. Wenn man sich z. B. komplizierte Sachverhalte merken will, wenn man nach neuen Ideen sucht oder nach Lösungen für Probleme, empfiehlt es sich, beide Arten des Denkens zu nutzen. Dies geschieht, wenn man seine Gedanken strukturiert und visualisiert, z. B. durch Cluster oder Mindmaps.

Clustern (engl. *cluster*, Traube)
In die Mitte des Blattes wird ein Kernbegriff, ein Kernsatz (z. B. aus einem Text oder einer Diskussion) oder einfach ein Thema geschrieben und eingekreist. Rundherum werden hierzu möglichst rasch Einfälle notiert, jeweils eingekreist und mit der Mitte verbunden. Hängen diese Gedanken mit wieder anderen zusammen, werden diese ebenfalls aufgeschrieben und verknüpft. Wichtig ist es, seine Gedanken erst einmal ganz entspannt fließen zu lassen und auch Gedankensprünge zuzulassen. Nach einer solchen Phase des assoziativen Denkens können die Gedanken leichter hierarchisch geordnet werden.

Mindmap
Dies kann z. B. durch eine Mindmap, also eine Gedächtnis- oder Gedanken(land)karte geschehen. Man schreibt (wie beim Clustern) sein Thema in die Mitte eines Blattes. Dann notiert man die wichtigsten Aspekte auf Äste um die Mitte herum. Wichtig ist dabei, zuerst Hauptäste und dann weitere Verzweigungen dieser Hauptäste aneinanderzuhängen, so dass erst Ober- und dann Unterbegriffe dastehen. Beim klassischen Mindmapping soll auf jedem Ast nur ein Begriff stehen. Durch unterschiedliche Farben können Gruppierungen von Ästen gebildet werden. Aufgrund der Verbindung von Text und Visualisierung kann man sich Mindmaps leicht merken, man wird aktiv, erstellt eine übersichtliche Struktur und ist gezwungen, sich auf das Wesentliche zu konzentrieren.
Mindmapping ist besonders geeignet, um den Inhalt von Sachtexten und Lernstoff zu strukturieren, Vorträge und Präsentationen zu entwerfen, Gehörtes mitzuprotokollieren und Planung und Organisation zu veranschaulichen.
Für Mindmapping gibt es inzwischen auch leicht zu bedienende Computerprogramme. Sie ermöglichen es, die Bilder wiederholt umzustrukturieren oder Vergessenes leicht einzufügen, ohne dass die Übersichtlichkeit beeinträchtigt wird.
Da Mindmaps den persönlichen Gedankenprozess spiegeln und oft individuell gestaltet sind, ist es wichtig, sie anderen erklären zu können, sie also wiederum in zusammenhängende Sätze zurückzuverwandeln.

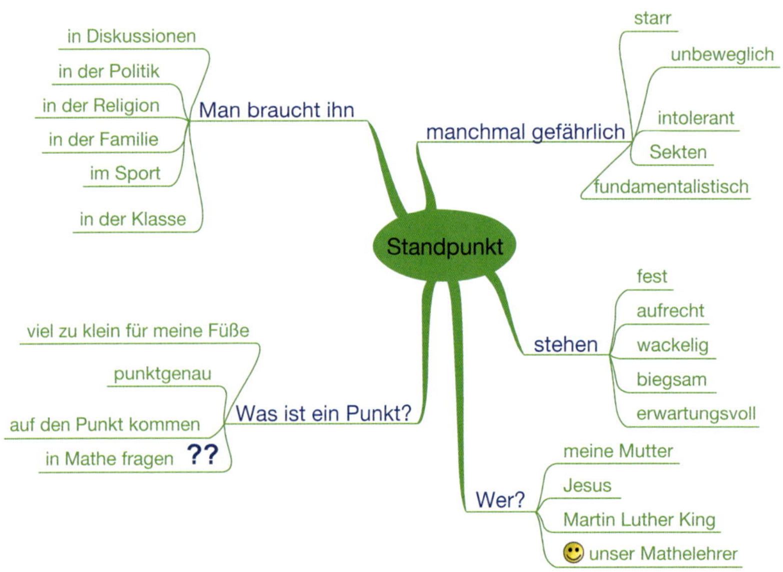

LEXIKON

Lexikon

A

Abendmahl: Das Abendmahl ist eines der zentralen → Sakramente im Christentum. Es erinnert an Jesu letztes Mahl mit seinen Jüngern und Jüngerinnen am Abend vor seinem Tod. Darüber, wie und wodurch Jesus → Christus in diesem Sakrament gegenwärtig ist, haben die verschiedenen christlichen Kirchen unterschiedliche Meinungen. Einig sind sich aber alle darin, dass Menschen durch die sichtbaren Zeichen (Brot und Wein) und die dazu gesprochenen Worte etwas von der Gemeinschaft mit Jesus Christus spüren und daraus Kraft und Hoffnung schöpfen können. Während unterschiedliche Abendmahlsverständnisse in der Reformation zur Trennung von lutherischer und reformierter Kirche führten, einigten sich die evangelischen Christen in der »Leuenberger Konkordie« von 1973 darauf, trotz unterschiedlicher Ansichten gemeinsam Abendmahl zu feiern. Die katholische Kirche erlaubt bis heute keine Abendmahlsgemeinschaft mit den protestantischen Kirchen wegen des unterschiedlichen Verständnisses von Kirche und Amt. Aus Sicht des katholischen Lehramts sind evangelische Pfarrer und Pfarrerinnen nicht gültig geweiht und können die Sakramente daher nicht gültig verwalten.

Ablass: Nach katholischer Lehre versteht man unter einem Ablass den teilweisen oder vollständigen Erlass zeitlicher → Sündenstrafen durch gute Werke (Gebet, Almosen, Pilgern). Dabei setzt der Ablass die → Umkehr voraus. Im Mittelalter wurde der Ablass als bequeme Geldquelle für die Kirche missbraucht. Der Papst finanzierte damit seine aufwendige Hofhaltung und den Bau prunkvoller Kirchen (z. B. Petersablass zur Finanzierung der Peterskirche in Rom). Es wurde behauptet, dass der Ablass auch ohne die persönliche Reue des Sünders wirke. Diese Praxis brachte unter anderem Martin Luther dazu, sich für eine Reformation der Kirche einzusetzen.

Abraham ist der erste und wichtigste der Erzväter Israels. Die biblischen Sagen von Abraham, Isaak und Jakob erinnern an eine frühe Zeit (vielleicht ca. 2000 v. Chr.), in der die Vorfahren Israels als Nomaden lebten. Das Alte Testament erzählt, dass Gott Abraham und seinen Nachkommen Segen verheißen und mit ihm einen Bund geschlossen hat. Juden, Christen und Muslime verehren ihn als Stammvater des Glaubens. Die arabischen Stämme sehen sich als Nachkommen von Abrahams (arabisch *Ibrahims*) Sohn Ismael *(Ismail)*.

Adonaj (hebr.: Herr): Gottesbezeichnung im Alten Testament und Judentum.

Alzheimer-Krankheit – benannt nach dem Neurologen A. Alzheimer (* 1865, † 1915) – ist eine eher im höheren Lebensalter auftretende Erkrankung der Großhirnrinde, bei der die Funktion von Nervenzellen unwiederbringlich zerstört wird. Folge davon ist Demenz, die sich z. B. als hochgradige Vergesslichkeit äußert. Die Ursache ist im Wesentlichen unklar, man geht aber von einer genetischen Anlage aus, durch die ein natürlicher Stoffwechselvorgang, der Ablagerungen im Gehirn produziert, beschleunigt stattfindet.

Antisemitismus ist ein Sammelbegriff für verschiedene Formen der Judenfeindlichkeit. Im engeren Sinne bezeichnet er die pseudowissenschaftliche, biologistische Rassentheorie aus dem 19. und 20. Jahrhundert, wonach Juden ihrem »Blut« nach (sozusagen »genetisch«) »minderwertig« seien. Dieser rassistische Antisemitismus konnte auf lange Traditionen eines christlichen Antijudaismus zurückgreifen. Allerdings entstammen die polemisch-abwertenden Stellen im Neuen Testament ursprünglich der lebendigen Auseinandersetzung innerhalb des Judentums (Jesus und Paulus waren ja Juden) und wurden in einer Zeit verschriftlicht, als die Christengemeinde selbst noch verfolgte Minderheit war. Später wurden diese judenfeindlichen Stellen zum todbringenden Argument gegen die Juden: »Gottesmörder«. Heute herrschen in Deutschland oft eher unterschwellige oder geschickt versteckte Formen des Antisemitismus vor; bei genauerer Wahrnehmung lassen sich aber auch hier manche der typischen Klischees, Denkmuster und Stereotypen der Vergangenheit wiedererkennen.

Apokryph nennt man Bücher, die den biblischen Schriften nahe stehen, aber nicht zum verbindlichen Bestand der Bibel (→ Kanon) gehören. Die apokryphen Schriften Judit, Weisheit Salomos, Tobit, Jesus Sirach, Baruch, 1. und 2. Makkabäerbuch sowie Zusätze zu Ester und Daniel werden in katholischen und orthodoxen Bibeln zum Alten Testament gezählt, in lutherischen Bibelausgaben sind sie manchmal mit abgedruckt, gelten aber nicht als kanonisch (Luther hielt die Apokryphen für gut und nützlich zu lesen.). Darüber hinaus gibt es auch neutestamentliche Apokryphen, z. B. das Thomasevangelium, das eine Sammlung von Aussprüchen Jesu enthält.

Apostel waren die Prediger der ersten Christen. Sie erzählten die Botschaft von Jesus → Christus weiter. Daher auch ihr Name, denn griech. *apostolos* bedeutet Gesandter. Ursprünglich war der Kreis der Apostel geöffnet. Zu ihm zählten neben Paulus und Petrus auch so unbekannte Männer wie Andronikus und Junias (möglicherweise ist in Röm 16,7 stattdessen von der Apostelin Junia die Rede). Noch am Ende des 1. Jahrhunderts gab es wandernde Apostel. Der Evangelist Lukas jedoch spricht von zwölf Aposteln (zwölf Jüngern), die von Jesus ernannt worden sind. Sie bilden die erste Kirchenleitung.

Arabisch: Da die Ursprache des Korans Arabisch ist, erlangte diese Sprache durch die Ausbreitung des Islam (ab dem 7. Jahrhundert) große Bedeutung. In der Regel wurde sie mit der Einführung des Islam als Schriftsprache übernommen. Seit dem Mittelalter entwickelten sich unterschiedliche Dialekte, u. a. Irakisch, Syrisch-Palästinisch und Ägyptisch. Wie auch beim Hebräischen besteht die Schrift des Arabischen nur aus Konsonanten. Die Vokale werden mündlich hinzugefügt. Für die Umschrift existieren sehr unterschiedliche Schreibweisen, z. B. → Hadjj / Hadsch usw.

Arierparagraph: Im kurz nach der → nationalsozialistischen Machtergreifung 1933 verabschiedeten »Gesetz zur Wiederherstellung des Berufsbeamtentums« wurde der »Arierparagraph« erstmals ausformuliert. Er verbot die Beschäftigung von »Nichtariern« im öffentlichen Dienst, was sich vor allem gegen Beamte und Angestellte jüdischen Glaubens richtete. Durch diese Maßnahme wurden jüdische Bürger systematisch aus allen Bereichen der Gesellschaft verdrängt. Mehrere evangelische Landeskirchen übernahmen den Arierparagraphen später in ihre eigenen Kirchengesetze.

Atheist / Atheismus (griech. *a-theos:* nicht göttlich, gottlos): Ein Atheist bestreitet, dass Gott bzw. ein ihm vergleichbares Wesen existiert. Im Unterschied zum sog. praktischen Atheismus (Alltagsatheismus), der sich die Frage nach Gott im Alltag gar nicht stellt, führt der theoretische Atheismus Gründe der Vernunft für die Leugnung einer göttlichen Instanz an. Als Gegenbewegung zu → fundamentalistischen Bewegungen (z. B. Kreationismus) polemisieren gegenwärtig Vertreter eines »neuen Atheismus« im Namen von Wissenschaft und Humanität gegen Religion und Kirche.

Augsburger Bekenntnis: 1530 versuchte Kaiser → Karl V. auf dem Augsburger → Reichstag die kirchliche Einheit wiederherzustellen. Die evangelischen Stände legten eine von Philipp → Melanchthon verfasste Bekenntnisschrift vor: die Confessio Augustana – das Augsburger Bekenntnis. Da sie ursprünglich nicht als bleibendes Dokument des evangelischen Glaubens gedacht war, betonte sie das Gemeinsame von lutherischer und katholischer Lehre stärker als das Trennende. Trotz vielfacher Annäherung scheiterte der Versuch der Kircheneinigung. Die Confessio Augustana wurde von nun an Grundlage der lutherischen Landeskirchen.

Augustinerorden: Augustiner werden verschiedene katholische Ordensgemeinschaften genannt, die nach der »Augustinerregel« leben. Diese entstand im 8. Jahrhundert und beruhte auf den Schriften des als Heiligen verehrten Augustinus. Zu den Augustinern zählen unter anderem die Augustiner-Eremiten, ein im 12./13. Jahrhundert entstandener Bettelorden, dem Martin Luther angehörte.

B

Baptisten (von griech. *baptizein:* eintauchen, taufen): Mitglieder der größten evangelischen Freikirche; sie wurde im 17. Jahrhundert in England gegründet und breitete sich besonders in den USA aus; in Deutschland leben 84.000 getaufte Baptisten in 836 Gemeinden. Wichtiges Kennzeichen dieser Kirche sind Erwachsenentaufe, Autorität der Heiligen Schrift, demokratische Kirchenstruktur und Trennung von Kirche und Staat.

Bauernkrieg: Als Deutscher Bauernkrieg wird die Ausweitung lokaler Bauernaufstände ab 1524 in Süddeutschland, Österreich und der Schweiz bezeichnet. Die Bauern trugen im 16. Jahrhundert eine große Last: Adel und Geistlichkeit lebten von ihrer Arbeitskraft, die Abgaben, die die Bauern zu leisten hatten, stiegen ständig an. Wirtschaftliche Probleme, häufige Missernten und der große Druck der Grundherren führten immer mehr Bauern in die Leibeigenschaft. Die sich ständig verschlechternde Situation der Bauern war Ursache für viele regionale Aufstände. 1524/25 entstanden einige Schriften der Bauern, in denen sie eine Verbesserung ihrer Lebensverhältnisse forderten. Am bekanntesten waren die »Zwölf Artikel der schwäbischen Bauern«. Sie beinhalteten unter anderem: die Abschaffung der Leibeigenschaft, Rückgabe des gemeinschaftlichen Eigentums und des Gemeindewaldes an die Bauern, Wiederherstellung der alten dörflichen Jagd- und Fischereirechte, Reduzierung der Frondienste und der Abgaben, freie Pfarrerwahl der Gemeinden, Verbesserung der Rechtsprechung. Schon 1525 wurden die Aufstände niedergeschlagen. Schätzungen zufolge haben allein dadurch etwa 100.000 Bauern ihr Leben verloren. Die überlebenden Aufständischen fielen automatisch in Reichsacht und verloren damit alle ihre staatsbürgerlichen, privaten und Lehnsrechte – sie waren somit vogelfrei. Die Anführer wurden mit dem Tod bestraft. Teilnehmer und Unterstützer der Aufstände mussten die Strafgerichte der Landesherren fürchten, die zum Teil sehr grausam waren. Ganzen Gemeinden wurden Rechte aberkannt, weil sie die Bauern unterstützt hatten.

Ben-Chorin, Schalom (geb. Fritz Rosenthal, * 1913 in München, gest. 1999 in Jerusalem), jüdischer Journalist und Religionsphilosoph, der sich in seinen Schriften für die Überwindung des → Antisemitismus und für einen jüdisch-christlichen Dialog eingesetzt hat. Besonders bekannt ist sein Buch »Bruder Jesus«.

Bilderverbot: Das zweite Gebot alttestamentlicher Zählung (2. Mose 20,4) bezog sich ursprünglich auf die Verehrung fremder Gottheiten. In den Nachbarländern Israels wurden Götter z. B. in Gestalt von Stieren verehrt (darauf spielt die Geschichte vom »goldenen Kalb« an). Im Judentum, im Islam und in einigen christlichen Konfessionen, z. B. der Reformierten Gemeinde, wird dieses Bilderverbot ganz wörtlich befolgt. In der katholischen und evangelisch-lutherischen Kirche wird das Bilderverbot übertragen verstanden: Es verbietet, Gott auf eine bestimmte Vorstellung festzulegen, mit Gott »fertig« zu sein (→ Zehn Gebote). – Der Islam kennt auch ein Bilderverbot, das sich auf lebendige Wesen bezieht. Es geht zwar nicht auf den Koran zurück, sondern auf die → prophetische Tradition, hat sich aber weitgehend durchgesetzt. Dafür hat sich die Kunst der Ornamentik und der Kalligraphie (Schönschrift) zu einem bedeutenden künstlerischen Darstellungsmittel entwickelt. Ganz durchsetzen konnte sich das Bilderverbot aber nicht. Vor allem an den Höfen der Herrscher entstanden Buchmalereien und Miniaturen zu verschiedensten Themen.

Bloch, Ernst (* 1885, gest. 1977): deutscher Philosoph jüdischer Herkunft; als sein Hauptwerk und zugleich als Leitmotiv seiner Philosophie gilt das »Prinzip Hoffnung«. Er vertrat einen → Atheismus marxistischer Prägung, doch sah er in den biblischen Traditionen (z. B. in der Exodusüberlieferung oder im Protest Hiobs) wichtiges Hoffnungs- und Befreiungspotenzial.

Bodelschwingh, Friedrich von (jun.) (* 1877; † 1946 jeweils in Bethel) war Pfarrer und Leiter der von seinem Vater gegründeten Von Bodelschwinghschen Anstalten in Bethel. 1933 wurde er zum deutschen Reichsbischof gewählt, legte dieses Amt jedoch nieder, als die evangelische Kirche in Preußen von den → Nationalsozialisten unter staatliche Aufsicht gestellt wurde. Vor dem Hintergrund der sog. Euthanasie – der Tötung als lebensunwert betrachteter Menschen – wurde er entschiedener Gegner der Nationalsozialisten und rettete viele geistig und körperlich behinderte Bewohner Bethels vor der Ermordung.

Bodelschwingh, Friedrich von (sen.) (* 1831 in Tecklenburg; † 1910 in Bethel), war Pfarrer und seit 1872 Leiter der 1867 gegründeten Anstalten für Epilepsiekranke bei Bielefeld. Sein Ziel, durch seine Tätigkeit am Bau des Gottesreiches mitzuarbeiten, wird auch im Namen der Anstalt deutlich, die seit 1874 »Bethel«, d. h. Haus Gottes, heißt. Durch gute Beziehungen und geschickte Mittelbeschaffung z. B. durch den gezielten Aufbau von sog. Pfennigvereinen zum Spendensammeln, sorgte er für ein rasches Wachstum der Einrichtung, die bald zum größten Hilfswerk der Inneren Mission, also der diakonischen Einrichtungen der evangelischen Kirche in Deutschland, und in ihrer inneren Orientierung zum Modell für viele Fürsorgeeinrichtungen wurde. Beispielsweise wurde durch Arbeitstherapie das Selbstwert- und Gemeinschaftsgefühl der Kranken gestärkt und der Kontakt zu Gesunden gefördert. Heute sind die nach ihm benannten von Bodelschwinghsche Stiftungen Bethel mit ihren Einrichtungen im Bereich der Alten-, Behinderten- und Jugendhilfe, des Hospizdienstes, der Psychiatrie und der Behandlung von Menschen mit Hirnschädigungen die größte diakonische Einrichtung in Europa und führend in der Behandlung und Erforschung der Epilepsie.

Bolschewismus: eine radikale revolutionäre Richtung des Kommunismus unter der Führung Lenins. Mit der Revolution 1917 übernahmen die Bolschewisten die Macht in Russland, der Bolschewismus wurde zur Staats- → Ideologie der 1922 von den Bolschewisten gegründeten Union der Sozialistischen Sowjetrepubliken (UdSSR). Vor allem die → Nationalsozialisten verwendeten »Bolschewismus« später als Kampfbegriff gegen sämtliche kommunistischen Parteien in Europa.

Bonhoeffer, Dietrich (* 4. Februar 1906 in Breslau; † 9. April 1945 im KZ Flossenbürg) war ein evangelischer Theologe, der sich im »Dritten Reich« aktiv am Widerstand gegen Adolf Hitler und dessen Diktatur (siehe → Nationalsozialismus) beteiligte. Am 5. April 1943 wurde er deshalb verhaftet und kurz vor Kriegsende im Konzentrationslager Flossenbürg hingerichtet. Viele Menschen kennen sein Gedicht »Von guten Mächten wunderbar geborgen« (EG 65 und 637), das er im Gefängnis für seine Verlobte schrieb.

Bora, Katharina von war die Ehefrau Martin Luthers. 1499 geboren, stammte sie aus einer Familie des sächsischen Landadels. Ihr Vater gab sie Ende 1504 zur Erziehung zunächst in ein Benediktinerinnenkloster, später in ein Kloster der Zisterzienserinnen. Dort erlernte sie lesen, schreiben, singen, etwas Latein und lernte die betriebswirtschaftlichen Abläufe der Landwirtschaft kennen. 1515 legte sie ihr Gelübde als Nonne ab. Bald darauf las Katharina mit ihren Ordensschwestern die ersten Schriften Martin Luthers. Sie beschlossen gemeinsam aus dem Kloster zu fliehen und baten dafür Martin Luther um Hilfe. Ostern 1523 gelang die Flucht. Da die Frauen nicht nach Hause zurück konnten, brachte Luther sie in Wittenberg bei Freunden unter und vermittelte ihnen »ehrenwerte Männer«. 1525 heirateten

Katharina und Martin Luther. Von den sechs in den Jahren 1526 bis 1534 geborenen Kindern starben zwei früh. Katharina prägte als überaus tüchtige Hausfrau, Gärtnerin, Bäuerin, Wirtschafterin, Bierbrauerin, Imkerin und Gastgeberin eines offenen Pfarrhauses das Bild der evangelischen Pfarrfrau bis heute. Martin Luther schätzte und liebte seine Frau sehr und setzte sie in seinem Testament viel weitreichender als seine Erbin ein als zur damaligen Zeit üblich und zulässig. 1552 starb sie, sechs Jahre nach ihrem Mann.

Buber, Martin (* 1878 in Wien, gest. 1965 in Jerusalem) war ein bedeutender jüdischer Religionsphilosoph, der sich in seinen Schriften mit der Religion und Geschichte des Judentums befasste und zusammen mit Franz Rosenzweig eine moderne Übersetzung der hebräischen Bibel verfasste. Er trat für ein friedliches Zusammenleben in Palästina ein.

Bush, George W., war 2001–2009 Präsident der USA. In seine Amtszeit fielen die Terroranschläge des 11. September 2001 und – als Reaktion darauf – Kriege in Afghanistan und im Irak.

C

Charismatisch nennt man Glaubensbewegungen, die besonders das Wirken des Heiligen Geistes und seine Gaben (griech. *charisma:* geschenkte Gabe) betonen. Paulus spricht von Charismen, wenn er besondere Gaben des Heiligen Geistes meint, wie Zungenreden, Heilen usw. oder die wichtigsten Gaben Gottes: Vertrauen, Liebe und Hoffnung.

Christus bedeutet der »Gesalbte« und ist die griechische Übersetzung von → Messias. Das Wort ist also kein Nachname, sondern bedeutet, dass Jesus der Messias ist, der im Alten Testament verheißen wird.

Compassion (engl., von lat. *compassio*) bedeutet zunächst Mitleid, Mitgefühl, doch schwingen hier auch »Passion«, »Leidenschaft« mit: aktive, soldarische Mit-Leidenschaft. Unter dem Begriff »Compassion« werden an vielen Schulen Sozialpraktika durchgeführt.

Confessio Augustana → Augsburger Bekenntnis.

Credo (lat.: ich glaube) nennt man das Glaubensbekenntnis der Christen. Es fasst die wichtigsten Inhalte des christlichen Glaubens zusammen und ist – im Gottesdienst gesprochen – zugleich das persönliche Bekenntnis, zur Gemeinschaft der Christen dazuzugehören. Die wichtigsten Bekenntnisse sind das Apostolische und das Nizäno-Konstantinopolitanische Glaubensbekenntnis. Sie gelten in allen christlichen Konfessionen und gehen zurück auf die Taufbekenntnisse in der Alten Kirche.

Cuius regio, eius religio: Diese Kompromissformel wurde 1555 auf dem Augsburger → Reichstag festgeschrieben: Wer das Land regiert, soll den Glauben bestimmen. Untertanen, die einen Religionswechsel wollten, durften auswandern. (→ Landesherrliches Kirchenregiment)

D

Diskriminierung (lat. *discriminare,* absondern, unterscheiden): herabsetzen, benachteiligen, ungleich behandeln

Doppelgebot der Liebe: Jesus fand in seiner Bibel, dem Alten Testament, das Gebot, Gott über alles zu lieben (5. Mose 6,5), und das Gebot, den Anderen, den Nächsten, zu lieben wie sich selbst (3. Mose 19,18). Für ihn gehörten diese beiden Gebote zusammen (Lk 10,27); in ihnen sind alle anderen Gebote und Regeln enthalten.

E

Evangelium (griech. *euangelion:* gute Nachricht) bezeichnete zunächst jede gute Botschaft, z. B. die, dass ein Kaiser die Steuern erlässt. Dann wurde der Ausdruck übertragen auf die Kunde von Jesus Christus und schließlich verwendet für die Schriften, die vom Leben Jesu erzählen. Im Neuen Testament gibt es vier Evangelien: Matthäus, Markus, Lukas und Johannes. Matthäus und

Lukas hatten Markus als Vorlage, kannten sich aber gegenseitig nicht und fügten jeweils andere Geschichten und Worte in die Markusvorlage ein. Johannes ist später entstanden und schreibt ein sehr eigenständiges Evangelium. Einen Vergleich der Evangelien nennt man »Synopse« (Zusammenschau). Manchmal wird auch das gesamte Neue Testament als Evangelium bezeichnet.

Evolutionstheorie: Die Evolutionstheorie erklärt und beschreibt die Entstehung der Arten als das Ergebnis einer stufenweisen Höher- und Weiterentwicklung (Evolution), die seit Tausenden von Jahrmillionen in Bewegung ist. Somit trägt jedes Lebewesen auch die Geschichte seiner Gattung und anderer Gattungen aus den vergangenen Zeitaltern in sich. Als Ursache dieser Entwicklung werden vor allem Mutation bzw. Variation (Veränderung der vererbbaren Merkmale) und deren Rekombination (Neuverteilung) sowie natürliche Selektion angesehen. Die Evolutionstheorie wurde insbesondere durch Charles Darwin (1809–1882) begründet. Alle heutigen Ausprägungen der Evolutionstheorie werden durch die sog. Deszendenztheorie ergänzt, die besagt, dass alles Leben auf der Erde einen gemeinsamen Ursprung hat.

Exil, babylonisches (auch: babylonische Gefangenschaft) ist die Zeit des Aufenthalts der Juden in Babylon nach der Eroberung und Zerstörung Jerusalems durch Nebukadnezar II. Die Zeitspanne umfasst vermutlich die Jahre 587 bis 537 v. Chr. Die Rückkehr nach Jerusalem erfolgte mit der Erlaubnis des gegen die Babylonier siegreichen Perserkönigs Kyros II.

F

Flugschriften gehörten zu den ersten Medien der Massenkommunikation, man kann sie quasi als Vorläufer der Tageszeitungen bezeichnen. Möglich waren sie seit der Erfindung des Buchdrucks durch Johannes Gutenberg um 1450. Durch sie wurden kontroverse Stellungnahmen zu aktuellen Ereignissen veröffentlicht, die versuchten, das Meinungsbild zu beeinflussen. Für die Verbreitung der Ideen der Reformation und deren Durchsetzung spielten Flugschriften eine entscheidende Rolle.

Frauenkirche in Dresden: eine der bekanntesten evangelischen Kirchen in Deutschland; erbaut im 18. Jahrhundert, wurde sie im Zweiten Weltkrieg vollständig zerstört. 1994–2005 wurde sie mit Spenden aus Deutschland und der ganzen Welt wiederaufgebaut und gilt heute als ein Symbol des wiedervereinten Deutschlands.

Friedensgebete: In Leipzig fanden seit Beginn der 1980er-Jahre Friedensgebete statt, die sich insbesondere gegen das atomare Aufrüsten der DDR richteten. Im Schutzraum der Kirche entwickelte sich daraus eine Friedensbewegung, deren Symbol der Aufnäher »Schwerter zu Pflugscharen« war. Aus den Friedensgebeten erwuchs im weiteren Verlauf eine Protestbewegung, die sich auf viele ostdeutsche Städte erstreckte. Die Kirchen wurden zu Versammlungsorten für diejenigen, die Veränderungen forderten und ihren Protest öffentlich zeigen wollten. Auch viele nicht-christliche Teilnehmer schlossen sich der Bewegung an. Friedens-, Umwelt- und Menschenrechtsgruppen bildeten sich im Schutzraum der Kirche. Man bezeichnete die Kirchen in der DDR daher später als »Übungsräume für Demokratie«.

Friedrich der Weise (1463–1525), Kurfürst von Sachsen, war Luthers Landesherr. Obwohl er im katholischen Glauben seiner Zeit tief verwurzelt war (er sammelte z. B. leidenschaftlich Reliquien), nahm er Luther vor der Kirchengerichtsbarkeit ebenso wie vor dem Vollzug der kaiserlichen Acht in Schutz. Dadurch hat er entscheidend zur Ausbreitung der reformatorischen Ideen beigetragen. Erst auf dem Totenbett ließ Friedrich sich das Abendmahl auf protestantische Art reichen. Dies kann als ein spätes Bekenntnis zum neuen protestantischen Glauben angesehen werden.

Fundamentalismus: Mit diesem Begriff fasst man weltanschauliche und religiöse Haltungen zusammen, die durch kompromissloses Festhalten an Grundsätzen (lat. *fundamentum:* Grundlage) und durch einen radikal vertretenen Wahrheitsanspruch gekennzeichnet sind. Am häufigsten hört man diesen Begriff heute im Zusammenhang mit islamistischen Gruppierungen, doch auch im Christentum sowie in anderen Religionen und Weltanschauungen finden sich fundamentalistische Strömungen. – In Bezug auf die Bibel vertreten christliche Fundamentalisten ihrem Selbstverständnis nach die wortwörtliche Geltung des gesamten Textes, betonen aber in der Regel einzelne Bibelstellen (z. B. Schöpfungsgeschichte nach 1. Mose 1, Aussagen zu Homosexualität) und lehnen historische Kritik ab.

G

Gandhi, Mohandas Karamchand, genannt Mahatma Gandhi (»große Seele Gandhi«), * 1869, ermordet 1948, führte als Rechtsanwalt die Unabhängigkeitsbewegung in Indien an, die 1947 zum Ende der britischen Kolonialherrschaft führte. Sein Prinzip war der gewaltfreie Widerstand. Aufgewachsen in der Religion des Hinduismus, suchte er die Gemeinsamkeiten mit anderen Religionen; so fand er seine Ideale der Gewaltlosigkeit und Wahrhaftigkeit besonders in Jesu Bergpredigt wieder.

Gerhardt, Paul (* 1607 in Gräfenhainichen, † 1676 in Lübben) ist einer der bedeutendsten evangelischen Kirchenlieddichter. Die Verse und Lieder des Pfarrers sind in viele Sprachen übersetzt worden und weltweit bekannt. Er selbst hatte, wie auch viele andere Menschen seiner Zeit, schwere Schicksalsschläge zu erleiden. Bereits als Jugendlicher verlor er seine beiden Eltern und später auch seinen älteren Bruder. Seine Ehefrau Anna brachte fünf Kinder zur Welt, von denen nur eines überlebte. Sie starb im 14. Ehejahr mit 45 Jahren. Auch litt er unter dem 30-jährigen Krieg (1618–1648) in Europa, der Zerstörung, Hungersnöte und Seuchen über Europa brachte.

Gleichnis: Im Gleichnis wird etwas mithilfe eines sprachlichen Bildes beschrieben, verständlich gemacht oder ausgedrückt. Jesus beschreibt das Wirken Gottes bildhaft z. B. mit den Erfahrungen eines Bauern und seiner Saat (Mk 4,26 ff.). Dabei erklärt er nicht nur das → Reich Gottes, sondern lässt es für seine Zuhörer auch anschaulich und lebendig werden. Was Gleichnisse aussagen wollen, steht nicht einfach fest. Sie müssen immer wieder neu gedeutet werden. Als Gleichnis im engeren Sinne bezeichnet man einen ausgeführten Vergleich (z. B. Mk 4,30–32); wenn dieser Vergleich zur exemplarischen Geschichte ausgeweitet ist, spricht man von einer Parabel (z. B. Lk 15,11–32).

Gleichschaltung: Unter »Gleichschaltung« versteht man die Ausschaltung aller sich dem → nationalsozialistischen Totalitätsanspruch widersetzenden Personen und Gruppierungen durch die NSDAP. Gegenüber dem Pluralismus der Weimarer Republik sollte die gesamte Gesellschaft von der einheitlichen nationalsozialistischen → Ideologie durchdrungen sein. Resultat der Gleichschaltung war die »Einheit von Partei und Staat« mit dem »Führer und Reichskanzler« Hitler an der Spitze. Nahezu alle gesellschaftlichen Bereiche (einschließlich Presse, Film und Rundfunk) wurden in der Folge von der NSDAP kontrolliert.

Grundgesetz: Das Grundgesetz für die Bundesrepublik Deutschland (GG) beinhaltet die rechtliche und politische Grundordnung des deutschen Staates: Niemand darf in Deutschland gesetzeswidrig handeln. Alle Politiker und Richter müssen sich am GG orientieren. Der erste Teil des GG enthält die Grundrechte (Art. 1–19). Der 1. Artikel beginnt mit dem wichtigsten Satz des GG: »Die Würde des Menschen ist unantastbar.«

Grünewald, Matthias (ca. 1480–1528) war ein bedeutender Maler und Grafiker der Renaissance. Von ihm stammt der Isenheimer Altar (bei Colmar im Elsass), der zu den bekanntesten Darstellungen der → Passion Jesu gehört.

H

Hajj / Hadsch / Hadjj nennt man die Pilgerreise oder Wallfahrt eines Muslim nach Mekka zu den heiligen Städten der Muslime (Kaaba). Der Hajj ist eine der fünf Säulen des Islam und sollte von jedem Muslim nach Möglichkeit einmal im Leben absolviert werden. Durch ihn wird ein Muslim von allen Sünden gereinigt. Er wird als das größte Ereignis im Leben eines Muslim gesehen. Wegen der Besonderheiten des → Arabischen gibt es in lateinischer Umschrift die unterschiedlichsten Schreibweisen von Hajj: z. B. Hatsch, Haddsch, Hetschra, Hitschra, Hadjdj, Hagg usw.

Herr: In jüdischer Tradition tritt dieser Titel häufig an die Stelle des unaussprechlichen Gottesnamen Jahwe. Im griechisch-römischen Kulturkreis gilt »Herr« *(kyrios)* als Herrschertitel. Von allen → Hoheitstiteln Jesu drückt dieser also am stärksten aus, dass Jesus als Gott verehrt wird. »Herr« ist Jesus Christus allerdings in dem Sinne, dass er auf seine Macht verzichtet und sich nach »ganz unten« begeben hat (Phil 2).

Hinduismus: die nach Christentum und Islam drittgrößte Religion der Erde und eine der ältesten der Welt mit Ursprung in Indien. Der Hinduismus vereinigt viele sehr unterschiedliche Glaubens- und Frömmigkeitsrichtungen. Gemeinsam ist vielen die Überzeugung, dass Leben und Tod ein sich ständig wiederholender Kreislauf sind (Samsara). Durch ein gutes Leben kann der Mensch der endlosen Kette der Wiedergeburten entrinnen und zur Erlösung gelangen (Moksha). Die Hindus glauben an eine große Seele oder Kraft, ein höchstes Prinzip (Brahman). Brahman ist gestaltlos, formlos und unsichtbar, aber allgegenwärtig.

Historischer Jesus: Die Evangelien sind keine historisch genauen Berichte und wollen es nicht sein. Ihre Erzählungen über Jesus sind Glaubenszeugnisse. Doch auch wenn eine Biographie Jesu sich nicht rekonstruieren lässt, kann man einiges über den Menschen Jesus herausfinden. Kenntnisse, z.B. der Archäologie und der (Sozial-) Geschichte des antiken Israel, vor allem aber der jüdischen Religion helfen dabei [5/6]. Auch römische Quellen werden herangezogen; so berichtet Tacitus im Jahre 116 von einem zur Zeit des Tiberius unter Pontius Pilatus gekreuzigten Aufrührer, der einen merkwürdigen Aberglauben begründet hat und dessen Nachfolger »Christen« genannt werden. Ferner werden auch → apokryphe Evangelien inzwischen in der Forschung stärker berücksichtigt. Viele Forscher halten Folgendes für konsensfähig: Jesus (aram. Jeschua: Retter) wurde in den Jahren 8–4 vor unserer Zeitrechnung als ältester Sohn von Maria (Mirjam) und Joseph vermutlich in Nazareth geboren (für diesen Ort spricht u. a. sein Name: Jesus von Nazareth – der biblische Geburtsort Bethlehem wäre dann symbolisch zu verstehen; → Sohn Davids). Seine Muttersprache war Aramäisch. Wahrscheinlich erlernte er das Handwerk seines Vaters und arbeitete zunächst als Zimmermann / Bauhandwerker. Im Alter von ca. 30 Jahren begann er, als Wanderprediger, begleitet von Jüngerinnen und Jüngern, durch Galiläa zu ziehen. Er verkündete die Nähe des → Reiches Gottes und wirkte als Heiler. In seiner Gesellschaft befanden sich Leute aus schlechter Gesellschaft (Zöllner, Prostituierte), aber auch jüdische Gelehrte, mit denen er über die Auslegung der → Tora diskutierte. Unterstützung erhielt er u. a. auch von wohlhabenden Frauen. Er geriet in Konflikt mit den religiösen Autoritäten; besonders provokativ war sein Verhalten im Tempel in Jerusalem. In dieser Stadt wurde er unter dem römischen Statthalter → Pilatus ca. 30 n. Chr. hingerichtet – am Kreuz, wie für politische Aufrührer üblich.

Hoheitstitel: Die Begegnung mit dem auferstandenen Jesus war für die Jüngerinnen und Jünger eine überwältigende Erfahrung. Sie waren überzeugt: Jesu Leben und Sterben hat eine besondere Bedeutung »für uns«; in ihm kommt

Gott nahe. Beim Versuch, dies auszudrücken und weiterzusagen, mussten sie auf vorhandene Sprach- und Denkmuster zurückgreifen – von denen jedoch keines das Neue wirklich fassen konnte. Sie gaben Jesus Namen wie → Messias (Christus), Sohn Gottes, → Menschensohn, → Herr, → Sohn Davids. Viele Forscher meinen, dass Jesus selbst diese Titel – außer vermutlich dem Titel »Menschensohn« – eher nicht für sich beansprucht hat, dass er aber z. B. durch Heilungen, Sündenvergebung oder seine Praxis des Schabbats das → Reich Gottes zeichenhaft repräsentiert / vorweggenommen hat.

Hoheslied (Salomos): In diesem Buch des Alten Testaments wird die Liebe zwischen einem Mann und einer Frau besungen. Man kann das Hohelied als ein erotisches Gedicht beschreiben, in dem sich die Sprecher / innen abwechseln: eine Frau, ein Mann sowie ein Art Chor / Zuschauer. Die Bezeichnung Hohelied geht auf Martin Luther zurück, wörtlich übersetzt heißt der hebräische Name dieses Buches »Lied der Lieder«. Als das »Hohelied der Liebe« bezeichnet man 1 Kor 13,1–13.

Homophobie (griech. *homos:* gleich; *phobos:* furcht): Feindseligkeit gegenüber Homosexualität und gegen Männer und Frauen mit homosexueller Orientierung.

Hymnus (griech. *hymnos:* Tongefüge): ein Lobgesang oder Lobgedicht. Zahlreiche Psalmen und Kirchenlieder sind Hymnen. Heute kennt man den Ausdruck auch durch die Nationalhymne.

Ideologie: Dieser Begriff kann negativ oder neutral verwendet werden. Im negativen Sinn meint Ideologie ein einseitiges, verzerrendes und interessengeleitetes Weltbild, das die Wirklichkeit in ein simples Raster von gut / böse, richtig / falsch usw. einteilt (z. B. Faschismus, Kommunismus). Ideologiekritik zielt darauf ab, diese Verzerrungen und die dahinterstehenden Interessen offenzulegen. Im neutralen Sinn bezeichnet der Begriff die Gesamtheit von Überzeugungen, Normen und Zielen eines Individuums oder einer gesellschaftlichen Gruppe, also eine »Weltanschauung«.

I

Industrialisierung oder Industrielle Revolution bezeichnet den Übergang von handwerklicher Arbeit (Manufaktur) zu Arbeits- und Produktionsweisen, die sich auf Maschinen stützen und dadurch eine Massenfertigung von Gütern ermöglichen. Diese von England ausgehenden Prozesse setzten sich zu Beginn des 19. Jahrhunderts auch in Deutschland durch und änderten die bisherige Gesellschaftsordnung grundlegend: Während Fabrikanten zu großem Reichtum kamen, fanden sich Arbeiter in der untersten Klasse der Gesellschaft, dem Proletariat, wieder. Armut wurde zu einem Massenphänomen, sichtbar vor allem in Großstädten wie Berlin.

Initiation ist die Einführung eines Anwärters in eine Gemeinschaft oder in einen neuen Lebensstand, oftmals in Verbindung mit einem Übergang von einer Lebensphase in eine andere. Sie wird in Form eines festgelegten Ritus (zeremonielle Handlung mit fest vorgegebener Ordnung) vollzogen. Christliche Initiationsriten sind beispielsweise → Taufe und → Konfirmation. Es gibt auch nichtreligiöse Initiationsriten, z. B. Mutproben für die Aufnahme in eine Jugendbande.

Intakte / zerstörte Kirche: Die Unterscheidung der evangelischen Landeskirchen in »intakt« und »zerstört« wurde von Vertretern der Bekennenden Kirche zur Zeit des Kirchenkampfes verwendet. Als »intakt« wurden diejenigen evangelischen Landeskirchen bezeichnet, deren Kirchenleitung nicht mehrheitlich von Deutschen Christen besetzt worden war. Dazu zählten die Landeskirchen Württembergs, Bayerns und Hannovers. »Zerstörte« Landeskirchen waren demgegenüber jene, in deren Kirchenleitung sich mehrheitlich Vertreter der Deutschen Christen befanden.

J

Jesaja: Das gleichnamige → Prophetenbuch besteht aus drei Teilen, die in einem Zeitraum von ca. 400 Jahren entstanden sind: Der erste Teil (bis Kap. 39) enthält Verkündigungen des Propheten Jesaja (berufen ca. 740 v. Chr.) im Umfeld der Assyrischen Krise; der zweite Teil (»Deuterojesaja«, Kap. 40–55) enthält Trost und Hoffnungsperspektiven für die Exilierten in Babylon; der dritte Teil (56–66) führt diese Gedanken nach dem → Exil fort.

Johannes der Täufer, der Sohn der Elisabeth und des Zacharias, wurde nach biblischer Überlieferung (Lk 1) ein halbes Jahr vor Jesus geboren. Er kündigte als Umkehrprediger das herbeikommende Gericht Gottes als eine Art großes Vernichtungsfeuer an und forderte die Menschen auf, sich von ihm taufen zu lassen und ihr Leben radikal zu ändern. Auf den Neuanfang weist auch sein Wirkungsort hin: das östliche Jordanufer. Hier, an der angrenzenden Wüste, wo einst die Israeliten nach der Flucht aus Ägypten das gelobte Land betreten haben sollen, lebte er als Asket. Herodes Antipas ließ ihn gefangen nehmen und hinrichten, weil Johannes ihn wegen seiner Ehe mit Herodias immer wieder öffentlich kritisierte.

Josef (Altes Testament) ist einer der beiden Söhne der Erzeltern Rachel und Jakob. Wie sein jüngerer Bruder Benjamin und seine zehn älteren Brüder wird Josef nach biblischer Darstellung einer der Stammväter der zwölf Stämme Israels. Im Amosbuch ist mit dem »Haus Josefs« vermutlich das Nordreich Israel gemeint.

K

Kanon (griech.: Richtschnur): Zusammenstellung der von der Kirche anerkannten Schriften der Bibel. Bis 350 n. Ch. wurde der Kanon des Alten Testaments auf der Basis des Tanach festgelegt; ca. 400 n. Chr. stand der Kanon des Neuen Testaments fest.

Karl V. (1500–1558) ist der Kaiser, zu dessen Regierungszeit sich die Auseinandersetzungen um Martin Luther und die Reformation abspielten. Aus der Familie der Habsburger stammend, hatte er die Landesherrschaft über das habsburgische Österreich (die er an seinen Bruder Ferdinand übertrug), die Herrschaft über die spanischen Länder (mit Ausnahme Portugals) sowie über Süditalien mit Sizilien und Sardinien. Nach dem Tod seines Großvaters Maximilian, des deutschen Kaisers, wurde Karl von den Kurfürsten 1519 zum deutschen König gewählt. Ständige militärische Auseinandersetzungen (in fünf Kriegen zwischen 1521 und 1556) mit Frankreich und ein Dauerkonflikt mit dem Papst (unter anderem wegen der Herrschaft in Italien) bestimmten sein Handeln auch in der Religionsfrage. Zudem gab es einen gefährlichen Krieg im Osten: Das Osmanische Reich eroberte Serbien und Ungarn und näherte sich der Reichshauptstadt Wien, die 1529 von den Türken belagert wurde. Karl V. versuchte, die Reformation in Deutschland gewaltsam zu unterdrücken oder wenigstens die Protestanten zu einem Kompromiss mit der katholischen Kirche zu zwingen. Aus machtpolitischen Interessen sah er sich aber lange Zeit zu Kompromissen mit den reformationsbereiten Fürsten gezwungen. 1530 wurde er von Papst Clemens VII. zum Kaiser gekrönt.

Katechismus nennt man eine Darstellung und Erklärung der christlichen Glaubensinhalte, vor allem zum Zweck der Lehre. Katechismen haben ihren Ursprung in der mündlichen Unterweisung der Taufbewerber. Bekannt wurden vor allem die beiden Katechismen Martin Luthers von 1529. Der Kleine Katechismus sollte ursprünglich der Weitergabe des Glaubens innerhalb der Familie dienen. In der Form von Fragen und Antworten erläutert er die → Zehn Gebote, das Glaubensbekenntnis (→ Credo), das Vaterunser, die → Taufe und das → Abendmahl. Als Bestandteil der lutherischen Bekenntnisschriften ist der Kleine Katechismus im Evangelischen Gesangbuch abgedruckt. Der Große Katechismus richtet sich an Pfarrer. Der wichtigste Katechismus der evangelisch-reformierten Kirche ist der Heidelberger Katechismus (1563).

Kierkegaard, Søren (* 1813, † 1855), dänischer Philosoph, Schriftsteller, Theologe, der vielfach als Begründer der Existenzphilosophie gesehen wird.

King, Martin Luther (* 15. Januar 1929, † 4. April 1968): Der amerikanische Pfarrer Martin Luther King ist die wichtigste Symbolfigur der Bürgerrechtsbewegung in den USA. Diese kämpfte gewaltlos für die Gleichstellung der Schwarzen in der amerikanischen Gesellschaft. Mittel dieses gewaltlosen Widerstands waren neben dem Nichteinhalten ungerechter Gesetze Demonstrationen, Boykotts und Sitzstreiks. Das rednerische Geschick Martin Luther Kings hat wesentlich dazu beigetragen, dass die Proteste tatsächlich gewaltlos blieben und dass 1964 schließlich ein Gesetz erlassen wurde, das die Rassentrennung verbot. Ein entscheidender Schritt auf dem Weg zu diesem Erfolg war seine berühmte Rede »I have a dream«, die er im August 1963 bei einer Massendemonstration in Washington gehalten hat. Am 4. April 1968 wurde er in Memphis/Tennessee erschossen.

Kirchenväter sind Menschen, die sich in den ersten Jahrhunderten, als sich das Christentum ausbreitete, grundsätzliche Gedanken zum christlichen Glauben gemacht hat und dadurch entscheidend zur Ausbildung der christlichen Lehre beigetragen haben. Zu den bekanntesten gehören Augustinus, Tertullian, Hieronymus.

Konfirmation (von lat. *confirmatio:* Befestigung, Bekräftigung): Über die → Taufe eines kleinen Kindes entscheiden die Eltern gemeinsam mit den Patinnen oder Paten. Mit der Konfirmation (meist im Alter von 14 Jahren) sagen die Konfirmandinnen und Konfirmanden selbst bewusst »Ja« zu ihrer Taufe. Im Konfirmandenunterricht beschäftigen sich die Jugendlichen mit dem christlichen Glauben, bereiten Gottesdienste vor und prüfen dabei für sich, ob sie der Kirche angehören wollen. In einem festlichen Konfirmationsgottesdienst werden die Konfirmandinnen und Konfirmanden eingesegnet. Die Kirche überträgt den Jugendlichen alle Rechte, die jedes Kirchenmitglied hat, und die Gemeinde verspricht, sich für die Interessen der Jugendlichen einzusetzen.

Konvertit nennt man einen Menschen, der sein ursprüngliches religiöses Bekenntnis aufgibt und sich zu einem anderen bekennt, also z.B. vom Christentum zum Islam konvertiert. Auch wenn jemand zwischen christlichen Konfessionen wechselt, spricht man von konvertieren.

Kruzifix (lat. *crucifixus:* gekreuzigt) nennt man eine künstlerische Darstellung des gekreuzigten → Christus.

Kurie: Die Römische Kurie (lat. *curia:* Rat[haus], [Gerichts-]Hof, Senatsgebäude) ist für die Leitung und Verwaltung der gesamten katholischen Kirche zuständig.

L

Landesherrliches Kirchenregiment (auch Summepiskopat genannt) bezeichnet die Tatsache, dass der evangelische Herrscher zugleich oberster Bischof in seinem Herrschaftsgebiet war. Es endete im Jahr 1918. Es galt der Grundsatz → *Cuius regio, eius religio* (»in wessen Herrschaftsgebiet [man lebt], dessen Religion [muss man annehmen]«), sodass alle Untertanen gezwungen waren, die Religion ihres Herrschers anzunehmen. Das landesherrliche Kirchenregiment bildete die Grundlage für das viele Jahrhunderte andauernde »Bündnis von Thron und Altar« in den protestantischen deutschen Ländern.

Löhe, Wilhelm (* 1808 in Fürth; † 1872 in Neuendettelsau) war Pfarrer und Gründer der ersten bayerischen Diakonissenanstalt in Neuendettelsau 1853, die zu einer der größten diakonischen Einrichtungen in Deutschland wurde. Sie bot Mädchen und Frauen die Ausbildungsmöglichkeit zur Diakonisse und stand ihnen auch als allgemeine Bildungseinrichtung zur Verfügung, was damals ungewöhnlich war. Daneben engagierte sich Löhe im Bereich der Pflege kranker und alter Menschen und in der Fürsorge für Waisenkinder und Menschen mit geistiger Behinderung. Löhes Konzept von Innerer Mission unterschied sich von dem J. H. → Wicherns: Diakonie sollte »vom Altar«, d. h. vom Pfarrer ausgehen und eindeutig konfessionell-lutherisch sein. Während Wichern sich auch für Vereine aussprach und ausdrücklich Laien dazu aufforderte, sich am Kampf gegen das soziale Elend zu beteiligen, siedelte Löhe diese Aufgabe ausschließlich im Bereich der Kirche an, die den Menschen zurück zu Gott führen sollte.

M

Marx, Karl (*1818, † 1883 in London) wirkte als Philosoph, Gesellschaftstheoretiker und Ökonom. Vielen Menschen heute ist er vor allem als einer der bedeutendsten Religionskritiker der Moderne und einflussreichster Theoretiker des Kommunismus und → Sozialismus bekannt. In seinem dreibändigen Hauptwerk »Das Kapital« (1. Bd. 1867 veröffentlicht; Bde. 2 und 3 posthum durch Friedrich Engels herausgegeben) übt er grundsätzliche Kritik am Kapitalismus, indem er auf die Ausbeutung der Arbeiter verweist (→ Industrialisierung), die Unversöhnlichkeit der Interessen von »Proletariern« (Arbeitern) und der »Bourgeoisie« (Kapitalisten, Arbeitgeber) betont und die Arbeit im Kapitalismus als »entfremdete« Arbeit bezeichnet, die dadurch charakterisiert ist, dass sie nur noch auf das Erzielen von Tauschwerten ausgerichtet sei – statt Ausdruck freier, schöpferischer Tätigkeit zu sein oder sich zumindest an dem Gebrauchswert von Arbeit auszurichten.

Mekka: Die Geburtsstadt des → Propheten Mohammed im heutigen Saudi-Arabien gilt als heiligster Ort des Islam und ist Ziel der → Hajj.

Melanchthon, Philipp, 1497 als Sohn eines Waffenschmieds geboren, studierte an der Universität Heidelberg und schloss das Studium 1514 mit der Magisterpromotion ab. 1518 erhielt Melanchthon den Ruf als Professor für Griechisch und Hebräisch an die neu gegründete Universität Wittenberg. Seine Kontakte zu Martin Luther, der ebenfalls an der Wittenberger Universität lehrte, führten schließlich zu einer engen Freundschaft der Männer und dem gemeinsamen Einsatz für die reformatorischen Ideen. Auf dem Augsburger → Reichstag 1530 vertrat Melanchthon die Sache der Reformation. Er starb 1560.

Menschensohn bezeichnet im Aramäischen, der Sprache Jesu, zunächst einfach einen Menschen. Jesus hat vermutlich von sich selbst als »Menschensohn« gesprochen und damit seine Menschlichkeit betont. Der Titel kommt aber auch in einigen jüdischen Visionen des Weltendes (Apokalypsen) vor; erstmals in Dan 7,13 wird ein himmlischer »Menschensohn« als Weltenrichter erwähnt. Auch diese Bedeutung scheint in der Verwendung des Menschensohn-Titels für Jesus durch. (→ Hoheitstitel)

Menschenrechte: Die Allgemeine Erklärung der Menschenrechte (UN-Menschenrechtscharta) formuliert die unveräußerlichen persönlichen, zivilen, politischen, wirtschaftlichen, sozialen und kulturellen Rechte, die jedem Menschen ohne Unterschied zustehen. Sie wurde 1948 von den Vereinten Nationen einstimmig angenommen.

Messias (hebr. *maschiach*) bedeutet »der gesalbte (König)«. Im alten Israel wurden Könige durch eine Salbung mit Öl in ihr Amt berufen. Zur Zeit Jesu erhofften sich die Juden, dass Gott den von den → Propheten verheißenen Messias schicken möge, der die Römer aus ihrem Land vertreiben und immerwährenden Frieden bringen würde. Es gab ganz unterschiedliche Vorstellungen vom Kommen des Messias: Die Zeloten wollten durch ihren eigenen Einsatz im Kampf gegen die Römer bei der Errichtung des Friedensreichs mithelfen. Die Pharisäer waren der Ansicht, dass man nur durch das Halten der → Tora, nicht aber durch Gewalt das Kommen des Messias bewirken könne. Christen sehen im gekreuzigten und auferstandenen Jesus → Christus den erhofften Retter.

Das griechische Wort *christos* bedeutet ebenfalls »der Gesalbte«. Der Name Jesus Christus ist also ein Bekenntnis: Jesus ist der Messias.

Montagsdemonstrationen: Im Herbst des Jahres 1989 erreichte der Widerstand gegen die SED-Herrschaft ihren Höhepunkt. Im Zentrum standen dabei die Montagsdemonstrationen, die seit Anfang September in Leipzig und später auch in anderen Städten der DDR stattfanden. Mit dem Ruf »Wir sind das Volk!« protestierten die Teilnehmer gegen das SED-Regime und für einen grundlegenden politischen Wandel. Sie legten damit den Grundstein für die friedliche Revolution, die zum Ende der DDR führte und die – wider alle Erwartungen – gewaltlos verlief.

Mose gilt als Anführer der Israeliten bei ihrer Flucht aus Ägypten und bei ihrer Wüstenwanderung ins gelobte Land. Er empfängt von Gott die Gebotstafeln; die fünf Bücher Mose, die nach heutiger Erkenntnis aus vielen mündlichen und schriftlichen Quellen stammen, tragen seinen Namen.

Muezzin ist der Gebetsrufer, der die Muslime fünfmal täglich vom Minarett der Moschee aus zum Gebet ruft. Heute wird dazu oft auch ein Tonband verwendet.

N

Name Gottes: Gott offenbart Mose am brennenden Dornbusch seinen Namen *»ähjäh«*, was heißen kann »Ich werde (da)sein« oder auch »Ich bin (da)«. In diesem Wort stecken die Konsonanten des alttestamentlichen Gottesnamens JHWH. Gesprochen klänge das »Jahwe«. Juden sprechen den Gottesnamen nicht aus. Respektvoll ersetzen sie ihn durch Namen wie → »Herr« (→ Adonaj) oder »der Ewige«. Auch Martin Luther schreibt in seiner Bibelübersetzung an solchen Stellen: HERR. Der »Name« wird manchmal sogar gleichbedeutend mit »Gott« gebraucht (vgl. Vaterunser: »Geheiligt werde dein Name«).

Nationalsozialismus bezeichnet die Weltanschauung Adolf Hitlers und seiner Partei, der NSDAP (Nationalsozialistische Arbeiterpartei Deutschlands), die in Deutschland um 1920 entstand und 1933 an die Regierungsmacht kam. Die Weltanschauung ist totalitär (sie beansprucht alle Macht für sich), rassistisch (Herabsetzung anderer Menschen wegen ihrer Hautfarbe, Herkunft oder Religion) und → antisemitisch (feindlich gegenüber Juden). Sie führte Deutschland in die Katastrophe des Zweiten Weltkriegs und verschuldete in ihrem Rassenwahn die Tötung von Millionen Männern, Frauen und 1,5 Millionen Kindern. (→ Schoa)

Naturwissenschaft(en) wie Physik, Chemie, Biologie oder Geologie versuchen, die unbelebte und belebte Natur wissenschaftlich zu beschreiben und zu erklären. Sie haben einen erfahrungsbezogenen (= empirischen) Zugang zur Wirklichkeit, indem sie gezielt Experimente und Beobachtungen durchführen, um theoretische Annahmen zu überprüfen oder neue zu entwickeln. Solche Beobachtungen und Experimente müssen dokumentiert sein und sich wiederholen lassen, damit ein höchstes Maß an Zustimmung durch andere Wissenschaftler erzielt wird (wird oft missverständlich als Objektivität bezeichnet). Zur Exaktheit der Naturwissenschaften gehört es, die gefundenen Strukturen in mathematische Formeln zu bringen. Während für Teilbereiche der Mathematik tatsächlich Beweise möglich sind, können im Gegensatz zur landläufigen Meinung Naturwissenschaften ihre Theorien nicht beweisen. Ihre Methodik führt gleichwohl zu Erkenntnissen, die überaus vertrauenswürdig sind (wie z. B. die Naturgesetze), weil sie sich über lange Zeit in verschiedenen Gebieten immer wieder bewährt haben. Mit dem Aufkommen der Quantenphysik im 20. Jahrhundert ist aber das Natur- und Wirklichkeitsverständnis des 18. und 19. Jahrhunderts grundlegend überholt worden, wonach es eine »objektive Wirklichkeit« gebe, die in etwa so ist, wie wir es im Alltag erleben. Die Quantenphysik kann zeigen, dass naturwissenschaftliche Ergebnisse immer nur Annäherungen sein können und Genauigkeit nur dadurch erzielt wird, dass man Unterschiede und Beziehungsstrukturen ignoriert, was im Bereich der klassischen Physik oftmals ohne Probleme möglich ist. – Unter den Naturwissenschaften hat die Physik den größten Geltungsbereich, da sie sich mit dem Allereinfachsten in der Natur beschäftigt.

Neuer Atheismus → Atheismus.

Nürnberger Religionsfriede: Der Nürnberger Religionsfriede von 1532 hob das Wormser Edikt, das alle Protestanten für vogelfrei erklärt hatte, auf und war somit ein erster (befristeter) Friedensschluss zwischen Kaiser → Karl V. und den Protestanten. Die Entscheidung Karls für den Nürnberger Religionsfrieden erklärt sich aus der außenpolitischen Situation des Reiches: Er konnte nicht militärisch gegen die Protestanten vorgehen, weil die Türken Ungarn überfallen hatten und er zur Abwendung der Türkengefahr im Reich freie Hand brauchte.

P

Parabel → Gleichnis.

Paradies: In vielen Religionen stellt das Paradies einen Ort des Glückes (Glückseligkeit) dar, an dem sich die Menschen entweder am Anfang der Zeit befunden haben oder am Ende der Zeit befinden werden. Wenn der Garten Eden in 1 Mose 2 als Paradies (hebr. *eden:* Wonne) bezeichnet wird, meint man das verlorene Paradies. Die Bezeichnung kann aber ebenso Gottes neue Welt meinen, in der die Menschen ewiges Glück, Ruhe und Frieden, also umfassendes Heil (→ Schalom) finden werden.

Passion (von lat. *passio:* Leiden) bezeichnet in christlichen Zusammenhängen den Leidens- und Sterbensweg Jesu in Jerusalem. Die entsprechenden Berichte der Evangelien nennt man die Passionsgeschichten. Ihre musikalischen Vertonungen (z. B. von Heinrich Schütz oder Johann Sebastian Bach) werden ebenfalls Passion genannt. In der Alltagssprache kann das Wort auch »Leidenschaft« oder »starke Vorliebe« bedeuten.

Patriarchal oder **patriarchalisch** (von lat. *pater* Vater und griech. *arche* Herrschaft) nennt man eine Gesellschaftsordnung, die von Männern bestimmt wird. Im Zuge der Emanzipation von Frauen bezeichnet man mit diesem Begriff die Unterdrückung, Verdrängung, Abwertung von Frauen in der Gesellschaft.

Pessach (auch: Passa): jüdisches Fest zur Erinnerung an die Befreiung aus Ägypten. Es beginnt mit dem Sederabend. Auf die Frage des jüngsten Kindes »Warum ist diese Nacht ganz anders als andere Nächte?« antwortet der Vater mit der Erzählung (Haggada) vom Auszug aus Ägypten. Verschiedene Speisen auf dem Tisch erinnern an die Gefangenschaft und die Befreiung. Es heißt im Judentum: »Jeder soll sich so verstehen, als sei er selbst aus Ägypten befreit worden.« Das Pessachfest war zur Zeit Jesu eines der drei großen Wallfahrtsfeste und war für Jesus der Anlass, nach Jerusalem zu gehen, wo er gekreuzigt wurde. So ist Pessach auch der Ursprung der christlichen Kartage und des Osterfestes.

Pfingstkirchen (häufig auch mit eher abwertendem Ton als Pfingstler, Pfingstlerkirchen bezeichnet) ist der Oberbegriff für die weltweit am schnellsten wachsenden christlichen Glaubensbewegungen, die besonders das Wirken des Heiligen Geistes betonen. Dessen Anwesenheit und sein aktives Wirken in den Gläubigen wird in der Regel anhand bestimmter Erfahrungen, wie z. B. erfolgreiche Heilungen, Zungenreden oder ekstatisches Tanzen festgemacht. Diese Erfahrungen weisen zugleich die Durchführenden als Bevollmächtigte aus, die mit bestimmten Geistgaben ausgestattet sind (→ Charismatisch). Bei aller Abgrenzung der Pfingstkirchen von den etablierten Kirchen und der eher geringen Rolle des Rechtfertigungsglaubens leiten sie sich selbst von der Reformation ab. Ihr Name verweist auf Pfingsten, wo nach biblischer Darstellung in Apg 2 den Jüngern der Heilige Geist verliehen wurde.

Pilatus, Pontius, stammte wohl aus niederem römischem Adel. Er war in den Jahren von 26 bis 36 n. Chr. Präfekt (Statthalter) des römischen Kaisers Tiberius in der Provinz Judäa und hatte unter seinen Zeitgenossen den Ruf, schonungslos und brutal zu sein. Er sah in Jesus vermutlich eine beim einfachen Volk beliebte Führerpersönlichkeit, die von einigen Nachfolgern als »König der Juden« bezeichnet wurde. Nur er als Präfekt durfte ein Todesurteil aussprechen. Obwohl er also die letzte Verantwortung für die Kreuzigung Jesu trug, wurde er später in den Evangelien zunehmend sympathisch dargestellt und die Juden wurden für Jesu Tod verantwortlich gemacht – einer der Gründe für die jahrhundertelange Verfolgung der Juden. → (Antisemitismus)

Petit, Philip: französischer Hochseilartist, wurde 1974 durch einen illegalen Drahtseilakt auf einem Hochseil zwischen den Türmen des World Trade Centers in New York City weltbekannt.

Priestertum aller Gläubigen → Reformatorische Erkenntnis Luthers

Propheten und Prophetinnen: Menschen als Medien des göttlichen Wortes kennt man im gesamten Alten Orient. Sie wirkten bei Hof oder am Tempel, in Gruppen oder vereinzelt. Auch Frauen waren dabei (im Alten Testament z. B. Mirjam, Debora, Hulda). In den alttestamentlichen Königserzählungen erfahren wir von Propheten wie Elia oder Nathan, die der Macht des Königs entgegentreten. In den Prophetenbüchern werden Sprüche der sog. »Schriftpropheten« (Jesaja, Jeremia, Hesekiel, Daniel und die 12 »kleinen« Propheten) überliefert und fortgeschrieben. Diese Propheten treten in den großen Krisen Israels auf, deuten die politische Entwicklung, üben Gesellschaftskritik, erinnern an die → Tora, stören und verstören mit schlimmen Voraussagen und trösten mit Visionen von einem dauerhaften Frieden. Sie reden dabei nicht im eigenen Namen, sondern wissen sich berufen, ja oft »gezwungen« und weisen sich mit der Botenformel »So spricht der Herr« als »Mund Gottes« aus.

R

Rabbi: Jüdischer Schriftgelehrter, der die → Tora studiert hat und diese seinen Schülern erklärt. Daraus wurde später der Rabbiner, der Geistliche in der jüdischen Gemeinde. Dass Jesus von seinen Jüngern und Jüngerinnen »Rabbi« genannt wird, zeigt, dass sie ihn als ihren Lehrer und Meister verehren, der ihnen die Schriften auslegt und Gottes Willen erklärt.

Ramadan heißt der muslimische Fastenmonat, während dessen fromme Muslime 29 Tage lang von Sonnenaufgang bis -untergang weder essen noch trinken und auch sonst enthaltsam leben (z. B. keine Schimpfwörter gebrauchen). Am Ende des Ramadan steht das Fest des Fastenbrechens (auch: Zuckerfest, türk. *Seker Bayrami,* oft auch nur: *Bayram*). Es wird über drei Tage gefeiert und ist eines der wichtigsten Feste des Islam.

Reformatorische Erkenntnis Luthers: Zu Luthers reformatorischer Entdeckung gehören zum einen die vier sog. Exklusivpartikel. Sie fassen mit dem vierfachen *Sola* das zusammen, wovon das Heil eines Christen seines Erachtens abhängt: Allein aufgrund des Glaubens *(sola fide)* wird es ihm von Gott allein durch Christus *(solo christo* häufig auch: *solus christus)* aus reiner Gnade *(sola gratia)* geschenkt. An die Stelle der Lehrautorität durch Päpste oder Bischöfe tritt allein die Heilige Schrift *(sola scriptura*). Luther will damit ausdrücken, dass das Heil nicht von guten Werken abhängt, sondern der Glaubende es von Gott ohne Gegenleistung erhält. Aus den Exklusivpartikeln folgt eine weitere zentrale Erkenntnis Luthers: das sog. Priestertum aller Gläubigen. Damit ist gemeint, dass alle, die glauben, einen direkten Zugang zu Gott haben und dafür keine Hilfe durch einen Geistlichen benötigen. Ebenso hält er es für die Aufgabe eines jeden Getauften, das Evangelium zu verkündigen und zu lehren.

Reich Gottes oder **Herrschaft Gottes** bezeichnet die Frage nach Gottes Gegenwart und Wirken in der Welt: Wird Gott erst noch herrschen oder herrscht Gott schon? Führt Gott seine Herrschaft selbst herauf oder müssen Menschen sie durchsetzen? Wirkt Gott überhaupt wie ein König oder doch eher wie ein Vater oder ein Freund? Diese und ähnliche Fragen haben Menschen immer wieder beschäftigt, denn eigentlich geht es in ihnen um den Sinn und das Ziel unseres Lebens. Jesus stellte die Verkündigung der angebrochenen Herrschaft Gottes in den Mittelpunkt seiner Botschaft.

Reichsstände: Wer Sitz und Stimme im → Reichstag besaß, gehörte zu den Reichsständen. Dies waren zur Zeit Martin Luthers mehr als 300 geistliche und weltliche Fürsten sowie freie Reichsstädte, Grafen und Ritterorden. Der Kaiser konnte die Reichsstandschaft auch solchen Personen verleihen, die über kein Territorium verfügten.

Reichstag: Auf dem Reichstag traten die Reichsstände zusammen und berieten unter Anwesenheit des Kaisers über anstehende Themen. Bis zum 16. Jahrhundert wurde er in unregelmäßigen Abständen jeweils in einer Bischofs- oder Reichsstadt einberufen und war das maßgebliche Gegengewicht der Stände gegenüber der kaiserlichen Zentralgewalt.

Römisch-katholische Kirche: Die katholische Kirche wird nach dem Sitz des Papstes, ihres Oberhauptes in Rom, auch römisch-katholische oder römische Kirche genannt. Nach katholischer Lehre ist sie durch vier Merkmale als die wahre Kirche Christi gekennzeichnet: Sie ist einig durch die monarchische Leitung des Papstes. Sie ist heilig, weil sie durch die von Christus eingesetzten → Sakramente die Menschen heiligt und zu Gott führt. Sie ist katholisch, das heißt allgemein, für alle Zeiten und für alle Völker bestimmt. Sie ist apostolisch, weil der Papst und die Bischöfe Nachfolger der → Apostel sind. Ihr gehören weltweit etwa 1,13 Milliarden Mitglieder an.

S

Sakramente sind kirchliche Handlungen, durch die Menschen in besonderer Weise die Gegenwart Gottes, seine Liebe und Zuwendung erfahren können. Die → römisch-katholische Kirche hat im Mittelalter die Zahl von sieben Sakramenten festgelegt: → Taufe; Eucharistie; Buße / Beichte; Firmung; Ehe; Krankensalbung / letzte Ölung; Weihe der Diakone, Priester und Bischöfe. Dagegen beschränken sich die evangelischen Kirchen auf die zwei Sakramente, die nach Aussage der Bibel von Jesus Christus selbst eingesetzt und mit einer Heilsverheißung und einem Ritus verbunden worden sind: → Taufe und → Abendmahl. Vor allem beim Abendmahl gibt es unter den Gläubigen wie auch unter den verschiedenen Kirchen unterschiedliche Vorstellungen, wie und wodurch Jesus Christus in diesem Sakrament gegenwärtig ist. Einig sind sich aber alle darin, dass Menschen durch die sichtbaren Zeichen (Brot und Wein) und die dazu gesprochenen Worte etwas spüren können von der Gemeinschaft mit Jesus Christus. Sie können daraus Kraft und Hoffnung schöpfen für ihr Leben in der Welt.

Satan → Teufel.

Schalom (hebr.) wird meist mit »Friede« übersetzt, bedeutet aber mehr als das, was wir normalerweise unter Friede verstehen. Schalom wird als eine Gabe Gottes an die Menschen angesehen und umfasst neben Frieden z. B. auch Gerechtigkeit, Freiheit und Glück. Schalom bezeichnet also ein rundum gutes und gelingendes Leben. Dies wünscht man auch, wenn man jemanden mit »Schalom« grüßt.

Schoa (auch Shoah, hebr.: großes Unheil, Katastrophe, Verwüstung, Zerstörung) bezeichnet den Versuch, die Vernichtung von über 6 Millionen Jüdinnen und Juden durch die → Nationalsozialisten auf einen Begriff zu bringen. Er wird von vielen als angemessener angesehen als der oft synonym verwendete Begriff Holocaust, da damit nach 1 Mose 22 und 3 Mose 1 ein »Ganzopfer« bzw. »Brandopfer« gemeint ist. Somit unterstelle die Bezeichnung Holocaust indirekt einen positiven religiösen Sinn des Geschehens, kennzeichne die ermordeten Jüdinnen und Juden ausschließlich als wehrlose Opfer und übernehme damit die Perspektive der Täter.

Sekte (lat. *secta:* Richtung; oder *sequi:* folgen; oder *secare:* abschneiden) bezeichnet ursprünglich die Abspaltung einer Religion von ihrer Mutterreligion. Da der Begriff heute als zu allgemein oder abwertend empfunden wird, werden neutralere und besser zutreffende Begriffe wie »neureligiöse Bewegung« oder »religiöse Sondergemeinschaft« gesucht. Manchmal wird vorgeschlagen, dann von »versektet« zu sprechen, wenn der religiösen Gruppierung bestimmte Kriterien anhaften, wie z. B. dass die Mitglieder schwer austreten können, sie von anderen Menschen abgesondert werden, die Lehren sich nicht der öffentlichen Diskussion stellen, die Gemeinschaft eine abgeschottete Welt in der Welt formt usw.

Septuaginta: griechische Übersetzung der Hebräischen Bibel: Sie entstand ca. 250–100 v. Chr. im hellenistischen Judentum (Alexandria) und war die Fassung der Bibel, die den ersten Christen vorlag.

Sexistisch nennt man Denk- und Verhaltensweisen, die einen Menschen wegen seines Geschlechts abwerten oder benachteiligen.

Sinai oder auch Horeb heißt in der Bibel der Berg der Gottesbegegnung: Hier offenbarte sich Gott Mose am brennenden Dornbusch, hier übergab er ihm die → Zehn Gebote. Heute bezeichnet man mit »Sinai« sowohl die Halbinsel am Roten Meer als auch die dort gelegene Wüste als auch den Berg Dschebel Musa (»Mosesberg«) im heutigen Ägypten, an dessen Fuß das berühmte Katharinenkloster liegt.

Sinn- und Sachfragen: Fragen haben meist Sachverhalte und Abläufe in der Welt zum Gegenstand. Sie können aber auch auf etwas abzielen, zu dessen Erklärung man sich auf das Weltganze – auf das eigene Weltbild, auf einen möglichen Sinn der Welt – beziehen muss. Zur Unterscheidung spricht man im ersten Fall von Sachfragen (z. B.: Wie ist der Mensch entstanden?), im zweiten von Sinnfragen (z.B.: Warum gibt es den Menschen?). Sinnfragen können prinzipiell nicht abschließend geklärt, aber mit Blick auf mögliche Konsequenzen sehr wohl diskutiert werden. Allerdings kann man Sinn- und Sachfragen nicht immer auf den ersten Blick auseinanderhalten. Die Frage, warum ein Unfall passiert ist, kann z. B. darauf abzielen, wie der Unfallhergang im Einzelnen war (Sachfrage), oder darauf, warum dieser Unfall jemandem passieren musste, den man kennt (Sinnfrage). Ein anderes Problem entsteht, wenn → naturwissenschaftliche Theorien über den wissenschaftlichen Rahmen hinaus Spekulationen über das Weltganze anstellen und somit die Grenze zwischen Sach- und Sinnfragen verwischen, ohne dies zu benennen. Dies gilt umgekehrt auch für religiöse Vorstellungen, die etwa aus Mythen Aussagen über das Wie des Ablaufs der Entstehung der Welt machen wollen.

Sirach: das → apokryphe (alttestamentliche) Buch Jesus Sirach, entstanden vermutlich um 175 v. Chr., gehört zur → Weisheitsliteratur.

Sohn Davids: Wenn der blinde Mann in Jericho Jesus mit diesem Namen anspricht (Mk 10,47), wenn Matthäus sein Evangelium mit einem Stammbaum beginnt, der über David zu Josef führt und wenn Lukas die Geburt Christi in Bethlehem stattfinden lässt, dann wird damit ausgedrückt, dass in Jesus der erwartete → Messias aus der Nachkommenschaft (dem »Haus«) Davids gekommen ist.

Sohn Gottes: Mit dieser aus dem → Credo vertrauten Bezeichnung Jesu ist zunächst nicht eine biologische Abstammung gemeint, sondern im Sinne der jüdischen Tradition eher eine besonders enge Zugehörigkeit: Gott und Jesus gehören zusammen. Jesus selbst hat diesen Titel für sich nicht beansprucht, wenn auch die Anrede »Abba« (Papa) seine vertrauensvolle Beziehung zu Gott zeigt. Er wollte jedoch alle Menschen einladen, sich als Kinder Gottes zu verstehen (»Vater unser«). Erst nach Ostern wurde der Titel von den Christen exklusiv auf ihn bezogen. Im Zuge der Ausbreitung des Christentums in der griechisch-römischen Welt (wo man Göttersöhne von altersher kannte, vgl. die Geschichten von Zeus) wurde Jesu Gottessohnschaft mehr und mehr im Sinne einer besonderen Abstammung (Jungfrauengeburt) verstanden. (→ Hoheitstitel)

Sozialismus: Der Sozialismus entstand als Denkrichtung im 19. Jahrhundert in der kritischen Auseinandersetzung mit dem Kapitalismus. Seine Ziele bestehen in der Beseitigung sozialer Gegensätze, der Errichtung einer solidarischen Gesellschaft und der Entwicklung einer gerechten, nicht-kapitalistischen Wirtschaftsordnung. Um dies zu erreichen, sollen Produktionsmittel verstaatlicht und das Privateigentum an ihnen verboten werden.

Stuttgarter Schulderklärung wird die Erklärung führender Vertreter der Bekennenden Kirche genannt, die das Versagen der evangelischen Kirche während der NS-Zeit zum Ausdruck bringen sollte. Sie wurde am 19. Oktober 1945 verlesen. Darin heißt es: »Durch uns ist unendliches Leid über viele Länder und Völker gebracht worden. [...] Wohl haben wir lange Jahre hindurch im Namen Jesu Christi gegen den Geist gekämpft, der im nationalsozialistischen Gewaltregiment seinen furchtbaren Ausdruck gefunden hat; aber wir klagen uns an, dass wir nicht mutiger bekannt, nicht treuer gebetet, nicht fröhlicher geglaubt und nicht brennender geliebt haben.« Obgleich hier eine eigene Schuld nur relativ vorsichtig angedeutet wird, löste die Veröffentlichung in Deutschland Empörung und Ablehnung aus.

T

Taufe: Die Taufe ist ein → Sakrament, durch das der Täufling in die christliche Gemeinde aufgenommen wird. Sie wird durch dreimaliges Begießen des Kopfes mit Wasser oder Untertauchen im Namen des Vaters, des Sohnes und des Heiligen Geistes vollzogen. Dazu kommt das Bekenntnis des Glaubens durch den Täufling, das bei der Taufe eines Säuglings die Eltern und Paten bzw. Patinnen stellvertretend sprechen. Die Taufe ist einmalig und wird von allen christlichen Konfessionen anerkannt. Sie ist ein Geschenk Gottes, in ihr wendet sich Gott dem Menschen bedingungslos zu.

Teufel (griech. *diabolos:* »Durcheinanderwerfer«, »Verleumder«): Viele Religionen kennen einen Glauben an eine böse Macht und versuchen so das Böse in der Welt zu erklären. Manchmal wird diese böse Macht als Gegenspieler im Streit mit einer guten Macht vorgestellt (Dualismus, von lat. *duo:* zwei), manchmal der guten Macht untergeordnet, manchmal als von der guten Macht bereits besiegt gesehen. In der Religionsgeschichte wurden ihr viele Namen gegeben, die dann auch Unterschiedliches bedeuten können: Satan (hebr.: Widersacher), Beelzebub (hebr. *baal zebub:* Fliegengott, Name einer aus israelitischer Sicht feindlichen kanaanäischen Gottheit), Lucifer (lat.: Lichtträger, nach dem Mythos ein gefallener Engel, Jes 14,12). Viele weitere Namen und Symbole entstanden im Volksmund. Das Symbol »666« entstammt der Offenbarung des Johannes (Offb 13,18) und soll wahrscheinlich auf Kaiser Nero, einen Verfolger der ersten Christen hinweisen.
Im Alten Testament ist Jahwe die Ursache für gutes wie böses Geschehen. Sehr selten und in sehr spät entstandenen Schriften ist dort auch von Satan die Rede. Wahrscheinlich ist die Vorstellung einer bösen Gegenmacht aus benachbarten Religionen eingeflossen. Man kann sich vorstellen, dass der Gedanke, das Böse sei nicht das Werk des einen Gottes, sondern stamme von einer bösen Gegenmacht, immer wieder einleuchtend erschien. Im Hiobbuch oder in Sach 3,1 gehört allerdings Satan zum Hofstaat Jahwes und tritt dort als Ankläger auf. Nur in 1 Chr 21 ist Satan ein von Jahwe gelöster böser Dämon. Im Neuen Testament

wird immer wieder mit dem Teufel gerechnet. Er ist dort der böse Herrscher der von Gott abgefallenen Welt, wurde aber von → Christus besiegt (Mt 4). In der Kirchengeschichte dagegen gab es immer wieder Epochen großer Teufelsangst, die dann oft zu schrecklichen Auswüchsen führte (Inquisition, Hexenverfolgung).
Die heutige evangelische Theologie hat kein großes Interesse an der Figur des Teufels. Manchmal wird seine Bedeutung als Symbol für das Böse in der Welt gesehen, das um der Opfer willen nicht schön oder klein geredet werden darf. Vor allem aber wird betont, dass Christen an Christus glauben und sie darum der Teufel nicht schert. Der Satanismus heute nimmt die alten, sehr unterschiedlichen Gedanken, Bilder und Mythen auf und formt sie in eigene Lehren um.

Theodizee (Kunstwort aus griech. *theos:* Gott und *dikaios:* gerecht, Rechtfertigung Gottes) versucht eine gedankliche Auflösung des Widerspruchs zwischen dem Glauben an den einen allmächtigen und gütigen Gott auf der einen Seite und dem erfahrenen Leiden und Bösen in der Welt auf der anderen Seite. Die klassische Formulierung des Widerspruchs lautet: Angesichts des Leidens in der Welt kann ein gütiger Gott nicht allmächtig oder ein allmächtiger Gott nicht gütig sein. In der Neuzeit versuchte der Philosoph Leibniz eine Lösung, indem er diese Welt als die beste aller möglichen Welten voraussetzte. Diesem Versuch widersprach Immanuel Kant auch unter dem Eindruck des katastrophalen Erdbebens von Lissabon 1755, bei dem bis zu 100.000 Menschen umkamen: Die Rechtfertigung Gottes ist »die Sache unserer anmaßenden, hierbei aber ihre Schranken verkennenden Vernunft«. Die gegenwärtige Theologie folgt eher Kant und verweist darauf, dass es nicht im Vermögen des Menschen liegen kann, Gott zu rechtfertigen. Der Glaube an Gott wird die Frage gar nicht beantworten wollen, sondern hütet sich vor zwei Versuchungen: dem Leid einen vorschnellen Sinn geben zu wollen (und es darin nicht wirklich ernst zu nehmen) oder die Frage nach einem Sinn ganz aufzugeben (und darin zu verzweifeln oder zynisch zu werden).

Tora: Das Wort bedeutet wörtlich Lehre, Wegweisung, Lebensorientierung und meint vor allem die ersten 5 Bücher Mose. Diese enthalten die verbindliche Gesetzesüberlieferung, wobei es neben dieser »schriftlichen« auch eine »mündliche« Tora (Mischna) gibt. Juden betrachten das Gesetz nicht als Zwang, sondern als Lebenshilfe, als Geschenk Gottes, der sein Volk aus Ägypten befreit hat und der die Freiheit aller Menschen will.

Totalitarismus / totalitär nennt man eine diktatorische Herrschaftsform, die den Einzelnen uneingeschränkt zu beherrschen und ihn in seiner Gesamtheit zu vereinnahmen versucht. Sie gründet sich auf eine bestimmte → Ideologie, der sich alle Mitglieder der Gesellschaft zu unterwerfen haben. Oppositionelle Kräfte werden systematisch ausgeschaltet. Ziel totalitärer Herrscher ist die uneingeschränkte Kontrolle aller gesellschaftlichen Bereiche einschließlich der Massenkommunikationsmittel.

U

Umkehren (bzw. Buße tun) sind Übersetzungsversuche des griechischen *metanoiein,* was soviel heißt wie: umdenken, das Bewusstsein neu ausrichten, das Leben neu ausrichten. Umkehren muss man vor allem dann, wenn sich die Umstände verändert haben, also z. B: Wenn Abgase unsere Umwelt belasten, müssen wir in unserem Energieverbrauch umkehren. Jesus meint, dass Gottes Herrschaft nahe ist, deshalb ist es notwendig, Denken und Handeln neu auszurichten.

V

Vision (lat. *visio*: Gesicht, Schau) meint eine oft nur für eine bestimmte Person sichtbare Erscheinung eines Bildes oder von Ereignissen, wodurch Gott z. B. einem → Propheten Botschaften und Aufträge mitteilt. Im Gegensatz zu einem Traum sind die Personen dabei immer in einem wachen Zustand. Darüber hinaus kann Vision auch eine Vorstellung der Zukunft bedeuten, die man ersehnt und für die man sich begeistert.

W

Weimarer Republik bezeichnet die erste demokratische Epoche Deutschlands, die mit der Ausrufung der (parlamentarisch verfassten) Republik am 9. November 1918 begann und mit der Ernennung Adolf Hitlers zum Reichskanzler am 30. Januar 1933 endete. Sie war von großen Gegensätzen geprägt: Während die neuen Freiheiten z. B. Kunst und Kultur beflügelten, lasteten Massenarbeitslosigkeit, Kriegsschäden und Reparationsforderungen aus dem Ersten Weltkrieg schwer auf ihr. Nach dem Börsensturz am sog. Schwarzen Freitag im Oktober 1929 verschlimmerte sich die wirtschaftliche Lage noch mehr und führte zu einer größeren politischen Radikalisierung der Bevölkerung. Dies begünstigte den Aufstieg der NSDAP unter der Führung Hitlers, von der sich viele ein Ende des politischen und wirtschaftlichen Chaos' versprachen.

Weisheitsliteratur: Die biblischen Bücher Hiob, Kohelet (Prediger), Sprüche, das → Hohelied, das Buch der Weisheit und einige Psalmen gehören zur sog. Weisheitsliteratur. Im Alten Israel und seiner Umwelt umfasst »Weisheit« Weltwissen und soziale Kompetenz, beides galt als Geschenk Gottes. Weisheitslehren wurden zunächst in den Familien überliefert, seit der Königszeit professionell durch gebildete Schreiber und Gelehrte, die für die Ausbildung junger Beamter zuständig waren. Zur Weisheit gehört auch der sog. Tun-Ergehens-Zusammenhang: Gutes bzw. schlechtes Verhalten hat unmittelbare Folgen für den Einzelnen und sein soziales Umfeld. Diese Erfahrung geriet allerdings in die Krise, als die Sippe nicht mehr den tragenden Lebenszusammenhang bildete: Das Buch Hiob zeugt von dieser Krise.

WHO: Die Weltgesundheitsorganisation (engl. *World Health Organization*) ist die Koordinationsbehörde der Vereinten Nationen für das internationale öffentliche Gesundheitswesen. Ihr Ziel ist es, die bestmögliche Gesundheit bei allen Menschen auf der gesamten Welt zu erreichen. Ihre Hauptaufgabe liegt in der Bekämpfung von Erkrankungen, mit besonderem Schwerpunkt auf Infektionskrankheiten, sowie in der Förderung der allgemeinen Gesundheit.

Wichern, Johann Hinrich (* 1808; † 1881 jeweils in Hamburg) war Pfarrer, Lehrer, Gefängnisreformer und Begründer der Inneren Mission. Er gilt als bedeutendste sozialpolitische Persönlichkeit in der Geschichte der evangelischen Kirche. Im Zentrum seines Denkens standen die Taten der »rettenden Liebe«, die aus dem Glauben erwachsen und den Menschen aus seinem sozialen wie auch religiösen Elend herausführen. Sein im Jahr 1833 gegründetes »Rauhes Haus« in Hamburg nahm verarmte und verwahrloste Kinder auf, damit diese zusammen mit Erziehern in familienähnlichen Gruppen leben und theoretische wie praktische Bildung erfahren konnten. Seine Jugendarbeit verstand er als vom christlichen Glauben ausgehende Gesellschaftsreform; er fand in Deutschland viele Nachahmer. Wichern begründete zudem die »Innere Mission« mit dem Ziel, Elend vor allem der Unterschicht zu lindern und dadurch → Christus gegenwärtig werden zu lassen. Sein Programm fasste bereits bestehende Aktivitäten einzelner Christen in einer breiten Bewegung zusammen. Der von ihm 1848/49 ins Leben gerufene »Central-Ausschuss für Innere Mission« bildete dafür den organisatorischen Rahmen und ist der Vorläufer der heutigen Diakonie.

Z

Zarathustra (griech. *Zoroaster*): persischer Prophet, Begründers des Zoroastrismus (2. oder 1. Jahrtausend v. Chr.). Diese Religion, die mit der Perserherrschaft auch die antiken Völker beeinflusste, ist geprägt durch einen Dualismus von Gut und Böse; der Mensch hat sich zwischen diesen beiden Mächten zu entscheiden. Auch der Mithras-Kult und Manichäismus gehen auf den Zoroastrismus zurück, der heute im Iran ca. 90 000 Anhänger hat (Parsen).

Zebaoth: Jahwe Zebaoth (hebr.) ist einer der vielen Namen Gottes im Alten Testament und bedeutet: Herr der Heere (der Heerscharen); dieser Name betont die Macht und Überlegenheit Gottes.

Zehn Gebote kann man an den Fingern abzählen. Das ist wahrscheinlich der Grund dafür, dass es ausgerechnet zehn sind! Obwohl es viele andere Gesetze und Regeln in der Bibel gibt, haben diese zehn Sätze die christliche Kultur geprägt. Im 2. Buch Mose (Exodus) wird erzählt, dass Mose sie auf zwei Steintafeln von Gott selbst empfangen hat. Martin Luther hat später einiges verändert und gekürzt. Er hat sowohl die »Überschrift« der Gebote »Ich bin dein Gott, der dich aus Ägyptenland geführt hat« gestrichen als auch das ursprüngliche zweite Gebot, das → Bilderverbot. Dieses ist auch in der katholischen Zählung der Zehn Gebote nicht dabei. Stattdessen wurde das letzte Gebot aufgeteilt.

Zeitliche Sündenstrafen: Nach dem Verständnis der → katholischen Kirche können Sünden nur durch Beichte und Buße (→ Umkehren) vergeben werden. Schwerwiegende Sünden haben allerdings nach katholischer Lehre eine doppelte Folge: Einmal zerstören sie die Gemeinschaft mit Gott und ziehen dadurch die ewige Sündenstrafe (in der Hölle) nach sich. Diese Folge der Sünde kann durch das Bußsakrament (das Bekenntnis, Reue, den guten Vorsatz und Wiedergutmachung beinhaltet und die Wiederherstellung der Gemeinschaft mit Gott bewirkt) aufgehoben werden. Zudem bewirkt jede (auch nur geringe) Sünde eine »schädliche Bindung« an die Geschöpflichkeit, die eine Läuterung notwendig macht, um von dieser zeitlichen Sündenstrafe zu befreien. Die Läuterung kann entweder im Leben stattfinden, z. B. durch Reue, Bußwerke und → Ablass oder aber nach dem Tod durch das Purgatorium (Fegefeuer).

Zen: Es gibt im Buddhismus viele unterschiedliche Richtungen. Zen (sprich: stimmhaft *[zen]*, wörtl.: Zustand der Versenkung, von sanskr.: *Dhyana,* chinesisch *Chan*) ist eine Linie des Mahayana-Buddhismus, die sich vor allem in China und Japan entwickelt hat. Im Zen wird vor allem auf die Übung der Versenkung großen Wert gelegt. Die Praxis im Zen zielt auf die je eigene unmittelbare Einsicht in das Wesen der Dinge, deren Inhalt nicht schriftlich niedergeschrieben werden kann. Daher ist im Zen die Lehrer-Schüler-Beziehung von grundlegender Bedeutung. Nur der erfahrene Lehrer kann die Einsicht des Schülers bestätigen. Dazu wird in manchen Linien des Zen mit »Koans« gearbeitet. Das sind kurze Texte, die durch ihre scheinbare Unverständlichkeit dazu anstacheln sollen, die Ebene der Logik in einem »Sprung« zu überwinden und wie einst Buddha zur unmittelbaren Erkenntnis zu gelangen.

Quellenverzeichnis

BILDER

S. 10: www.wikipedia.org/NASA
S. 11: Nina Storner, München
S. 12: Simon Schmidt, Baierbrunn
S. 13: o: © blende 64 – Fotolia.com, unten: Foto: Techniker-Krankenkasse
S. 14: Familie McDowell-Brown, Brazito, MO, USA
S. 15: Johannes Neumann, entstanden im Rahmen einer Projektarbeit der Jungen Akademie Wittenberg
S. 16: Hintergrundbild: high_resolution – © Fotolia.com, Fotomontage: Simon Schmidt, Baierbrunn
S. 17 Bilder: Danstar – shotshop.com, Hans Schuldes - shotshop.com, Fotomontage: Simon Schmidt, Baierbrunn
S. 20: © ewolff – fotolia.com
S. 21: akg/De Agostini Pict. Lib.
S. 22: © Hans Traxler, Frankfurt
S. 24, S. 25: Mark Craemer, New York
S. 26 l.: Frank May/dpa – Report, r.: Thomas Zacharias, Radierung zur Bibel. © VG Bild-Kunst, Bonn 2014
S. 27: © Peter Sonntag – Fotolia.com
S. 28 o.: Rüdiger Bartelmus, M., u.: akg-images/Erich Lessing
S. 30 o.: Uli Olschewski, Dießen, u.: © beermedia - Fotolia.com
S. 32 Hintergrund: anderssehen – © Fotolia.com, o.: picture alliance/AP Photo, u.: Kirchenamt der EKD
S. 33: Simon Schmidt, Baierbrunn
S. 35: Süddeutsche Zeitung Photo/AP
S. 36: © Stocksnapper/Dreamstime.com
S. 37: Kampagne für Saubere Kleidung, Wuppertal, Brot für die Welt/ Gestaltung: »Gute Botschafter.de«, Transfair, Köln
S. 38: Felix Höhne, Berlin
S. 40: www.worldometers.info, Rahmen: © L_amica – fotolia.com
S. 41: HeliRy/iStockphoto
S. 42 l.o.: artalis - © Fotolia.com, l.M.: © lool - Fotolia.com, r.: n-tv Der Nachrichtensender, Köln
S. 43: Michael Steinert/Stuttgarter Zeitung
S. 44 l.: picture alliance/kpa, r.: Ken Brown, München
S. 47: ALIMDI.NET/Konrad Wothe
S. 48 l.o.: Jon Carter, Cambridge City, l.M.: Volker Dornemann, Bochum, l.u.: Harm Bengen, Norden, r.: privat
S. 50: Sabine Stenzel, Wittmund
S. 51 o.: The Bridgeman Art Library, u.: Williard Wigan Ltd., Rechte beim Künstler
S. 52: C & M Fragasso/VISUM
S. 53 o.: Gerd Engelsmann, Berlin, u.: REUTERS/Jerry Lampen
S. 54: Freimut Woessner, Berlin
S. 55: Indo-British/Int Film Investors/The Kobal Collection
S. 56: Stuttgarter Straßenbahnen AG, Stuttgart
S. 58, S. 65, S. 68 o.: © NFP/Fotos Rolf von der Heydt
S. 59: Bayerische Staatsbibliothek, München
S. 60: Luthersocke Gbr.
S. 61: © dpa – Bildarchiv/Frank May
S. 62: l.o., r.o., r.u.: akg-images, Mitte: www.deutsches-museum.de
S. 63: r.o.: Bestattung der Pestopfer. Szene aus der flämischen Stadt Tournai, 1349. Buchmalerei einer flämischen Handschrift der Annalen des Gilles le Muisit, 1352. Bibliotheque Royale, Brüssel, r.u.: akg-images
S. 64: Heidi Klum GmbH/Pro SiebenSat.1 Media AG/Oliver S.
S. 66/67: Alissa Dickes, Gräfelfing
S. 68 M.: Otto Münch (1885–1965), Bildersturm. Südportal des Großmünsters Zürich, u.: akg-images
S. 69: akg-images
S. 70 o.: Wohnungsbaugenossenschaft Wittenberg eG
S. 72 u.: © epd-bild/Michael McKee
S. 73: © epd-bild/Jens Schulze
S. 76: Geldschein: © wakatdesign – fotolia.com, Ball: © pico – fotolia.com, Koffer: © Nataiya Hora – fotolia.com, Buchcover: Verlagsgruppe Beltz, Weinheim, Pferd: © Lyudmyla – fotolia.com, Schuh: © picsfive – fotolia.com, Handy: © L_amica – fotolia.com
S. 77: Emil Nolde, Verlorenes Paradies, 1921. © Nolde Stiftung Seebüll
S. 78 o.: imago/Steinach, u.: © RalfJulke/Mitteldeutsche Inline Medien Ltd.
S. 79 o.: Foto: © Rheinisches Bildarchiv Köln, u.: © O.M. – fotolia.com
S. 81 l.: DER SPIEGEL 1/2013, r.: Schaller & Partner GmbH, Mannheim
S. 82: © Foto: The Walters Art Museum, Baltimore
S. 83: akg-images/Erich Lessing
S. 84: Thomas Zacharias, Radierung zur Bibel. © VG Bild-Kunst, Bonn 2014
S. 85: Foto: Ken Dyck/Urban Pictures, Vancouver
S. 86 o.: Sebastian Görnitz-Rückert, München. Rose: © ostromec/Fotolia.com, Handy © Akhilesh Sharma/Fotolia.com, Kinokarte: Simon Schmidt, Baierbrunn, Logo: RTL
S. 87: Dominik Asbach, Duisburg
S. 88: Ingrid Grill-Ahollinger, München
S. 90 o.l., o.r.: Andrea Rückert, München, Auge, Mund, Ohr, Nase: Tobias Schwarz/Anne-Marie Verhoeven, u.r.: shotshop.com
S. 91: o.: Albert Crudo, »Evolution of Ken II«, Rechte beim Künstler, M.: SUMMIT ENTERTAINMENT/Album/A, u.: BuzzFoto/FilmMagic/ Jason Mitchell
S. 92 l.o., M.: Ken Brown, München, l.M.: © Yuri Arcurs/Dreamstime.com, r.o.: © wildworx/Fotolia.com, Schild: © createur/Fotolia.com, u.: © Stefan redel/Fotolia.com
S. 93 l.: Thomas Moor, Gernsheim, Herz: Andrea Rückert, München
S. 94 o.: © Jürgen Schiefer, Bergisch Gladbach
S. 94/95: © Frank Bauer, München
S. 96: © Stephan Balkenhol, Karlsruhe
S. 98: © Alexandra Hollick, Unterschleißheim
S. 99: © ja.na rogge – © Fotolia.com
S. 100: Bertram J. Schmidt, Baierbrunn
S. 101 o.: Nachbarschaftsprojekt in der Seidlvilla, Nikolaiplatz 1b, 80802 München, l.u.: Dagmar Funke, Burgwedel. L.M.: © Gerald Bernard – Fotolia.com, r.M.: © Carlos Santa Maria – Fotolia.com, r.: © Alexa Goy, Unteerschleißheim
S. 102 o.: © ART WORX Screenprinting GmbH, Kamen, u.: © Monika Christoph, München
S. 103: © www.schueler-helfen-leben.de
S. 104: Privatbesitz Dr. Dr. Hans Georg Wulz
S. 105 o.: © Deutsches Zentralinstitut für soziale Fragen (DZI), Berlin, u.l.: © Brot für die Welt, Stuttgart/Gestaltung Buttgereit & Heidenreich, u.M.: SOS-Kinderdorf-Archiv, M.r.: Plakat MISEREOR-Fastenaktion 2007

Quellenverzeichnis

S. 106 o.: Logo der Nachbarschaftshilfe der Kreuzkirche München, u.: Darius Ramazani/fischerAppelt, Hamburg, Diakonie Deutschland, Berlin
S. 107 Löhe, Wichern: akg-images, r.: V. Bodelschwinghsche Stiftungen, Bethel, Bielefeld
S. 108: © pepsprog/pixelio
S. 109 l.: Diakonie Deutschland, Berlin, r.: Bundeszentrale für gesundheitliche Aufklärung, Köln
S. 110: Diakonie Deutschland, Berlin
S. 111: © Alzheimer Gesellschaft München e.V., Josephsburgstr. 92, 81673 München www.agm-online.de
S. 112: © epd-bild/Silke Wernet
S. 114: Reuters/Ali Jarekji
S. 115: Gerster/laif
S. 117: © picture-alliance/ZB
S. 118 o., S. 121 u.: © Daniel Reichenbach, Kubri Verlag Reichenbach, Zürich, u.: © Jaggat/Dreamstime.com
S. 119: Bpk/SBB/Ruth Schacht
S. 120: akg-images/Bildarchiv Steffens
S. 121 o.: © Hamdan/Dreamstime.com
S. 123 © Till Mayer/DRK
S. 124: Ken Brown, München
S. 126: © Tanja Birkner/Fotografie & Grafik, Hamburg
S. 128 © STYLEISLAM®, www.styleislam.com
S. 130, S. 131: Peter Samhammer, Eurasburg
S. 132 oben: Simon Schmidt, Baierbrunn, Mitte: Thomas Lohnes/ddp, u.: © Martina Marschal – fotolia.com
S. 133 o.: © Wolf – Fotolia.com, u.: Erik Cornell, Grafrath
S. 134 l.o.: Bilderbox.com, l.M.: Christiane Küttner, Köln, r.o.: epd-bild/Rainer Oettel, Deckenmosaik Baptisterium, Albenga, Anhänger: © Roberto Giovanni/Dreamstime.com, Tatoo: Isabelle Gloria Storz, Pfullingen, Kerze: Ingrid Grill-Ahollinger, München,
S. 135 o.: picture-alliance/dpa/Frank Mächler, l.u.: picture-alliance/dpa/dpaweb/Filippo Monteforte, r.u.: REUTERS/Stefano Rellandini, Bildausschnitt
S. 136 © dpa – Fotoreport/Waltraud Grubitzsch
S. 137 o.: AFP/Raymon Roig, Plattencover: American Recordings, Burbank, CA, USA, Mauer: © R. Schweidlenka, Kulturvermittlung Steiermark, Hand: © G. Light – Fotolia.com
S. 138: o.l.: Heiko Leibelt, Zwickau, Jesusfreaks: epd-bild/Norbert Neetz, Derwisch: © Morenosopp…/Dreamstime.com
S. 139: Alina Brand, Planegg und Cornelia Blum, München
S. 140: © gettyimages/Express Newspapers
S. 141 r.: © Warpress/Dreamstime.com
S. 142: Helga Anders-Faber: Die Einsamkeit. 40 x 50 cm, Öl auf Leinwand. © Helga Anders-Faber, Leipzig
S. 143: l.o.: Deutscher Evangelischer Kirchentag, 2007, l.M.: epd-bild/edition chrismon, l.u.: Olivier DELAYE – © Fotolia.com, r.: © Wolf - © Fotolia.com
S. 144: © Andrejjj/Dreamstime.com
S. 146 o.: Süddeutsche Zeitung Photo/Scherl, u.: Caro/Meyerbroeker
S. 147 picture alliance/AP
S. 148 o.: Süddeutsche Zeitung Photo, u.: Evelin Frerk, Berlin
S. 149 l.: Rutsch/EMH, r.o.: Jaqueline Faller, RC North PAO, r.M.: Katholische Circus- und Schaustellerseelsorge, r.u.: Ingo W. Zwinkau, Bundespolizei Seelsorge
S. 150: Bayerische Staatsbibliothek, München, aus: Gilles Mermet, Sols de l'Afrique romaine, 1995, S. 217/Abb. 163b
S. 151: akg-images/Erich Lessing
S. 152: © 2008 »Cathedral Tapestries« von John Nava, Cathedral of Our Lady of the Angels, alle Rechte vorbehalten, www.olacathedral.org
S. 153: © epd-bild/Daniel Sambraus
S. 154: Bayerische Staatsgemäldesammlungen, München, © Foto: ARTOTHEK, Weilheim
S. 155: © picture-alliance/dpa/Harald Tittel
S. 156: George Grosz, Deutschland, ein Wintermärchen © VG Bild-Kunst, Bonn 2014. Bildvorlage: Akademie der Künste, Berlin, Kunstsammlung
S. 157 r.: akg-images
S. 158 u.l.: © Deutsches Historisches Museum, Berlin, u.r.: Das Bundesarchiv, Koblenz
S. 159: © Karl Barth-Archiv, Basel 2009
S. 160 aus: Christian Gremmels/Renate Bethge (Hrsg.), Dietrich Bonhoeffer – Bilder eines Lebens. © 2005, Gütersloher Verlagshaus, Gütersloh, in der Verlagsgruppe Random House GmbH
S. 161 o.: Hans Meiser, epd-bild/Archiv
S. 162 l.: © Olaf Wunder, Hamburg, r.: © Deutsches Historisches Museum, Berlin
S. 163: Gedenkstätte Deutscher Widerstand
S. 164: u.: © Deutsches Historisches Museum, Berlin
S. 165: l.o.: epd-bild/Karin Wieckhorst , r.o.: /epd-bild/Peter Krebs, u.: Das Bundesarchiv, Koblenz
S. 166: l.: Die Bundesbeauftragte für die Unterlagen des Staatssicherheitsdienstes der ehemaligen Deutschen Demokratischen Republik, Berlin, r.: Oskar Brüsewitz: picture-alliance/dpa/Karl Adolf Zech
S. 167: epd-bild/Norbert Neetz
S. 168: o.: EKD, u.: EKD, DBK
S. 169: ©Evangelische Kirche in Deutschland, Grafik: MediaForce
S. 170: Bonhoeffer aus: Christian Gremmels/Renate Bethge (Hrsg.), Dietrich Bonhoeffer – Bilder eines Lebens. © 2005, Gütersloher Verlagshaus, Gütersloh, in der Verlagsgruppe Random House GmbH, Albrecht Schönherr epd-bild/Norbert Neetz, Oskar Brüsewitz: picture-alliance/dpa/Karl Adolf Zech, Hans Meiser: epd-bild/Archiv, u.: Gedenkstätte Deutscher Widerstand
S. 172: REUTERS/Kim Kyong-Hoon
S. 174: REUTERS/Michael Dalder
S. 175 o.: © Gunnar3000/Dreamstime.com, u.: Christina Schulz, Rostock
S. 176: Simon Schmidt, Baierbrunn
S. 178: Flix, Faust. © Carlsen Verlag GmbH, Hamburg 2010, r.: Verwalter: Köln. Wallraff-Richartz-Museum + Fondation Corboud, WRM 0412, Foto: © Rheinisches Bildarchiv Köln
S. 179 l.: Universitäts- und Landesbibliothek Darmstadt Hs 2505, fol. 37r, r.: William Blake, Satan smiting Job with Boils /Yale Center for British Art, Paul Mellon Collection, USA/Paul Mellon Collection/Bridgeman
S. 181: Lovis Corinth, Hiob und seine Freunde, © bpk/Kupferstichkabinett
S. 183 l.: Klett-Cotta Verlag, r.: Campus Verlag GmbH
S. 184: Will Eisner, Vertrag mit Gott. © Carlsen Verlag GmbH, Hamburg 2010
S. 187 o.: © Andreas Pohlmann, München, u.: Erev-Rav, Uelzen
S. 189 l.o.: Ullstein Verlag, u.: Til Mette, Hamburg
S. 190: © Emmanuelle Guillou – Fotolia.com

S. 191: Ken Brown, München
S. 192: Hintergrundbild Lucas Cranach d. Ä., Der Sündenfall. Bildvorlage: akg-images/Erich Lessing, Grafik aus: Focus 49/2008 vom 1. 12. 2008
S. 193 o.: © Stefan Redel – Fotolia.com, u.: Focus Titelblatt 49/2008 vom 1. 12. 2008
S. 195: © SergeyGalushko – Fotolia.com
S. 198: © Katrin Binner, Frankfurt
S. 199 Georg Baselitz, Tanz um das Kreuz, 1983 © Georg Baselitz
S. 200 o.: © D. Fabri/© Fotolia.com, M.: © Light Impression/© Fotolia.com, u.l.: sandra zuerlein/© Fotolia.com, u.r.: © aster # 3/© Fotolia.com
S. 201 u.: © Michael Steinert, Aichtal
S. 202 o.: Matthias Gröschke www.kallipos.de
S. 203 o.: akg-images, u.: Frank Wresley, Vergebender Vater. Hiroshima Mädchenschule, Japan. © Familie Wresley, Foto: N. Wray. Aus: Gudrun Löwner: Christliche Themen in der indischen Kunst. Ein Überblick von der Mogulzeit bis heute. Verlag Otto Lembeck, Frankfurt am Main
S. 204 »THE LORD OF THE RINGS: THE RETURN OF THE KING © New Line Productions, Inc. All Rights Reserved«
S. 205, 206: The Bridgeman Art Library
S. 207 l.: Florian Sander, Düsseldorf, r.: akg-images
S. 209 o.: Albani-Psalter, Dombibliothek Hildesheim HS St. God 1 (Eigentum der Basilika St. Godehard, Hildesheim), © Dombibliothek Hildesheim, u.: © epd-bild/Jens Schulze
S. 210 o.,u.: akg-images, M.: REUTERS/Arnd Wiegmann
S. 211: Hermann Nitsch, »Schüttbild«, 1995, Öl auf Jute, 300 x 200 cm. © VG Bild-Kunst, Bonn 2014, Bildvorlage: Courtesy Atelier Hermann Nitsch
S. 213 o.: gmancgn 2008/flickr.com, M.: © Rhododendronpark GmbH (RHOPAG), u.: Daniel Johnson, Felton, CA, USA
S. 215: akg-images/Erich Lessing
S. 216 o., M., u.l.: Schüler(innen) einer 11. Klasse des Nikolaus-Kopernikus-Gymnasiums Weißenhorn, u.r.: Clara Groß und Irina Hennis, Wittelsbacher Gymnasium, München
S. 220 l.: akg-images, o.r.: Triumphkreuz aus Bockhorst, Westfalen um 1150, Eichenholz mit Resten von Bemalung. LWL-Landesmuseum für Kunst und Kulturgeschichte, Münster
S. 221 o.r.: George Grosz, Maul halten und weiter dienen, 1927, © VG Bild-Kunst, Bonn 2014, Bildvorlage: akg-images, u.r.: Joseph Beuys, Kreuzigung, 1962–1963, Staatsgalerie Stuttgart, © VG Bild-Kunst, Bonn 2014, © Foto: Staatsgalerie Stuttgart
S. 222: Annika Frömberg, Viviane Gottschalk, Pauline Korte, Wuppertal

TEXTE

S. 12: Interview mit Prof. Dr. Rainer Schwenn, Max-Planck-Institut für Sonnensystemforschung, Kaltenburg-Lindau
S. 16/17 aus: Benjamin Lebert, Crazy. Verlag Kiepenheuer & Witsch, Köln
S. 20: Ingrid Grill-Ahollinger, München
S. 22 aus: Ernst Tugendhat, Vorlesungen über Ethik. Suhrkamp Verlag, Berlin 1979
S. 24: Edda Schlager, Scinexx 25. 4. 2009, © Springer Verlag, Heidelberg
S. 25: Jörg Nowak www.missio-hilft.de
S. 28: Harald Storz www.evlka.de
S. 30: Peter Gruber: Focus vom 9. 10. 2005, Tilmann Moser, Rechte beim Autor
S. 31: Wolfgang Huber, Rechte beim Autor
S. 37: Britta Pawlak, Rechte bei der Autorin
S. 46 aus: Gerd Theißen, Der Schatten des Galiläers, S. 138–152, gekürzt. Christian Kaiser Verlag, München
S. 47: »Konfirmandenstunde« von Hanna Löhmannsröben. Aus: Der Mensch lebt nicht vom Brot allein. Forum für Heil- und Religionspädagogik Band 1. Hrsg. von Stephan Leimgruber, Annabelle Pithan und Martin Spieckermann. Comenius Institut, Münster 2001
S. 48/49: Susanne Krahe, Der defekte Messias. Alternative Passionserzählungen. Neukirchener Verlag, Neukirchen-Vluyn, 2002, S. 147–149
S. 49: Dorothee Wilhelm, Rechte bei der Autorin
S. 51: Uli Hauser, STERN, 28. 2. 2013, S. 36 f
S. 52: Fulbert Steffensky, Gisela Matthei aus: Das Scheitern, das Lachen und die weinende Weisheit. PublikForum Extra 2 (2004, Entdecke den Clown in dir), S. 9, S. 29
S. 53: Roland Englisch in: Nürnberger Nachrichten vom 8. 7. 2010, Martin Walser: Offener Brief an Bastian Schweinsteiger Süddeutsche Zeitung 2. 7. 2010, Christina Schnur, München
S. 55: Franz Alt, Frieden ist möglich. Piper Verlag, München
S. 73: Martin Zöbeley, Karlsfeld
S. 74: Aus den Zusatzmaterialien zum Film »Luther« von Eric Till, Universal
S. 78: www.sueddeutsche.de 27. 8. 2012
S. 79 aus: Ingeborg Kruse, Unter dem Schleier – ein Lachen. Neue Frauengeschichten aus dem Alten Testament. Kreuz Verlag, Stuttgart 1986
S. 80 aus: Alice Schwarzer, Der »kleine Unterschied« und seine großen Folgen, S. 210 f. S. Fischer Verlag, Frankfurt 1975
S. 81: Sandra Ernst Kaiser, Rechte bei der Autorin
S. 87: Christine Holch aus Chrismon 7/2010, www.chrismon.de
S. 89 aus: Erich Fromm, Die Kunst des Liebens, S. 57 f. Ullstein Verlag, Berlin
S. 91: Süddeutsche Zeitung vom 25. 06. 2010, Interview Hannah Wilhelm und Alexander Hagelueken
S. 93: Axel Hill, Rechte beim Autor, Erich Fried, Liebesgedichte. Klaus Wagenbach Verlag, Berlin 1979
S. 95 aus: Kurt Marti, Ungrund Liebe. Klagen, Wünsche, Lieder, S. 25. Radius Verlag, Stuttgart 1989
S. 104: »Ein paar Groschen« Markus Schnalke www.ejw-oehringen.de/Andachten
S. 106: Interview: Monika Christoph, München
S. 109: www.jugend.a-connect.de
S. 117: Interview Daniel Bax und Alke Wierth www.taz.de, Zahlenmaterial aus: Faruk Sen/Hayrettin Aydin, Islam in Deutschland (Beck'sche Reihe 1466). Verlag C. H. Beck oHG, München
S. 120 aus: Ibn Ishāq, Das Leben des Propheten, S. 44. Aus dem Arabischen von Gernot Rotter. Kandern, 1999
S. 127: Takar Ben Jellona, Papa, was ist der Islam?, S. 7–12. Berliner Taschenbuch Verlag 2003
S. 133 nach: Wilhelm Gräb: Religiöse Spurensuche in der urbanen Alltagswelt. Oder wie der Sinn des christlichen Glaubens neu entdeckt

Quellenverzeichnis

werden kann, in: Thomas Klie, Spiegelflächen, Phänomenologie – Religionspädagogik – Werbung. Lit Verlag, Münster 1999

S. 143: nach Fulbert Steffensky, Schwarzbrot-Spiritualität, S. 88. Radius Verlag, Stuttgart

S. 148 Interview in: Süddeutsche Zeitung Magazin vom 20. 6. 2003, Horst Isola, Rechte beim Autor

S. 156: »Das ist das Schicksal« aus: M. Greschat (Hrsg.), Das Zeitalter der Weltkriege und Revolutionen. Kirchen- und Theologiegeschichte in Quellen. Neukirchener Verlag, Neukirchen-Vluyn, 1999, S. 33 f

S. 160 Zitate Bonhoeffer: © Gütersloher Verlagshaus in der Verlagsgruppe Random House GmbH

S. 163 l.: Süddeutsche Zeitung vom 16. 9.2010, r. aus: M. Gailus, Mir zerriss es aber das Herz. Der stille Widerstand der Elisabeth Schmitz, S. 231f und 241f., Verlag Vandenhoeck & Ruprecht, Göttingen 2010

S. 165 aus: Rainer Kunze, Gedichte. S. Fischer Verlag, Frankfurt, M.: © Christian Führer

S. 166: Gernot Facius WELT online 18. 8. 2006

S. 167: Hans-Jürgen Röder Berliner Morgenpost, Tagesspiegel 10. 3. 2009, FAZ 11. 3. 2009

S. 173 aus: Peter Berger, Auf den Spuren der Engel. Übersetzt von Monika Plessner. Herder Verlag, Freiburg

S. 174: Zitate zu »Einbruchstellen des Gottesglaubens« aus: Karl Ernst Nipkow, Gotteserfahrungen im Jugendalter, in: U. Nembach (Hg.), Jugend und Religion in Europa, Frankfurt: Peter Lang Verlag, 1987, 236 f., Aussagen Jugendlicher aus einer Studie zum Gottesglauben aus: Karina Möller Persönliche Gottesvorstellungen junger Erwachsener. Empirische Erkundungen in der Sekundarstufe II im Großraum Kassel, Verlag: Kassel University Press, 2010. Aus der Reihe: Beiträge zur Kinder und Jugendtheologie 4, 1. Zitat von S. 64, 2. Zitat von S. 103

S. 175: Joachim Kahl, Marburg, Rechte beim Autor

S. 176: Thomas Brussig, in: Jutta Limbach (Hrsg.), Der schönste erste Satz. Initiative Deutsche Sprache und der Stiftung lesen. Hueber Verlag, München, Eveline Goodman-Thau, Aufstand der Wasser. Jüdische Hermeneutik zwischen Tradition und Moderne. Philo Verlag, Berlin 2002, S. 34

S. 177: Jürgen Ebach, Rebellion und Frömmigkeit, in: Zum Gedenken an Dorothe Sölle, Hamburg University Press, Hamburg 2004, S. 37–67, S. 57 ff

S. 182 aus: Dorothee Sölle, Leiden. Kreuz Verlag, Stuttgart 1989, S. 91, Jean-Baptiste Metz, Kirche nach Auschwitz. Herder Verlag, Freiburg

S. 183 aus: Dorothee Sölle, Den Rhythmus des Lebens spüren, Herder Verlag, Freiburg 2001, »Gespräch«: Ingrid Grill-Ahollinger, München

S. 184 aus: Ernst Bloch, Atheismus im Christentum. Suhrkamp Verlag, Berlin

S. 186 Ludwig Marcuse, Philosophie des Glücks. Von Hiob bis Freud. Diogenes Verlag, Zürich 1972, S. 37 f gekürzt, Jürgen Ebach, Hiobs Klage, in: Klara Butting (Hrsg.), Hiob. EREV-RAV Verlag, S. 38–51, leicht bearbeitet, Martin Buber, Gottesfinsternis, Gütersloher Verlag, Gütersloh, Elie Wiesel, Hiob oder das revolutionäre Schweigen, in: Adam oder das Geheimnis des Anfangs. Brüderliche Urgestalten. Herder Verlag, Freiburg, 5. Aufl. 1987, S. 228–230, gekürzt, Bertolt Brecht, Der gute Mensch von Sezuan, Suhrkamp Verlag, Berlin, S. 144

S. 187 aus: Robert Gernhardt, Lichte Gedichte, Haffmans Verlag, Zürich 1997, S. 57

S. 188 aus: Bärbel Wartenberg-Potter, Wir werden unsere Harfen nicht an die Weiden hängen, Engagement und Spiritualität, Kreuz Verlag, Freiburg 1986, S.116–118, dort auch die Grafiken.

S. 189 aus: Fritz Böbel, Grundfragen des Glaubens. Eine Glaubenslehre in Einzellektionen. Bd. 1, Chr. Kaiser Verlag, Gütersloh 1969, S. 19 ff. (leicht gekürzt)

S. 191: Hunze, Guido, Die Welt ordnen – die Schöpfung entdecken, in: Impulse Nr. 89 (2009) S. 5, Rechte beim Autor

S. 194: Sebastian Görnitz-Rückert, München und Petra Fuchs, Fürstenfeldbruck

S. 195: Zitat von Dietrich Bonhoeffer aus: Widerstand und Ergebung © Gütersloher Verlagshaus in der Verlagsgruppe Random House GmbH

S. 200: Silke Bigalke, Rechte bei der Autorin, Thomas Assheuer, DIE ZEIT 10/2007

S. 202: Die Bibel in gerechter Sprache. Gütersloher Verlagshaus, Gütersloh, u.: © Eva Zeller

S. 203: Hans Frör, Ich will von Gott erzählen wie von einem Menschen, den ich liebe. Christian Kaiser Verlag, München, S. 33–35, gekürzt

S. 204 aus: Handbuch Theologie und populärer Film, Band 1. Hrsg. Von Thomas Bohrmann u. a. Schöningh Verlag, Paderborn 2007, darin: Mark Achilles, Fantasy Fiction – Die Suche nach dem wahren Menschsein bei »Harry Potter« und »Der Herr der Ringe«.

S. 205: südkurier.de 29. 7. 2010, S. 206: Hilde Domin, Ich will dich. Gedichte. Piper Verlag, München 1970, Eva Zeller, Sage und schreibe. Gedichte. Deutsche Verlags-Anstalt, München 1990

S. 208: Dorothee Sölle, Es muss doch mehr als alles geben, S. 135. Verlag Hoffmann & Campe, Hamburg

S. 209 aus: Lothar Zenetti, Die wundersame Zeitvermehrung. Sankt Ulrich Verlag, Augsburg

S. 210: Margot Käßmann, Rechte bei der Autorin

S. 212 Schalom Ben-Chorin, Bruder Jesus. Gütersloher Verlagshaus, Gütersloh, Die Originalausgabe erschien 1967, u.l.: © Gütersloher Verlagshaus, Gütersloh, Martin Bubel © Gütersloher Verlagshaus, Gütersloh Margot Käßmann aus: Evangelische Verantwortung. Meinungen und Informationen aus dem Evangelischen Arbeitskreis der CDU/CSU (EAK), Berlin Nr. 6/2002, S. 1 f. (gekürzt und bearbeitet)

S. 214 aus: Eva Zeller, Ein Stein aus Davis Hirtentasche. Herder Verlag, Freiburg 1992

S. 215: Ingeborg Salzmann, Credo-Projekt Publik-Forum

LIEDER

S. 42/43 Die Toten Hosen, Wunder © BMG

S. 78 Text: Daniel Dickkopf © Edition WISE GUYS, Köln

S. 86 Text: Tim Bendzko © Rückbank Musikverlag, Hamburg

S. 209 Text: Rolf Zuckowski © MUSIK FÜR DICH Rolf Zuckowski OHG (Sikorski Musikverlage), Hamburg